《基层人民法院书记员业务理论与实务》编委会

主　　　编：段　砚　罗渝涵

副　主　编：高小雅　王　丽

委　　　员：（排名不分先后）

　　　　　　　王明丽　刘晓玲　李明娟

　　　　　　　陆庆红　张　茜　罗银云

　　　　　　　查方艳

基层人民法院书记员
业务理论与实务

主 编 段 砚 罗渝涵
副主编 高小雅 王 丽

云南大学出版社
YUNNAN UNIVERSITY PRESS

图书在版编目（CIP）数据

基层人民法院书记员业务理论与实务 / 段砚，罗渝涵主编. —— 昆明：云南大学出版社，2019
ISBN 978-7-5482-3727-3

Ⅰ.①基… Ⅱ.①段… ②罗… Ⅲ.①法院－书记员－工作－中国 Ⅳ.①D926.2

中国版本图书馆CIP数据核字(2019)第133273号

策划编辑：段　然
责任编辑：孙小林
装帧设计：殷明月

基层人民法院书记员
业务理论与实务

主　编　段　砚　罗渝涵
副主编　高小雅　王　丽

出版发行：云南大学出版社
印　　装：昆明理煋印务有限公司
开　　本：787mm×1092mm　1/16
印　　张：19.5
字　　数：496千
版　　次：2019年12月第1版
印　　次：2019年12月第1次印刷
书　　号：ISBN 978-7-5482-3727-3
定　　价：68.00元

社　　址：昆明市一二一大街182号（云南大学东陆校区英华园内）
邮　　编：650091
电　　话：（0871）65033307　65033244
网　　址：http://www.ynup.com
E-mail：market@ynup.com

若发现本书有印装质量问题，请与印厂联系调换，联系电话：0871-64167045。

编写说明

法院书记员是人民法院审判队伍的重要组成部分。书记员的业务能力直接关乎审判工作的效率和质量。尤其是近年来，基层人民法院普遍面临案多人少的高强度的工作挑战，书记员在保障庭室工作顺利、高效运转中起着举足轻重的作用。首先，若能让部分相关专业的高校学生在毕业前熟悉书记员的基础理论和实务操作，将来成为书记员，便能更加快速地进入工作状态。其次，在基层人民法院书记员的入职培训中，若能有一本兼顾理论与实务的教材，就能节约大量的培训成本。同时，书记员的工作琐碎，法官的业务繁重，若基层书记员案头能有一本既实务操作清晰，又有理论支撑的业务技能指南，必将极大地提升书记员工作的条理性和规范性，也能避免出现法官被频繁打扰和耽于指导的情况，让书记员和法官都能节省更多时间，进而提升庭审的工作效率。鉴于此，《基层人民法院书记员业务理论与实务》一书应运而生。我们期盼本书能成为高职法律专业教育培养高素质书记员和法律文秘实务型人员的教材，同时期盼本书能够对法院书记员和法律文秘实务型人员的工作有所裨益。

本书共上下两篇，上篇为基础理论，下篇为实务操作。上篇分为五章，第一章为书记员，主要包括书记员的概念、主要职责、管理制度、职业道德和司法礼仪要求。第二章为诉讼，分别从民事、刑事、行政三大诉讼领域对何为诉讼、法院需要解决的问题、审查的角度等进行概要性的分析，以期让书记员对法院的核心业务对象——"诉讼"有一个基本的理论认识。第三章为证据，法院工作中"以事实为依据"即是围绕证据展开的，书记员的主要工作之一——笔录，其本质上是固定各种证据的情况，所以，在该部分中，涉及了三大诉讼中的证据制度，包括了证据种类、举证程序、证明责任、证据认证等方面的知识，进而让书记员在工作中对每一份材料的意义有更为深刻的理解，在记录法官发问及当事人观点时，能够明白其背后的意义，进而能准确地抓住记录工作的要点。第四章和第五章分别为笔录和审结后的工作，其中，笔录一章包含笔录的基本要求以及工作方法和技巧，审结后的工作一章主要包含立卷工作的意义、立卷归档的要求等。上篇的基础理论是下篇实务操作的基础。在下篇中，按照民事案件、刑事案件、行政案件工作要求和程序，分设了三章。每章对每种案件类型的主要业务工作流程及工作要点进行了详细的梳理，同时提供常用文书的示例及必要的说明，以期让相关专业人员等能够对法院各个庭室的业务有一个"接地气"的了解，也能方便书记员进行相关业务的学习和查询。

参与本书编写的作者均是教学一线的法律教师和从事法院实际工作的法律工作者，这让本书的内容既有理论的高度也有实践的准度，让教学和实践融合到了一起，有利于法律职业理论知识教学，也有利于职业能力实务能力的培养。

本书在编写过程中参考了大量法院工作资料和有关书记员工作的研究资料，在此对给我们提供了极具启发性建议的吕垠松法官、吴江涛院长，对无私支持我们工作的法官、书记员，以及对这些资料的编写人员表示最为诚挚的谢意！

由于时间仓促，加之本书编写人员水平有限，书中不足之处在所难免，恳请广大读者批评指正。

编　者

2018 年 11 月

目 录

上篇 基础理论

第一章 书记员 (3)
第一节 书记员概述 (3)
一、法院书记员的概念 (3)
二、法院书记员工作的特点 (3)
三、法院书记员工作的意义 (5)
四、基层人民法院书记员与其他级别法院书记员的不同 (5)
第二节 书记员的职责和管理 (6)
一、法院书记员的职责 (6)
二、法院书记员的管理制度 (8)
三、关于法院书记员"回避"的要求 (11)
第三节 书记员的职业道德和礼仪要求 (12)
一、法院书记员职业道德 (12)
二、法院书记员的司法礼仪要求 (15)

第二章 诉 讼 (19)
第一节 民事诉讼的基本问题 (19)
一、民事诉讼 (19)
二、民事诉讼法律关系 (20)
三、民事审判的基本原则与制度 (23)
第二节 刑事诉讼的基本问题 (27)
一、刑事诉讼的概念和特征 (27)
二、刑事诉讼阶段 (28)
三、刑事审判概述 (29)
四、刑事案件庭审要求 (32)
第三节 行政诉讼的基本问题 (37)
一、行政诉讼的概念和特征 (37)
二、行政诉讼与其他诉讼的关系 (38)
三、行政诉讼的目的与功能 (40)
四、行政诉讼的原则 (42)
五、行政诉讼的受案范围和管辖 (44)
六、行政诉讼参加人 (45)
七、行政审判活动概述 (48)
八、国家赔偿案件审查概述 (58)

第三章 证 据 …………………………………………………………… (61)
第一节 民事案件证据制度 …………………………………………… (61)
一、民事诉讼的证据 ……………………………………………… (61)
二、民事诉讼的举证、法院取证、质证与认证 ………………… (66)
第二节 刑事案件证据制度 …………………………………………… (74)
一、证据的概念 …………………………………………………… (74)
二、物证的审查判断 ……………………………………………… (76)
三、书证的审查判断 ……………………………………………… (78)
四、证人证言的审查判断 ………………………………………… (79)
五、被害人陈述的审查判断 ……………………………………… (81)
六、犯罪嫌疑人、被告人供述与辩解的审查判断 ……………… (83)
七、鉴定意见的审查判断 ………………………………………… (85)
八、勘验、检查、辨认、侦查实验等笔录的审查判断 ………… (87)
九、视听资料的审查判断 ………………………………………… (95)
十、电子数据的审查判断 ………………………………………… (96)
十一、全案证据综合审查与运用的方法 ………………………… (98)
第三节 行政案件证据制度 …………………………………………… (99)
一、行政诉讼证据概述 …………………………………………… (99)
二、行政诉讼的举证规则 ………………………………………… (104)
三、行政诉讼证据的提交、调取、保全与交换 ………………… (108)
四、行政诉讼质证规则 …………………………………………… (116)
五、行政诉讼证据认证规则 ……………………………………… (120)

第四章 笔 录 ………………………………………………………… (125)
第一节 笔录概述 ……………………………………………………… (125)
一、笔录概述 ……………………………………………………… (125)
二、笔录的基本要求 ……………………………………………… (125)
三、笔录的实务操作要领 ………………………………………… (127)
四、笔录的核对及补正 …………………………………………… (131)
第二节 庭审笔录 ……………………………………………………… (131)
一、庭审笔录概述 ………………………………………………… (131)
二、笔录实务——以庭审笔录为例 ……………………………… (134)

第五章 审结后的工作 ………………………………………………… (137)
一、立卷工作的意义 ……………………………………………… (137)
二、立卷归档的要求 ……………………………………………… (137)
三、立卷归档对书记员的职业素养要求 ………………………… (138)

下篇 实务操作

第一章 民事案件
第一节 案件审理前的工作
一、起诉与受理 …………………………………………………………… (141)
二、送　达 ………………………………………………………………… (143)
三、财产保全 ……………………………………………………………… (148)
四、证　据 ………………………………………………………………… (149)

第二节 案件审理中的工作
一、开庭准备 ……………………………………………………………… (165)
二、开　庭 ………………………………………………………………… (165)
三、调解案件的处理 ……………………………………………………… (165)
四、笔录的记录 …………………………………………………………… (166)
五、判决文书制作 ………………………………………………………… (185)

第三节 案件审理后的工作
一、文书的校对及打印 …………………………………………………… (185)
二、上诉案件的移送 ……………………………………………………… (186)
三、案件的装订归档 ……………………………………………………… (186)
四、卷宗材料的装订顺序 ………………………………………………… (187)

第二章 刑事案件
第一节 刑事公诉案件的受理
一、立案阶段书记员主要工作介绍 ……………………………………… (189)
二、清点与核对随案移送的证据材料 …………………………………… (189)
三、案件信息登记 ………………………………………………………… (189)
四、报告立案庭负责人批注 ……………………………………………… (189)

第二节 庭前准备阶段的工作
一、送达起诉书副本等材料 ……………………………………………… (190)
二、排期通知 ……………………………………………………………… (198)

第三节 开庭审理前的工作
一、协助法官在庭审前进行调查、勘验及检查工作，并制作各种笔录 ……… (199)
二、指定辩护有关事项的办理 …………………………………………… (202)
三、通知开庭 ……………………………………………………………… (203)

第四节 开庭审理阶段
一、庭审准备 ……………………………………………………………… (208)
二、庭审过程 ……………………………………………………………… (208)
三、庭审结束 ……………………………………………………………… (209)
四、刑事案件中庭审记录注意事项 ……………………………………… (210)

第五节 合议庭评议及宣判
一、制作合议庭合议笔录 ………………………………………………… (212)
二、打印、校对裁判文书 ………………………………………………… (213)
三、处理宣判事宜 ………………………………………………………… (217)

  第六节 审结后相关事项处理 (218)
   一、移送上诉材料 (218)
   二、刑事执行案件的移送 (220)
   三、整理案卷 (227)
   四、归　档 (229)

第三章　行政案件 (230)
  第一节　基层人民法院行政庭的业务内容概述 (230)
   一、主要业务内容概况 (230)
   二、行政诉讼案件中的业务内容概况 (230)
   三、非诉行政执行案件中的业务概况 (231)
  第二节　接收案件阶段的工作 (231)
   一、收案阶段 (231)
   二、检查是否属于应当受理的案件 (236)
   三、送　达 (236)
  第三节　诉讼案件一审阶段的工作 (238)
   一、普通程序 (238)
   二、简易程序 (255)
   三、行政案件撤诉的处理 (255)
  第四节　行政案件笔录的记录 (264)
   一、行政案件笔录的基本形式 (265)
   二、笔录要点——以调查笔录为例 (265)
  第五节　非诉执行审查案件的工作 (269)
   一、非诉执行案件业务概要 (269)
   二、审查申请人提交的材料 (269)
   三、审查与裁定中的工作 (270)
  第六节　案件审理结束后的工作 (274)
   一、上诉案件的移送 (274)
   二、案件的装订归档 (274)

附　录 (276)
  人民法院书记员管理办法（试行） (276)
  中华人民共和国人民法院法庭规则 (279)
  人民法院公文处理办法 (282)
  人民法院诉讼档案管理办法 (289)
  最高人民法院关于人民法院庭审录音录像的若干规定 (297)

参考文献 (299)

致　谢 (300)

上篇 基础理论

第一章 书记员

第一节 书记员概述

一、法院书记员的概念

《中华人民共和国人民法院组织法》（以下简称《人民法院组织法》）第四十九条规定："人民法院的书记员负责法庭审理记录等审判辅助事务。"《人民法院书记员管理办法（试行）》第一条规定："书记员是审判工作的事务性辅助人员，在法官指导下工作。"结合我国目前人民法院的实践，书记员是指"依法在我国各级人民法院和专门人民法院中以诉讼活动的记录工作为主要职责，并协助法官办理有关审判工作的事务性辅助人员"[1]。

法院书记员承担的工作是审判活动中的辅助工作，但它是审判工作的重要组成部分，也是一项专业性很强的司法业务工作。书记员的工作任务就是使审判活动顺利进行，它的工作质量和效率密切关系着案件审判的公正与效率。

书记员处理的工作是事务性的工作，虽不需要如法官或法官助理一般准确、深入地掌握法学知识，并对案件的法律问题进行辨析，但"事务性"的工作绝不意味着书记员可以不了解法学知识，尤其是诉讼中的一些基本知识。具备一定的法学知识功底，熟悉诉讼程序，是做好书记员的基础。

二、法院书记员工作的特点

（一）专业性

法院书记员的工作具有专业性特点。在以往的司法实践中，书记员工作的专业性一直被忽略，人们通常认为，书记员是任何人都可以从事的工作，并没有特别的技能要求，只要打字速度快，就可以胜任。长期以来，在人们的观念中，书记员的地位并不高，也不受重视。随着司法改革的深入推进，书记员的专业性特点越来越受到人们的重视。我们需要重新思考如何看待书记员的工作和工作地位，专业性是书记员工作的首要特征，主要表现在以下几个方面：

1. 书记员是独立于法官的专门岗位，有自己专门的工作职责

《人民法院组织法》和《中华人民共和国法官法》（以下简称《法官法》）对书记员的工作职责做出了概括性的规定，在此基础上，《人民法院书记员管理办法（试行）》第二条对书记员的职责做出了具体明确的规定。依据上述规定，书记员的职责可以大致概括

---

[1] 参见许文海主编《法院书记员工作实务》，中国政法大学出版社2015年版，第3页。

为：办理庭前准备过程中的事务性工作；检查开庭时诉讼参与人的出庭情况，宣布法庭纪律；记录案件审理的过程；整理、装订、归档案卷材料；完成法官交办的其他事务性工作。因此，可以明确的是，法院书记员是有明确、特定的职责，不是勤杂工。

2. 书记员的工作需要具备专业知识和技能

首先，书记员应当具备必要的法律专业知识。法院书记员从事的是法律工作，庭前准备、制作笔录、整理案卷等日常工作，都要求书记员具备基本的法律专业知识。其次，书记员应当具备一定的文秘专业知识和职业能力。书记员实际上可以说是法院特殊的文秘工作人员，诸如记录、文书处理、案卷整理、案卷存档都要求书记员必须具备良好的文秘工作技能。在掌握必要的文秘专业知识的基础上，书记员还必须具备一定的文字能力、书写能力和归纳总结能力等职业能力。书记员的大量工作都依赖于文字，文字和书写能力的高低直接影响审判工作的质量和效率。书记员要对有关记录内容进行归纳总结，去粗取精，准确无误，做到优质高效，因此还必须具备一定的归纳总结能力。再次，书记员必须具备较强的速记、速录及其他实践技能。速录、速记技能是法院书记员必须具备的基本技能。这些技能要求表明了书记员是技术性很强的工作，非人人皆可胜任。除此之外，书记员还应当具备较强的电子化设备运用能力，随着科技发展的日新月异，审判工作的现代化使得书记员需要善于运用网络、计算机操作等，以适应现代化办公的需要。

3. 书记员具有专门的编制

根据《人民法院书记员管理办法（试行）》第七条规定，人民法院在国家核定的编制内依据书记员员额比例确定书记员专用编制。法院不得以任何理由挤占书记员专用编制。基于实行单独序列管理，法院书记员成为一个专门职业，独立建制，专门管理，实行与法官并行的运作机制，工作出色的书记员可以提升为书记长，也可以参照法官模式晋升。因此，法院书记员不再是向法官过渡的临时角色，更不是可有可无、没有上升空间的无关紧要的角色，而是一个稳定、重要的工作岗位。

（二）辅助性

根据《人民法院书记员管理办法（试行）》的规定，书记员职责被明确定位为以庭审为主的审判业务辅助人员。毋庸置疑，审判工作是人民法院工作的核心，而书记员工作就是围绕这一核心，为这一核心服务的辅助性工作人员。但是，辅助并不意味着书记员工作可有可无，相反，书记员工作是审判工作不可或缺的部分，是法官开展工作的前提和基础，司法正义和效率不仅体现在高质量的审判工作上，同时也体现在高质量的书记员工作上。将审判辅助性事务与实体裁判工作相分离，最终是为了更好地实现司法公正，更大幅度地提高司法效率。

（三）规范性

规范性是指书记员工作必须严格按照一定的操作规范进行，其主要表现为一定的时间性和程序性。首先，书记员工作的规范性是由审判工作的规范性决定的，由于审判工作是严格按照民事诉讼法、刑事诉讼法和行政诉讼法的要求进行的，具有严格的时间性和程序性，因此，处于辅助地位的书记员工作也应符合这些要求。其次，书记员工作的规范性还取决于审判工作的权威性和严肃性。为了树立司法权威，法律赋予司法机关庄严的色彩，司法的庄严不仅表现在工作人员的着装、法庭布置和司法礼仪等形式方面，更体现在司法活动的规范性要求方面。例如，书记员的庭审记录、文书制作、送达、案卷整理等工作都必须依照预先制定的标准和要求进行，必须符合一定的规格。此外，规范性还要求书记员必须树立良好的职业形象，严格遵守职业道德和职业纪律。

三、法院书记员工作的意义

书记员在法院工作中的作用是由书记员的工作任务所决定的，书记员的工作是法院业务工作中不可缺少的一部分，具有以下几个方面的重要意义。

（一）书记员笔录制作是法院重要的、基础性的工作

书记员笔录是人民法院进行裁判活动的前提和基础。人民法院裁判文书的制作基础是案件事实、证据和法律，而认定事实、认定证据、适用法律的各项审判活动都要以书记员的笔录为前提和基础，都要通过笔录的形式记载和反映。每一起案件，从立案到结案的整个诉讼活动中，都需要书记员通过记录工作使其变为有形材料，并以此体现整个诉讼活动的全过程。

（二）书记员工作的好坏直接关系到案件质量

一起案件，从受理到审结，书记员都要独立或配合法官完成很多工作。书记员制作完成的卷宗材料，往往是衡量一起案件质量优劣或高低的主要依据，通过审查各种笔录和法律文书，就可以对这起案件诉讼程序和实体处理的质量作出相应的评价。

（三）书记员工作是决定案件能否经得起历史检验的重要条件

经过书记员制作、整理、装订起来的各类审判卷宗多是永久性的或需要长期保存的历史档案，这些档案不仅对国家制定法律、确定各项方针政策有重要的参考作用，而且对法院自身的总结工作，尤其是再审、复审案件起着举足轻重的作用。

四、基层人民法院书记员与其他级别法院书记员的不同

我国的法院设有基层人民法院、中级人民法院、高级人民法院和最高人民法院四个级别，各级人民法院审判庭均设置书记员，由于法院层级不同，虽都是以定分止争为业务，但在具体工作上，基层人民法院的书记员需要处理的工作与上级人民法院的书记员之间是有差别的。截至2018年6月30日，2018年全国法院新收案数1229.5万件，全国法院共有12.4万名员额法官，人均新收案件99.2件[①]，这些案件中的很大一部分就是由基层人民法院处理的。那么，基层人民法院书记员与其他级别法院书记员的不同究竟体现在哪几个地方，本书认为，主要体现在以下三点：首先，基层人民法院处理的都是一般争议的第一审程序，对于其他级别的法院书记员来说，其工作量比较大。由于需要在相同的审限内处理大量的案件，虽然案件相对简单，但这对基层人民法院书记员对业务的熟练程度要求较高，否则大量的加班、赶工是在所难免的，这必然在一定程度上影响案件高质高效的审结。其次，基层人民法院书记员在业务上不涉及二审程序，只需将上诉案件的相关材料移送到二审法院。在二审案件中，书记员的庭前准备等工作与一审案件是大致相同的，本书的很多内容依然具有较大的参考作用。第三，中级及以上的法院依照法律负责处理较为重

---

① 参见《全国法院2018年上半年司法数据》，载于https：//www.135995.com/201/158741.html.

大、复杂的案件一审，在这类案件的一审过程中，其书记员的工作与基层人民法院的书记员是基本一致的，比较突出的特点是这类案件因为争议一般较大，法律关系也通常较为复杂，书记员必须具有更为扎实的法律功底，才能更好地完成司法辅助工作。值得注意的是，中级及以上的人民法院刑事审判庭可能需要处理死刑案件，书记员在死刑执行中需要承担执行记录工作，基层人民法院书记员的工作是不涉及这一点的。

总的来说，基层人民法院书记员的工作量大，涉及诉讼程序及非诉讼程序，虽然涉及的案件争议相对较小、记录的专业难度较小，但是在基层人民法院中没有律师代理的案件占相对大的比例，这就要求基层人民法院书记员必须具备一定的从日常语言中提炼、归纳并转换为法言法语的能力，并能严谨、认真地按照法律规定完成各项事务。中级及以上的法院在处理由其管辖的一审案件时，书记员的工作内容基本与基层一致，但二审案件由于程序稍有不同（如可以不开庭审理等），此时书记员的工作与基层的就有较大的差别。为了简明、便于使用，本书选择较为完整地体现法院纠纷处理程序且具有代表性的基层人民法院书记员工作进行梳理和阐述，其中的部分内容对于中级及以上的法院书记员来说仍然具有较大的参考意义。

第二节　书记员的职责和管理

一、法院书记员的职责

（一）书记员的职责定位

书记员是审判工作的事务性辅助人员，其职责范围是有法律规定的。根据《人民法院书记员管理办法（试行）》第二条规定，书记员履行以下职责：

1. 办理庭前准备过程中的事务性工作

在本阶段，书记员主要负责收案（检查立案庭移交的材料、清点证据、登记来案）、合议庭组成的通知（待法官确定合议庭成员后通知合议庭成员及当事人）、诉讼材料的送达（起诉材料副本、证据材料副本等）、庭前准备工作（包括清点案件材料、签收证据、梳理案件信息、排期开庭、制作并送达开庭传票及送达回证等各种诉讼文书、配合法官调查核实证据或保全、安排庭前调解、安排开庭前阅卷等）、接待当事人及诉讼引导等。

2. 检查开庭时诉讼参与人的出庭情况，宣布法庭纪律

在本阶段，书记员的工作包括开庭前的法庭准备，设备调试，核对诉讼各方到庭人员的情况及信息，宣读法庭纪律，请审判长、合议庭成员进入法庭，向审判长报告诉讼参与人到庭情况。

3. 担任案件审理过程中的记录工作

本阶段是书记员比较重要的工作之一。书记员应当认真、严格按照规定格式和要求对开庭情况进行笔录，力求将审理案件的全部过程完整、准确地记录下来。在记录完后签署记录人姓名并组织当事人核对及签章。庭审记录的打印件和书写记录应做到符合规范格式的要求，做到内容完整、字迹清晰、文理通顺、段落分明、标点准确、无错别字。庭审过程中服从审判长或独任审判员的安排和指挥，庭审后参加合议庭对案件的合议，详细做好合议庭笔录，交各合议庭成员签名后附卷备查。

4. 整理、装订、移交、归档案卷材料

书记员应当及时整理、装订纸质卷宗，整理装订卷宗应做到材料齐全、法律手续完备、顺序规范、目录清楚、装订牢固、卷面整洁、归档及时。《人民法院诉讼文书立卷归档办法》也规定书记员应当及时整理、装订、归档卷宗，做到不错、不漏、不乱，装订顺序整齐，符合长期立卷归档的要求。

5. 完成领导或审判员交办的其他事务性工作

这类交办的事务性工作一般包括：开展内勤，承担司法统计，校对法律文书，协助执行员办理执行标的物的清点、登记，担任执行活动的记录等。

总之，书记员的工作比较琐碎，《人民法院书记员管理办法（试行）》规定的是大的方面，具体的工作是烦琐的，其职责绝不仅仅是在庭审中进行"书记"，因此，时刻牢记书记员职责，拥有法院工作全局观，是做好一名书记员的必要前提。[①]

（二）法院其他相关辅助岗位的职责

1. 法官助理

最高人民法院在提出书记员单独序列管理的同时，也倡导法官助理制度的试行。我国少数法院对此进行了摸索和试点，试图对审判工作进行分工、角色分解，使法官专门负责案件审理和裁判，法官助理则细分为业务性辅助工作和事务性辅助工作。业务性辅助工作由暂时没有进入法官员额的优秀工作人员完成，专业化地辅助法官工作；事务性辅助工作便主要由书记员负责完成。在司法改革的将来，书记员的职责变化趋势是更加单纯和明确，在职责分类上将会清晰地划分法官、法官助理和书记员，各司其职，分工将越来越明确。

随着改革的深入，法官助理在合议庭工作中所履行的职责可能如下：①庭前准备工作。熟悉诉状与答辩状，并就此协助主审法官从事调解工作或确定审理重点；召集双方当事人交换证据，理出争议焦点；查阅了解相关的法律法规供法官参考。②庭审阶段工作。开庭审理前，查明当事人和其他诉讼参与人是否到庭，审查到庭人员参加诉讼的手续；法庭审理中，主要是协助合议庭工作，包括按照法官的指示归纳双方当事人争议的焦点，整理证据材料，查询法律条文等；庭审结束后，对书记员所作笔录进行审查、确认，交当事人阅后签字。③庭后阶段工作则包括参加合议庭的评议，做好评议笔录；根据主审法官或合议庭的指示进行必要的调查工作；按照主审法官的要求拟制法律文书，并可在案件审结后将有价值的案件信息交有关部门作为研究素材。

2. 文秘人员

文秘人员主要是指办公室从事起草公文等文字工作的人员，以及从事秘书工作的人员。办公室是为审判工作提供综合服务、进行综合统筹协调的职能部门，许多法院办公室负责文件收发、印章管理、档案管理、司法统计等工作。从工作性质上看，法院书记员实际上就是法官的秘书，但由于书记员与法院文秘人员有着各自特定的职责，因此他们分别属于两个不同的岗位，有着不同的任职要求，法院文秘人员包括文字工作人员和秘书，文字工作人员的主要职责是起草各类文件，包括报告、通知、函、会议纪要、工作计划、工作总结及领导交办的其他事项，以及做好机要文件的传递、整理，保管和保密工作，同时

---

① 参见彭建新、韩艳主编《法院书记员工作实务》，清华大学出版社2015年版，第7~8页。

当好助手，协助领导。

3. 内勤人员

内勤，意思是内部勤务。内勤应被认为是职责的分工，而不是职位的分类，因为内勤工作的专业性不强，一般不要求具有专业知识，只要求有专人负责。法院内勤人员，是指在法院系统有关部门中从事内部勤务的人员。内勤工作具有基础性、综合性和服务性的特点，与法院其他工作密不可分，优质高效的内勤工作是做好法院其他各项工作的基础性保障。法院内勤工作主要包括文件收发、登记与管理，案件登记，用品领发，报表填报，信息积累，印章管理，档案管理及其他事项。在实践中，法院内勤工作一般由办公室人员、书记员等担任。

二、法院书记员的管理制度

（一）法院书记员的单独序列管理

所谓"单独序列管理"，就是指书记员作为一个专门职业，独立建制，专门管理，实行与法官并行管理的运行机制。工作出色的书记员可以提升为书记长，也可以参照法官模式晋级。在过去的书记员管理模式中，书记员被当作法官预备队，代替法官制作审理报告和判决书，甚至主持开庭审理案件，导致书记员和法官职能不分，工作没有理顺。这不仅影响了案件的审理质量和审判效率，也有损法院的司法公正形象。建立书记员单独职务序列后，书记员有了独立的工作规则、管理机构和运行机制，书记员可以在职责范围内开展工作，提高自己的业务水平，更好地为审判工作服务。

多年来，我国各级法院的书记员均分散在各业务庭，由业务庭的法官进行"传、帮、带"，形成了"一审一书、审书合一、以审带书"的审判组织结构。书记员没有明确的工作职责，干多干少、干好干坏，无统一的考核标准。有的书记员既记录又办案，案件出了差错责任难以分清。书记员的工作量和工作强度取决于所在庭室的案件数量与法官的工作方式，这就导致在同一法院不同庭室的书记员有的超负荷工作，有的相对清闲，不能充分调动书记员的工作积极性，也不能让优秀的书记员脱颖而出。随着法院改革的不断深入，最高人民法院在2002年7月18日颁布实施了《关于加强法官队伍职业化建设的若干意见》（以下简称《意见》），《意见》要求全国法院在法官队伍职业化建设中，实行法官定额制；试行法官助理制；实行书记员单独序列；对法官、法官助理、书记员及其他工作人员实行分类管理，提高法院干部人事管理法制化、科学化水平。

书记员单独序列管理是我国司法机关干部人事管理制度改革的一项重大举措，其重要意义主要体现在：第一，单独序列管理能促进书记员管理工作日益规范化。单独序列管理的实施能够有针对性地建立健全各项规章制度，有效地规范约束书记员，能够进一步规范和明确书记员的工作职责、工作范围、行为规范等，使每个书记员在工作的各个环节都有章可循，改变了以前分散管理时工作的随意性。第二，实行单独序列管理，可以用同一标准在德、能、勤、绩等方面对书记员进行考核。改变了过去那种干多干少、干好干坏一个样的境况，从而增强了书记员的荣誉感和责任感。第三，实行单独序列管理，便于书记员的学习培训。集中管理后，可以由书记员管理部门有针对性地开展符合书记员工作特点的专题讲座以及业务技能培训。第四，实行单独序列管理，可以让法官从烦琐的事务中解脱出来。书记员承担了文书的制作和送达、法律文书的打印校对、卷宗的装订归档等工作，法官只负责审判案件，减少了法官的压力。

书记员单独序列管理也存在一些问题。例如，一直没有出台相关的配套文件予以指导，未能从机制上给予规范。各地法院的做法也不尽相同，有的是法院书记员是"公务员编制"，有的是"事业编制"，有的是"聘用制"等，没有从根本上解决涉及书记员切身利益的一些问题，比如编制、职级、晋升晋级等。书记员作为人民法院的组成人员，在执行法定诉讼程序、完成审判任务、保证办案质量、提高办案效率等工作中，具有十分重要的作用，应进一步完善单独序列管理，以充分调动书记员的工作积极性。

（二）法院书记员管理制度的具体内容

法院书记员管理制度是审判制度的重要组成部分，是指关于书记员任职条件、考核培训、奖励惩处、物质待遇等方面的规章制度的总称。最高人民法院2003年10月28日颁布的《人民法院书记员管理办法（试行）》对此作了一般性的规定，为书记员管理制度确立了基本方向。

1. 法院书记员的任职条件

书记员的工作是审判工作的重要组成部分，也是一项专业性很强的司法业务工作。为了使书记员能够正确履行职责，《人民法院书记员管理办法（试行）》规定了法院书记员的任职条件：①具有中华人民共和国国籍；②拥护中华人民共和国宪法；③身体健康，年满18周岁；④有良好的政治业务素质，具备从事书记员工作的专业技能；⑤具有大学专科以上文化程度。在适应本条第五项规定的学历条件确有困难的地方，经高级人民法院审核同意，在一定期限内，可以将担任书记员的学历条件放宽为高中、中专。对受过刑事处罚、被开除公职或涉嫌违法违纪正在接受审查尚未作出结论的人员不予录用。人民法院新招收书记员应当按照公开、平等、竞争的原则，通过考试、考核，择优聘任。

2. 法院书记员的保障制度

法院书记员的保障制度主要包括以下内容：

（1）职业保障。

书记员的工作烦琐，应为书记员提供充分的职业保障，例如：不受行政机关、社会团体和个人的干涉；非因法定事由、法定程序，不被免职、降职、辞退或处分。虽然《人民法院书记员管理办法（试行）》规定了法院不得随意解聘书记员，但目前仍然没有有关如何评价书记员工作、解聘标准、申诉途径等制度的详细规定，在制度上缺乏对法院解聘书记员的有力约束和有效监督。

（2）工资保障。

《人民法院书记员管理办法（试行）》第六条规定，人民法院聘任制书记员的工资、保险和福利制度由国家另行规定。也就是说，书记员有权按规定获得劳动报酬，享受社会保险、福利待遇。在国家有关规定出台之前，人民法院聘任制书记员的基本工资可按国家公务员的规定执行，其他工资和福利等待遇，可暂由各地根据本地区实际情况进行处理。待国家有关规定出台后，人民法院聘任制书记员的工资、保险和福利待遇改按国家统一规定执行。

（3）人身保障。

书记员是司法工作人员，其代表国家依法行使自己的职权，处理与审判活动有关的事务性工作。为保证书记员能正常开展工作，书记员的人身、财产和住所安全受法律保护。

(4) 其他保障。

书记员有辞职、提出申诉、控告、参加培训等相关权利。为促进书记员素质与能力的提高，人民法院应为书记员参加岗位培训创造条件，包括提供书记员的岗前培训和在职培训。

3. 法院书记员的考核制度

书记员队伍的管理需要科学、恰当的考核机制进行激励或制约。正确而有效的考核、客观公正的评价法院书记员履行岗位职责的情况必须遵循客观公正、严格依法、公开民主与奖惩和晋升紧密结合等一系列基本原则。具体来说，对法院书记员的考核内容应该是多方面的，但主要是德、能、勤、绩四个方面，前两个方面强调法院书记员的自身素质，后两个方面强调法院书记员对社会的贡献。

法院书记员的考核制度是法院书记员管理的基本手段之一，考核主要是考察法院书记员的政绩。考核的目的是了解书记员的思想、工作情况，实现对书记员的阶段性评价，起到对书记员的激励、检查和监督的作用，提高工作效率。具体来说考核的基本目的是：①判断法院书记员是否称职；②发现法院书记员潜在的能力，发掘优秀人才；③作为确定法院书记员职务升降、奖惩和待遇评定的重要参考依据。

目前在考核法院书记员的工作绩效时，通常做法是参照考核公务员的方式进行，没有针对书记员的工作性质和特点。应结合其工作内容、性质、强度等制定一些更细的考核标准。

4. 法院书记员的晋升制度

很多基层人民法院的书记员属于原有按公务员招录、拥有编制的人员，近年招录的则有大部分属于聘用制书记员，他们的职级晋升是按照或参照《中华人民共和国公务员法》（以下简称《公务员法》）及相关规定进行的。各级人民法院书记员的最高职级配备为：最高人民法院书记员的职级最高配备为正处级；高级人民法院书记员的职级最高配备为副处级；中级人民法院书记员的职级最高配备为正科级；基层人民法院书记员的职级最高配备为副科级。直辖市、副省级城市的中级人民法院和基层人民法院部分书记员的职级配备可以略高于相应的规定。书记员职务职数在其所在人民法院的非领导职务职数中解决。对书记员等级的确定，通常以书记员所任职务、德才表现、业务水平、工作实绩和工作年限为依据。①

5. 法院书记员的奖惩制度

对法院书记员的奖励种类可分为：嘉奖、记三等功、记二等功、记一等功、授予荣誉称号。这五种形式也可称为主体奖励。在给予法院书记员奖励的同时，一般还会按规定给予一定的奖金、奖品或晋升工资等级。奖金、奖品和晋升工资等级这三种奖励，也可以称作附加奖励。前五种奖励只能分别单独使用，后三种奖励则要与前五种同时合并使用。在给予奖励时遵循的是精神鼓励和物质鼓励相结合，以精神鼓励为主的原则。奖惩程序一般要经过评选推荐、审核呈报和批准授予三个阶段。

法院书记员的处分也参照公务员的管理，有警告、记过、记大过、留院察看、开除五种行政处分。对法院书记员实施行政处分时，应根据其错误性质、情节轻重、危害大小及

---

① 参见彭建新、韩艳主编《法院书记员工作实务》，清华大学出版社2015年版，第14页。

本人对错误的认识程度，分别给予适当的行政处分。对违反纪律，使国家和人民的利益遭受一定损失的书记员，可以分别给予警告、记过、记大过处分；对严重违反纪律，已不适合继续担任法院书记员工作的，可给予开除处分。这五种处分的先后排列次序，有轻重之别，它们由前到后逐次递进，构成一个比一个重的惩戒处罚体系。处分应当以书面形式作出并通知本人，并在适当范围内公示，处分的书面决定和有关材料应当存入本人档案。

6. 法院书记员培训制度

法院书记员培训是一种岗位培训，属于职业教育范畴，培训的目的在于提高书记员实际工作的能力。法院书记员的培训按照内容和形式分为岗前培训和在职培训。

岗前培训针对的是新录用的书记员。岗前培训围绕让新录用的书记员快速熟悉工作来开展，内容上通常包含：了解自己即将从事的工作内容和责任，树立正确的工作态度，熟悉工作环境和程序，掌握一般的工作方法，为正式上岗任职做好准备。通过岗前培训，书记员应了解法院机关的性质、任务、组织原则、职权范围及主要业务程序。同时，根据法院书记员各自工作重心的不同，有选择地学习刑法学、刑事诉讼法学、民法学、民事诉讼法学、行政诉讼法学等基础理论知识。通过学习，使法院书记员了解自己的工作，了解法官的工作，了解法院的职能，进而能够对自身定位更加准确，能够更有大局观地开展工作。

在职培训主要是围绕"更新知识"来开展。在职培训要根据实际需要，有计划地组织专题学习和研究。针对新出现的情况、新问题，及时组织法院书记员进行专题学习，研究解决问题的途径、方法，以尽快适应形势发展的需要。

三、关于法院书记员"回避"的要求

书记员的回避适用《公务员法》和刑事、民事、行政三大诉讼法及有关司法解释的规定。书记员的回避分任职回避和公务回避两种。

（一）任职回避

《公务员法》第六十八条规定：公务员之间有夫妻关系、直系血亲关系、三代以内旁系血亲关系以及近姻亲关系的，不得在同一机关担任双方直接隶属于同一领导人员的职务或者有直接上下级领导关系的职务，也不得在其中一方担任领导职务的机关从事组织、人事、纪检、监察、审计和财务工作。因地域或者工作性质特殊，需要变通执行任职回避的，由省级以上公务员主管部门规定。同时，书记员的回避要求还可以参照《法官法》的相关规定。《法官法》第十六条规定：法官之间有夫妻关系、直系血亲关系、三代以内旁系血亲以及近姻亲关系的，不得同时担任下列职务：①同一人民法院的院长、副院长、审判委员会委员、庭长、副庭长；②同一人民法院的院长、副院长和审判员、助理审判员；③同一审判庭的庭长、副庭长、审判员、助理审判员；④上下相邻两级人民法院的院长、副院长。《法官法》第十七条规定：法官从人民法院离任后2年内，不得以律师身份担任诉讼代理人或者辩护人。法官从人民法院离任后，不得担任原任职法院办理案件的诉讼代理人或者辩护人。法官的配偶、子女不得担任该法官所任职法院办理案件的诉讼代理人或者辩护人。

（二）公务回避

《最高人民法院关于审判人员在诉讼活动中执行回避制度若干问题的规定》第一条规

定：审判人员具有下列情形之一的，应当自行回避，当事人及其法定代理人有权以口头或者书面形式申请其回避：①是本案的当事人或者与当事人有近亲属关系的；②本人或者其近亲属与本案有利害关系的；③担任过本案的证人、翻译人员、鉴定人、勘验人、诉讼代理人、辩护人的；④与本案的诉讼代理人、辩护人有夫妻、父母、子女或者兄弟姐妹关系的；⑤与本案当事人之间存在其他利害关系，可能影响案件公正审理的。本规定所称近亲属，包括与审判人员有夫妻、直系血亲、三代以内旁系血亲及近姻亲关系的亲属。

《最高人民法院关于审判人员在诉讼活动中执行回避制度若干问题的规定》第二条规定：当事人及其法定代理人发现审判人员违反规定，具有下列情形之一的，有权申请其回避：①私下会见本案一方当事人及其诉讼代理人、辩护人的；②为本案当事人推荐、介绍诉讼代理人、辩护人，或者为律师、其他人员介绍办理该案件的；③索取、接受本案当事人及其受托人的财物、其他利益，或者要求当事人及其受托人报销费用的；④接受本案当事人及其受托人的宴请，或者参加由其支付费用的各项活动的；⑤向本案当事人及其受托人借款，借用交通工具、通信工具或者其他物品，或者索取、接受当事人及其受托人在购买商品、装修住房以及其他方面给予的好处的；⑥有其他不正当行为，可能影响案件公正审理。以上规定，作为审判辅助人员的书记员同样适用。

第三节　书记员的职业道德和礼仪要求

一、法院书记员职业道德

（一）道德和职业道德的含义

道德，是由一定的经济关系决定的，依靠社会舆论、传统伦理习俗和人们的内心信念来维持的一种特殊社会意识形态，表现为善恶对立的社会意识和行为规范的总和。自从有了人类社会，为了保证社会生活的正常进行，合理地调整社会生活中的各种关系，就必须有规范和准则，道德就是一种重要的社会规范。职业道德，也可以称为职业伦理，是指某种职业或专业的从业人员，在履行本职工作的过程中，应当遵循的职业范围内的特殊道德要求和道德准则。职业道德是人们在职业活动中应当遵循的特定的行为规范，是一般社会道德的特殊形式，是社会道德的组成部分。职业道德的主要内容是规定从业者应当以什么样的思想、感情、态度、作风和行为对待本职工作，并规定从业者在业务范畴内待人、接物、处事所应履行的行为范式及职责。

职业道德作为社会意识形态之一，对社会的发展有着重要的作用。职业道德主要调整职业范围内的三种关系。首先，职业道德调整职业内部的人和人之间的关系。每种职业都有它活动的特殊性，职业内部的人和人的关系不同于社会上一般人和人的关系，摆正自己的职业定位，才能更好地开展工作。其次，职业道德调整职业活动中人和物的关系。在任何一种职业中，都存在人与本职工作有关的物的关系，反映了人对待社会的公共财产和社会物质财富的态度。如何对待这些物，是爱护，还是不在乎，直接关系到工作开展的成本。第三，职业道德调整职业与职业有关的各种社会关系。社会上任何一种职业都不是孤立的，都与其他职业及其人员发生千丝万缕的联系，他们互相影响、互相作用，如法官专业的工作能力、清正廉明的态度，可以增加公众对司法的信心，进而更愿意进行交易。良好的职业道德可以起到促进各种关系和谐发展的作用。

(二) 法院书记员应具备的职业道德

法院书记员是审判活动正常运行的重要辅助人员，它属于一种专门的职业，司法本身固有的中立性、平等性及公正性就要求凡是从事与审判活动有关的人员，包括书记员，都必须恪守相应的职业道德。具体而言，书记员应具备五项基本职业道德：

1. 热爱本职工作，忠于职守

书记员首先应当做到爱岗敬业。爱岗敬业，即热爱本职工作和工作岗位，忠于职守、尽职尽责。爱岗敬业是为人民服务和集体主义精神的具体体现，是职业道德的最基础规范。爱岗敬业是我国各行各业共同遵循的社会主义职业道德规范的首要内容，也是书记员职业道德的首要方面。爱岗敬业反映了书记员对本职业价值的正确认识和对本职业情感的真挚热爱，只有热爱书记员工作，才能做好书记员工作。因此，书记员必须具备爱岗敬业的精神。爱岗敬业要求书记员培养以下几个方面的意识：第一，责任意识。书记员所担负的事务性工作具有琐碎、量大的特点，书记员如果责任意识不强，在工作中就容易出现纰漏，不仅影响诉讼活动的质量和效率，甚至会影响诉讼活动的合法运行。因此，书记员一定要树立强烈的责任意识，认真完成经手的每一项工作，每一个环节，使之真实、准确、合法地再现诉讼活动全过程，最终经得起时间的检验。第二，服务意识。书记员工作是法院审判工作须臾不可离的重要工作，同时又是一项琐碎繁忙、事务性很强的工作。书记员本身不像法官那样在审判案件时处于引人注目的位置。因而，书记员要自觉破除"图名利""讲轻松""要待遇"的思想，充分认识到在社会主义的各行各业中，只有分工的不同，没有高低贵贱之分，平凡见精神，平凡出伟大，"三百六十行，行行出状元"。审判活动是由法官的裁判过程和书记员的辅助工作等组成的一项完整的司法活动。因此，书记员应当主动树立服务意识，从正常审判活动的需要出发，服务于审判，服务于当事人，充分发挥服务作用，配合法官保质保量完成各项审判活动。第三，效率意识。法院的一切工作，都围绕着公正与效率这个主题，这就要求书记员必须具备效率意识。对于每一项工作，能够及时完成的绝不拖延，通过具体工作的及时完成来促进诉讼整体活动的高效完成。此外，爱岗敬业还要求书记员具有吃苦耐劳的精神。在当前基层人民法院普遍面临着案多人少，办公条件差的情况下，书记员工作是和"苦""累"联系在一起的，因此，书记员必须具备吃苦耐劳的品质，否则就做不好书记员工作。

总之，书记员的工作是辛苦的，必须具备不怕苦、不怕累的敬业精神，有一种强烈的时代责任感，只有勤勤恳恳、兢兢业业、刻苦钻研、恪尽职守，才能做一名让党放心、让人民满意，优秀、高效的书记员。

2. 实事求是，认真务实

书记员的工作主要是做好笔录工作，而笔录是法律规定的证据之一，是定案处罚的依据，是检查办案质量和检查办案人员执行法律的文字依据。因而，在"以事实为基础"上，书记员必须做到在案件调查、笔录中，一切从实际出发，忠于事实真相，一是一、二是二，不扩大、不缩小，不主观臆测、臆造、臆断，使调查笔录等工作客观准确，完整全面，经得起历史检验。在"以法律为准绳"上，必须严格按照实体法和程序法办事。由于书记员大量的具体工作是按照程序法的规定做的，对程序法的落实必须一丝不苟，不能存有重实体法轻程序法的思想，不能图省事随意简化程序，更不能背离程序而自行其是。

3. 严肃执法，廉洁自律

书记员作为国家审判机关的工作人员，公正清廉是其最基本的职业道德要求。公正，要求书记员崇尚法治，客观求实，坚持在法律面前人人平等，自觉维护程序公正和实体公正，不歪曲事实、主观臆断，不篡改、伪造或者故意损毁证据材料及庭审笔录；清廉，要求书记员具有廉洁意识。书记员虽然处于审判辅助地位，但由于其与审判活动有着极为密切的关系，故而也有可能利用特殊的关系地位从事违纪违法行为。因此，书记员必须增强廉洁意识，严守审判纪律，不因自己的任何不廉行为影响司法的公正和法院的形象。

4. 谨言慎行，保守秘密

"秘密"就是在一定的时间和范围内，为保护自身的安全和利益，需要加以隐蔽、保护、限制、不让外界知悉的事项的总称。"保守秘密"就是要求特定的人员在一定的期限和范围内以一定的手段保守特定的信息，不公之于众。作为法院书记员职业道德之一的保守秘密，其秘密也是有特定范围的，它专指审判秘密以及在审判过程中所接触的国家秘密、商业秘密和当事人的个人隐私。其中审判秘密是指按照有关的法律规定在审判过程中不宜或不应公开的内容。一般包括宣判前的案件信息、院领导的批阅意见、有关个人隐私和商业秘密、收结案件统计情况、案件排期情况、庭审动态等。保守审判秘密是人民法院审判纪律的要求。由于职业的特性，书记员将全程参与案件的审判过程。如果书记员保密意识不到位，随意放置案卷材料或案卷材料保管不善，随意交予不应查阅的人查阅，将未经宣判的合议庭、审判委员会意见提前透露给当事人、代理人或不应当透露的人，都将给审判活动带来极为不良的影响。保守秘密要求书记员应做到以下几点：一是必须要有严格的保密意识，要明确哪些情况和问题是应保守的秘密，决不能故意泄露，也要严防因疏忽大意而泄露；二是不得向当事人或者其代理人、辩护人提供有关案件的审理情况和其他有关信息；三是不得为当事人或者其代理人、辩护人联系和介绍承办案件的法官，或透露承办法官的联系方式；四是不得打探法官承办案件的审理情况和有关信息。具体来说，可以从以下几个方面做到保守秘密：

①不得向亲友、熟人以及工作上无关人员泄露审判工作秘密，不得在公共场所谈论案件的处理情况。

②案件宣判之前，不得向当事人或其亲属、辩护人、诉讼代理人以及工作上无关人员泄露案件的处理意见。

③合议庭、审判委员会对具体案件处理的讨论情况，上下级法院之间对案件处理的各种不同意见以及有关单位领导、党委的意见，一律不得向工作上无关的人员和单位透露，尤其不得向缠诉不休的当事人泄露。

④案件的经办人员必须妥善保管案件材料，下班前对案件材料要认真检查、清点，并妥善放置、收藏；须携带案卷出差者，必须确保案卷安全，严禁携带案卷材料游览、参观、探亲访友和出入与办案无关的场所，以防案件材料丢失和被窃。

⑤非因办案需要，不得擅自复制案件材料。

⑥案件材料的归类、装订、立卷必须按照规定办理，按规定立正、副卷。案件的请示、批复、领导的批示，有关单位的意见，合议庭评议案件的记录，审判委员会讨论案件的记录，案情报告以及向有关法院、有关单位征询对案件的处理意见等书面材料，必须装订在副卷内。副卷的材料非因工作需要，又未经本院领导批准，任何单位和个人不得

查阅。

⑦接待辩护人、诉讼代理人阅卷,必须首先查明其身份;然后严格按照辩护人、诉讼代理人阅卷的有关规定办理,并指定阅卷人在法院内适当的场所查阅。

5. 仪表端正,举止文明

法院是国家审判机关,在刑事、民事、行政等案件的审理过程中同其他国家机关、当事人、律师、媒体都有交往。在交往的过程中,法院书记员等人员要通过自己的言行举止来表现法院是最讲理、最公道、最廉洁、最文明的地方。遵守司法礼仪既是书记员个人道德修养的外在表现,又是司法文明的重要体现。这要求书记员加强自身修养,做到谦和自信、待人和气、谦虚稳重、遵循礼仪。法院书记员对于司法礼仪不仅要"知",而且要"行",要将礼仪规范的要求内化为自己的行为,同时还必须克服"重实体轻程序"等观念的影响,把遵守司法礼仪作为职业生存方式的重要内容之一。

6. 顾全大局,团结协作

书记员作为法院的工作人员,在工作当中要加强内部上下级之间的团结协作。这既是做好本职工作的需要,也是书记员职业道德的要求和内容之一。书记员承担的是审判辅助性工作,团结协作要求书记员必须具备较强的配合意识。一是与法官之间的配合,在审判工作中,法官处于主导地位,书记员负责担任记录和办理与审判有关的辅助性事务。书记员与法官之间的配合是否融洽默契直接影响到案件审理的质量与效率。二是与法院其他部门的配合。由于书记员事务性的工作内容广泛,接触的部门很多,书记员应当了解各部门的职能与运作程序,主动与其他部门进行配合,以提高工作质量和效率。三是书记员之间的配合。对同一业务庭的书记员来说,很多工作可以通过合作进行统筹安排。如盖章、打印文书等工作,可以运用值日的方式轮流负责,从而节省大量的时间和避免重复劳动,大大提高工作效率。

二、法院书记员的司法礼仪要求

司法礼仪,是司法人员在司法活动与交流中遵循一定规范而形成的言行方式。它一般是指司法人员的外表、行为、言语等符合一定的道德规范,体现一定的法律素养,反映出一定的审美趣味,能给人留下良好的印象,并且通过这种礼仪形成一定的司法秩序,宣示司法的公信力,维护法治的尊严。司法礼仪是一种态度,也是一种行为方式。《法官职业道德基本准则》要求"法官应当严格遵守各项司法礼仪,注意保持良好的仪表、形象和文明的举止,维护人民法院的尊严和法官的良好形象"。书记员作为法官的重要辅助人员,工作时几乎时刻在法官左右,有时甚至需要代表法官、代表法院外出办公,代表着司法的形象,也应当遵守司法礼仪。

(一) 司法礼仪的意义

司法礼仪并非是形式主义,其在审判实践中具有以下重要意义:

1. 司法礼仪有助于提高公众对司法机关的公信力

法官和书记员的行为与态度直接影响着司法机关的形象。法官和书记员讲礼貌、懂得尊重他人,对于司法裁判的结果可能没有根本的影响,但它是法院能否正常发挥司法功能的润滑剂。反之,则必然会有损司法工作人员的职业形象,甚至影响司法机关的公信力。

2. 有利于解决当事人之间的纠纷

能很好地遵守司法礼仪的法官和书记员具有亲和力，容易让当事人产生信赖感，当事人就会认为他们会公正审理自己的案件，从而对法院所作出的司法裁判愿意服从并遵守，减少缠讼案件。

3. 规范化的司法礼仪是职业道德的重要内容

司法礼仪是法官、书记员和其他人员在长期的司法实践活动中逐渐积累而成的惯例。把司法礼仪作为规范加以规定，主要是因为司法礼仪从内容到形式，都符合职业道德的基本特点，它反映着法官、书记员的内心职业善恶感与是非感，关系着法院审判工作的质量。同时，从职业道德的高度要求司法工作人员遵守司法礼仪，有利于他们提高履行审判职责的责任感和荣誉感。

（二）司法礼仪的具体体现

1. 法　袍

2000年初，法官袍正式开始进入社会的视野。为了体现中国法官的公正形象，人民法院审判人员开庭审理案件时，着黑色法官袍。法官穿着法官袍象征着思想的成熟和独立的判断力，并表示始终遵循法律，对国家和社会负责。

2. 法　槌

2002年初，法槌开始进入法庭。根据最高法院《人民法院法槌使用规定（试行）》，宣布开庭、继续开庭、宣布休庭、闭庭、宣布判决、裁定应当使用法槌。妨害审判活动，扰乱法庭秩序的以及陈述与本案无关或者重复陈述的，以及法官认为有必要使用法槌的其他情形，可以使用法槌。

3. 法院建筑

法院建筑属于法院的物质文化的一部分，庄重典雅的法院建筑及庄严肃穆的法庭布置会使民众感受到法律的神圣，崇法守法。法院建筑不是简单追求奢华、气派的一堆堆钢筋水泥，而是被赋予了生命和灵魂的建筑物。

4. 语言和行为

语言和行为最直接地反映一个人的形象和气质，同时也体现了一个人的精神风貌。司法工作人员的言行不仅反映其个人的精神气质，也体现了司法机关的形象，直接影响到司法的权威和司法的公信力，因此司法工作人员必须遵守以下言行规范：

①谨言慎行，不得有任何损害司法公正和法官形象的言行；注意保持良好的仪表和文明的举止，言行谨慎，使用规范、准确、文明的语言，不得有任何不公的训诫和不恰当的言辞，避免随意性和倾向性。

②应当遵守法庭规则，并监督法庭内的所有人员遵守法庭规则，保持法庭的庄严。

③态度温和，举止得体，乐于助人，不得粗暴对待群众。应当尊重当事人和其他诉讼参与人的人格尊严。认真、耐心地听取当事人和其他诉讼参与人发表意见。开庭时应当遵守法庭规则，并监督法庭内的所有人员遵守法庭规则，保持法庭的庄严。

④严格执行着装规定，保持良好形象。司法工作人员不但在工作当中要注重礼仪，遵守业内行为规范，而且在工作之余还要遵守业外行为规范。司法工作人员应当杜绝与公共秩序、社会公德、良好习惯相违背的，可能影响自身形象和公正履行职责的不良嗜好和行为，避免使群众对自身的公正、清廉产生怀疑。谨慎出入社交场合，谨慎交友，慎重对待

与当事人、律师以及可能影响自身形象人员的接触和交往,避免影响到职责的正确履行。不得参加营利性社团组织或借自身影响力营利的社团组织,避免对司法工作人员的公信力产生不良影响,时刻保持自身的良好形象。

(三)书记员与司法礼仪的关系

司法活动是一项古老、文明的活动。司法活动在礼仪方面有较高的要求。人民法院的司法礼仪不仅是对法官的要求,人民陪审员、执行员、书记员、法警及其他法院工作人员,以及当事人、诉讼代理人、旁听人员等,在法院司法活动中也应当遵守司法礼仪。

书记员应当严格遵守各项司法礼仪,保持良好的仪表举止,维护人民法院的尊严和法院书记员的良好形象。书记员应当认真履行职责,使用规范和文明语言,不对诉讼参与人有不公正训诫、不恰当言词和歧视性语言,按规定着装和准时出庭。书记员从事职务以外的活动,应当避免公众对其行为产生合理怀疑以及对人民法院的公信力产生不良影响。没有影响自身和法院形象的不良嗜好,不参与商业活动或者其他经营活动,谨慎出入社交场合和交友,不针对具体案件发表不适当评论,不接受不适当的采访。

具体来说,在司法礼仪方面,书记员应当:

①仪表端正,发型得体,不化浓妆、不染鲜艳指甲、不染鲜艳发色。

②按规定着制服。具体要求可参见《人民法院审判制服着装管理办法》和法院内部的规定,如着短袖夏服时,浅月白色短袖衬衣配夏裤(裙),上衣外穿,佩戴小法徽(法徽佩戴在上衣左胸口袋上沿上方正中,法徽下沿与口袋上沿平齐);着春秋服、冬服时,上身内穿白色长袖衬衣,系审判专用制式领带,衬衣下摆扎系于裤腰内(法徽佩戴于上衣左胸驳头装饰扣眼处)。再如,穿着制服时应当做到服装整齐洁净,仪表端庄得体,注重礼仪规范,不得披衣、敞胸露怀、趿鞋、挽袖、卷裤腿和外露长袖衬衣下摆;不得系扎围巾,不得染彩发,不得留怪异发型;男性人员不得留长发(发长侧面不过上耳沿,后面不过衣领)、蓄胡须,非特殊原因不得剃光头;女性人员留长发者不得披散发,不得染指甲、化浓妆,不得佩戴耳环、项链等首饰。(参见下图所示)

第二章 诉 讼

第一节 民事诉讼的基本问题

一、民事诉讼

(一) 诉讼的概念

民事诉讼是指法院在当事人和其他诉讼参与人的参加下,审理解决民事案件的活动以及由这种活动所产生的诉讼关系的总和。

诉讼活动包括法院的审判活动和诉讼参与人的诉讼活动两部分。如案件受理、送达诉讼文书、采取强制措施、作出裁判等属于法院的审判活动;而原告的起诉、被告应诉答辩、证人出庭作证等活动则属于诉讼参与人的诉讼活动。

(二) 民事诉讼的特点

1. 具有公力性质

民事诉讼不同于其他解决纠纷方式,它是在国家审判权力介入之下,对民事纠纷通过国家的司法程序进行解决。

2. 当事人处分权利的自由性

在民事诉讼中,民事主体不论是在实体上还是在程序上,都有依法处分其权利的自由。如民事诉讼中的原告有权放弃、变更自己的诉讼请求,被告有权进行反诉等。但是,在刑事诉讼和行政诉讼中公诉机关和行政机关则不可能处分这些权利。

3. 民事诉讼具有明显的阶段性

民事诉讼的整个过程,围绕解决民事纠纷这一基本任务,由若干各有其中心任务的阶段组成,同时各个阶段相互衔接,依次连续进行。

4. 纠纷解决的强制性、最终性与权威性

民事诉讼解决纠纷的过程与结果具有强制性,其结果具有终局性地确定当事人之间权利义务关系的效力。与其他民事纠纷解决方式不同的是,不管被告是否自愿,是否放弃参与诉讼,其必须接受法院的裁判结果。任何社会都需要权威来维持,也需要维持权威。

(三) 民事诉讼的目的

民事诉讼的目的,是指国家设立民事诉讼制度所期望达到的目标或结果。国家设置民事诉讼制度,总是在一定的目的论的指导下进行的,目的不同,则其所设计的诉讼结构、具体制度、诉讼权利义务的配置、程序保障的程度等方面就会存在差异。在不同国家和地区中,对这一问题有不同的理解和认识,如权利保护说(私权保护说)、维护法律秩序说

（维护私法秩序说）、纠纷解决说、程序保障说、权利保障说、多元说等。

《中华人民共和国民事诉讼法》（以下简称《民事诉讼法》）第二条规定，中华人民共和国民事诉讼法的任务，是保护当事人行使诉讼权利，保证人民法院查明事实，分清是非，正确适用法律，及时审理民事案件，确认民事权利义务关系，制裁民事违法行为，保护当事人的合法权益，教育公民自觉遵守法律，维护社会秩序、经济秩序，保障社会主义建设事业顺利进行。

由此可见，《民事诉讼法》中的规定"保护当事人行使诉讼权利"，实际上是将当事人的程序权利和程序利益的保护作为民事诉讼的一个目的；"确认民事权利义务关系""保护当事人的合法权益"以及"维护社会秩序、经济秩序，保障社会主义建设事业顺利进行"，则是从立法上体现了关于民事诉讼的实体性目的的规定。

二、民事诉讼法律关系

（一）民事诉讼法律关系的概念

民事诉讼法律关系，是指民事诉讼法律、法规所调整的人民法院、当事人以及其他诉讼参与人之间存在的以诉讼权利义务为内容的具体社会关系。进一步可将其理解为三方面：民事诉讼法律关系是民事诉讼法所调整的社会关系；民事诉讼法律关系存在于法院、当事人和其他诉讼参与人之间，当事人与其他诉讼参与人相互之间也会发生诉讼法律关系；民事诉讼法律关系的内容是诉讼权利义务。

（二）民事诉讼法律关系的特征

1. 民事诉讼法律关系是由审判法律关系和争讼法律关系构成的特殊社会关系

所谓"审判法律关系"，是指在法院与当事人和其他诉讼参与人之间形成的，由民事诉讼法律规范所调整的具体的社会关系。包括法院和当事人之间的关系以及法院同其他诉讼参与人之间的法律关系。

所谓"争讼法律关系"，是指当事人之间以及当事人与其他诉讼参与人之间形成的由民事诉讼法律规范所调整的社会关系。包括当事人之间在诉讼过程中形成的诉讼关系以及当事人与其他诉讼参与人之间的诉讼关系。争讼法律关系的存在以当事人和其他诉讼参与人的诉讼权利和诉讼义务为基础。

2. 民事诉讼法律关系体现了法院审判权与当事人诉讼权利的对立与平衡

如果没有法院审判权与当事人诉权的结合，那么一切民事诉讼法律关系都不可能发生。现代诉讼程序都重视当事人的诉讼权利与法院的审判权相互配合与制衡，强调法院审判权与当事人诉讼权利并重，加强法院的阐明义务，以确保民事诉讼法律关系的均衡。

（三）民事诉讼法律关系的要素

民事诉讼法律关系与其他法律关系一样，也是由主体、内容和客体三个要素构成。

1. 民事诉讼法律关系的主体

民事诉讼法律关系的主体，是指民事诉讼权利的享有者和民事诉讼义务的承担者，包括人民法院、当事人及其诉讼代理人、其他诉讼参与人和人民检察院等。

（1）人民法院。人民法院是行使国家审判权的机关，在诉讼中依法享有诉讼权利和承担诉讼义务，依照法定程序和方式进行诉讼活动。人民法院在诉讼中通过行使审判权，与当事人和其他诉讼参与人形成审判法律关系。在审判法律关系中，人民法院有组织和指挥诉讼程序的职权。

（2）人民检察院。人民检察院是民事诉讼法律关系中的特殊主体。作为国家的监督机关，有权对人民法院的民事审判活动进行监督。根据民事诉讼法规定的抗诉权，人民检察院对人民法院已经发生法律效力的裁判发现确有错误的，通过提出抗诉、派检察员参加诉讼等方式介入民事诉讼的再审程序，与人民法院形成审判监督法律关系。此外，根据《民事诉讼法》第五十五条第二款之规定，人民检察院在履行职责中发现破坏生态环境和资源保护、食品药品安全领域侵害众多消费者合法权益等损害社会公共利益的行为，在没有前款规定的机关和组织或者前款规定的机关和组织不提起诉讼的情况下，可以向人民法院提起诉讼。前款规定的机关或者组织提起诉讼的，人民检察院可以支持起诉。人民检察院还可以民事公益诉讼原告的身份介入民事诉讼中，成为民事诉讼法律关系主体。

（3）诉讼参加人。根据民事诉讼法的规定，诉讼参加人包括当事人和诉讼代理人。这里的当事人是指广义的当事人，根据民事诉讼法的规定，包括原告、被告、共同诉讼人、第三人和诉讼代表人。当事人在诉讼过程中享有广泛的诉讼权利，对诉讼程序和民事诉讼法律关系的发生、发展和终结具有决定性的影响。诉讼代理人包括法定代理人和委托代理人。

（4）其他诉讼参与人。按照通说，本书所指的其他诉讼参与人包括证人、鉴定人、勘验人和翻译人。其他诉讼参与人同诉讼结果不具有法律上的利害关系，他们基于不同的原因参加诉讼，分别与人民法院产生审判法律关系，与当事人产生争讼法律关系，以协助人民法院和当事人查明案件事实。

2. 民事诉讼法律关系的内容

民事诉讼法律关系的内容，是指民事诉讼法律关系主体根据民事诉讼法律规范所享有的诉讼权利和承担的诉讼义务。所谓民事诉讼权利，是指民事诉讼法律规范所规定的民事诉讼法律关系主体所享有的实施一定诉讼行为的可能性。它表现为民事诉讼法律关系主体可以自己实施一定的诉讼行为，可以要求他人做出一定的诉讼行为，当该权利受到侵犯时，可以寻求相应的法律救济。所谓民事诉讼义务，是指民事诉讼法律规范所规定的民事诉讼法律关系主体实施一定诉讼行为或者不实施一定行为的义务。

对应民事诉讼法律关系的主体，有以下权利义务：

（1）人民法院的诉讼权利和诉讼义务。人民法院的诉讼权利和诉讼义务是同行使国家审判权的职责结合在一起的。人民法院有权对民事案件进行审理和做出裁判，这既是其享有的诉讼权利，也是其对国家和当事人应当承担的诉讼义务。如人民法院作出裁判，既是其诉讼权利也是其诉讼义务。

（2）人民检察院的诉讼权利和诉讼义务。人民检察院的诉讼权利和诉讼义务的基础是法律监督权，这一权限在民事诉讼法律关系中具体化为抗诉权。这既是权利也是其作为国家法律监督机关应当履行的义务。人民检察院作为民事公益诉讼原告时，也享有当事人的诉讼权利、承担当事人的诉讼义务。

（3）当事人的诉讼权利和诉讼义务。当事人是民事诉讼必不可缺的主体，其诉讼权利和诉讼义务的范围比较广泛。如申请审判员回避的权利、辩论的权利，遵守法庭纪律的义务和如实提供证据的义务。

(4) 诉讼代理人的诉讼权利和诉讼义务。诉讼代理人的诉讼权利和诉讼义务是基于诉讼代理权而产生的,民事诉讼法律规范赋予诉讼代理人与当事人相似的诉讼地位,因而他们与当事人的诉讼权利和诉讼义务基本相同。当然,未经特别授权的委托诉讼代理人除外。

(5) 其他诉讼参与人的诉讼权利和诉讼义务。其他诉讼参与人参加诉讼,既要与人民法院发生审判法律关系,又要与当事人发生争讼法律关系。为查明案情他们必须配合人民法院的审判活动,也必须对当事人负责,如实反映案件事实或者协助当事人实现其权利。当然,诉讼参与人因其参与诉讼的身份不同,各自享有的诉讼权利和承担的诉讼义务也不相同。

3. 民事诉讼法律关系的客体

民事诉讼法律关系的客体,是指民事诉讼法律关系主体的诉讼权利和诉讼义务所指向的对象。民事诉讼法律关系主体之间存在着多种民事诉讼法律关系,各个主体所享有的诉讼权利和承担的诉讼义务也不尽相同,因而客体也有区别。

就法院与当事人之间以及各方当事人之间而言,诉讼法律关系的客体是案件事实和诉讼请求,即法院和当事人围绕着案件事实、证据是否真实和诉讼请求是否合法而行使诉讼权利和履行诉讼义务。

就法院、当事人分别与其他诉讼参与人之间法律关系而言,诉讼法律关系的客体是案件事实,因为证人等其他参与人不是当事人,不能提出诉讼请求,仅仅协助法院和当事人查明案件事实而参加诉讼。

(四) 引起民事诉讼法律关系发生、变更和消灭的法律事实

民事诉讼法律关系因具备民事诉讼法律规范所规定的法律事实而发生、变更和消灭。凡是能够引起民事诉讼法律关系产生、变更和消灭的事实,就称为诉讼上的法律事实。根据是否包含行为人的意志,民事诉讼上的法律事实大致可分为事件和诉讼行为。

事件是指不以行为人的意志为转移的法律事实,如当事人的死亡可能引起诉讼法律关系的终结和变更等。诉讼行为是指民事诉讼主体所实施的能够引起一定的诉讼法上效果的行为,诉讼行为是民事诉讼上的主要法律事实。

诉讼行为既包括作为和不作为,又包括合法行为和非法行为,都能产生一定的诉讼后果。不过合法行为能够产生行为人预期的效果,而非法行为则不能产生行为人预期的效果。

1. 法院的诉讼行为

法院的诉讼行为包括裁判行为、执行行为和其他行为。裁判行为是指法院依据审判权对本案当事人之间争议的实体上和程序上的权利义务纠纷作出归属性判断的行为,它是法院的主要诉讼行为。执行行为又称民事执行或强制执行,是指人民法院依照法定程序,运用国家司法执行权,迫使被执行人履行生效法律文书内容的诉讼行为。法院的其他诉讼行为包括诉讼指挥行为、在法定条件下调查收集证据行为、接受当事人诉讼行为等。诉讼指挥行为源于诉讼指挥权,是指法院主持和维持诉讼程序和执行程序有序进行的行为,包括指定期日、传唤当事人、送达诉讼文书等。

2. 当事人的诉讼行为

讨论当事人诉讼行为的概念,意义在于区别当事人的法律行为和诉讼行为,从而决定

是适用民法上有关法律行为的规定还是适用民事诉讼法上有关诉讼行为的规定。

区分当事人的行为是属于诉讼行为还是民事法律行为具有重大意义。当事人的诉讼行为与民事法律行为有着诸多区别。在法律规范方面，民法对所有的法律行为予以一般性规定，而民事诉讼法则没有一般性规定。诉讼行为必须由具备诉讼能力的主体有效进行；而在法律行为中，限制行为能力人也可以有法律行为。对于错误的或者意思表示不自由的意思表示行为，民事主体可以撤销，而诉讼行为则无此规定，但诉讼行为在一定范围内当事人可以自由撤回。诉讼行为不能随意附条件，而民事法律行为则可以任意附带条件和期限。

3. 诉讼契约

诉讼契约是当事人之间以意思表示为要素，以现在或将来发生诉讼法上一定法律效果为目的而成立的法律行为，又称为"诉讼上的合意"。民事诉讼法根据处分权原则，规定当事人可以协议的方式处分自己的某些诉讼权利，如管辖协议、调解协议、执行和解等。

三、民事审判的基本原则与制度

（一）民事审判的基本原则

民事审判的基本原则，是指人民法院的审判人员在审理案件时为了实现法律的价值目标及体现庭审功能，依据法律的规定及立法者的立法本意，必须贯彻的行为以及思想准则。

1. 法官中立原则

法官中立原则是指法官在诉讼过程中，始终保持中立性，既不偏向于原告也不偏向于被告，公正地进行审理及裁判案件。在我国民事诉讼程序中，法官的中立性首先是以法律"回避"制度来体现的。其核心就是避免法官在民事诉讼中体现自身的主观好恶和客观的利害关系，而使法官能始终达到"居中裁判"的中立地位去参与、指导民事诉讼程序的推进。

同时，证据规则中对人民法院主动取证的限制性规定，从客观上预防因法官取证而造成中立地位倾向某一方的可能。在民事审判方式改革中，确立以"诉辩式"庭审方式取代"纠问式"庭审方式，相对弱化了法官在法庭审理中的主导地位，突出了法官的中立性，即指导当事人进行诉辩，平等听取双方意见，居中裁判。

对于法官来说，如果产生偏向某一方的心理，则很容易将这种心理付诸在行动上，而没有作出客观的判断和结论，其审判行为势必引起某方当事人的不满，从而使审判人员对案件的审理及作出的裁判很难让人信服。法官是公平、公正的化身，其职业要求其必须克服"偏私"的心理，始终保持中立的态度，客观地看待、判断是非，居中作出正确的裁判。因此，作为一名法官，在接手案件后直至案件审结甚至是在案件审结后要始终将自己放在中立的位置上。

同时，作为一名法院书记员，从立案开始就不断接触到案件事实与当事人，也必须保持中立的态度。因为在案件进入到法院之后，当事人无论接触的是法官还是书记员，都代表着法院所表达出的态度。

2. 诚实信用原则

诚实信用原则是指当事人在从事民事活动时，应当诚实守信，以善意的方式履行其义务,不得滥用权力规避法律或者合同规定的义务。诚实信用原则是民事法律关系中最为重要的核心理念。由于立法者不可能用具有相对稳定性的法律条文规定尽所有总是处于无限进步状态下的社会关系,所以我国的民法通则及合同法都规定了诚实信用原则,要求民事审判人员用强式授权来弥补法律规定的漏洞。

诚实信用原则,应当贯穿民事诉讼法的全过程,包括:依法行使诉讼权利,履行诉讼义务,遵守诉讼秩序,自觉履行发生法律效力的判决书、裁定书和调解书。违反诚实信用原则,应当承担相应的法律责任,比如,当事人之间恶意串通,企图通过诉讼、调解等方式侵害他人合法权益的,人民法院应当驳回其请求,并根据情节轻重予以罚款、拘留;构成犯罪的,依法追究刑事责任。

诚实信用原则不仅是当事人和其他诉讼参与人应当遵守的原则,也是法官在审判时和书记员在相关工作时都应当遵守的原则。以事实为根据,以法律为准绳,对当事人在适用法律上一律平等,保障和便利当事人行使诉讼权利。

3. 当事人处分原则

当事人有权在法律规定的范围内处分自己的民事权利和诉讼权利,这是由民法和民事诉讼法的特点决定的。民法是调整平等主体的公民之间、法人之间、公民和法人之间的财产关系和人身关系的法律规范。民法以私法自治为原则,承认当事人自主决定其权利义务关系。民事诉讼法是为了维护民事主体合法权益、规范当事人的诉讼行为和人民法院的审判行为的程序法。马克思认为审判程序和法律应该具有同样的精神,因为审判程序只是法律的生命形式。那么作为民法生命形式的民事诉讼法,应当贯彻民法自治的原则,在程序制度上充分尊重当事人的意思自治。当事人有权在法律规定的范围内处分自己的民事权利和诉讼权利,是民事诉讼同刑事诉讼、行政诉讼的一个重要区别。

当事人对实体权利的处分主要表现在两个方面:

(1)诉讼主体在起诉时可以自由地确定请求司法保护的范围和选择保护的方法。在民事权利发生争议或受到侵犯后,权利主体有权决定自己请求司法保护的范围。如在侵害财产所有权的纠纷中,被损害者有权就全部损害提出赔偿要求,也有权以部分损害的赔偿作为诉讼标的。

(2)诉讼开始后,原告可以变更、追加或放弃自己的诉讼请求;被告也可以部分或全部承认原告的诉讼请求;当事人双方可以达成或拒绝达成调解协议;在判决未执行完毕之前,双方当事人随时可就实体问题自行和解。

诉讼权利是当事人处分的另一重要对象,诉讼权利虽然属于程序意义上的权利,但往往与实体权利有关,当事人对实体权利的处分,一般是通过对诉讼权利的处分而实现的。对诉讼权利的处分主要体现在以下几个方面:

(1)诉讼发生后,当事人可依自己的意愿决定是否行使起诉权。立法也在起诉方面采取当事人"不告不理"的做法。因此,当事人在其实体权利受到侵犯或就某一实体权利与他人发生争议时,是否诉诸法院,由当事人自行决定。只有在当事人起诉的情况下,诉讼程序才能开始,法院既不强令当事人起诉,更不能在当事人不起诉的情况下主动进行审理。

(2)在诉讼过程中,原告可以申请撤回起诉,从而要求人民法院终结已经进行的诉讼,也就是放弃请求法院审判的诉讼权利。被告也有权决定是否提出反诉来主张自己的实体权利,借以对抗原告的诉讼请求。

(3) 在一审判决作出后,当事人可以对未生效的判决提起上诉或不提起上诉;对于已生效的判决或调解书认为有错误时,当事人有权提出申请,请求人民法院再审,是否再审由人民法院决定;对生效判决或者其他具有执行力的法律文书享有权利的当事人,有权决定是否申请强制执行。

(4) 在执行过程中,申请执行人可以撤回其申请,撤回申请的处分行为不影响其实体权利的继续存在。

民事权利虽然属于私权范畴,但其与国家利益、集体利益、他人利益之间往往有着密切的联系,因此,当事人处分自己的民事权利和诉讼权利不是绝对的、无限的。当事人必须在法律规定的范围内行使处分权,违反法律规定行使处分权,人民法院应当进行干预,当事人也要承担相应的法律责任。

(二) 民事审判的基本制度

民事审判的基本制度,是指人民法院在审判民事案件过程中所必须遵循的关键性作用的审判制度,是民事诉讼法及其他有关法律对民事审判工作进行法律调整的各种具体制度规范的总和。

1. 公开审判制度

公开审判制度,是指法院对民事案件的审理过程和判决结果向社会公开的制度。

公开审判制度包含两方面的内容:一方面,公开审判形式上要求,向群众公开,允许群众旁听案件的审判活动;向社会公开,允许大众传媒对案件的审理情况进行采访和报道。公开审判的案件除合议庭评议不公开外,整个审判的过程均应当公开,尤其是举证、质证、辩论、宣判应当公开。另一方面,公开审判内容上要求,案件审理除法律明确规定不公开审理的外,其他一律公开进行;依法不公开审理的案件,仅指案件审理的过程,判决必须公开宣告。对公开审理的案件,为了便于群众参加旁听和新闻媒体采访报道,民诉法规定法院应当在开庭前公告当事人的姓名、案由和开庭的时间、地点。

根据民事诉讼法的规定,有些案件不宜公开审理,在某些特殊情况下如果实行公开审理,可能造成消极的社会影响,甚至可能给国家造成难以弥补的损失。不宜公开审理的案件有以下几种:一是涉及国家秘密的案件。国家秘密在此是一个广义的概念,包括党的秘密、政府的秘密、军队的秘密。二是涉及个人隐私的案件。主要是男女关系方面和其他私生活方面不宜公开张扬的案件。三是离婚案件和涉及商业秘密的案件,当事人不愿意公开审理的案件,人民法院可以根据当事人的申请决定不公开审理。对于不公开审理的案件,宣判应当公开进行。

公开审判制度的意义在于:首先,有利于促进和保障司法公正。这一制度将审判活动置于媒体和社会公众的监督之下,增强了审判活动的透明度,能够促使法官依法公正审判,防止可能出现的因"暗箱"操作而造成的裁判不公。其次,对当事人及其他诉讼参与人也有约束作用,能够促使当事人据实陈述案情和证人如实提供证言。最后,有利于进行法制宣传教育,可以使群众受到生动而形象的法制教育。

2. 回避制度

回避制度是指法官和其他有关人员有法律规定的不宜参加审理的情形时,退出对某一案件审理或与审理有关的活动的制度。

2000年1月，最高人民法院颁发了《关于审判人员严格执行回避制度的若干规定》；2011年4月，最高人民法院又颁发了《关于审判人员在诉讼活动中执行回避制度若干问题的规定》。设立回避制度是为了确保审判的公正性。通过回避制度，可以把存在的可能影响案件公正审理情形的法官和其他有关人员排除出审判过程，以消除当事人的疑虑，保证审判过程和审判结果的公正性。

回避适用的对象首先是法官和陪审员，其次是书记员、执行员、翻译人员、鉴定人、勘验人。将书记员等也作为回避适用的对象，是由于他们虽然不是审判人员，但记录或提供与审判有关的信息，其行为也可能影响审判的公正进行。

我国民诉法规定的应当回避的法定情形是：①本案的当事人或当事人、诉讼代理人的近亲属。近亲属通常是指配偶、父母、子女、兄弟姐妹、祖父母、外祖父母、孙子女、外孙子女关系。②与本案有利害关系。这是指案件处理的结果会直接或间接地影响到法官或其他有关人员的利益。③与本案当事人、诉讼代理人有其他关系，可能影响对案件的公正审理。其他关系，指除上述关系外的、与本案当事人之间存在的足以影响案件公正审理的关系，如师生关系、同学关系、朋友关系等。④审判人员接受当事人、诉讼代理人请客送礼，或者违反规定会见当事人、诉讼代理人的，当事人有权要求他们回避，审判人员有违反该规定的，应当依法追究法律责任。

回避的方式有两种：一种是自行回避，即确有法定的回避原因时，由法官或其他有关人员主动要求回避；另一种是申请回避，即由当事人或其诉讼代理人向法院提出申请，要求法官或其他有关人员回避。法官或其他有关人员在发现自己有法定的回避情形时，应当主动向审判长、院长或审判委员会提出回避；当事人或其诉讼代理人认为他们有法定的回避情形时，有权向法院申请。当事人申请回避，可采用口头或书面两种方式，不论采用何种方式，均应当说明申请的必要性，还应当提供证明应当回避情形存在的证据。

提出回避申请的时间一般在开庭审理时，审判长需要询问当事人是否申请回避，如申请，就应在此时提出，书记员应在笔录中记录。

3. 合议制度

合议制度，是指由三名或三名以上的法官或者法官与陪审员组成合议庭行使审判权，对案件进行审理并作出裁判的制度。

我国的审判组织包括合议制和独任制两种形式。独任制是由一名法官对案件审理并作出裁判的制度。合议制是相对于独任制而言的。合议制是由三名或三名以上的法官或者法官与陪审员进行审判的制度，可以在审判中发挥众人的智慧，可以避免由一人审判可能出现的失误，有利于提高审判的质量，有利于保证案件的正确处理，所以，合议制是我国民事审判的基本的组织形式。与独任制相比，它具有广泛的适用性。根据民诉法的规定，除适用简易程序和特别程序审理的民事案件采用独任制外，其他案件一律采用合议制。

合议制的组织形式是合议庭。不同审级在审判中的任务有所不同，因此，合议庭的组成人员因审级的不同而异。

（1）第一审合议庭。

第一审合议庭的组成有两种情形：一种是由审判员和陪审员共同组成合议庭，另一种是由审判员组成合议庭。法院在审判中采用哪一种方式组成合议庭，应当根据需要和可能来确定。从审判实务来看，法院在审理专业性和技术性较强的案件时，往往需要邀请有关专业人士作为陪审员参加审判。陪审员虽然不是法官，但作为合议庭的成员，在执行陪审职务时与法官有同等的权利和义务。

（2）第二审合议庭。

第二审审理的对象不同于第一审。第一审仅对当事人双方的争议进行审理，第二审除审理当事人的争议外，更主要的是要审查一审裁判认定事实和适用法律是否正确。此外，二审裁判的效力也不同于一审，是发生法律效力的终审裁判。因此，在合议庭的组成人员上，对二审的要求应当高于一审。考虑到这一要求，民诉法规定二审的合议庭完全由法官组成。

（3）再审、重审合议庭。

再审案件适用的程序取决于原来的审级，原来是第一审的，按第一审程序审理并组成合议庭；原来是第二审的，按第二审程序审理并组成合议庭。再审合议庭必须另行组成，即原来的独任庭或合议庭的法官或陪审员，一律不得作为再审合议庭的成员。另行组成合议庭可以避免成见，使原审裁判中的错误易于得到纠正。上级法院发现裁判确有错误而提审的案件，为第二审案件，应当按第二审程序的规定由法官组成合议庭。二审法院发回重审的案件仍然是一审案件，合议庭应当按一审程序的规定组成。重审的合议庭也必须另行组成。

合议庭须由一名成员担任审判长，主持对案件的审理。当院长或庭长为合议庭成员时，由院长或庭长担任审判长；院长或庭长不是合议庭成员时，由其指定一名法官担任审判长。陪审员不得担任合议庭的审判长。

合议庭的成员应当自始至终地参与审判活动，中途不得退出或更换。合议庭的成员应认真参与案件的审理并进行评议，不得将审判的任务交给承办法官，变成名为合议，实为独任人办案、三人署名。

4. 两审终审制度

两审终审制，是指民事案件经过两级法院审理就告终结，获得终局裁判的制度。

我国法院分为四级：基层人民法院、中级人民法院、高级人民法院、最高人民法院。在这四级法院中，除了最高人民法院受理的一审民事案件实行一审终审制度外，其他三级法院受理的一审民事案件均实行两审终审制。

两审终审适用于一般的民事案件，但也有一些民事案件因其特殊性，不适用两审终审。首先，简单民事案件中的小额案件，法律明确规定实行一审终审。其次，确认公民无民事行为能力、限制民事行为能力、宣告死亡、宣告失踪等适用特别程序的案件，由于有自身的救济机制，不需要实行两审终审。最后，适用督促程序的案件、公示催告程序的案件，也不需要实行两审终审。

第二节 刑事诉讼的基本问题

一、刑事诉讼的概念和特征

刑事诉讼是指国家专门机关在当事人及其他诉讼参与人的参加下，依照法律规定的程序，追诉犯罪，解决被追诉人刑事责任的活动。

我国的刑事诉讼有如下特征：

1. 刑事诉讼由国家专门机关主持进行

刑事诉讼是属于国家的司法活动。国家专门机关主要指人民法院、人民检察院和公安机关（包括安全机关，下同），它们在刑事诉讼中分别行使一定的专门职权，其中人民法院行使审判权，人民检察院行使公诉权、审查批准逮捕权、部分案件侦查权以及法律监督权，公安机关主要行使侦查权。

2. 刑事诉讼是专门机关行使国家刑罚权的活动

国家刑罚权就是国家对实施了犯罪行为的人加以刑事处罚的权力。刑事诉讼的具体内容就是依法查明犯罪事实是否已经发生，谁实施了犯罪及其有关情节并正确适用法律加以惩罚，也就是如何追诉犯罪，解决犯罪嫌疑人、被告人的刑事责任问题。

3. 刑事诉讼是严格依照法律规定的程序进行的活动

刑事诉讼不但其结果直接关系到公民的生命、人身自由和财产权利的予夺，而且诉讼过程也与公民的人身自由和财产权利密切相关。因此公安司法机关追诉犯罪活动时，应当按法律规定的程序和规则严格加以规范和制约，以防止其滥用权力，侵犯人权。当事人和其他诉讼参与人也只有严格遵循程序的要求进行诉讼活动，才能有效地维护自己的诉讼权利，更好地发挥自己在诉讼中的作用，确保刑事诉讼的顺利进行。刑事诉讼的严格程序化，体现正当程序的要求，这是诉讼民主、法治的基本要求。

二、刑事诉讼阶段

刑事诉讼从开始到结束，是一个向前运动、逐步发展的过程。在刑事诉讼过程中，按照一定顺序进行的相互连接的一系列行为，可以划分为若干相对独立的单元，称为刑事诉讼阶段。刑事诉讼阶段的特点是，每一个诉讼阶段都是一个完整的独立程序，有其自身的直接任务和形式。某一诉讼过程是否构成一个独立的诉讼阶段，主要看它是否具有自己的直接任务、参加诉讼的机关和个人的独特构成、进行诉讼行为的特殊方式、诉讼法律关系的特性以及与其他诉讼过程不同的总结性文件，这是此诉讼阶段与彼诉讼阶段的主要区别。

具体地说，划分刑事诉讼阶段的标准是：①一定诉讼过程的直接任务。例如，侦查程序的直接任务主要是收集证据，查明犯罪事实，抓获或控制犯罪嫌疑人。而起诉程序的直接任务，就公诉案件来说，是对侦查机关侦查终结后移送起诉的案件，从认定事实到适用法律进行全面审查并依法作出提起公诉和不起诉的决定。②参加诉讼的机关和个人的构成。例如，侦查活动中参加诉讼的机关主要是侦查机关或部门，这与审判阶段主要是由法院主持有着明显的区别。③进行诉讼行为的方式。例如，侦查活动的诉讼方式是在不公开的形式下依法进行专门调查工作和采取有关的强制性措施；而审判活动的诉讼方式主要是在法官的主持下、在公诉人（在公诉案件中）、当事人及其他参与人的参加下进行的公开开庭审理和宣判。④诉讼法律关系的特性。刑事诉讼法律关系是指进行或参加刑事诉讼的机关或个人基于刑事诉讼法的规定而产生的相互间的权利义务关系。不同诉讼阶段因该阶段的直接任务、主体和活动方式不同而体现在法律关系上也是不同的。例如，在审查起诉阶段，犯罪嫌疑人和检察官的关系，在权利义务关系上显然是不平衡的；在审判阶段，控辩双方的主体在诉讼地位上，基本上是平等的。⑤诉讼的总结性文件。例如，审查起诉活动的总结性文件为起诉书、不起诉决定书，而审判活动的总结性文件为判决书、裁定书等，两者存在明显不同。

按照上述标准，可以将我国的刑事诉讼基本上划分为立案、侦查、起诉、第一审、第二审和执行等阶段，此外还有死刑复核程序和审判监督程序两个特殊阶段。特殊阶段是指特定案件才适用的程序，如死刑复核程序只适用于判处死刑的案件，审判监督程序只适用于已生效的裁判。《中华人民共和国刑事诉讼法》（以下简称《刑事诉讼法》）第五编所规定的4个特别程序——未成年人刑事案件诉讼程序，当事人和解的公诉案件诉讼程序，犯罪嫌疑人、被告人逃匿、死亡案件违法所得的没收程序，依法不负刑事责任的精神病人的强制医疗程序，基本上适用上述诉讼阶段，但不完全适用。例如，在依法不负刑事责任的精神病人的强制医疗程序中，人民法院作出强制医疗的决定后，有关诉讼参与人对决定不服的，可以向上一级人民法院申请复议，而不是提出上诉。

刑事诉讼阶段与各个具体的诉讼程序既有联系，又有区别。诉讼阶段指刑事诉讼全过程中具有相对独立性的单元。各具体的诉讼程序是在各个诉讼阶段实行一定的诉讼行为所应遵循的方式和手续。

诉讼程序受诉讼阶段制约，在什么诉讼阶段便相应采用什么样的诉讼程序。例如，在第一审阶段，设立开庭前准备、法庭调查、法庭辩论、被告人最后陈述、评议和宣判等具体审判程序。

三、刑事审判概述

（一）刑事审判的概念

刑事审判是指人民法院在控、辩双方及其他诉讼参与人的参加下，依照法定的权限和程序，对于依法向其提出诉讼主张的刑事案件进行审理和裁判的诉讼活动。[①]

从刑事诉讼程序的视角看，刑事案件经过立案、侦查、审查起诉阶段后，少数案件因事实、证据或者政策等方面的原因作出除罪化处理，止步于审判程序之前。绝大部分案件则会进入刑事审判程序，法官需要根据案件情况对案件进行审理并对定罪量刑问题作出最终的裁决。正是通过对刑事案件的审判，刑事法律所追求的惩罚犯罪、保障人权、维护法益等目标才得以最终实现。鉴于此，刑事审判被视为刑事诉讼的中心和重心。

对于刑事审判而言，"审"与"判"都十分重要，但最终的落脚点仍应是"裁判"。"裁判"的对象范围也不断扩大，除了传统的实体性裁判之外，程序性裁判日益得到关注。法律赋予法院依法独立审判的权力，反映出裁判权的重要性。

刑事审判与民事审判解决私人之间利益争端或者纠纷的职能不同，刑事审判涉及的是国家刑罚权的正当行使，影响到被告人、被害人及社会公众对刑事司法的整体观感，并且与犯罪控制和社会治理密切相关。因此，刑事审判是一项重要的国家职能，是通过法律控制和治理犯罪的重要途径。

（二）刑事审判的基本原则

刑事审判原则是指刑事诉讼过程中的特有原则。法治国家的刑事审判作为一项规范

[①] 陈光中主编：《刑事诉讼法》，北京大学出版社、高等教育出版社2016年版。

性、程序性、目的性很强的工作，必须秉承一定的理念，遵循一定的原则。正是基于特定的原则，刑事审判制度才得以形成和塑造，刑事司法的公正性和权威性才得以体现。包括法官中立、控辩平等原则，审判公开、直接言辞原则，程序法定、保障权利原则，证据裁判、疑罪从无原则，宽严相济、规范量刑原则。①

1. 法官中立、控辩平等原则

公正，是司法的本质属性，也是司法的灵魂和生命，在诉讼价值体系中处于核心地位。司法体系的建立、司法制度的改革和司法活动的开展都以公正为终极目标。"中立"是司法公正的内在要求和体现，也是实现司法公正的前提。在保证公正得以实现的各种理念和制度中，"中立"处于十分重要的地位。中立原则就是要求法院处于居中裁判的地位，不能与一方有利害关系或对一方持有偏见和歧视。

为了保障审判法官中立，审判独立也就成为公正审判的基本要求和前提。因此，法官必须全面理解中立原则，端正审判意识，树立法官中立的审判理念，为实现程序公正、实体处理公平、客观裁判奠定基础。在司法实践中要做到：

（1）要平等地对待控辩双方，不能带着被告人有罪的偏见，先入为主，而应将被告人当作无罪的人看待。

（2）要严格依法确定举证责任，公诉案件的举证责任由控方承担，被告人没有提出证据证明自己无罪的义务，不能因被告人不能证明自己无罪便据此得出被告人有罪的结论。

（3）调查核实活动不能带任何追诉倾向，对证据的调查必须限定在控辩双方已经提出的证据范围之内，是建立在对控辩双方已经提出的证据有疑问的基础之上，而不能对控方或辩方没有提出的证据进行收集、判断，也不能对有疑问的证据以外的问题进行调查核实，特别是不能针对证据不足进行补充收集证据。否则，就违背了法官中立性原则，混淆了控审职能，使审判机关异化为追诉机关。

（4）对于调查核实时收集到的证据，必须经过控辩双方质证、辩论以后才能作为定案的根据。案件实体处理时要坚持疑罪从无和利益归被告人的原则。

2. 审判公开、直接言词原则

只有公开审判，将审判过程置于社会的关注和监督之下，才能确保审判的公正性，才能消除当事人和社会的猜想与疑虑。公开审判也能够防止外界不当地干涉司法，还有助于进行法治宣传教育。

审判公开不仅包括审判过程公开，还包括裁判理由和结果公开；既包括对当事人公开，也包括对社会公众公开。在庭审环节让当事人和公众参与和了解审判过程，只是审判公开在形式上的要求。审判公开还有实质性的要求，无论是当庭宣判还是定期宣判，都应当让当事人和公众知晓裁判结果是如何作出的，也就是要说明裁判的理由和依据。

直接言词原则也是刑事审判的重要原则之一。坚持直接言词原则，一是为了确保法官通过证据调查，亲自接触第一手证据材料，避免因错误判断证据而导致事实认定出现偏差甚至错误；二是为了通过当庭举证、质证和认证，维护被告人依法享有的质证权和程序参与权，确保程序的公正性。

坚持直接言词原则，关键在于要求证人、鉴定人出庭作证，接受控辩双方的询问，尤

---

① 刘玉民、于海峡编著：《刑事审判技能》，中国民主法制出版社2012年版。

其是让控方证人、鉴定人接受被告方的质证。如果任由书面证言、鉴定意见等笔录证据充斥在法庭之上，不仅法官很难对证言、鉴定意见的真实可靠性进行判断，被告人也无法当面对证人、鉴定人提出质证意见。不过基于司法资源和案件实际情况的考虑，并非所有的案件、案件中所有的证人都有必要出庭作证。只有那些对于定罪量刑十分重要且控辩双方存在争议的证人、鉴定人，才应当出庭作证。

3. 程序法定、保障权利原则

法律的正当程序既是程序公正的基础，也是实体公正的保障。随着刑事法治的发展，不仅要实现正义，更要实现"看得见的正义"。《刑事诉讼法》所规定的各项审判程序规则，如送达、权利告知、庭审质证、非法证据排除、被告人最后陈述，在实践中都必须严格遵守，否则相应的诉讼行为就将被视为无效。基于无效的诉讼行为作出裁判，上诉审也会以程序违法为由撤销原判，发回重审。

在刑事诉讼领域，正当程序原则尤其强调保障被告人的合法权益。权利告知、法庭调查、法庭辩论、被告人最后陈述等法律规定，都是为了确保被告人依法享有知情权、质证权、异议权等诉讼权利。程序公正是对人民法院审理案件的硬性限制，这种限制保证了审判权在合理范围内有限行使，所以说程序是审判权的制约，是公民权利的"保护伞"，最大限度地维持了被告人的尊严，保障了被告人依法享有的诉讼权利。作为刑事法官，应将程序公正贯穿于整个案件中，坚持程序公正与实体公正并重，以程序公正保证实体处理的公正。

在审判阶段坚持程序法定原则，还要求对取证的合法性进行必要的审查。实践证明，通过刑讯逼供等非法方法收集的证据材料，既严重侵犯了当事人的合法权益，又极易导致冤错案件，因此法律规定对非法证据应当予以排除。如果被告人在审判阶段提出非法证据排除申请，法院就需要对取证的合法性进行审查，并依法排除非法证据，维护被告人的正当程序权利。

4. 证据裁判、疑罪从无原则

刑事诉讼的基本原则是"以事实为依据，以法律为准绳"。刑事诉讼活动就是查明案件事实，正确适用法律的过程。法律的适用是以事实清楚为前提，而事实又必须用证据予以证明。因此可以说，证据是刑事诉讼中最核心的问题，也是关系司法公正的重要问题。

我国最新修正的《刑事诉讼法》第五十五条规定："对一切案件的判处都要重证据，重调查研究，不轻信口供。"刑事法官要树立证据意识，切实转变以口供为核心的证据观念，逐步淡化口供在现代刑事诉讼中的作用，强化用证据证明案件事实的证据观念，注意审查证据与案件事实之间的客观内在联系。案件事实主要包括犯罪行为是否发生和是否是被告人实施两个方面。

在判断证据是否"确实、充分"时，要注意以下几点：

（1）注重审查证据之间、证据与待证事实之间、证据与情理之间，是否存在不能解释的矛盾，证据是否排除合理怀疑，是否具有明显的排他性。

（2）注重审查证据的来源是否可靠、合法。用刑讯逼供和以威胁、引诱、欺骗或其他非法手段取得的证据，伪造和假冒的证据都不应在法庭上认证，更不能作有效证据使用，坚决排除非法证据。非法证据之取得一定是损害了程序公正，在某些情况下也损害了实体公正，排除非法证据对维护程序公正至关重要，程序公正和实体公正合二为一，即为司法公正。

（3）注重审查被告人无罪、罪轻的证据，防止先入为主，偏听偏信。任何不合法、不充足的证据支持的指控事实和罪名均应视为不能成立。正确处理好事实和证据的关系，克服事实和证据相脱离的倾向。

疑罪从无从认识论的层面难以解决，只能从法律真实的理念出发，寻求法律层面的解决机制。基于法律有关证明责任和证明标准的规定，如果承担证明责任的追诉者未能提供确实、充分的证据证明案件事实，就只能承担败诉的结果。如果裁判者无视法定的证明标准，实行有罪推定，就极易导致错案，错案一旦发生就将严重损害刑事司法的正当性。因此，为了避免冤枉无辜，确保刑事司法的正当性，必须坚持疑罪从无的处理原则。

5. 宽严相济、规范量刑原则

我国《刑法》第五条规定："刑罚的轻重，应当与犯罪分子所犯罪行和承担的刑事责任相适应。"其基本含义是指罪行大小与刑罚轻重应当相称，有罪必罚，轻罪轻刑，重罪重刑，罪刑相称，罚当其罪。其基本要求是法定刑罚相对于具体犯罪的罪状而言应当适度与协调。即法院对各种犯罪的刑罚裁量、刑罚执行制度以及法定刑的设置，不仅要考虑犯罪的社会客观危害性、行为人的主观态度和人身危害性，而且还要考虑犯罪行为所造成的危害结果，以及整个犯罪事实包括罪行和犯罪各方面因素综合体现的社会危害性程度，从而讲求刑罚个别化。

刑罚的裁量必须以犯罪事实和情节为根据，以具体的法律、司法解释为准绳，准确地分析判断从重、从轻、减轻或免除处罚的法定量刑情节，合法、适度地使用酌定量刑情节，贯彻宽严相济、打击与教育相结合的刑事政策，尽可能地平衡法、理、情的关系。做到轻重得当，宽严适度，实现法律效果与社会效果的有机统一。

四、刑事案件庭审要求

庭审是受诉人民法院在双方当事人及其他诉讼参与人的参加下，依照法定程序，在法庭上对依法受理的案件，进行审理的诉讼活动。庭审的主要任务是，通过法庭调查和法庭辩论，审查核实证据。查明案件事实，适用法律、法规，以确认当事人之间的权利义务关系。公开开庭审理案件，特别是刑事庭审，事关被告人的最基本、最重要权利，审判人员必须谨慎敬业，全面掌握刑事案件庭审的要点与技巧，努力实现程序、实体的公正，让被告人心悦诚服地接受审判，让控辩双方都满意庭审的功效，让旁听人员都切身感受法律的公正。

刑事案件法庭审理在程序上一般分为开庭、法庭调查、法庭辩论、被告人最后陈述、合议庭评议和宣判五个阶段。对刑事庭审法官和书记员的要求：一是刑事案件庭审的基本程序性规范要求，二是刑事案件庭审法官和书记员能力要求。

刑事案件庭审的基本程序性规范要求如下。

1. 开庭宣告

开庭是正式进行法庭审判前的准备阶段。

依据《刑事诉讼法》第一百九十条及《最高人民法院关于适用〈中华人民共和国刑事诉讼法〉的解释》（以下简称《刑事诉讼法解释》）第一百九十条的规定，开庭的具体程序和内容包括：

（1）审判长宣布开庭，查明当事人是否到庭，在确认被告人到庭后，应当查明被告人的下列情况：姓名、出生年月日、民族、出生地、文化程度、职业、住址，或者单位的名称、住所地，诉讼代表人的姓名、职务；是否曾受到过法律处分及处分的种类、时间；是否被采取强制措施及强制措施的种类、时间；收到人民检察院起诉书副本的日期；附带民事诉讼的，附带民事诉讼被告人收到附带民事诉状的日期。

（2）审判长宣布案件的来源、起诉的案由，附带民事诉讼原告人和被告人的姓名（名称）及是否公开审理。对于不公开审理的案件，应当当庭宣布不公开审理的理由。

（3）审判长宣布合议庭组成人员、书记员、公诉人、辩护人、诉讼代理人、鉴定人和翻译人员的名单。

（4）被告人认罪认罚的，审判长应当告知被告人享有的诉讼权利和认罪认罚的法律规定，审查认罪认罚的自愿性和认罪认罚具结书内容的真实性、合法性。

（5）审判长应当告知当事人、法定代理人在法庭审理过程中依法享有下列诉讼权利：可以申请合议庭组成人员、书记员、公诉人、鉴定人和翻译人员回避；可以提出证据、申请通知新的证人到庭、调取新的证据、重新鉴定或者勘验、检查；被告人可以自行辩护；被告人可以在法庭辩论终结后作最后的陈述。

（6）审判长分别询问当事人、法定代理人是否申请回避，申请何人回避和申请回避的理由。如果当事人、法定代理人申请回避的，法院应当根据《刑事诉讼法》和《刑事诉讼法解释》有关回避的规定加以处理。

2. 法庭调查

法庭调查是在审判人员的主持下，控、辩双方和其他诉讼参与人的参加下，当庭对案件事实和证据进行审查、核实的诉讼活动。其任务是查明案件事实、核实证据。由于刑事诉讼法规定，所有证据都必须在法庭上调查核实后才能作为定案根据，因此法庭调查是法庭审判的核心环节。法庭调查的成效，直接关系到案件处理的质量。

法庭调查的范围是人民检察院起诉书所指控的被告人的犯罪事实和证明被告人有罪、无罪、罪重、罪轻的各种证据。

根据《刑事诉讼法》第一百八十六条至第一百九十三条及《刑事诉讼法解释》第一百九十五条至第二百二十七条的相关规定，法庭调查的具体步骤和程序如下：

（1）公诉人宣读起诉书。

审判长宣布法庭调查开始后，首先由公诉人宣读起诉书；有附带民事诉讼的，再由附带民事诉讼的原告人或者其诉讼代理人宣读附带民事诉状。

（2）被告人、被害人陈述。

在审判长主持下，被告人、被害人可以就起诉书指控的犯罪事实分别进行陈述。

（3）讯问、询问被告人、被害人和附带民事诉讼原告人、被告人。

在审判长主持下，公诉人可以就起诉书中指控的犯罪事实讯问被告人；被害人及其诉讼代理人经审判长准许，可以就公诉人讯问的情况进行补充性发问；附带民事诉讼的原告人及其法定代理人或者诉讼代理人经审判长准许，可以就附带民事诉讼部分的事实向被告人发问；经审判长准许，被告人的辩护人及法定代理人或者诉讼代理人可以在控诉一方就某一具体问题讯问完毕后向被告人发问。此后，控辩双方经审判长准许，可以向被害人、附带民事诉讼原告人发问。

审判长在主持讯问、发问时，须注意以下几点：①起诉书指控的被告人的犯罪事实为两起以上的，法庭调查时，一般应当就每一起犯罪事实分别进行；②对于共同犯罪案件中的被告人，应当分别进行讯问，合议庭认为必要时，可以传唤共同被告人同时到庭对质；③审判长对于控辩双方讯问、发问被告人、被害人和附带民事诉讼原告人、被告人的内容与本案无关或者讯问、发问的方式不当的，应当制止；④对于控辩双方认为对方讯问或者发问的内容与本案无关或者讯问、发问的方式不当并提出异议的，审判长应当判明情况予以支持或者驳回；⑤审判人员可以讯问被告人。必要时，可以向被害人附带民事诉讼当事人发问。

（4）询问证人、鉴定人。

《刑事诉讼法》第一百九十二条规定："公诉人、当事人或者辩护人、诉讼代理人对证人证言有异议，且该证人证言对案件定罪量刑有重大影响，人民法院认为证人有必要出庭作证的，证人应当出庭作证，适用前款规定。人民警察执行职务时目击的犯罪情况作为证人出庭作证。公诉人、当事人或者辩护人、诉讼代理人对鉴定意见有异议，人民法院认为鉴定人有必要出庭对证人证言、鉴定意见的质证，鉴定人应当出庭作证。经人民法院通知，鉴定人拒不出庭作证的，鉴定意见不得作为定案的根据。"第一百九十三条规定："经人民法院通知，证人没有正当理由不出庭作证的，人民法院可以强制其到庭，但是被告人的配偶、父母、子女除外。证人没有正当理由拒绝出庭或者出庭后拒绝作证的，予以训诫，情节严重的，经院长批准，处以十日以下的拘留。被处罚人对拘留决定不服的，可以向上一级人民法院申请复议。复议期间不停止执行。"

证人、鉴定人到庭后，审判人员应当首先核实证人、鉴定人的身份、与当事人以及本案的关系，告知证人、鉴定人应当如实提供证言、鉴定意见和有意作伪证或者隐匿罪证或者有意假鉴定要负的法律责任。证人、鉴定人作证或者说明鉴定意见前应当在如实作证或者如实说明鉴定意见的保证书上签字。

公诉人、当事人和辩护人、诉讼代理人经审判长许可，可以对证人、鉴定人发问。向证人、鉴定人发问时，应当先由提请或要求传唤的一方进行，发问完毕后，对方经审判长准许，也可以发问。审判人员认为有必要时，可以询问证人、鉴定人。

为避免证人、鉴定人之间相互影响，向证人和鉴定人发问应当分别进行。证人、鉴定人经控辩双方发问或者审判人员询问后，审判长应当告知其退庭。同时，为防止庭审对证人和鉴定人作证的影响，证人、鉴定人不得旁听对本案的审理。

控辩双方的发问方式不当或者内容与本案无关的，对方可以提出异议，申请审判长制止，审判长应当判明情况予以支持或者驳回；对方未提出异议的，审判长也可以根据情况予以制止。

在此，补充说明一下讯问、发问或者询问被告人、被害人、附带民事诉讼原告人和被告人、证人、鉴定人的规则。该规则包括以下内容：①讯问、发问或者询问的内容应当与案件事实相关；②不得以诱导方式提问；③不得威胁当事人和证人、鉴定人；④不得损害当事人和证人、鉴定人的人格尊严。

（5）出示物证、宣读鉴定意见和有关笔录。

公诉人、辩护人应当向法庭出示物证，让当事人辨认，对未到庭的证人的证言笔录、鉴定人的鉴定意见、勘验笔录和其他作为证据的文书，应当当庭宣读。当庭出示的物证、书证、视听资料等证据，应当先由出示证据的一方就所出示证据的来源、特征等作必要的说明，然后由另一方进行辨认并发表意见，控辩双方可以互相质问、辩论。当庭出示的证据，尚未移送人民法院的，应当在质证后移交法庭。

（6）调取新的证据。

《刑事诉讼法》第一百九十七条规定："法庭审理过程中，当事人和辩护人、诉讼代理人有权申请通知新的证人到庭，调取新的物证，申请重新鉴定或者勘验。公诉人、当事人和辩护人、诉讼代理人可以申请法庭通知有专门知识的人出庭，就鉴定人作出的鉴定意见提出意见。法庭对于上述申请，应当作出是否同意的决定。第二款规定的有专门知识的人出庭，适用鉴定人的有关规定。"当事人和辩护人、诉讼代理人申请通知新的证人到庭，调取新的物证，申请重新鉴定或者勘验的，应当提供证人的姓名、证据的存放地点，说明所要证明的案件事实，要求重新鉴定或者勘验的理由。公诉人、当事人和辩护人、诉讼代理人申请法庭通知有专门知识的人出庭就鉴定人作出的鉴定意见提出意见的，也必须向法庭说明理由。审判人员根据具体情况，认为可能影响案件事实认定的，应当同意该申请，并宣布延期审理；不同意的，应当告知理由并继续审理。

（7）法庭调查核实证据。

在法庭审理过程中，人民法院可以向人民检察院调取需要调查核实的证据材料，或者根据辩护人、被告人的申请，向人民检察院调取在侦查、审查起诉中收集的有关被告人无罪和罪轻的证据材料，法庭作出决定后，应当通知人民检察院在收到调取证据材料决定书后3日内移交。审判期间，合议庭发现被告人可能有自首、坦白、立功等法定量刑情节，而人民检察院移送的案件中没有相关证据材料的，应当通知人民检察院移送。审判期间，被告人提出新的立功线索的，人民法院可以建议人民检察院补充侦查。

法庭审理过程中，合议庭对证据有疑问的，可以宣布休庭，对证据进行调查核实。人民法院调查核实证据时，可以进行勘验、检查、查封、扣押、鉴定和查询、冻结。必要时，可以通知检察人员、辩护人到场。如果控、辩双方对合议庭在调查核实证据过程中收集到的证据材料有异议时，应当由控辩双方对之进行质证、辩论之后，才能作为定案的根据。

3. 法庭辩论

《刑事诉讼法》第一百九十八条第一款、第二款规定："法庭审理过程中，对与定罪、量刑有关的事实、证据都应当进行调查、辩论。经审判长许可，公诉人当事人和辩护人、诉讼代理人可以对证据和案件情况发表意见并且可以互相辩论。"根据法律规定，辩论的内容包括全案事实、证据、定罪和量刑等各种与案件有关的问题。

法庭辩论在审判长主持下，按照下列顺序进行：①公诉人发言，②被害人及其诉讼代理人发言，③被告人自行辩护，④辩护人辩护，⑤控辩双方进行辩论。前四项活动称之为第一回合，控辩双方进行辩论可进行多个回合，反复辩论，直至双方意见阐述完毕，不再发言。附带民事诉讼部分的辩论应当在刑事诉讼部分的辩论结束后进行，先由附带民事诉讼原告人及其诉讼代理人发言，然后由被告人及其诉讼代理人答辩，也可进行多项反复辩论。

合议庭认为经过反复辩论，案情已经查明、罪责已经分清或者控辩双方的意见已经充分发表，审判长应及时宣布辩论终结。从保障被告人权益出发，宣布辩论终结前，审判长应询问被告人和辩护人是否还有新的辩护意见。

附带民事诉讼部分可以在法庭辩论结束后当庭调解。不能达成协议的，可以同刑事部分一并判决。

4. 被告人最后陈述

《刑事诉讼法》第一百九十八条第三款规定："审判长在宣布辩论终结后，被告人有最后陈述的权利。"根据该法律规定，被告人最后陈述是法庭审判的一个独立阶段，并且是法律赋予被告人的一项重要诉讼权利。

合议庭应当保障被告人充分行使最后陈述的权利。审判长宣布法庭辩论终结后应当告知被告人享有此项权利，让被告人陈述，被告人最后陈述只要不超出本案范围，一般不应限制其发言时间，或随意打断其发言，而应让被告人尽量把话讲完。但如果被告人在最后陈述中多次重复自己的意见，审判长可以制止；如果陈述内容是蔑视法庭、公诉人，损害他人及社会公共利益或者与本案无关的，应当制止；在公开审理的案件中，如果被告人最后陈述的内容涉及国家秘密或者个人隐私，也应当制止。

被告人在最后陈述中提出新的事实、证据，合议庭认为可能影响正确裁判的，应当恢复法庭调查；被告人提出新的辩解理由，合议庭认为可能影响正确裁判的，应当恢复法庭辩论。

5. 评议和宣判

被告人最后陈述完毕后，审判长应当宣布休庭，合议庭进行评议，法庭审判进入评议和宣判阶段。

（1）评议。

评议是合议庭组成人员在已进行的法庭审理活动基础上，对案件事实、证据和法律适用进行讨论、分析、判断并依法对案件作出裁判的诉讼活动。合议庭评议案件，应当根据已经查明的事实、证据和有关法律规定，在充分考虑控辩双方意见的基础上，确定被告人是否有罪、构成何罪，有无从重、从轻、减轻或者免除处罚情节，应否处以刑罚、判处何种刑罚，附带民事诉讼如何解决，查封、扣押、冻结的财物及其孳息如何处理等，并依法作出判决、裁定。

合议庭评议由审判长主持，一律秘密进行。评议时，如果意见分歧，应当按多数人的意见作出决定，但是少数人的意见应当写入笔录，评议笔录由合议庭组成人员签名。一般情况下，合议庭经过开庭审理并且评议后，应当作出判决，但对于疑难、复杂、重大的案件，合议庭成员意见分歧较大、难以对案件作出决定的，由合议庭提请院长决定提交审判委会员讨论决定，审判委员会的决定，合议庭应当执行。

（2）宣判。

宣判是人民法院将判决书的内容向当事人和社会公开宣告，使当事人和广大群众知道人民法院对案件的处理决定。宣判分为当庭审判和定期宣判两种。

当庭审判是在合议庭经过评议并作出决定后，立即复庭由审判长宣告判决结果。当庭宣告判决后，应当在5日内将判决书送达当事人、提起公诉的人民检察院、辩护人和诉讼代理人。当庭宣判符合刑事审判的集中审理原则，有利于发挥法庭审判的法制教育作用。

定期宣判是合议庭经休庭评议并作出决定后，或者因案情疑难、复杂、重大，合议庭认为难以作出决定，由合议庭提请院长决定提交审判委员会讨论决定，而另行确定日期宣告判决书的活动。定期宣告判决的，合议庭应当在宣判前，先期公告宣判的时间和地点，传唤当事人并通知公诉人、法定代理人、诉讼代理人和辩护人；判决宣告后应当立即将判决书送达当事人、提起公诉的人民检察院、辩护人和诉讼代理人。判决生效后还应当送达被告人的所在单位或者原户籍所在地的公安派出所。被告人是单位的，应当送达被告人注册登记机关。

案件不论是否公开审理，宣告判决一律公开进行。宣判时，法庭内全体人员应当起立。另外，宣判一般应当通知公诉人、辩护人、被害人、自诉人或者附带民事诉讼的原告人到庭，如果没有到庭，不影响宣判的进行。地方各级人民法院在宣告第一审判决时，审判长往往口头告知被告人享有上诉权，以及上诉期限和上诉法院。

第三节 行政诉讼的基本问题

行政诉讼是国家审判机关通过司法程序解决行政争议的一系列活动的总称。在我国，行政诉讼与民事诉讼、刑事诉讼并称为三大诉讼，是国家诉讼制度的基本内容之一，是司法制度的一部分。

一、行政诉讼的概念和特征

行政诉讼在不同国家的不同法律制度下，内涵各不相同，所包含的实际内容也不完全一致。根据我国行政诉讼法的规定，行政诉讼是指公民、法人或者其他组织认为行政行为侵犯其合法权益，依法向人民法院提起诉讼，由人民法院主持审理行政争议并作出裁判的诉讼制度。我国行政诉讼具有以下特征：

第一，行政诉讼以行政争议的存在为前提。行政诉讼的起因是公民、法人或者其他组织认为行政行为侵犯其合法权益，从而引起公民、法人或者其他组织向人民法院提起诉讼请求、寻求司法保护。值得注意的是，公民、法人或者其他组织认为行政行为侵犯了自己的合法权益即可提起行政诉讼。这里的"认为"只是行政相对人的主观判断，不一定是行政行为实际侵犯了其合法权益。是否真正侵犯了行政相对人的合法权益，需要由国家审判机关审查和判断，行政相对人不能单方面否定行政行为的效力。但是，行政相对人只要怀疑行政行为的合法性，认为行政行为侵犯其合法权益，就有权向人民法院提起行政诉讼。

第二，行政诉讼是在人民法院主持下审查行政行为合法性。人民法院在整个诉讼活动中居于核心和主导的地位，它通过行使国家的审判权，来处理和解决行政主体和行政相对人之间的行政争议，为行政相对人的合法权益提供法律保障。行政诉讼有别于行政复议，主要表现在：一是监督的性质不同。行政复议属于行政监督，行政诉讼属于司法监督。二是权利救济的属性不同。行政复议是行政救济，而行政诉讼则属于司法救济。三是审查的内容不同。在行政复议中，复议机关既审查行政行为的合法性，又审查其适当性，或称合理性；行政诉讼中，法院一般只审查行政主体行政行为的合法性。

第三，行政诉讼解决的是特定范围内的行政争议。根据我国行政诉讼法的规定，行政相对人只能对一定范围内的行政行为提起诉讼。对行政行为提起诉讼，还必须属于人民法院的受案范围，必须符合行政诉讼法有关受案范围的规定。被排斥在人民法院受案范围外的，行政相对人不能提起诉讼。

第四,行政诉讼的当事人具有恒定性。根据行政诉讼法的规定,行政诉讼只能依申请而进行,并且请求权只归属于行政相对人,行政诉讼的原告是公民、法人或者其他组织,亦即行政诉讼的发动者和启动者是作为行政诉讼原告的行政相对人,而行政诉讼的被告只能是行政主体。这是由于在国家行政管理过程中行政机关居于主导地位,拥有行政管理职权,并可采取强制措施,而行政相对人则必须服从。为使行政相对人的合法权益免受不法侵害,行政诉讼法规定,如果行政相对人认为行政机关的行政行为侵犯其合法权益,就有权请求法院审查行政行为的合法性。如属违法行政行为,法院应依法予以撤销。行政管理的性质和特点决定了在行政诉讼中,行政诉讼的当事人具有恒定性,原告和被告的位置是固定的,不能相互交换和倒置,也就是说行政诉讼是"民告官"的诉讼,只能"民告官",而不是"官告民"。

第五,行政诉讼的目的是通过解决行政争议,对违法行政行为所造成的消极后果进行补救,以保护行政相对人的合法权益不受侵害。在行政管理中,行政主体作出的违法行政行为所造成的消极后果是双重的:一方面侵害了行政相对人的合法权益;另一方面又损害了行政机关的行政权威,影响了行政效率。行政诉讼的目的和实质就在于通过矫正违法或不当的行政行为,对行政相对人受损害的合法权益进行补救,为行政相对人的合法权益提供法律保护。因此,行政诉讼的结果表现为补救行政相对人,同时,也维护了行政权威,提高了行政效率,恢复了正常的行政管理秩序。

行政诉讼和行政诉讼法是两个相互关联又有区别的概念,行政诉讼受行政诉讼法的调整,行政诉讼法以行政诉讼为调整对象。行政诉讼法是人民法院在其他诉讼参加人的参加下,审理行政案件活动所依据的法律规范的总称。行政诉讼法是程序法,是我国社会主义法律体系中的一个独立的法律部门,与民事诉讼法、刑事诉讼法共同构成我国的诉讼法体系。

二、行政诉讼与其他诉讼的关系

行政诉讼与民事诉讼、刑事诉讼并称为"三大诉讼"。行政诉讼是解决行政机关与行政相对人之间发生行政争议的诉讼制度,在诉讼主体、举证责任、法院审查的内容等诸多方面,都与民事诉讼和刑事诉讼有着显著的不同。

(一)行政诉讼与民事诉讼

行政诉讼与民事诉讼的关系十分密切。我国的行政诉讼脱胎于民事诉讼,是从民事诉讼发展而来的诉讼形式,在《中华人民共和国行政诉讼法》(以下简称《行政诉讼法》)正式生效实施之前,人民法院审理行政案件即适用民事诉讼程序。1982年颁布的《中华人民共和国民事诉讼法(试行)》(以下简称《民事诉讼法(试行)》)第三条第二款规定:"法律规定由人民法院审理的行政案件,适用本法规定。"根据这一规定,我国人民法院审理行政案件完全适用《民事诉讼法(试行)》的规定,并且长达8年之久。在《行政诉讼法》正式生效实施之后,人民法院在审理行政案件时仍不能完全排除《民事诉讼法(试行)》以及后来颁布实施的《民事诉讼法》的适用。《行政诉讼法》是我国第一部行政诉讼法典,立法上还有不够完备之处。因此,在实践中,行政诉讼法有明确规定的,适用其规定;行政诉讼法没有明确规定的,适用民事诉讼法的有关规定,以此弥补行政诉讼法立法的不足,保证行政诉讼活动的顺利进行。《行政诉讼法》第一百零一条规定:"人民法院审理行政案件，关于期间、送达、财产保全、开庭审理、调解、中止诉讼、终结诉讼简易程序执行等，以及人民检察院对行政案件受理、审理、裁判、执行的监督，本法没有规定的，适用《中华人民共和国民事诉讼法》的相关规定。"

行政诉讼与民事诉讼在诉讼实践中的联系十分紧密，许多行政争议与民事争议交织在一起，在行政诉讼中与之相关的民事争议一并解决，受害人或侵权人对行政行为不服提起行政诉讼的，也可以附带提起民事诉讼。当事人因行政违法侵权行为提起的行政赔偿诉讼也兼具民事诉讼的特点。行政诉讼虽然脱胎于民事诉讼，但是，它能够发展成为一个独立的诉讼制度，表明了行政诉讼具有不同于民事诉讼的特征。行政诉讼和民事诉讼的区别主要表现在以下几方面：

1. 诉讼的目的和任务不同

民事诉讼的处理对象是民事争议。民事诉讼的目的和任务是通过审理民事案件，解决民事争议，确认民事权利义务关系，制裁民事违法行为，保护人民群众的人身权利和财产权利，维护民事主体的合法权益，维护国家正常的民事法律秩序。而行政诉讼的处理对象为行政争议。行政争议产生于国家行政管理的过程之中，行政诉讼的目的和任务是通过司法机关对行政主体行政行为的合法性进行审查，从而一方面保护公民、法人或者其他组织等行政相对人的合法权益；另一方面监督行政机关依法行政，保证国家的行政权合法运行，维护国家正常的行政法律秩序。

2. 诉讼当事人不同

在民事诉讼中，原、被告的资格是不固定的，这是由于在民事法律关系中主体双方的法律地位是平等的。行政诉讼中原、被告资格则是固定的，这是由在行政实体法律关系中当事人双方不平等法律地位所决定的。行政诉讼的原告恒定为行政相对人，而被告恒定为行政主体，是"民告官"的诉讼。

3. 诉讼权利不同

第一，起诉权、反诉权和撤诉权。在民事诉讼中，由于原、被告的资格是不固定的，因此，在民事诉讼中双方当事人都享有起诉权、反诉权和撤诉权。而在行政诉讼中，由于原、被告的资格是固定的，原、被告的地位不能发生变位，因此，起诉权和撤诉权只归属于行政相对人，即认为行政机关的行政行为侵犯其合法权益的公民、法人或其他组织。作为被告的行政机关不享有起诉权、反诉权和撤诉权。第二，处分权。在民事诉讼中，民事诉讼的双方当事人对自己的民事权利享有处分权。这是由于民事案件争执的内容是民事权利，是属于民事主体自己享有的权利，当事人完全可以依法进行处分。而在行政诉讼中，作为被告的行政机关不享有处分权，包括对合法行政职权和诉讼权利的处分权。作为被告的行政机关只是国家行政权力的行使者，不享有对行政权的支配权，并且行政行为一经作出便有确定力，非经法定程序，行政机关不得变更。

4. 举证责任不同

诉讼当事人双方都负有举证责任，这是行政诉讼和民事诉讼的共同之处，但在举证责任的分配上二者存在着差异。在民事诉讼中，实行"谁主张谁举证"，即当事人双方谁提出诉讼主张，谁就承担提出证据的责任，可以说，举证责任对于原、被告双方都是对等和平均的。而在行政诉讼中，作为被告的行政机关负举证责任，《行政诉讼法》第三十四条第一款规定："被告对作出的行政行为负有举证责任，应当提供作出该行政行为的证据和所依据的规范性文件。"行政诉讼法作出这一规定是由于行政机关在国家行政管理中占有特殊地位，行政机关的举证能力比作为原告的行政相对人更为优越。

5. 二者所适用的原则不同

行政诉讼遵循以下特殊原则：①行政诉讼与行政复议相衔接，遵循司法最终裁决的原则；②行政诉讼一般不适用调解的原则；③行政诉讼实行有限变更原则；④人民法院实行特定管辖的原则；⑤人民法院对行政行为实行合法性审查的原则。

6. 诉讼范围不同

民事诉讼的范围广泛而又复杂，除了适用普通程序和简易程序的各种权益争议案件外，还有适用特别程序的非权益争议的案件。而我国目前行政诉讼的范围相对来说较为狭小，《行政诉讼法》第十二条对人民法院的受案范围作了列举式的规定。

7. 结案方式不同

在民事诉讼中，人民法院审理和解决民事案件的结案方式通常有三种：调解结案、判决结案和裁定结案。而在行政诉讼中，人民法院审理行政案件，一般不用调解的方式结案，主要用裁定或判决的方式结案。

（二）行政诉讼与刑事诉讼

行政诉讼与刑事诉讼之间的差异比较明显，主要体现在以下几个方面：

第一，提起诉讼的主体不同。提起行政诉讼的主体是公民、法人或其他组织；提起刑事诉讼的主体主要是具有刑事追诉职能的检察机关。

第二，诉讼目的不同。提起行政诉讼的直接目的是请求法院解决行政争议；提起刑事诉讼的直接目的是请求法院依法追究被告的刑事责任。

第三，举证责任不同。行政诉讼中，由被告就其行政行为的合法性承担举证责任；刑事诉讼中的举证责任由指控被告有罪的检察机关即公诉方承担。

第四，法院审查的内容不同。在行政诉讼中，法院审查的内容是行政行为的合法性问题；刑事诉讼中法院审查的内容是被告的行为是否构成犯罪以及是否应当承担刑事责任的问题。

第五，判决内容不同。在行政诉讼中，法院作出的是对合法的行政行为予以维持和对不合法的行政行为予以撤销的判决；在刑事诉讼中，法院作出的是认定被告有罪、无罪、应否承担刑事责任及承担何种刑事责任的判决。

三、行政诉讼的目的与功能

《行政诉讼法》第一条规定行政诉讼法的立法目的是"为保证人民法院公正、及时审理行政案件，解决行政争议，保护公民、法人和其他组织的合法权益，监督行政机关依法行使职权"。归纳起来，行政诉讼的目的与功能主要有三项：一是解决争议，二是权利救济，三是监督行政。

（一）解决争议的功能

行政诉讼起源于行政争议，行政诉讼的基本功能就是解决行政争议。行政争议的存在是启动行政诉讼程序的动因，解决争议是人民法院的根本任务，正确及时审理案件最终要落实到解决行政争议。

行政争议是指在国家行政管理过程中，行政主体因行使行政职权而与行政相对人之间发生的有关行政权利和义务的争执。具体表现为行政相对人对行政机关依据行政职权作出的行政行为不服或持有异议，在行政机关和行政相对人之间呈现的一种对抗状态。

在现代行政管理过程中，行政争议的产生是不可避免的。一是由于行政机关在行使行政职权的过程中可能作出的违法或不当的行政行为。尽管依法行政已成为现代行政管理的一项基本原则，行政法律规范为行政机关行使行政权力设定了具体的标准，但在行政管理的实践中，难以保证行政机关作出的行政行为完全符合法定的标准。二是由于行政相对人不可能完全服从行政机关作出的行政行为。即使行政机关作出的行政行为是合法和适当的，但是由于行政机关和行政相对人对行政行为的合法性和适当性的认识不同，因而也必然会产生行政争议。

（二）权利救济的功能

行政诉讼最重要和最根本的任务就是保护行政相对人的合法权益。行政诉讼归根到底是一种权利救济手段，当行政相对人的合法权益遭受行政机关违法行为的侵害时，行政相对人可以通过各种途径寻求救济，获得保护。

我国现行《宪法》第四十一条规定："公民对于任何国家机关和国家工作人员的违法失职行为，有向有关国家机关提出申诉、控告或者检举的权利。"在所有的国家机关和国家工作人员中，机构最大，人数最多，管理范围最广，与公民的关系最密切、最直接的，是国家行政机关和国家行政工作人员。由于行政机关行使着最复杂、最广泛的行政职权，行政管理失误、不当或违法行为难免引起行政机关、行政工作人员与公民之间的纠纷，存在行政相对人的合法权益受到损害的情况。如果行政纠纷得不到解决，行政侵权行为得不到有效纠正，那么，宪法规定的我国公民的基本权利就无法得到切实的保障。

（三）监督行政的功能

依法行政是国家行政管理制度化、法律化的体现，是政治民主化的体现，是现代国家的基本要求。通过行政诉讼，有利于加强行政法律监督，防止行政专横，可以促进行政管理的法治化。党的十八届四中全会首次以"依法治国"为主题，研究部署全面推进依法治国这一基本治国方略，为我国未来的"依法治国"之路构建了一幅蓝图，具有十分重大的历史意义。建设法治国家、法治政府，核心是对行政权力的规制，即把"行政权力关进笼子里""有权不可任性"。行政诉讼的实践表明，推进法治政府、监督行政职权最核心、最直接的方法是健全和完善行政诉讼制度。

人民法院通过审理各种行政案件，一方面纠正了行政机关的违法行为，有效地保护了行政相对人的合法利益；另一方面，也有力地支持了行政机关的合法行为，保证了行政机关职权的行使，使正确的行政决定得到及时执行，维护了行政法律秩序，从而提高了行政效率。也就是说，行政诉讼制度为公民在遭受违法行政行为侵犯的情况下提供有效的法律救济途径的同时，也是对行政主体、行政权力的一种监督和制约。多年的法治建设经验表明，对政府权力最佳的监督途径是行政诉讼制度。行政诉讼制度为公民在遭受违法行政行为侵犯的情况下提供了有效的法律救济途径，实质上也是对行政主体、行政权力的一种监督和制约。

四、行政诉讼的原则

我国行政诉讼法的原则反映行政诉讼的基本特点，对行政诉讼具有普遍指导意义，是处理和解决行政争议必须遵循的基本准则。在分析我国行政诉讼的原则时，既要看到行政诉讼和其他诉讼的共性，又要看到行政诉讼的个性。我国行政诉讼的原则是分层次的，我国行政诉讼活动既要遵循我国行政诉讼和其他诉讼，特别是与民事诉讼共同遵循的原则，又要遵循行政诉讼法特有的原则。

《行政诉讼法》第三条至第十一条对行政诉讼的原则作了详尽的规定。首先，我国行政诉讼与其他诉讼的共有原则在行政诉讼法中有明确的规定，这些原则大都是和民事诉讼活动所共有的，反映了两种诉讼活动的共性，主要有：①人民法院依法独立行使审判权的原则；②以事实为根据、以法律为准绳的原则；③人民法院审理行政案件，依法实行合议、回避、公开审判和两审终审的原则；④当事人在行政诉讼中法律地位平等的原则；⑤使用本民族语言、文字进行诉讼的原则；⑥辩论原则；⑦检察院实行法律监督原则。其次，行政诉讼作为一种独立的诉讼活动，和民事诉讼相比，有自己独特的个性。行政诉讼法所规定的行政诉讼的特有原则反映了行政诉讼自身的特点，主要有三项原则。

（一）人民法院对行政行为实行合法性审查的原则

《行政诉讼法》第六条规定：人民法院审理行政案件，对行政行为是否合法进行审查。这一原则反映了行政诉讼和其他诉讼活动的差别，集中体现了行政诉讼的特点和立法目的。与刑事诉讼和民事诉讼相比，行政行为合法性审查原则是行政诉讼法独具特色的基本原则。

根据《行政诉讼法》的有关规定，人民法院对行政行为实行合法性审查的原则主要体现在以下几方面：

第一，人民法院审理行政案件，审查的对象和范围是行政行为，即：①人民法院的司法审查权仅限于行政行为。②人民法院审查的行政行为仅限于人民法院的受案范围。换句话说，行政机关内部的奖惩和任免等行为被排斥在人民法院受案范围之外，不属于人民法院司法审查的范围。可见，人民法院行使司法审查权必须在法律规定的限度内，不得超越法定的职权范围。

第二，人民法院审理行政案件，审查的内容是行政行为的合法性。行政行为的合法性，一般从三方面加以判断：①行政行为是否超出了法定的权限；②是否符合法律、法规的规定；③是否符合法定的程序。人民法院在审理行政案件时，认定为违法的行政行为主要有以下6种：主要证据不足，适用法律、法规错误，违反法定程序，超越职权，滥用职权，不履行法定职责。

第三，人民法院审理行政案件，审查行政行为合法性的依据是法律、行政法规和地方性法规。《行政诉讼法》第六十三条规定，地方性法规适用于本行政区域内发生的行政案件。人民法院审理民族自治地方的行政案件，并以该民族自治地方的自治条例和单行条例为依据。人民法院审理行政案件，参照行政规章。

第四，人民法院审理行政案件，只对行政行为的合法性进行审查，对行政行为的适当性、合理性原则上不予审查。《行政诉讼法》第七十七条第一款规定："行政处罚明显不当，或者其他行政行为涉及对款额的确定、认定确有错误的，人民法院可以判决变更。"

这表明只有在行政处罚明显不当或者其他行政行为涉及对款额的确定、认定确有错误的情况下，人民法院才有权依法予以变更。这表明行政诉讼是起到行政监督的作用，除特定情况外，并不能代替行政机关行使行政权力。

我国行政诉讼法确立的这一原则，赋予人民法院通过司法途径来监督审查行政行为合法性的重要权力，人民法院有权通过行使行政案件的审判权来监督国家行政机关的行政管理活动。人民法院审理行政案件的过程，就是人民法院审查行政机关行政行为合法性的过程，也就是人民法院监督行政主体依法行政的过程。在实践中，贯彻这一原则时，要正确处理好行政权与审判权的相互关系，在保护行政相对人合法权益的同时，维护和监督行政机关依法行使行政职权。

（二）司法有限变更的原则

司法有限变更原则，是指人民法院在审理行政案件的过程中，对行政机关的行政决定应予尊重，原则上不予改变，只有在一定条件下，才享有部分或全部改变行政机关的行政决定的权力。

根据《行政诉讼法》的规定，人民法院在审理行政案件中享有有限的司法变更权力。"有限"的范围是指《行政诉讼法》第七十七条第一款规定的"行政处罚明显不当，或者其他行政行为涉及对款额的确定、认定确有错误的，人民法院可以判决变更"。根据我国宪法确立的国家机关分工合作的原则，行政权和司法审判权分别属于行政机关和人民法院，行政机关和人民法院各自拥有自己的职责范围。如果人民法院享有广泛的司法变更权，那么，随着行政诉讼范围的逐步扩大，越来越多的行政决定，最终不是由行政机关作出，而是由人民法院作出。最终的决定权属于人民法院，将可能冲击行政和司法职能合理分工的宪法原则。

在行政诉讼中，赋予人民法院以有限的司法变更权，具有重要的意义。首先，这一原则能够有效地、全面地保护行政相对人的诉讼权利。提起行政诉讼的基本条件是行政相对人认为行政机关的行政行为侵犯其合法权益，违法的和不当的行政行为都有可能对行政相对人的合法权益造成侵害，人民法院只有享有对违法的行政行为的撤销权和对不当的行政行为的变更权，才能有效地保护行政相对人的合法权益。其次，能够避免造成"恶性循环诉讼"。如果人民法院不享有有限的司法变更权，对行政机关不适当的行政行为只能予以撤销，然后再由行政机关自己重新作出，人民法院无法阻止行政机关拒绝作出或重新作出另一个不适当的行政行为。这样，行政纠纷没有彻底得到解决，行政相对人只能再次起诉，造成循环诉讼，行政相对人的合法权益并不能得到有效的保护。因此，在行政诉讼中，人民法院享有有限的司法变更权，是彻底解决行政纠纷，保护行政相对人合法权益的重要保障，是我国行政诉讼法给予行政相对人以特殊保护的一项重要措施。

（三）司法最终裁决的原则

行政诉讼中的司法最终裁决的原则是指对同一行政争议案件的行政机关的行政裁决必须服从人民法院的裁判，司法裁决具有最终的效力。解决行政争议的方式有两种：行政复议和行政诉讼。《行政诉讼法》第四十四条规定："对属于人民法院受案范围的行政案件，公民、法人或者其他组织可以先向行政机关申请复议，对复议决定不服的，再向人民法院提起诉讼；也可以直接向人民法院提起诉讼。法律，法规规定应当先向行政机关申请复议，对复议决定不服再向人民法院提起诉讼的，依照法律、法规的规定。"可见，我国行政诉讼法对是否需要经过行政复议采取了选择型的立法方式。

司法最终裁决的原则具体表现在：第一，依照法律、法规的规定，必须先经过行政复议阶段，对复议裁决不服，再向人民法院起诉的行政案件，人民法院有权管辖并依法作出裁判。第二，法律、法规规定当事人可以选择行政复议和行政诉讼的，当事人在向上一级行政机关申请复议的同时，又向人民法院起诉的行政案件，最终裁判应由人民法院作出。第三，对于经过行政机关复议并作出裁决的案件，当事人不服该裁决，在法定期限内向有管辖权的人民法院起诉的，人民法院依法作出的裁判为最终裁判，行政裁决必须服从司法裁判。

司法最终裁决之所以成为我国行政诉讼的一项特有原则，是由行政诉讼的特点和宪法对审判权的规定决定的。人民法院通过行政诉讼的形式解决行政争议，较行政机关通过行政复议的形式解决行政争议更为优越，它可以避免和消除人们的顾虑。人民法院以独立的中间人身份，通过严格的诉讼程序来审理和解决行政案件，是最为合理、最为有效的方式。同时，把行政诉讼作为解决行政争议的最终手段与最高形式，也是我国宪法赋予人民法院集中统一地行使审判权的重要形式。在解决行政争议的一切方式中，司法裁判是最终的、最高的裁判，是人民法院独立行使审判权的重要体现。

五、行政诉讼的受案范围和管辖

行政诉讼的受案范围决定了人民法院对行政行为审查的深度和广度。《行政诉讼法》对行政诉讼的受案范围做出了明确规定，修订后的《行政诉讼法》拓宽了行政诉讼的受案范围。

我国行政诉讼受案范围的规范是混合式的。首先，《行政诉讼法》第二条规定的"公民、法人或者其他组织认为行政机关和行政机关工作人员的行政行为侵犯其合法权益，有权依照本法向人民法院提起诉讼"，这是概括式的确立受案基本范围。其次，《行政诉讼法》第十二条规定了12种情形，列举了受案的种类。再次，《行政诉讼法》第十三条规定了4种不属于受案范围的情形。总的来说，只要是影响到公民合法权益的具体行政行为（包含事实行为）都属于法院的受案范围，这里包括了作为和不作为的行政行为，范围十分广泛。

需要稍加明确的是，不属于受案范围的情形具体包含：①国防、外交等国家行为；②抽象行政行为；③奖惩、任免等内部行政行为；④行政最终裁决行为；⑤刑事司法行为；⑥行政调解和行政仲裁行为（主要指劳动争议仲裁）；⑦不具有强制力的行政指导行为（如倡议、示范、建议、咨询等不具有强制力的行为，以指导为名而做出的具有强制力的行为除外）；⑧驳回当事人对行政行为提起申诉的重复处理行为；⑨对行政相对人权利义务不产生实际影响的行为（如检查等准备性行为）。

关于行政案件的管辖，对于基层人民法院而言，《行政诉讼法》第十四条规定："基层人民法院管辖第一审行政案件。"这一概括规定表明，除了法律特别规定外，一般的行政案件均由基层人民法院管辖。考虑到最大限度避免地方保护现象和兼顾审判力量的客观不足，很多基层人民法院的管辖权还包括各省高院指定的交叉或集中管辖的案件。

行政庭的书记员应当对本院的受案范围有清晰的掌握，业务处理的第一步，应当是甄别收到的案件是否属于自己的管辖范畴,对于判定不属于管辖范畴的案件,应向法官提出自己的质疑,在明确不属于受案范围之后,做出驳回处理,高效地处理行政争议。

六、行政诉讼参加人

行政诉讼参加人是指在整个或部分诉讼过程中参加行政诉讼,对行政诉讼程序能够产生重大影响的人。诉讼参加人的基本特征是与案件的审理结果具有利害关系,通过诉讼活动,保护自己或被代理人的合法权益。诉讼参加人是诉讼权利义务的主要承担者,是进行诉讼活动的基本主体。准确把握诉讼参加人的范畴是了解行政诉讼的前提。行政诉讼参加人的种类包括原告、被告、第三人、共同诉讼人和诉讼代理人。

(一)行政诉讼当事人

行政诉讼当事人是诉讼参加人的一个下位概念,与诉讼代理人共同构成诉讼参加人的概念。诉讼当事人是指因发生行政争议,以自己名义进行诉讼,并受人民法院裁判拘束的主体。诉讼当事人包括原告、被告、第三人、共同诉讼人。

(二)行政诉讼代表人

《行政诉讼法》第二十八条第一款明确规定,当事人一方人数众多的共同诉讼,可以由当事人推选代表人进行诉讼。《最高人民法院关于适用〈中华人民共和国行政诉讼法〉的解释》(后简称《行政诉讼法解释》)第二十九条规定,"人数众多"一般指十人以上。根据《行政诉讼法》第二十八条的规定,当事人一方人数众多的,由当事人推选代表人。当事人推选不出的,可以由人民法院在起诉的当事人中指定代表人。《行政诉讼法》第二十八条规定的代表人为二至五人。代表人可以委托一至二人作为诉讼代理人。

需要注意,诉讼代表人和诉讼代理人不同。诉讼代理人本身与案件没有利害关系,他们是为了被代理人的利益而参加诉讼的。诉讼代表人则不同,他们是行政案件的当事人,仅因受众人之托,代表其他当事人参加诉讼。

(三)共同诉讼人

共同诉讼是指当事人一方或双方为两人以上的诉讼。其中,原告两人以上的,称为共同原告;被告两人以上的,称为共同被告。共同原告和共同被告称为共同诉讼人。通常在两类行政案件中形成共同诉讼,一类是因同一行政行为发生的行政案件,另一类是因同类行政行为发生的行政案件,人民法院认为可以合并审理并且经过当事人同意的。前者称为必要共同诉讼,后者称为普通共同诉讼。

(四)原 告

行政诉讼原告是指认为自己的合法权益受到行政主体的行政行为侵犯或者实质影响而向人民法院提起诉讼的人,包括公民、法人或者其他组织。我国行政诉讼法在明确原告范畴的时候设定了主观标准,即公民、法人或其他组织"认为"自己的合法权益受到侵犯;还设立了客观标准,即公民、法人或者其他组织必须与行政行为具有"利害关系"。

行政诉讼原告的范围可以概括为:行政诉讼的原告是公民、法人或者其他组织。

公民是指具有一国国籍并享有该国法律所规定的权利、履行该国法律所规定的义务的自然人。此处的公民应作广义理解,包括我国公民、外国公民、无国籍人和国籍不明的人。

法人是具有民事权利能力和民事行为能力，依法独立享有民事权利和承担民事义务的组织。法人一般分为四类：企业法人、机关法人、事业单位法人和社会团体法人。

其他组织是指依法成立、有一定的组织机构和财产，但又不具备法人资格的组织，包括：依法登记领取营业执照的个人独资企业；依法登记领取营业执照的合伙企业；依法登记领取我国营业执照的中外合作经营企业、外资企业；依法成立的社会团体的分支机构、代表机构；依法设立并领取营业执照的法人的分支机构；依法设立并领取营业执照的商业银行、政策性银行和非银行金融机构的分支机构；经依法登记领取营业执照的乡镇企业、街道企业；其他符合该条规定条件的组织。

原告资格认定的标准分为客观标准和主观标准。依据客观标准，原告是承担行政行为法律后果或受其实际影响的公民、法人或者其他组织。原告必须与被诉行政行为之间有利害关系，即承担该行政行为的法律后果或者合法权益受到实际影响。

依据原告资格认定的主观标准，原告是认为行政行为侵犯其合法权益的公民、法人或其他组织。"合法权益"不只限于人身权和财产权，还包含了其他权利。需要特别注意的是，"合法权益"是否确实受到了侵害并非起诉的前提，只要公民、法人或者其他组织认为其合法权益受到行政行为的侵犯，就可以提起诉讼。

（五）被　告

行政诉讼被告是指原告指控其行政行为违法，侵犯原告合法权益，并经人民法院通知应诉的具有国家行政职权的机关和组织。我国行政诉讼实行"机关被告"模式，由实施行政行为的行政机关和法律、法规、规章授权的组织在行政诉讼中担当被告。

行政诉讼被告的特征包括：

（1）行政诉讼的被告是具有国家行政职权的机关或者组织。行政机关是指依法独立享有行政职权的国家机关。法律、法规、规章授权的组织虽然不是行政机关，但因依法取得了行政职权，而具备行政诉讼被告的资格。

（2）行政诉讼被告应当是作出被诉行政行为，对被诉行政行为承担法律责任的组织。实施行政行为的组织，是指能够独立承担行政行为的法律责任的组织，即享有行政主体资格。此处所提到的"作出被诉行政行为"，不仅包括作为，也包括应当作为而没有作为的行政不作为。

（3）被告由人民法院通知应诉。被原告指控且被法院通知应诉，是被告的程序特点。原告的指控与法院通知应诉这两个方面缺一不可。没有原告的指控，法院不能确定被告；没有法院的立案审查，也不能认定被告。

（六）行政诉讼第三人

1. 行政诉讼第三人的概念

《行政诉讼法》第二十九条规定，诉讼第三人应当符合以下条件：第一，应当与被诉行政行为有利害关系，或者与案件处理结果存在利害关系；第二，没有作为原告起诉或被告应诉；第三，拥有独立的诉讼地位。第三人独立于原告、被告，为了维护自己的合法权益，既不依附原告也不依附被告，可以提出自己的请求，对第一审判决不服有权提起上诉。

行政诉讼第三人有两种情况，《行政诉讼法解释》第二十六条第二款规定："应当追加被告而原告不同意追加的,人民法院应当通知其以第三人的身份参加诉讼。"第三十条第一款规定:"行政机关的同一具体行政行为涉及两个以上利害关系人,其中一部分利害关系人对具体行政行为不服提起诉讼,人民法院应当通知没有起诉的其他利害关系人作为第三人参加诉讼。"这里规定的第三人仅是必要共同诉讼中的当事人以第三人身份参加诉讼的情形。

2. 行政诉讼第三人的具体类别

比较常见的行政诉讼第三人有以下几种:

(1) 行政处罚案件中的受害人或加害人。在行政处罚案件中,加害人不服处罚作为原告起诉,未起诉的受害人则可以作为第三人参加诉讼。如果受害人对处罚不服而起诉,未起诉的加害人可以作为第三人参加诉讼。

(2) 行政处罚案件中的共同被处罚人。在一个行政处罚案件中,行政机关处罚了两个以上的违法行为人,其中一部分被处罚人向人民法院起诉,而另一部分被处罚人没有起诉的,可以作为第三人参加诉讼。

(3) 行政裁决、行政确权案件的相对人。公民、法人或者其他组织之间发生民事权益纠纷,由行政机关确权、裁决的,一部分当事人不服向人民法院起诉,而另一部分则可以第三人的名义参加诉讼。

(4) 两个以上行政机关作出相互矛盾的行政行为,非被告的行政机关可为第三人。

(5) 与行政机关共同署名作出处理决定的不具备被告资格的个人或组织。这种个人或组织因不具备行政诉讼被告资格,因此无法以被告的身份参加诉讼。但是一旦该行为被判决违法,其责任不能被免除,因此可以第三人的身份参加诉讼,以维护自身权益,承担相应法律责任。

(6) 在行政许可案件中,与行政许可有利害关系但没有提起诉讼的其他公民、法人或其他组织可以作为第三人参加诉讼。

(7) 应当追加为被告而原告不同意追加的,法院应当通知其作为第三人参加诉讼。如果只有一个适格被告而原告指控又不正确的,法院应要求原告将指控对象变更为适格的被告,原告不同意变更的,则驳回起诉。但是,如果应当有两个或两个以上的适格被告,而原告只起诉了其中部分被告,不同意追加其他具有被告资格的行政机关的,这些行政机关应当作为第三人参加诉讼。

3. 第三人参加诉讼的程序

第三人参加诉讼的方式有两种,分别是申请参加诉讼和由法院通知参加诉讼。当与被诉行政行为或案件结果有利害关系的第三人知悉诉讼正在进行时,第三人可以申请的形式要求参加本案诉讼。对于当事人的申请,法院应当进行审查,确认其与本案有利害关系并符合其他参诉条件的,应当准许其参加本案诉讼。由法院通知参加诉讼的情况是:应当追加为被告而原告不同意追加的,人民法院应当通知其以第三人的身份参加诉讼;行政机关的同一具体行政行为涉及两个以上利害关系人,其中一部分利害关系人对具体行政行为不服提起诉讼,人民法院应当通知没有起诉的其他利害关系人作为第三人参加诉讼。

七、行政审判活动概述

（一）立案工作概述

行政案件的审查立案是指人民法院在收到原告起诉状后，在法律规定的期限内，审查原告提起的行政起诉是否符合法定条件，以决定是否立案受理的司法行为。公民、法人或者其他组织的起诉是启动行政诉讼程序的前提，对起诉的审查立案是案件能否进入审理程序的关键。立案受理工作涉及行政诉讼案件的质量及效率，更涉及对公民、法人或者其他组织的诉权保护。

1. 人民法院对行政起诉进行审查的主要内容

（1）起诉的具体行政行为是否属于行政诉讼的受案范围。

（2）起诉人是否具有原告主体资格。

（3）起诉状中所列的被告是否适格。

（4）起诉是否有具体的诉讼请求和事实根据。

（5）是否属于受诉人民法院管辖。

（6）法律、法规规定行政复议为提起诉讼必经程序的是否已经复议。

（7）起诉是否超过法定期限。

（8）起诉人是否重复起诉。

（9）起诉人已撤回起诉再行起诉是否有正当理由。

（10）诉讼标的是否为生效裁判的效力所羁束。

（11）起诉是否具备其他法定要件。

2. 起诉经审查立案受理后所产生的拘束力

（1）对于人民法院而言，该行为确定特定法院时管辖权和相应职责，法院的审判活动宣告正式开始；同时，该行为还产生排他管辖权，当事人不得再行起诉，其他人民法院也不再受理。

（2）对于被诉行政主体而言，受理行为确定了其与行政相对人之间平等的诉讼地位。

（3）对提起诉讼的公民、法人或者其他组织而言，其原告地位确立，同时应依法交纳案件受理费。

（二）一审庭审概述

行政诉讼案件采用两审终审制，通常由基层人民法院负责行政诉讼案件的一审。一审行政案件庭审按照法定程序开展。行政案件一审庭审程序是指人民法院开庭审理第一审行政诉讼案件所适用的程序。

《行政诉讼法》和《行政诉讼法解释》对行政案件一审庭审程序作了较为详尽的规定。

1. 庭前准备工作概述

庭前准备，又称开庭前的准备，是人民法院自案件受理后至开庭审理前，为保证审判工作的顺利进行和案件正确及时审理所进行的各项诉讼活动的总称。

这一阶段的中心任务是进一步审查确认案件是否具备进入开庭审理的条件，梳理案件争议焦点，查明并收集必要证据，为正式开庭做好充分准备。庭前准备工作是否充分、扎实,直接关系到庭审工作的实际效果。

根据行政诉讼法的有关规定,庭前准备主要包括确定审判组织、通知被告应诉、发送诉讼文书、审查诉讼材料和调查收集证据、审查诉讼参加人情况、召开合议庭准备会议、开庭通知和公告等几项内容。

2. 庭审工作概述

庭审,即开庭审理,是指在合议庭的主持下,由当事人共同参加,按照法定程序对行政案件进行审理,以查清案件事实,正确适用法律并作出裁判的诉讼活动。第一审案件原则上应当开庭审理,不得进行书面审理。

行政诉讼庭审的主要阶段是:宣布开庭、法庭调查、法庭辩论、合议庭评议、宣告判决。

(三) 审判中的合法性审查概述

《行政诉讼法》规定,人民法院审理行政案件,对具体行政行为是否合法进行审查,主要涉及对该具体行政行为事实依据、法律依据、行政程序、是否存在超越职权、滥用职权和是否存在不履行法定职责情形等事项的审查。同时,人民法院对行政行为合法性的审查是全面审查,不局限于当事人的诉讼请求和理由。此外,人民法院的司法审查并不涉及行政行为的一般合理性事项,但被诉行政行为存在严重违反比例原则或其他严重不合理情形的,就应当接受司法监督。

1. 对事实依据的审查

行政机关作出具体行政行为应该具备事实依据。在行政诉讼中对事实依据的司法审查主要是借助于对行政机关提供的相关证据的审查来实现的。因此,对事实依据的司法审查归根到底就是对行政行为所认定的案件事实是否成立的审查,涉及对该事实依据的审查确认。鉴于此,正确把握对相关证据材料的筛选、剔除、确认的方法和技巧,显得尤为重要。

在对事实依据,即对证据的审查是诉讼活动的核心,包含了举证、质证、认证等证据制度,本书将其单列一部分进行深入分析,在此不再赘述。

2. 对法律适用的审查

如果说事实的审查是解决"什么行为合法"和"合法的表现"的问题,对法律的审查就是在解决"合什么样的法"的问题。《行政诉讼法》《最高人民法院关于审理行政案件适用法律规范问题的座谈会纪要》要求,人民法院审理行政案件,依据法律、行政法规、地方性法规、自治条例和单行条例,参照规章。在参照规章时,应当对规章的规定是否合法有效进行判断,对于合法有效的规章应当适用。

(1) 法律依据。

包括法律、行政法规、地方性法规、自治条例和单行条例,法律的效力仅次于宪法。行政法规的效力低于法律,不能与法律相抵触。当行政法规的规定与法律规定相抵触时,应当适用法律。行政法规的表现形式一般为:条例、规定、办法,国务院的正式立法属于行政法规。省级、部分设区的市级人大及人大常委的正式立法属于地方性法规,地方性法规的效力低于法律、行政法规,当地方法规与法律、行政法规相抵触时,应当适用法律、行政法规。自治地方的人大关于自治事项的正式立法属于自治法规,通常表现为自治条例和单行条例,自治条例和单行条例的效力及于民族自治区域范围,可以作为审理发生在该区域范围内的行政案件的依据。

（2）参照依据。

国务院工作部门的正式立法属于部门规章，省级、部分设区的市级政府的正式立法属于地方政府规章或称地方规章，部门规章、地方规章为审查被诉具体行政行为法律适用是否正确时的参照依据。部门规章不得与法律和行政法规相抵触；地方规章不得与法律和行政法规以及上级、本级地方性法规相抵触。

（3）参考依据。

有关部门为指导法律执行或者实施行政措施而作出的具体应用解释和制定的其他规范性文件，不是正式的法律渊源，对人民法院不具有法律规范意义上的约束力。但是，人民法院经审查认为被诉具体行政行为依据的具体应用解释和其他规范性文件合法、有效并合理、适当的，在认定被诉具体行政行为合法性时应承认其效力。

（4）对具体行政行为法律条款援引的要求。

具体行政行为适用法律、法规，在形式上必须要写明依据的具体的法律、法规及规章的名称和具体条文。在一个条文中，有多款或者多项的，应当写明具体的款或项。在内容上，一般应当写明认定行政相对人行为的性质或者事项的性质的法条和所涉及处理结果的法条。

（5）对具体行政行为法律条款援引的有效性审查。

在行政诉讼中审查行政机关的行为是否合法，仅考察该行为作出时所援引的法律条款是否合法，不能将被告在答辩状或者庭审时所引用的具体法条作为其被诉具体行政行为所适用的法律依据。即法院只针对行为"作出时"行政机关所援引的法条，在事后的诉讼活动中被诉行政机关所主张的法条不在审查范围之内。

3. 对行政程序的审查

行政程序，系指行政机关及其工作人员按照一定的步骤、顺序、方式和时限作出行政行为的具体过程。行政程序合法性审查的事项一般包括：

（1）告知。

行政机关作出涉及行政相对人权利义务的决定时，必须事先通知行政相对人并告知其在行政程序中享有的权利义务以及注意事项，让行政相对人做好陈述和申辩的准备，维护其合法权益。涉及不特定人的决定，可以采取公告等形式告知公众。

（2）回避。

行政机关处理某一具体行政事务的工作人员，与该行政事务的处理结果有直接或者间接利害关系，或者与该行政事务的当事人有亲属关系或其他关系，有可能影响到该案件公正处理的，应当避开或者退出对该行政事务的处理工作。有关行政机关工作人员遇有回避原因的，应当自行提出回避；当事人也有权申请回避。行政机关审查后，应当作出是否回避的决定。

（3）职能分离。

行政机关对有关行政相对人权利义务的问题作出决定时，调查、控告职能应与作出裁决的职能分离。即负责调查和提出指控的公务员不能参与行政处理决定的裁决，负责裁决的公务员原则上应当由没有参与调查的公务员担任。

(4) 听取当事人陈述和申辩。

行政机关对有关行政相对人权利义务问题作出决定前，应当告知当事人作出行政处理决定的事实、理由及依据，并告知当事人依法享有的权利。当事人有权进行陈述和申辩。行政机关应当充分听取当事人的意见，对当事人提出的事实、理由和证据，应当进行复核；当事人提出的事实、理由和证据成立的，行政机关应当采纳。行政机关不得因当事人申辩而作出不利于当事人的处理决定。行政机关及其执法人员在作出行政处理决定之前，不依法向当事人告知给予行政处理的事实、理由和依据，或者拒绝听取当事人的陈述、申辩的，构成程序违法，但当事人放弃陈述或者申辩权利的除外。

(5) 听证。

指行政机关在作出以对行政相对人的权利义务有较大影响的决定之前，举行有利害关系人参加的会议，让利害关系人对要认定的事实进行举证、质证、提供反证、质问、辩论、陈述等较为正式、严格的一种程序制度。《行政处罚法》规定，行政机关作出责令停产停业、吊销许可证或者营业执照、较大数额罚款等，当事人要求听证的，行政机关应当组织听证。《行政许可法》规定，法律、法规、规章规定实施行政许可应当听证的事项，或者行政机关认为需要听证的其他涉及公共利益的重大行政许可事项，行政机关应当向社会公告，并举行听证。

(6) 说明理由。

行政机关作出的影响行政相对人权利义务的决定中应当说明该决定认定的事实和证据，所依据的法律、法规及规章条文等理由。

(7) 制作记录与案卷。

行政机关实施行政行为时，凡是举行听证或者作出裁决，均应将听证的过程或者作出裁决的过程制作笔录、建立案卷。案卷应当包括所有的证据、文件、记录、处理决定书等材料。

(8) 期间。

行政行为应当在一定的期间内作出。我国相当一部分法律、法规及规章对行政机关作出涉及行政相对人权利义务的具体行政行为的期间作了具体的规定，但仍有一些法律、法规及规章对行政行为作出的期间未作规定，给司法审查造成一定的困难。

(9) 行政救济。

当行政相对人不服行政机关作出的涉及其权利义务的具体行政行为时，法律通常规定可以通过向有关行政机关申请复议或者申诉的途径，由有关行政机关对原具体行政行为重新审查或者复查，并作出复议裁决或者处理决定。

4. 对超越职权的审查

超越职权，即指行政机关及其工作人员在执行职务中，行使了法律未授予的职权或超出法律授予的职权范围的违法情形。据此，超越职权属于实体上作为的行政违法行为。在对其审查判断时，无须考量行政机关行使职权时的动机、目的是否善良和正当，只要行政机关超出法定职权范围，即构成超越职权。

(1) 超越职权的种类。

由于行政越权的实质是对行政职权的逾越，而行政职权又包含权限和权能两项内容，因此，可以将超越职权分为行政权限逾越和行政权能逾越两种情形。

第一，行政权限逾越。这是指行政主体的具体行政行为在层次、地域和事务的一方面或几方面逾越该主体职权的情形。基于权限的内容，行政权限逾越又可分成事务管辖权逾越、地域管辖权逾越、层级管辖权逾越和数项管辖权综合逾越四类。

首先，事务管辖权逾越，即指行政主体管辖了不属其法定业务范围的事务。其次，地域管辖权逾越，即指行政主体的具体行政行为超过了法定空间范围。第三，层级管辖权逾越，即指有直接或间接隶属关系的上下级行政主体之间及有授权关系的授权与被授权行政主体之间管辖权的相互逾越。第四，数项管辖权综合逾越，即指行政主体在进行具体行政行为时在两项或更多项管辖权方面均发生超越的越权行为。数项管辖权综合逾越常发生在行政主体工作人员故意利用职权违法的情形下。

第二，行政权能逾越，是指行政主体的具体行政行为超出了其法定权力限度的情形，表现为：

①行政主体拥有某项行政权能，但其具体行政行为超越了该项权能的法定幅度或限度。

②行政主体不拥有某项行政权能，但却行使该项权能作出了具体行政行为。如越权行使其他行政机关的管理职权等。

③行政主体没有非行政性国家权能，但其具体行政行为却是该非行政性国家权能的表现。诸如：行使司法裁判权、否定生效裁判及人民法院主持下形成的调解协议效力、实施司法强制执行权。

④行政主体的具体行政行为无任何国家权能的基础，却有意而为之。

还需要说明的是，由于超越职权与行政不作为、滥用职权均是以职权为依据所做的判断，在区分所属违法情形时应当注意把握其各自不同的特征。行政不作为，即指行政主体及其工作人员有积极实施法定行政职责的义务，并且能够履行而不履行的违法具体行政行为。行政不作为并不等于身体的静止，不作为是指行为人没有履行法律所要求实施的行为，它与行政越权的最大区别是：前者系法律要求为而未为，后者系超越法定权限而为。滥用职权，指行政主体及其工作人员在职务权限范围内违反法律目的行使自由裁量权的行为。它与行政越权的区别是：超越职权属行政越权，滥用职权在形式上符合其法定职权，但实质上系违反法律目的行使职权。

（2）对超越职权行为的司法审查。

①通过审查被告行政机关提供的证明材料，原告或者第三人提供的证明材料及受案法院收集到的证明材料来判断被告行政机关是否具有作出具体行政行为的行政职权。

②若单行法律、法规对行政机关的职权仅作原则性规定，需要通过其他法律、法规及规章作进一步的具体规定的，不能仅依被告提供的某一法律、法规的原则授权，即判断确认其具有作出被诉具体行政行为的资格，需进一步要求被告提供其他规范性文件依据，否则，应认定被告超越职权。也就是说，不能仅根据行政管理部门的文件确定作出具体行政行为的组织具有执法主体资格，而应根据有关法律、法规及规章的具体规定及批准该组织成立的文件等进行综合判断。

③合议庭发现被告不具有职权依据的，应当经庭审质证后作出认定。

④作出行政行为的机关是否越权，还需注意该行政机关是否属于受委托的情况。正确判断行政委托关系是否成立，着重要审查受托人的合法性：

第一,委托是否具有法律依据;

第二,必须以委托机关的名义实施行政管理职权;

第三,不得超出委托权限,受委托的组织不得擅自转委托。

5. 对滥用职权的审查要领

滥用职权,是行政主体及其工作人员在职务权限范围内违反行政合理性原则的自由裁量行为。滥用职权的判断标准一般是,行政行为严重违反合理性原则要求,而轻微的不合理、一般的不当,不构成滥用职权。

人民法院对滥用职权行为进行司法审查时,应当围绕是否存在滥用职权行为、行政结果是否存在不合理等两个方面进行审查。

(1) 对是否存在滥用职权行为的审查。

①审查涉案事项是否涉及自由裁量权范畴。滥用职权行为只存在于自由裁量的具体行政行为之中。因此,在对案件审查时首先应当确认所涉事项是否属于行政机关行政自由裁量权范畴。否则,无须对是否存在滥用职权行为进行审查。

②审查是否存在滥用职权的情形。从是否存在不符合法定目的、是否考虑了不相关事项、是否违反可行性原则、是否符合比例原则、是否符合平等原则,以及是否遵循惯例原则等方面逐一进行审查。注意在整个审查过程中应当秉承审查被诉行政行为合法性的原则,即由被告向法庭释明其作出被诉具体行政行为的动机、所考虑的因素及所引用的法律依据目。而后,法庭向原告、第三人,征询对被告陈述意见的异议,再由各方当事人质证、辩论。

(2) 对行政结果是否存在明显不合理的审查。

应当首先由被告向法庭阐述其被诉具体行政行为不存在明显不合理的理由及其依据,并列举类似案件的处理惯例。在审查同一类型案件行政处理结果合理性问题时,应当注意审查行政机关在同一时期、同一地域,针对同一情形的案件所作出的行政处理结果是否基本相同,如果涉案行政处理结论与之前的绝大多数案件存在较大差异,则倾向认定为存在滥用职权情形。而后,法庭向原告、第三人征询对被告的陈述意见的异议,并由各方当事人质证、辩论。无论是被告、原告,还是第三人提供的有关被告对类似案件作出的处理决定的证据材料,只要符合证据的"三性"要求,均可作为定案的根据。

6. 对不履行职责的审查要领

不履行法定职责行政案件是指行政主体负有某种特定的职责(或义务),其应当根据行政相对人的申请或职权要求作出相应的行政行为,但其在法定或合理的期限内拒绝履行或不予答复,申请人认为该拒绝履行或者不予答复侵犯了其合法权益,向人民法院提起行政诉讼,请求人民法院依法作出判决的行政案件。

行政相对人认为行政主体不履行法定职责,向人民法院提起行政诉讼的案件主要包括以下范围:

(1) 申请行政机关颁发许可证、执照、资质证、资格证等证书,或者申请行政机关审批、登记有关事项,行政机关拒绝履行、迟延履行或者不予答复的。

(2) 申请行政机关履行保护人身权利、财产权利、受教育权利等法定职责,行政机关拒绝履行、迟延履行或者不予答复的。

(3) 申请行政机关发给抚恤金、社会保险金或者最低生活保障费,行政机关没有依法发放的。

（4）申请行政机关给予行政奖励、行政补偿，行政机关拒绝履行、迟延履行或者不予答复的。

（5）申请行政机关公开政府信息，行政机关拒绝履行、迟延履行或者不予答复的。

（6）其他要求行政机关履行法定职责的案件。

不履行法定职责的基本形态可以概括如下：

根据《行政诉讼法》相关规定，结合行政审判的实践，不履行法定职责主要有以下三种基本形态：拒绝履行、迟延履行、不予答复。

（1）拒绝履行是指履行法定职责的事由发生后，行政机关在规定或者承诺的期限内，以口头或书面形式明确表示不履行。

（2）迟延履行是指履行法定职责的事由发生后，行政机关在规定或承诺的期限内以各种理由推诿、不明确作出结论性意见。

（3）不予答复是指履行法定职责的事由发生后，行政机关在规定或者承诺的期限内未给当事人任何答复意见。

（四）非诉行政执行案件审查概述

非诉行政执行并非《行政诉讼法》上的法律用语，而是对《行政诉讼法》第九十七条："公民、法人或者其他组织对具体行政行为在法定期限内不提起诉讼又不履行的，行政机关可以申请人民法院强制执行，或者依法强制执行"的规定中"申请人民法院强制执行"内容的概括表述。

需要注意的是，按照《行政诉讼法》及《行政强制法》的规定，非诉行政执行是在当事人在法定期限内不申请行政复议或者提起行政诉讼，又不履行行政决定的前提下，但并不意味着经过诉讼的具体行政行为都不存在非诉行政执行。根据《最高人民法院关于判决驳回原告诉讼请求行政案件执行问题的答复》（[2008]行他字第24号）的内容，被诉具体行政行为具有可执行内容、人民法院判决驳回原告诉讼请求、行政机关申请人民法院强制执行该具体行政行为的，人民法院应作为非诉行政案件受理，并依法裁定准予执行同时明确执行的具体内容。

（1）立案审查。

人民法院办理非诉行政执行案件，一般要经过对行政机关申请的立案审查、对行政决定的合法性审查和强制执行等程序。根据立审分离、审执分离的原则，非诉行政案件的审查分为立案审查和司法审查，具体由立案庭和行政庭分别负责；裁定准予强制执行并由法院自己执行的，执行工作则由人民法院负责执行的机构承担。同行政诉讼案件的立案、审判一样，在对非诉行政案件进行审查时，人民法院应组成合议庭，具体负责非诉行政执行案件的立案审查和司法审查。

（2）申请人的确定。

按照《行政诉讼法解释》的规定，非诉行政执行的申请人有两类：没有强制执行权的行政机关和权利人（包括权利人的继承人、权利承受人）。

《行政强制法》第五十三条规定："当事人在法定期限内不申请行政复议或者提起行政诉讼，又不履行行政决定的，没有行政强制执行权的行政机关可以自期限届满之日起三个月内，依照本章规定申请人民法院强制执行。"《行政诉讼法》第九十七条规定："公民、法人或者其他组织对具体行政行为在法定期间不提起诉讼又不履行的，行政机关可以申请人民法院强制执行，或者依法强制执行。"《行政诉讼法解释》进一步明确规定，行政机关根据法律的授权对平等主体之间民事争议作出裁决后，当事人在法定期限内不起诉又不履行，作出裁决的行政机关在申请执行期限内未申请人民法院强制执行的，生效行政裁决确定的权利人或其继承人、权利承受人在六个月内可以申请人民法院强制执行。

（3）行政机关作为申请人是否适格的判断。

①审查作出具体行政行为的行政机关是否是文书落款单位，是文书落款单位的，可以作为申请人申请强制执行；非文书落款单位的，要查明其与文书落款单位的联系，其申请强制执行是否具有法律依据，再决定是否受理。作出具体行政行为的行政机关被撤销、合并或者分立，继续行使其职权的行政机关可以作为申请人。

②经过行政复议的案件：行政复议决定维持原具体行政行为的，作出原具体行政行为的行政机关可以作为申请人；行政复议决定改变原具体行政行为的，且改变部分具有可执行内容的，复议机关也可以作为申请人。

（4）受理事项的确定。

具体行政行为是否可以向法院申请强制执行，可根据以下规则确定：

①对法律规定可以由行政机关强制执行而未规定可以申请人民法院强制执行，行政机关申请人民法院强制执行的，一律不予受理。

②对法律没有规定行政机关可以申请人民法院强制执行，也没有规定行政机关自己可以强制执行的，应按《行政强制法》第五十三条的规定，由行政机关申请人民法院强制执行。

③对法律规定行政机关既可以自行强制执行，也可以申请人民法院强制执行，行政机关申请人民法院强制执行的，原则上不予受理。

④对行政机关没有强制执行权而申请人民法院强制执行的，在受案时，要严格按照行政诉讼法及其司法解释等有关规定审查立案，对不符合受理条件的案件，如具体行政行为不具有强制执行内容，或虽有执行内容但客观上无法执行的等，可裁定不予受理；对申请人提交的材料不符合规定的，要通知其限期补充，未按时补齐的，裁定不予受理。

以下几种常见非诉行政强制执行申请，不属于人民法院受理范围：

第一，涉及限制人身自由的行政决定：行政机关根据治安管理处罚法、出境入境管理法、劳动教养法律法规等规定，作出的行政拘留、强制戒毒、劳动教养等决定；

第二，涉及限制财产流通的行政强制措施：行政机关根据海关、税务、工商等法律、法规，在查处案件过程中作出的扣押、冻结、划拨、查封等决定；

第三，根据企业法人登记、房地产登记、土地管理等规定，工商、房地等部门作出的注销、吊销营业执照、变更房地产登记内容、收回国有土地使用权等决定；

第四，确定土地、矿藏、水流、滩涂、海域等自然资源的所有权或者使用权归属，或注销、吊销所有权、使用权证书的行政行为；

第五，警告、通报批评等申诫类行政处罚；

第六，行政机关在作出行政处罚决定同时，作出的责令改正、责令停止侵权等决定。

一个具体行政行为，设定多项义务内容，且均可执行，而行政机关申请执行部分内容的，可以立案受理。但应当要求行政机关以书面形式予以明确放弃部分可执行内容。

(5) 受理期限的确定。

《行政强制法》第五十三条规定："当事人在法定期限内不申请行政复议或者提起行政诉讼，又不履行行政决定的，没有行政强制执行权的行政机关可以自期限届满之日起三个月内，依照本章规定申请人民法院强制执行。"行政机关作出的行政决定中，一般都会明确当事人自动履行义务的期限。因此，法院受理的期限是法律规定的提起行政救济的期限加上限定履行的期限届满后三个月内这个时间段。关于行政救济的法定期限规定分别是：

①公民、法人或其他组织申请行政复议的法定期限是六十日，自知道该具体行政行为之日起计算，如果行政救济是复议终局则申请人可以自当事人收到行政决定之日起六十日届满后的次日起三个月内申请执行。

②复议前置情况下，由于不经过复议不得向法院起诉，故如未在复议期间内申请复议，又不履行的，申请人申请的期间与前一情形相同。

③直接向人民法院提起诉讼的，应当自知道作出具体行政行为之日起三个月内提出，申请人可以自当事人收到行政决定之日起三个月届满后次日起三个月内申请执行。

(6) 申请应当提交的材料。

根据《行政诉讼法解释》第一百五十五条、《行政强制法》第五十五条的规定，行政机关申请人民法院强制执行时，应当提交以下材料：

①强制执行申请书是开始执行程序的必要手续，强制执行申请书应当包括如下内容：表明申请法院强制执行的意思；申请人和被申请人的名称或姓名、住址等；申请执行的依据、事项和理由；申请执行的标的。

②已执行的生效行政决定文书及送达凭证。

③证明具体行政行为合法的事实依据和法律依据。

④当事人的意见及行政机关的催告情况。

⑤其他应当提交的材料包括：

第一，涉及财产内容的，除小额财产罚以外，申请人应当提供能够证明被申请人财产状况的材料和线索；

第二，涉及违章建筑、非法占地等案件，应当提交违法建筑违法状态的相关材料以及实施强制执行所需要的其他技术资料及方案；

第三，申请人委托代理人的，应当向人民法院提交授权委托书，委托书应当经委托人签字并盖章，写明委托事项和代理权限；

第四，外国人、无国籍人或者外国组织申请强制执行的，应当提交中文强制执行申请书。

(7) 审查与裁定。

①受理后审查过程中若干程序问题的衔接处理。

立案后发现不符合申请条件的处理：立案庭办理立案手续后，应将案件移交行政庭，行政庭经审查发现不符合立案条件的，应当在七日内书面通知退回申请或裁定驳回行政机关的强制执行申请，并应说明理由。

立案后发现不属于本院管辖案件的处理：立案后发现受理的非诉行政执行案件不属于本院管辖的，应当在七日内移送有管辖权的人民法院。被执行人提出管辖权异议的，应当对当事人提出的管辖异议申请进行审查，异议成立的，依职权移送；异议不成立的，应及时书面告知当事人，并说明理由。

作为被执行人的相对人未提起诉讼，行政机关申请法院强制执行，法院受理后，如相关人对具体行政行为起诉的，非诉行政执行案件应当裁定中止审查和执行。人民法院对相关人的起诉裁定不予受理或判决驳回诉讼请求的，可以恢复审查和执行。

②审查的方式。

非诉行政执行案件的审查，区别于诉讼审查，采取书面审查为主、听证审查为辅的审查模式。

《行政强制法》第五十七条规定："人民法院对行政机关强制执行的申请进行书面审查。对符合本法第五十五条规定，且行政决定具备法定执行效力的，除本法第五十八条规定的情形外，人民法院应当自受理之日起七日内作出执行裁定。"

《行政强制法》第五十八条规定："人民法院发现有下列情形之一的，在作出裁定前可以听取被执行人和行政机关的意见：（一）明显缺乏事实根据的；（二）明显缺乏法律、法规依据的；（三）其他明显违法并损害被执行人合法权益的。"

听取意见，可以是人民法院分别听取申请执行双方意见，也可以是由人民法院组织双方进行听证来实现。

对有下列情形的案件，可决定进行听证审查：涉外或者涉港、澳、台的；被执行财产数额较大的；涉及企业生产、经营或生存等权利的；社会影响较大的；执行后果难以有效补救的；书面审查难以查清事实的；在认定事实、适用法律或处理结果方面有较大争议的。

适用听证程序进行审查，应把握以下要点：非诉行政执行案件是否需要进行听证审查，应先由主审人提出意见，报庭长或审判长决定；庭长或审判长决定听证的，应当在举行听证的3日前将举行听证的时间和地点，以口头或书面形式通知行政机关、当事人及其委托代理人；听证由主审人主持，必要时也可由合议庭主持。

听证参加人：当事人及其委托代理人；经人民法院允许的，其他请求参加听证的与具体行政行为有法律上利害关系的公民、法人或者其他组织。

听证具体程序：申请人宣读申请执行书和行政法律文书；行政机关出示相应的证据和法律依据；被申请人进行陈述、申辩和举证；申请人和被申请人就案件事实、适用法律、执法程序等提出意见并相互质证；听证主持人或者合议庭成员可以就案件事实、有关证据和法律依据等非诉具体行政行为合法性问题进行询问；双方当事人分别作最后陈述。

听证笔录：听证应当制作听证笔录。当事人对听证笔录核对无误后，应当签名。当事人、证人拒绝签字的，书记员应当在听证笔录上记明。

不参加听证的处理：申请听证的当事人无正当理由不参加听证或者未经听证主持人准许中途退场的，听证不再进行，并可以按视为撤回申请处理；被申请人不参加听证的，不影响听证的举行。

③非诉行政执行案件审查内容。

非诉行政执行案件重点审查具体行政行为是否已生效，是否明显违法或严重不合理，以及是否具有可强制执行性。具体应当审查以下内容：是否超越法定职权；认定违法主体是否正确；主要证据是否充分，是否明显缺乏事实根据；适用法律规范是否明显错误，是否明显缺乏法律依据；是否明显违反法定程序，且损害当事人合法权益；是否存在其他明显违法度损害被执行人合法权益的情形。

④审查后的裁定。

《行政诉讼法解释》第一百六十条规定，法院受理行政机关申请执行其行政行为的案件后，应当在七日内由行政审判庭对行政行为的合法性进行审查，并作出是否准予执行的裁定。人民法院在作出裁定前发现行政行为明显违法并损害被执行人合法权益的，应当听取被执行人和行政机关的意见，并自受理之日起三十日内作出是否准予执行的裁定。行政庭在作出准予强制执行的裁定后即移交立案庭，立案庭另行登记编立"（××）×行执字第××号"后，移交法院负责强制执行非诉行政行为的机构强制执行。经审查认为不符合执行条件的，作出不准予强制执行的裁定。

《行政强制法》第五十八条第二款规定，裁定不予执行的，应当说明理由，并在5日内将不予执行的裁定送达行政机关。

八、国家赔偿案件审查概述

1994年5月12日，第八届全国人民代表大会常务委员会第七次会议通过了《国家赔偿法》，并于1995年1月1日起实施，标志着我国国家赔偿制度，尤其是刑事赔偿制度的正式确立。2010年4月19日，第十一届全国人大常委会第十四次会议表决通过了《关于修改〈中华人民共和国国家赔偿法〉的决定》，并于2010年12月1日起施行；2012年10月26日，第十一届全国人大常委会第二十九次会议表决通过了《关于修改〈中华人民共和国国家赔偿法〉的决定》，并于2013年1月1日施行。《国家赔偿法》第二章、第二章及第三章第三条，分别确立了国家赔偿案件的三个种类：行政赔偿、刑事赔偿（又称刑事司法赔偿）以及民事、行政诉讼中的司法赔偿（又称非刑事司法赔偿）。行政赔偿在《行政诉讼法》中有相应的规定，且其侵权主体、审理程序等与一般的行政诉讼案件相同，司法实践往往将其归为行政诉讼案件的一种类型。其他两类国家赔偿案件的处理程序稍有不同，由赔偿请求人按照《国家赔偿法》的相关规定及程序，向人民法院赔偿委员会请求赔偿义务机关予以赔偿。

（一）行政赔偿案件审理要领

根据《国家赔偿法》第二条、第三条的规定，行政机关及其工作人员行使行政职权时，侵犯公民、法人和其他组织合法的人身权、财产权，造成损害的，受害人有权依法向行政机关主张赔偿。

1. 侵权主体是行政机关及其工作人员

行政机关是指行使国家各项行政职权的行政单位，包括各级人民政府及其所设置的各行政管理部门、法律法规授权的组织、受行政机关委托行使行政职权的组织，不包括行使行政职权外的其他职权的立法机关、军事机关、司法机关，不包括中国共产党的各级组织机构等非国家机关主体。同时负有行政及其他类国家职权机关，所需承担的赔偿责任性质依其具体行使的职权性质而定。如公安机关在行使户籍、治安管理等行政管理职权时为行政机关，依照《刑事诉讼法》行使刑事侦查等司法职权时则为司法机关，因后者致人损害的，应依司法赔偿程序处理。

行政机关工作人员是指行使行政职权的公务人员，即在行政机关内按照法律赋予的行政职权而行使公务职责、从事公务活动的人员。既包括在行政机关担负与该机关职权相关联职务的人员，也包括受行政机关委托和聘用行使职权的人员。如工商行政管理部门聘用的管理市场的临时工作人员，公安部门聘用的维护交通秩序的交通协管员。没有行使国家职权的聘用人员，如汽车司机、炊事人员等，不属于行政赔偿概念中的行政机关工作人员。

2. 侵权行为属违法的职务行为

引起行政赔偿的侵权行为应当发生于管理国家公共事务职权的行使过程中或与职权行使有直接关联。此系行政赔偿的行为要件，其既包括行使职权的具体行政行为，也包括职权行使过程中发生与职权直接关联的事实行政行为，如殴打、虐待等行为。行政机关及其工作人员实施的与行使职权无关的个人行为或行使非行政职权的行为，不属于上述职务行为，因此类行为致使他人合法权益受损的，侵权人依法承担民事赔偿责任。

侵权的职务行为应当违反法律规定。违法行使行政职权是行政赔偿的前提条件，因合法履行职责行为造成公民、法人或者其他组织合法权益损害的，行政机关不承担行政赔偿责任，而是根据法律、法规的规定，给予受损害人一定的补偿。

3. 被侵害权益属合法权益，且确实存在被损害的事实

根据《国家赔偿法》第二条关于"国家机关和国家机关工作人员行使职权，有本法规定的侵犯公民、法人和其他组织合法权益的情形，造成损害的，受害人有依照本法取得国家赔偿的权利"的规定，被侵害权益具备合法性是主张行政赔偿的前提要件。

被损害的权益应当为受法律保护的合法权益。法律明确禁止的不当得利等受侵害的，国家不承担行政赔偿责任。如赌资，通过走私获得的收入。被损害的权益应当属于《国家赔偿法》第三、四条规定的人身权、财产权范畴，主要指人身自由权、生命健康权的损害和财产权利的损害，政治权、受教育权等其他权益受到侵害一般不引起行政赔偿。合法权益损害的内容局限于实际损失，不包括可得利益的损失。

4. 职务违法行为与损害结果具有直接因果关系

该要素系联结责任主体与损害结果之间的纽带，当行政侵权行为足以引起损害后果发生时，视为二者之间具备前因后果逻辑关系，因果关系成立。

（二）刑事赔偿以及民事、行政诉讼中的司法赔偿审查要领

侦查、检察、审判机关以及看守所、监狱管理机关在行使相应职权过程中，根据《刑事诉讼法》《刑法》等相关规定，有权作出多类行为，但并非每一行为违法或侵权造成受害人损失，均属于国家赔偿的范围。《国家赔偿法》采取了有限赔偿的原则，以具体列举的方式，通过第十七条、第十八条及第三十八条限定了国家应予赔偿的范围：

1. 因采取拘留措施而纳入赔偿范围的情形

（1）违法拘留，即违反刑事诉讼法规定的条件和程序对公民采取拘留措施；

（2）超期拘留，即虽符合刑事诉讼法规定的条件和程序采取拘留措施，但拘留的时间超过了刑事诉讼法规定的时限，且此后终止了对被拘留公民的刑事责任追究，如撤销案件、不起诉、判决宣告无罪。

2. 因采取逮捕措施而纳入赔偿范围的情形

对公民采取逮捕措施后，决定撤销案件、不起诉或者判决宣告无罪而终止追究刑事责任。

3. 因再审改判而纳入赔偿范围的情形

依照审判监督程序再审改判无罪且原判刑罚已经执行的。

4. 因在行使职权过程中事实上采取的行为侵犯人身权而纳入赔偿范围的情形

（1）刑讯逼供的；

（2）殴打、虐待或唆使、放纵他人殴打、虐待的；

（3）违法使用武器、警械的。

5. 因在行使职权过程中采取的行为侵犯受害人财产权而纳入赔偿范围的情形

（1）违法对财产采取查封、扣押、冻结、追缴等措施的；

（2）依照审判监督程序再审改判无罪，原判罚金、没收财产已经执行的。

6. 因人民法院采取强制措施及执行行为侵犯受害人人身、财产权而纳入赔偿范围的情形

（1）在民事诉讼、行政诉讼过程中，违法采取对妨碍诉讼的强制措施；

（2）在民事诉讼、行政诉讼过程中，违法采取的保全措施；

（3）对判决、裁定及其他生效法律文书执行错误。

（三）国家赔偿案件审查方式概要

经立案受理后，国家赔偿案件即需要分配给审判组织及具体承办人员，此后方能正式进入审理程序，并需要通过一定的步骤、方式，查明案件事实、确定法律适用以最终作出决定。行政赔偿案件参照行政诉讼程序处理，其他两类案件审理程序一般区分为口头审理与书面审理两种方式。按照《国家赔偿法》第二十七条规定，人民法院赔偿委员会处理赔偿请求，原则上采取书面审查的办法，但在必要时可以当面听取赔偿请求人和赔偿义务机关的陈述申辩，进行质证。据此，确立了此两类赔偿案件审查采取的书面审查为原则，言词审查为补充的程序。

第三章 证 据

第一节 民事案件证据制度

一、民事诉讼的证据

(一) 民事诉讼证据的概念与特征

民事诉讼证据是指依照民事诉讼规则认定案件事实的依据,具有客观性、关联性、合法性三个基本特征。

1. 客观性

客观性也称为真实性,是指一切诉讼证据都必须是客观存在的,是不以人的主观意志为转移的,必须排除人们的想象、推测和臆造。证据的客观性是看得见、听得清、摸得着的,如租赁关系的租赁契约、借贷关系的借据、某项活动的录音录像资料等。客观事实总会在一定的范围或场合留下一些现象和痕迹,那么就可能产生物证材料或者勘验笔录;而证人将自己亲眼所见、亲耳所闻的事实准确客观地陈述出来,就成为证人证言。证据不以人的意志而改变其属性。

2. 关联性

关联性是指证据必须与所证明的案件事实有内在的法律意义上的必然联系。与案件没有联系的证据材料,即使是真实的、合法的,也不能作为案件的证据被采纳。当事人在民事诉讼过程中,会遇到许多客观存在的事物,凡是与案件有联系的事实都应该加以搜集。

民事证据关联性最根本的一点,就是确认其与案件事实具有法律意义的事实关联。当然,法律意义的关联可以从民事证据与待证事实逻辑上的联系和事实上的联系来分析把握。逻辑上的联系,就是根据证据材料通过逻辑推理来推论待证事实。比如,根据借条,可以推论借贷关系的存在;根据原告提供的病历和发票,可以推论原告可能被人致伤;据原告提供的被毁损的电视机,可以推论被告可能侵权等。这就是说,逻辑上的联系有的属于必然性联系,有的属于或然性联系,但总归都有联系,即具有关联性。而事实上的关联,是指民事证据与待证事实之间具有现实的联系性,且这种联系足以证明待证事实的存在或排斥待证事实的存在。有逻辑上的关联未必有事实上的关联,但有事实上的关联必然具有逻辑上的关联。

3. 合法性

合法性是指证据的收集、提供和审查必须符合法律的规定,即要按照法律的规定和法定程序进行。当事人要实现自己的诉讼请求或者用充分的证据压倒对手,必须注意证据的合法性。证据材料只有来源合法,才具有作为诉讼证据的资格,才可能成为诉讼证据。

民事证据的合法性，应当从以下几个方面进行把握：

（1）民事证据的外在表现形式必须是合法的。《民事诉讼法》将证据存在的形式规定为八种类型，即当事人的陈述、书证、物证、视听资料、电子数据、证人证言、鉴定意见和勘验笔录。

（2）当事人收集证据必须符合法律程序，或者不违反法律的规定。《最高人民法院关于民事诉讼证据的若干规定》（简称《民事诉讼证据规定》）第六十八条规定："以侵害他人合法权益或者违反法律禁止性规定的方法取得的证据，不能作为认定案件事实的依据。"即"非法证据排除规则"，要求当事人在获取证据材料的时候不能以侵害他人合法权益为代价，也不能违反法律的禁止性规定。

（3）民事证据要符合民事实体法对证据的要求。实体法要求的特定的证据形式，必须在民事诉讼活动中以特定的方式表现出来，这样证据才具有合法性。如房屋所有权通常以房屋所有权证书为合法的证据表现形式。

（二）民事诉讼证据的种类

1. 当事人陈述

当事人陈述是指当事人在诉讼中就与本案有关的事实，尤其是作为诉讼请求根据或反诉讼请求根据的事实，向法院所做的陈述。在诉讼中，当事人向法院所作的陈述往往包含多方面的内容，如关于诉讼请求的陈述，关于诉讼请求或反驳诉讼请求所依据的事实的陈述，关于与案件有关的其他事实的陈述，关于证据来源的陈述，关于案件的性质和法律问题的陈述等。在上述内容中，可能成为诉讼证据的，只是当事人关于案件事实的陈述。

当事人陈述的显著特征是：实与虚同在，真与伪并存。一方面，当事人通常是发生争议的权利或法律关系的承担者，亲身经历了引起法律关系发生、变更或消灭的事实，对案件事实了解得最清楚；但另一方面，当事人与诉讼结果有直接利害关系，受利害关系的驱使，当事人很有可能作出不真实的、对自己有利的陈述。例如，为了获得胜诉，当事人可能故意夸大或缩小事实，甚至主张根本不存在的事实。正是当事人在诉讼中所处的特殊地位和当事人与事实关系的两面性，决定了当事人陈述具有真实与虚假并存的特点。

2. 书　证

书证是指以文字、符号、图形等所记载的内容或表达的思想来证明案件事实的证据。书证的主要形式是各种书面文件，如合同书、信函、电报、电传、图纸、图表等，但书证有时也可能表现为一定的物品，如刻有文字或图案的石碑、竹木等。

书证的特征在于：①书证以其表达的思想内容证明案件事实。书证将一定的民事法律行为或其他案件事实以文字等形式记载下来，在发生诉讼时用来证明争议事实。②书证往往能够直接证明案件的主要事实。有相当一部分书证是在当事人实施民事法律行为的过程中形成的，是对民事权利和义务关系的记载，在法律行为的内容日后发生争议时，这些书证可以直接起到证明作用。③书证的真实性强，即使经过伪造或变造，也易于发现。书证一般形成于诉讼前，是对案件事实的客观记载，只要内容后来未被篡改，就具有很强的真实性。书证虽然也可能被伪造、篡改，但伪造的书证、经篡改的书证一般可以通过笔迹鉴定等方式来发现。

书证强调形式上的证据力，即书证制作本身的真实性。真实地表达了制作人的意思，就表明书证的成立是真实的，也就具有了形式上的证据力。我国《民事诉讼证据规定》规定,国家机关、社会团体依职权制作的公文书证的证明力一般大于其他书证。对私文书证形式上的证据力,由提供书证的当事人证明其真实性。对方当事人认可其真实性或对其真实性不予争辩的,法院可推定所提供的书证具有真实性。

3. 物　证

物证是指能够证明案件的真实情况的痕迹和物品。它是利用物品的存在、外形、质量、规格、特征、痕迹等来证明案件事实的。法官在审理案件过程中,把物证与其他证据相比,往往能够发现矛盾,强化对其他证据材料的确信。物证基于直观性和客观性,比较容易取得,法官也比较容易查实。

比如,原告主张自己的一台电视机被被告毁损,只要提供被毁损的电视机就可证明侵权损害的结果。当然,物证经常反映的是案件的部分事实,它要与其他证据结合才能认定全部基本案情。有时物证也会因时间关系而难以取得,或者取得的不是原物,从而造成被动。既然物证是以其外部特征来证明基本案情的,因而对物证的外部性特征保存得越完善就越具有证据价值。作为当事人,一定要重视对物证完整性的保护,必要时可以采取一些措施对其进行固定和保全。

4. 视听资料

视听资料是指利用录音、录像、电子计算机储存的资料和数据来证明案件事实的证据,视听资料包括录音资料和影像资料两大类。视听资料是随着微电子技术的发展而出现,并被广泛运用于诉讼的一种新型证据。录音机、录像机、电视机的发明,使人们可以把当事人进行的意思表达和其他具有法律意义的行为或事件录制下来。电子计算机出现后,人们可以将许多信息储存在软盘中或刻在光盘上,日后一旦发生诉讼,便将其作为证据来使用。

与传统的各类证据相比,视听资料具有下列特点:①生动逼真。视听资料或者记录了当时民事活动时的情况,或者记录了具有法律意义的事件发生时的情况。在法庭上播放,可生动逼真地再现当时的情况,有力地证明案件事实。②不易制作,便于保管。视听资料的制作需要相应的技术设备,但其保管是相当便利的。视听资料的体积小、重量轻、易于保存,只要妥善保管,即使经过很长时间,不仅不会丢失,而且能像当时一样清晰地再现案件的真实情况。③易于伪造。视听资料是运用技术手段制作的,在制作过程中如果能够如实录制,则能够真实地记载案件事实。但视听资料也很容易通过技术手段篡改或伪造。正是由于视听资料具有易于伪造的特点,法律规定存有疑点的视听资料,不能单独作为认定案件事实的依据。

5. 电子数据

电子数据是指以电子形式存在的,作为证据使用的一切材料及其派生物,是通过电子技术和设备而形成的证据。根据《最高人民法院关于适用〈中华人民共和国民事诉讼法〉的解释》(以下简称《民事诉讼法解释》)第十六条的规定,电子数据是指通过电子邮件、电子数据交换、网上聊天记录、博客、微博、手机短信、电子签名、域名等形成或者存储在电子介质中的信息。电子数据是随着微电子技术,尤其是计算机、互联网及其相关设备、软件的出现而产生的一种新证据,随着数字化时代的来临,电子数据将日益频繁地出现在民事诉讼中,发挥着越来越重要的作用。

与传统的非电子形态的证据相比,电子数据具有以下特征:①储存在一定的介质上。

电子数据离不开一定的电子介质,电子数据的各种信息储存在软盘、光盘、硬盘等电子介质上,这些介质是信息的载体。②须通过一定的电子设备显现。电子介质中储存的信息须借助计算机等电子设备来播放、显现,否则无法用来证明案件事实。③信息量大,传播速度快。电子数据包含的信息量大,如一张光盘、一个硬盘中储存的信息是传统书证中一张纸、一本书无法比拟的。电子数据中的信息还可以通过因特网传播,其速度也是传统证据所不及的。

6. 证人证言

证人证言是指知道案件真实情况、能够正确表达意思、接受人民法院传唤的自然人向法庭所作的能够证明案件真实情况的证词。其具有三个特征:①是了解案件事实的人以言词证据的形式提供证明;②证人证言只包括证人就案件事实所作的陈述,不包括其评论和推测;③其真实性、可靠性会受到时间、证人与当事人之间关系等多种因素的影响。

凡是知道案件情况的单位和个人都有义务出庭作证。单位因业务关系而了解案件事实,应由单位的法定代表人、负责人或其授权的人代表单位作证。个人作为证人,除了解案件事实外,还须能够正确表达自己的意志。与当事人有亲属关系和其他密切关系的人如果了解案件事实,可以作为证人出庭作证,但他们所提供的对该当事人有利的证言,可信度和证明力较低,一般低于其他证人提供的证言。在缺乏其他证据印证的情况下,不得单独将上述证言作为认定案件事实的依据。

在我国,下列人员不得作为证人:

(1) 不能正确表达意志的人。

能够向法庭正确表达自己的意志,是作为证人的必备条件。精神病人、生理上有缺陷的人、年幼的人,如果不具备这一条件,就不能作为证人。他们如果对与其年龄、智力状况或者精神状况相适应的待证事实提供证据,可以作为证人。

(2) 诉讼代理人。

对同一案件,诉讼代理人的身份与证人的身份是相互冲突的,因而不能既担任诉讼代理人又作证人。诉讼代理人如了解案件的重要事实,有出庭作证的必要,可在取消委托或辞去委托后,以证人身份出庭作证。

(3) 办理本案的法官、书记员、鉴定人、翻译人员和勘验人员。

办理本案的上述人员如同时为案件的证人,就有可能影响到司法的公正,所以不得作为本案的证人。

根据《民事诉讼法》第七十三条的规定,证人有出庭作证的义务。

(1) 证人有出庭作证的义务。

民事诉讼中的证人出庭作证义务,是指证人负有的在人民法院进行法庭审理时出庭接受询问的义务。证人是就其亲身感知的事实向法院作客观陈述,具有不可选择性和不可替代性。

(2) 证人确有困难的,可以不出庭作证。

第一,因健康原因不能出庭的。证人由于身患疾病等健康原因不能出庭作证的,可以其他方式作证。

第二,因路途遥远,交通不便不能出庭的。这里的路途遥远与交通不便是具有相对性的。虽然路途遥远但交通便利的,不能作为证人不出庭作证的理由。只有在路途遥远且交通不便，使得证人作证不合理或者不可行的情况下，证人才可以不出庭作证。

第三，因自然灾害等不可抗力不能出庭的。不可抗力是指不可预见、不能避免且不可克服的客观情况，证人由于自然灾害等不可抗力不能出庭作证的，也可以采取其他方式作证。

第四，有其他正当理由不能出庭的。除了上述三种情形外，有其他正当理由不能出庭的，经人民法院审查核实后，也可以不出庭作证。

（3）证人不出庭时的其他作证方式。

第一，通过书面证言的方式作证。书面证言是证人出庭作证以外的最为简便和常见的作证方式。证人不能出庭的，可以提交其亲笔书写的书面证言，也可以以他人记录的证言笔录的形式作证。

第二，通过视听传输技术的方式作证。通过视听传输技术作证能够更为全面地反映证人作证的现场情况，并能够使质证和询问证人的程序及时展开，更有利于法庭正确地审核判断证据，从而更好地保障证人证言的真实性。

第三，通过视听资料的方式作证。视听资料与书面证言相比，可以比较全面地反映证人作证的环境，能够更好地保证证言的可信性。

《民事诉讼证据规定》对证人的提出作为当事人收集证人证言的一个方法，也就是说，对证人的提出属于当事人举证责任的范畴，应当由当事人以向人民法院申请的方式提出。同时，也明确了证人作证的报酬负担问题，即由提供证人的一方当事人先行支付，再由败诉一方当事人承担。

7. 鉴定意见

鉴定意见，即鉴定人的意见，是由鉴定人接受委托或者聘请，运用自己的专门知识和现代科学技术手段，对诉讼中涉及的专门性问题进行检测、分析、鉴别和判断后，所出具的结论性书面意见。作为法定证据之一的鉴定结论，因其是在科学技术的基础上作出的，所以具有一定的真实性、科学性、针对性。

民事诉讼中的鉴定包括法医学鉴定、会计鉴定、文书鉴定、痕迹鉴定、心理学鉴定、工程学鉴定、文字鉴定、笔迹鉴定、商品鉴定、化学鉴定等。根据我国民事诉讼法的规定，鉴定意见具有以下几个特征：一是鉴定意见是由特定的人提出的，特定的人是指从事专门性问题鉴定的自然人；二是鉴定意见的内容不能仅仅叙述鉴定时所见到的事实，还必须就事实作出应有的分析和判断；三是鉴定意见必须有科学依据；四是鉴定意见能够解决专门性问题；五是鉴定意见必须采用书面形式，并由鉴定人本人签名或盖章。

《民事诉讼法》第七十六条规定："当事人可以就查明事实的专门性问题向人民法院申请鉴定。当事人申请鉴定的，由双方当事人协商确定具备资格的鉴定人；协商不成的，由人民法院指定。当事人未申请鉴定，人民法院对专门性问题认为需要鉴定的，应当委托具备资格的鉴定人进行鉴定。"根据此条规定，申请鉴定是当事人的一项权利，人民法院应当予以保护。对查明案件事实的专门性问题需要进行鉴定的，当事人有权向人民法院提出申请。申请鉴定是当事人履行自己举证责任的方式之一；当事人未申请鉴定，就可能需承担举证不能的法律后果，这是当事人对自己诉讼权利的处分，人民法院无须干涉，更不能强制要求当事人进行鉴定。

关于鉴定人的确定，《民事诉讼法》第七十六条规定了两种方式：协商和指定。根据该条规定，当事人申请鉴定的，由双方当事人协商确定具备资格的鉴定人；协商不成的，才由人民法院指定；当事人未申请鉴定，人民法院对专门性问题认为需要鉴定的，可以直接委托具备资格的鉴定人进行鉴定。由双方当事人协商确定鉴定人。这体现了对当事人意愿和诉讼权利的尊重可以避免当事人对法院和鉴定人中立性的质疑，鉴定意见更有可能使当事人心服口服，有利于法院妥当、迅速、信服地解决纠纷。法院指定鉴定人，只能发生在双方当事人无法达成一致意见、协商不成的情况下。在人民法院主动依职权启动鉴定的情况下，由于双方当事人都没有意愿进行鉴定，所以可以由法院直接指定鉴定人。

需要注意的是，虽然当事人可以协商选择鉴定人，但是决定和委托鉴定仍然是人民法院的工作，因此，双方当事人协商意见一致的，经人民法院审查同意后向双方当事人宣布并向鉴定人出具委托鉴定函。

根据《民事诉讼法》第七十八条的规定，鉴定人出庭作证主要有两种情况：一种情况是当事人对鉴定意见有异议，需要在开庭时对鉴定意见进行质证，此时，鉴定人应当出庭接受当事人的质询和提问，回答有争议的问题；另一种情况是人民法院认为鉴定人有必要出庭的，有的时候双方当事人对鉴定意见均没有异议，但人民法院根据案件审理需要认为鉴定人有必要出庭作证的，鉴定意见涉及可能有损国家利益、社会公共利益或者他人合法权益的事实，涉及依职权追加当事人等。此时，虽然双方当事人对鉴定意见均没有异议，但人民法院还是应当通知鉴定人出庭作证。

同时《民事诉讼法》第七十八条明确规定，经人民法院通知，鉴定人拒不出庭作证的，鉴定意见不得作为认定事实的根据；支付鉴定费用的当事人可以要求返还鉴定费用。

8. 勘验笔录

勘验笔录是指审判人员在诉讼过程中对与争议有关的现场、物品进行查验、测量、拍照后制作的笔录，是通过勘查、检验等方法形成的证据。民事诉讼中的勘验笔录主要包括现场勘验笔录、物证勘验笔录和人身检查笔录。勘验笔录既是一种独立的证据，也是一种固定和保全证据的方法。

二、民事诉讼的举证、法院取证、质证与认证

（一）举　证

《民事诉讼法》第六十四条第一款规定："当事人对自己提出的主张，有责任提供证据。"《民事诉讼证据规定》第一条规定："原告向人民法院起诉或者被告提出反诉，应当附有符合起诉条件的相应的证据材料。"第二条第一款规定："当事人对自己提出的诉讼请求所依据的事实或者反驳对方诉讼请求所依据的事实有责任提供证据加以证明。"可见，我国民事诉讼法也是奉行"谁主张，谁举证"的原则。

1. 当事人的举证责任

（1）"谁主张，谁举证"排除了法院包揽调查取证的做法。

由当事人对自己的主张提供证据既符合诉讼分工的要求，又便于查清案件事实。首先，诉讼当事人和人民法院在诉讼中所处的法律地位不同，各自行使的权利不同。当事人行使的是诉讼权，法院行使的是审判权。诉讼权决定了当事人应当承担举证责任，通过举证来达到自己的诉讼目的。人民法院行使审判权就要公平地站在双方当事人之间，依照法定程序，通过对有关证据的审查判断，查明事实，公正裁判。其次，当事人有提供证据的

便利条件。他们是案件的直接参与者,最了解权利义务关系产生、变更、消灭的过程。有的证据直接由他们掌握;有的则能通过各种途径来取得。另外,当事人负举证责任能调动其积极性。当事人参与诉讼的根本目的就是通过诉讼来维护自己的合法权益,减轻或免除自己的责任。为了达到这一目的,他们就会积极主动地寻求证据上的支持。

(2) 双方当事人对自己的"主张"均有义务举证。

在民事诉讼中的举证是双方为支持自己主张的事实而交替举证的辩证的矛盾运动过程。原告对自己主张的事实提出证据加以证明,经法庭认为该证据已经足够支持其诉讼请求后,便可不再举证。对方当事人如果否认这主张或提出新的主张,也必须举证加以证明,如果有能够推翻原告的证据,则反驳的主张成立。若原告反驳,则要再举证。以此类推,通过这样一个过程最终使法官对基本案情的认识由表及里、层层深入,最终查明基本案情。

(3) "谁主张,谁举证"不仅要求"举证",还要求"证明"。

当事人为证明自己的主张而向法庭举证,这只是一种手段,目的是要证明其诉讼请求所依据的案件事实的存在。有些证据能够直接证明案件的真实情况,而大多数证据则是间接说明基本案情的,这就需要逻辑论证,它与举证一样,都是当事人的责任。"谁主张"谁就有责任证明该证据能证实或说明什么。因此,当事人在举证之后并未完成其应负职责,而应该对所举证据对"主张"的说明和作用加以阐述,才能完成其举证责任。也就是说,举证责任的意义并不在于当事人是否对自己的主张提供了证据。当事人对自己的主张提供证据,只体现举证责任的形式意义,因为举证责任并非仅指当事人提供证据的责任,不能认为只要当事人提供了证据,就完成了法定责任,或者摆脱了败诉的风险。

(4) 不举证要承担败诉的责任。

当事人对于自己提出的诉讼请求,有责任提供证据,在其主张不能得到证明时,提出主张的当事人要承担不利的诉讼结果。这种结果既表现为当事人的实体权利不能得到人民法院的确认和保护,同时当事人又要因败诉而承担诉讼费用。这是结果意义上的举证责任。对于当事人应作为而不作为的情形应分别情况承担以下责任:

①承担败诉责任。《民事诉讼证据规定》第二条第二款规定:"没有证据或者证据不足以证明当事人的事实主张的,由负有举证责任的当事人承担不利后果。"当事人提出主张后不举证又提供不出证据线索的,对方当事人否认的,则由人民法院直接判决不举证方承担败诉责任。

②承担经济补偿责任。当事人在举证期内不举证,或自己能举证而不直接举证;拖延举证或仅供证据线索而增加人民法院和对方当事人的诉讼投入,增加讼累的,应承担经济补偿责任。

2. 举证责任倒置

在一些特殊的民事侵权案件中,适用"谁主张,谁举证"原则会使一些当事人举证困难,不利于查清案件事实和保护原告利益。因此,在我国《民法总则》及《最高人民法院关于适用〈中华人民共和国民事诉讼法〉若干问题的意见》中明确规定了举证责任倒置的原则,它是指在法律规定的一部分侵权诉讼中,对原告提出的侵权事实,被告否认负责任的,应由被告负责举证证明己方无过错或损害系由原告方或第三人的原因导致。否则,则推定被告方有过错并承担责任的归责原则。

举证责任倒置一般发生在特殊侵权案件和某些技术性、专业性较强的案件中，这类案件的权利主张人限于客观原因，很难举证证明自己的主张，只有借助先进的仪器和技术才能掌握和确定。要起诉方举证证明自己受到损害与致害方存在因果关系有实际的困难。因此，在这些案件中将举证责任分配到被告方，如果其不能举证证明自己无过错或损害由对方或第三人造成就要承担败诉责任。根据《民事诉讼证据规定》的规定和审判实践，在以下几类侵权案件中，适用举证责任倒置的原则：

第一，因新产品制造方法发明专利引起的专利侵权诉讼，由制造同样产品的单位或者个人对其产品制造方法不同于专利方法承担举证责任。

第二，高度危险作业致人损害的侵权诉讼，由加害人就受害人故意造成损害的事实承担举证责任。

第三，因环境污染引起的损害赔偿诉讼，由加害人就法律规定的免责事由及其行为与损害结果之间不存在因果关系承担举证责任。

第四，建筑物或其他设施以及建筑物上的搁置物、悬挂物发生倒塌、脱落、坠落致人损害的侵权诉讼，由所有人或者管理人对其无过错承担举证。

第五，饲养动物致人损害的侵权诉讼，由动物饲养人或管理人就受害人有过错或第三人有过错承担举证责任。

第六，因缺陷产品致人损害的侵权诉讼，由产品的生产者就法律规定的免责事由承担举证责任。

第七，因共同危险行为致人损害的侵权诉讼，由实施危险行为的人就其行为与损害结果之间不存在因果关系承担举证责任。

第八，因医疗行为引起的侵权诉讼，由医疗机构就医疗行为与损害结果之间不存在因果关系及不存在医疗过错承担举证责任。

在理解举证责任倒置的含义时，要避免产生将举证责任全部推向被告一方，要求被告承担终极举证责任的误解。在适用举证责任倒置原则时，被告方承担的举证责任仅是针对原告起诉而提出己方无过错或原告方、第三人有过错的起始一轮的举证责任，并不是始终由被告方举证。当被告方举证证明了己方无过错或损害由原告或第三人行为导致，达到了充足标准，举证责任便转移到了原告方，如原告方不能举出充足证据予以反驳的话，就要承担败诉责任。

（二）法院取证

根据当事人举证的含义，人民法院调查取证一般应是在当事人申请的前提下进行。《民事诉讼证据规定》对于申请书的形式及提交、批准等作了详细规定。《民事诉讼证据规定》第十八条、第十九条规定："当事人及其诉讼代理人申请人民法院调查收集证据，应当提交书面申请。申请书应当载明被调查人的姓名或者单位名称、住所地等基本情况、所要调查收集的证据的内容、需要由人民法院调查收集证据的原因及其要证明的事实。""当事人及其诉讼代理人申请人民法院调查收集证据，不得迟于举证期限届满前七日。人民法院对当事人及其诉讼代理人的申请不予准许的，应当向当事人或其诉讼代理人送达通知书。当事人及其诉讼代理人可以在收到通知书的次日起三日内向受理申请的人民法院书面申请复议一次。人民法院应当在收到复议申请之日起五日内作出答复。"在实践中，有些法院采用申请查证制度取得了很好的效果。

但是，依当事人的申请查证并不是绝对的。《民事诉讼法》第六十四条第二款规定："当事人及其诉讼代理人因客观原因不能自行收集的证据，或者人民法院认为审理案件需要的证据，人民法院应当调查收集。"《民事诉讼证据规定》为配合民事诉讼法的执行，对该条作了细化的解释。该规定第十五条明确："《民事诉讼法》第六十四条规定的'人民法院认为审理案件需要的证据'，是指以下情形：（一）涉及可能有损国家利益、社会公共利益或者他人合法权益的事实；（二）涉及依职权追加当事人、中止诉讼、终结诉讼、回避等与实体争议无关的程序事项。"同时《民事诉讼证据规定》第十六条规定："除本规定第十五条规定的情形外，人民法院调查收集证据，应当依当事人的申请进行。"

根据《民事诉讼证据规定》第十七条，符合下列条件之一的，当事人及其诉讼代理人可以申请人民法院调查收集证据：

（1）申请调查收集的证据属于国家有关部门保存并须人民法院依职权调取的档案材料。

（2）涉及国家秘密、商业秘密、个人隐私的材料。

（3）当事人及其诉讼代理人确因客观原因不能自行收集的其他材料。

除此之外，实践中如有下列情况，人民法院也可依申请而查证：了解基本案情，应当为本案作证的公民或法人出于某种利害关系而拒绝作证的；当事人年老、年幼、病残等且无经济能力聘请代理人，其不能获取决定案件实质的证据的。

（三）质　证

1. 质证的构成要素

质证是人民法院证据适用及庭审阶段的重要环节，是法院认定案件事实前提，是当事人实现诉权的重要手段，也是法庭辩论程序得以顺利进行的基础和保障。因此，在强调当事人举证和人民法院认证的同时，不能忽视质证这一中间环节。只有明确质证的基本内涵，并在庭审中不断完善质证制度，才能使审判工作更加趋于科学化、规范化、真正做到公开、公正、公平、高效。

所谓质证，是指在审判人员的主持下，由案件的当事人对在法庭上出示的证据进行核实，以确认其证明力的诉讼活动。质证通常表现为对证据的辨认、质疑、解答、证明、辩驳等形式。它既是当事人支持自己的诉讼主张、维护其合法权益的有力手段，也是人民法院审查核实、判断和筛选证的重要方式。《民事诉讼法》第六十八条规定："证据应当在法庭上出示，并由当事人互相质证。"《最高人民法院关于民事经济审判方式改革问题的若干规定》第七十二条规定："未经庭审质证的证据，不能作为定案的根据。"以上规定表明，质证是人民法院认定案件证据事实的必经程序，要把好质证这一关键环节，必须首先搞清质证的构成要素。

（1）质证的主体。

质证的主体，是指能够在法庭上对证据行使质询的权利并承担相应的责任的诉讼参与人。法官要根据案件实际情况调动双方当事人有序地出示证据，以便于"听审"。质证的主体应是双方当事人，审判人员主要是指挥、控制双方当事人及其诉讼代理人进行质证，其不是质证的主体。

（2）质证的对象

质证的对象，是指质证主体在法庭上质证时，所具体针对的书证、物证证人证言、视听资料、当事人陈述、鉴定意见和勘验笔录等证据材料。质证的方式是由证据的提供者或制作者回答质证主体的询问；人民法院调取的证据，也应当由当事人互相质证。人民法院依照当事人申请调查收集的证据可以作为申请一方当事人提供的证据进行质证，并由申请一方当事人接受询问；作为法院依一方当事人的申请而调取的证据也应在庭上进行陈证；对于人民法院依照职权而不是一方当事人申请而调查收集的证据，应当在庭审时出示，听取当事人意见，并可就调查收集证据的情况予以说明。

（3）质证的内容

质证的内容，是指质证主体在对证据进行质证时所涉及的范围。《民事诉讼证据规定》第五十条规定："质证时，当事人应当围绕证据的真实性、关联性、合法性，针对证据证明力有无以及证明力大小，进行质疑、说明与辩驳。"质证根据诉讼请求的范围，紧紧围绕证据固有的三个属性进行：

第一，对证据的客观性进行质证。所谓证据的客观性，是指凡是作为定案的证据都必须是客观的、真实的，任何想象中的主观臆造的东西都不能成为民事诉讼的证据。

第二，对证据的合法性进行质证。所谓证据的合法性，是指证据必须符合法定的形式和依法定程序取得。即使某些证据材料能证明案件事实，但因其不具备法定的证据形式或非依法定形式取得，也不得作为定案依据。

第三，对证据的关联性进行质证。所谓证据的关联性，包括两方面内容：一是指该证据必须与其所证明的案件事实有内在的必然联系；二是证据与证据之间的相互联系质证应把握这一特性，排除与案件事实无关的证据材料，将各个孤立的证据联系起来，使其说明案件事实。

2. 公开质证的例外

《民事诉讼证据规定》第四十八条规定："涉及国家秘密、商业秘密和个人隐私或者法律规定的其他应当保密的证据，不得在开庭时公开质证。"人民法院审理民事案件，以公开审判为原则，以不公开审判为例外。公开审判，是指人民法院在审理案件时，除合议庭评议不公开进行外，其他审判活动一律公开进行并允许公民旁听，允许媒体公开报道，但对涉及国家秘密、商业秘密、个人隐私的案件，可以不公开审理。质证作为审判活动的一个重要环节，《民事诉讼法》第六十八条在规定证据应当由当事人互相质证的同时，又规定对涉及国家秘密、商业秘密和个人隐私的证据应当保密，需要在法庭出示的，不得在公开开庭时出示。

涉及国家秘密、商业秘密和个人隐私的证据不得在公开开庭时出示，也就不得在公开开庭时质证，因此证据规则在这一条中予以明确。但根据本条的规定，并非只是不公开审理的案件中的证据才存在不公开质证的情况。在公开审理的案件中，也有存在涉及国家秘密、商业秘密和个人隐私证据的可能，法院对这些证据的质证，也应在不公开开庭时进行。

（四）法院认证

1. 认证的概念

民事诉讼中的认证，是指法官对当事人举出的和法院自行收集的证明材料，通过法庭质证，进行分析研究后，按照一定的标准鉴别真伪，确定其关联性和证明力，从而认定案件事实的一种诉讼活动。也就是说，人民法院作出裁判的依据是能够证明案件事实的证据。随着审判方式改革的进一步深化,认证制度的发展由表及里、由浅及深已成为审判方式改革的核心内容。在条件允许的情况下,可以当庭认证,即在听取当事人质证后,法官对证明材料的证明力进行主观判断,及时认证。通过认证,对当事人质证的结果,及时予以总结、评断,可以加快诉讼程序的进行,对于及时实现举证责任转移,具有重要意义。如果当庭认证的条件不具备,也不能勉强进行,应该通过对证明材料的真实性、关联性、证明的充分性与否进行法律分析,阐明认定的理由,从而使当事人对质证的结果心中有数,为当事人接受调解或认同判断提供充分根据。正确进行认证,将有利于改变以行为表现逐级审批的办案程序,有助于改变"审者不判""判者不审"的审与判脱节的不正常现象。

2. 认证的原则

《民事诉讼证据规定》第六十四条规定:"审判人员应当依照法定程序,全面、客观地审核证据,依据法律的规定,遵循法官职业道德,运用逻辑推理和日常生活经验,对证据有无证明力和证明力大小独立进行判断,并公开判断的理由和结果。"该条规定吸收了现代自由心证的合理因素,也比较符合我国国情,体现了主客观相统一的原则,符合证据审查判断的一般规律,符合现代民事诉讼的发展方向,确立了具有中国特色的法官依法独立审查判断证据的原则。为正确理解本条规定的精神,需要把握以下几个方面。

(1) 依照法定程序,全面、客观地审核证据。

对证据的审核认定,主要通过庭审调查和当事人辩论的方式进行。为确保当事人的诉讼权利,对证据的审核认定应当依照法定程序进行,同时应当全面、客观地审核证据。所谓全面,是指对与待证事实有关的所有证据都要审查核实,不得偏听偏信或任意取舍;所谓客观,是指法官应当保持中立立场,避免先入为主,坚持以证据为依据来认定案件事实,使证据的审核认定为一个主观认识客观、客观上升为主观的过程,即是以证据的客观性为前提和基础的能动的认识过程,将主观能动性建立在对证据进行实事求是的审查判断的基础之上。

(2) 遵循法官职业道德。

法官职业道德是指为了维护司法公正和法律尊严,要求从事司法审判工作的法官应当具备的特殊的品德操守和行为准则。按照《法官法》第九条的表述,担任法官应当具备的基本条件是"有良好的政治、业务素质和良好的品行",而所谓政治素质和良好的品行,就是已经内化于自身的职业道德规范之中的素质。

(3) 运用逻辑推理和日常生活经验。

科学的逻辑思维不仅是认识客观世界的重要思维工具,也是进行法律推理的重要思维工具。对于法律推理而言,逻辑规律的重要作用体现在:一方面它能帮助法官避免在证据的审核判断和事实认定的过程中出现思维错误,导致错误认定事实;另一方面,它能保证法律推理的确定性、一致性,从而保持法律适用的一致性,具有维护司法公正的重要作用。所谓日常生活经验,在西方法律制度中的传统表述方式是"经验法则"。它是指法官在其日常生活中认识和领悟的客观事物之间的必然联系或者一般规律,具有普遍公认或不证自明的性质。经验法则可以分为一般经验法则和特殊经验法则,一般经验法则就是为社会中的普通人所普遍接受或体察的社会生活经验,特殊经验法则则是需要借助于特殊的知识和经验才能认识和体察的专门经验和知识。对法官认定事实和适用法律有积极作用的是一般经验知识，特殊的经验法则即使已被法官掌握，仍须通过较为严格的证明程序予以证明，以确保其客观公正。

（4）依法独立对证据进行判断。

证据判断是法官就当事人举证、质证、法庭辩论的结果所涉及的与待证事实有关联的证据材料加以审查认定，以确认证据的可采性、证据证明力的大小与强弱，并以此为基础裁判的司法行为。

3. 认证的标准

所谓标准，一是指衡量事物的准则；二是指本身合于法则，可供同类事物核对的原物。对证据认定也需要一个标准，也是对证据材料的证明力加以判断的准则、尺度。审判方式改革中的认证标准，要在实事求是思想的指导下，设立高度盖然性优势证据标准。

（1）实事求是的证据标准。

《民事诉讼法》第六十三条第二款规定："证据必须查证属实，才能作为认定事实的根据。"第六十四条第三款规定："人民法院应当按照法定程序，全面地、客观地审查核实证据。"第一百七十条第一款第二项规定："（二）原判决、裁定认定事实错误或者适用法律错误的，以判决、裁定方式依法改判、撤销或者变更。"从以上规定可以看出，实事求是应是我国认证制度的总标准。用之于证据制度中，就是"证据是否具有证明力，能否作为定案的依据，是不以审判人员的主观意志为转移的，而是应该以客观事实作为标准来检验对证据的判断是否正确，是否符合案件的真实情况，只有在与案件的客观事实一致的情况下，才能作出正确的判断"。实事求是作为审查判断证据的标准，是辩证唯物主义的思想路线在民事证据制度中的深刻体现。对这一原则，应从辩证唯物主义认识论的角度正确理解：

第一，实事求是具有根本性的指导作用，是超脱于具体尺度的总的方法，确立实事求是的总体认证标准，它有利于法官从各个案件的具体情况出发，深入调查研究，以充分、符合实际的证据作为定案的根据。

第二，实事求是不等于客观真实性。在民事诉讼中，法官合理地判断证据，公正地认定事实并正确地运用法律，这种客观真实的状况是最理想化的。但在现实中，民事认证并非都符合客观真实，因时间的不可逆转性决定了案件不可能回复到原始状态之中。并且，由于法官受到认识能力、办案期限、法律程序等种种主、客观因素的限制，完全复还案件原貌在实践中是不可能的。民事诉讼中审判结果大量存在事实真伪不明的状态，存在运用推定认定案件事实，"法律上的推定是法律上的假定，它并不以被假定的事实存在为根据，而是以被假定的事实与确定的事实联系的一定盖然性程度及其他合理性考虑为根据"。

第三，实事求是的客观理解。实事求是原则要求法官对证据的确认尽可能地符合实际，尽可能地发现客观真实，在可能的条件下实现绝对真实，如果一味追求绝对真实，即是对实事求是原则机械化、不符合实际、纯理想化的理解，有悖于其标准的精神实质。实事求是标准要求法官不是从主观出发，而是按照事实的本来面目去判断证据，它要求审判人员通过审查、核实、判断当事人主张的证据去认识案件，而不是不顾现有的证据条件，一味地深入调查研究，全面地收集证据加以认定并作为裁判的基础，不受当事人主张证据范围的限制，不受当事人的质证及辩论的限制，这种错误的理解和误解会导致对实事求是原则标准的否定。

(2) 盖然性优势证据标准。

在通常情况下，民事诉讼应实行盖然性优势证据标准。该标准是指"法官基于盖然性认定案件事实时，应当能够从证据中获得事实极有可能如此的心证，法官虽然还不能够完全排除其他可能性，但已经能够提出待证事实十之八九是如此的结论"。《民事诉讼证据规定》第七十三条第一款规定："双方当事人对同一事实分别举出相反的证据，但都没有足够的依据否定对方证据的，人民法院应当结合案件情况，判断一方提供证据的证明力是否明显大于另一方提供证据的证明力，并对证明力较大的证据予以确认。"该规定的实质就是对盖然性优势标准的确立。对于该条中的"判断一方提供证据的证明力是否明显大于另一方提供证据的证明力，并对证明力较大的证据予以确认"的含义，一般认为，一方提供的证据能有80%的证明力证明案件的事实，而另一方证据的证明力低于80%，则可认定前者。如双方证据证明力相当的，应按《民事诉讼证据规定》第七十三条第二款的规定办理："因证据的证明力无法判断导致争议事实难以认定的，人民法院应当依据举证责任分配的规则作出裁判。"即如果通过证明力的比较，仍无法对争议的事实作出认定，争议事实仍处于真伪不明的状态，法官则应当依据举证责任的分配规则作出裁判，由承揽举证责任的一方当事人承担不利后果。

综上所述，高度盖然性优势的认证标准，不是以证据数量的多少而定，而是注重证据的质量，看证据证明力的大小、依据的可信价值而定。高度盖然性认证标准与实事求是原则标准是统一的，实事求是要求法官客观地审查、判断证据，它确立了法官运用证据的根本原则和价值取向，但缺乏实际操作性，而盖然性优势标准则弥补了这一缺陷，是实现实事求是标准的途径和手段，高度盖然性优势标准并没有否认对客观真实的追求，只是反对一味地追求基本案情的实体真实。而在审判实践中，认定基本案情要达到绝对的客观真实几乎不可能，而法官不得不基于现有的证据材料判明是非，因此盖然性优势标准为法官提供了认证的切实可行的具体尺度。

(3) 自由心证的实际存在与承认。

长期以来，我国对自由心证讳莫如深，认为这是资本主义唯心主义的产物，这种认识是错误的。自由心证在本质上与辩证唯物主义的认识并不矛盾。确立盖然性优势认证标准，其实就是自由心证的必然结果。《民事诉讼证据规定》第六十四条规定："审判人员应当依照法定程序，全面、客观地审核证据，依据法律的规定，遵循法官职业道德，运用逻辑推理和日常生活经验，对证据有无证明力和证明力大小独立进行判断，并公开判断的理由和结果。"

当事人举出各种证据后，法官往往要通过运用自己的世界观、方法论、法律知识、道德素养及逻辑推理能力和日常生活经验去发现证据的本质特征，确定它与待证事实之间的联系。这对法官的道德修养及判断是非的能力提出了更高的要求。法官更要具有一种公正、公平的精神。法官的心证过程，就是从感性认识上升到理性认识的过程，法官通过心证取得某一证据的确信，实际上就是法官对证据从感性认识到理性认识飞跃的完成；法官根据自己的确信决定对某一证据的采信，实际上是在执行理性的命令。

法官在经自由心证形成内心确信过程中，不仅应受到法律的限制，而且不得违背以下证据规则：

①关联性规则。证据必须与案件的争议事实有关联性，除此之外的证据应当排除。

②排除规则。对采用非法手段取得的证据效力的排除。《民事诉讼证据规定》第六十八条规定:"以侵害他人合法权益或者违反法律禁止性规定的方法取得的证据,不能作为认定案件事实的依据。"即除以侵害他人合法权益,如采取胁迫、威逼、限制人身自由手段或违反社会公共利益或社会公德侵害他人隐私违反法律禁止性规定的方法,如非法使用窃听器在他人住所窃听取得的证据外,其他情形不得视为非法证据。

③传闻证据排除规则。在我国,传闻证据不能独立作为证据,但如果有其他证据证明传闻证据的盖然性优势,传闻证据可作为证据。

④预防规则。预防规则,是指为保证证据的真实性和防止伪证的出现而采取保护性措施,如证据由双方当事人质证,证人应接受双方当事人询问等。

⑤优先规则。优先规则是指某些事实和材料较之其他事实和材料具有更强的证明力,法律规定应优先出示的规则。

第二节 刑事案件证据制度

一、证据的概念

《刑事诉讼法》第五十条规定:"可以用于证明案件事实的材料,都是证据。证据包括:(一)物证;(二)书证;(三)证人证言;(四)被害人陈述;(五)犯罪嫌疑人、被告人供述和辩解;(六)鉴定意见;(七)勘验、检查、辨认、侦查实验等笔录;(八)视听资料、电子数据。证据必须经过查证属实,才能作为定案的根据。"

在庭审中,应对各类证据材料进行审查判断,确保定案的证据具有客观性、关联性和合法性,进而依法准确认定案件事实。此外,对当事人申请排除非法证据的,法律规定了专门的调查程序,应严格按照法定程序处理非法证据排除问题。

刑事诉讼各阶段,都涉及证据的审查判断。但只有庭审阶段对证据的审查判断,才具有认证的法律效力。所谓庭审阶段的认证,指的是法官在审判过程中对控辩双方提供的或者法官自行收集的证据材料,经过审查判断,对证据材料的证据资格和证明力进行认定的活动。

法庭审理阶段,法官对证据的审查判断有一定的针对性。具体而言,分为两个层面:第一,需要审查每一证据是否具有证据资格,能否作为证据被法庭所采纳;第二,需要审查每一证据对于案件事实的证明力,即证明案件事实的范围与程度。

(一)证据能力

证据能力又称证据资格,是指某一证据材料在庭审过程中被采纳为证据而据以证明案件事实的资格。因此,证据资格又被称为证据具有可采性。证据的可采性主要包括证据的客观性、关联性与合法性。

1. 客观性

证据的客观性,又称真实性、确实性,是指证据所表达的内容或证据事实是客观存在的,不以办案人员的意志为转移,不是主观想象、臆测或虚构的。

《刑事诉讼法》第五十条第一款规定:"可以用于证明案件事实的材料,都是证据。"第五十条第三款又规定:"证据必须经过查证属实,才能作为定案的根据。"即证据应具有客观真实性的。从某种意义上说，客观性是证据的本质属性之一。

2. 关联性

证据应具有关联性，即只有与案件事实存在关联的证据材料才能被采纳为证据。为了确认某一证据是否具有关联性，应考察以下两个方面内容：

（1）证据应与案件事实具有相关联。

相关性强调的是证据能够证明的事项必须是有关定罪量刑的事实，即由实体法和诉讼请求所限定的事实。对于证明案件细枝末节问题的证据材料，因与定罪量刑问题没有关联，故无须作为诉讼证据使用。

（2）该证据使案件事实更有可能或更不可能。

证据应对争议事实有证明价值，即证据支持诉讼请求的倾向性。对于直接证据，如目击证人证言或者被害人陈述，法官比较容易作出判断。但对于间接证据，如物证或者鉴定意见，法官应基于证据的推理论证来作出判断，判断间接证据的证明力时，法官需要依赖于个人经验、常识以及对人的行为和动机的理解。

3. 合法性

合法性，是指证据的形式以及证据收集的主体、方法和程序应当符合法律规定，且证据必须经过法定的审查程序，应特别强调证据收集的合法性。《刑事诉讼法》第五十二条第一款、第二款规定："审判人员、检察人员、侦查人员必须依照法定程序，收集能够证实犯罪嫌疑人、被告人有罪或者无罪、犯罪情节轻重的各种证据。严禁刑讯逼供和以威胁、引诱、欺骗以及其他非法方法收集证据，不得强迫任何人证实自己有罪。"证据的合法性，对确保办案质量、体现诉讼正义价值意义重大。

为保证证据的合法性，《刑事诉讼法》第五十六条规定了非法证据排除规则："采用刑讯逼供等非法方法收集的犯罪嫌疑人、被告人供述和采用暴力、威胁等非法方法收集的证人证言、被害人陈述，应当予以排除。收集物证、书证、不符合法定程序，可能严重影响司法公正的，应当予以补正或者作出合理解释；不能补正或者作出合理解释的，对该证据应当予以排除。在侦查、审查起诉、审判时发现有应当排除的证据的，应当依法予以排除，不得作为起诉意见、起诉决定和判决的依据。"《刑事诉讼法》对证据的合法性提出了明确的要求。

（二）证明力

证明力，是指证据对案件事实是否具有证明作用以及证明作用的程度。法官对证据证明力认证活动包括证明力的有无和证明力的大小。

1. 证明力的有无

证明力的有无，即证据本身是否真实可靠，如果据以定案的证据是虚假的，那么最终认定的案件事实极易出现错误。因此，对证据真实性的审查，是庭审的关键所在。我国《刑事诉讼法》规定了八类法定的证据种类，每种证据都具有各自的特点，因此，应注意把握不同类型证据审查判断的要点。如证据的客观性存在疑问，就不能将此证据作为定案的根据。

对证据真实性的判断，除了掌握每种不同证据的审查判断方法外，还应将该证据置于整个证据体系中进行审查。实践中，孤立地审查某个证据，有时很难对证据的客观性作出可靠的判断。《刑事诉讼法解释》第一百零四条第一款就规定："对证据的真实性，应当综合全案证据进行审查。"如果某一证据与其他证据存在矛盾，就需要结合案件具体情况判断哪一证据更加真实可靠，进而对该证据的证明力作出判断。

2. 证明力的大小

证据证明力的大小，即某一证据证明案件事实程度。应从自由心证原则出发，但法官的心证并非任意进行、无章可循。

对单个证据证明力大小的判断，应考察该证据与待证事实的关联程度，还应结合在案其他证据进。《刑事诉讼法解释》第一百零四条第二款、第三款就此规定："对证据的证明力，应当根据具体情况，从证据与待证事实的关联程度、证据之间的联系等方面进行审查判断。证据之间具有内在联系，共同指向同一待证事实，不存在无法排除的矛盾和无法解释的疑问的，才能作为定案的根据。"该规定为证据证明力大小的判断提供了基本的思路。只有某一与待证事实存在紧密关联，还与其他证据相互印证，才能被作为定案的根据。

二、物证的审查判断

（一）物证审查判断的法律依据

物证的审查判断必须严格依法进行。《刑事诉讼法解释》第六十九条规定："对物证、书证应当着重审查以下内容：（一）物证、书证是否为原物、原件，是否经过辨认、鉴定；物证的照片、录像、复制品或者书证的副本、复制件是否与原物、原件相符，是否由二人以上制作，有无制作人关于制作过程以及原物、原件存放于何处的文字说明和签名；（二）物证、书证的收集程序、方式是否符合法律、有关规定；经勘验、检查、搜查提取、扣押的物证、书证，是否附有相关笔录、清单，笔录、清单是否经侦查人员、物品持有人、见证人签名，没有物品持有人签名的，是否注明原因；物品的名称、特征、数量、质量等是否注明清楚；（三）物证书证在收集保管鉴定过程中是否受损或者改变；（四）物证、书证与案件事实有无关联；对现场遗留与犯罪有关的具备鉴定条件的血迹、体液、毛发、指纹等生物样本痕迹、物品，是否已作 DNA 鉴定、指纹鉴定等，并与被告人或者被害人的相应生物检材、生物特征、物品等比对；（五）与案件事实有关联的物证、书证是否全面收集。"第七十条规定："据以定案的物证应当是原物。原物不便搬运，不易保存，依法应当由有关部门保管、处理，或者依法应当返还的，可以拍摄、制作足以反映原物外形和特征的照片、录像、复制品。物证的照片、录像、复制品，不能反映原物的外形和特征的，不得作为定案的根据。物证的照片、录像、复制品，经与原物核对无误、经鉴定为真实或者以其他方式确认为真实的，可以作为定案的根据。"第七十二条规定："对与案件事实可能有关联的血迹、体液、毛发、人体组织、指纹、足迹、字迹等生物样本、痕迹和物品，应当提取而没有提取，应当检验而没有检验，导致案件事实存疑的，人民法院应当向人民检察院说明情况，由人民检察院依法补充收集、调取证据或者作出合理说明。"第七十三条规定："在勘验、检查、搜查过程中提取、扣押的物证、书证，未附笔录或者清单，不能证明物证、书证来源的，不得作为定案的根据。物证、书证的收集程序、方式有下列瑕疵，经补正或者作出合理解释的，可以采用：（一）勘验、检查、搜查、提取笔录或者扣押清单上没有侦查人员、物品持有人、见证人签名，或者对物品的名称、特征、数量、质量等注明不详的；（二）物证的照片、录像、复制品，书证的副本、复制件未注明与原件核对无异,无复制时间,或者无被收集、调取人签名、盖章的;(三)物证的照片、录像、复制品,书证的副本、复制件没有制作人关于制作过程和原物、原件存放地点的说明,或者说明中无签名的;(四)有其他瑕疵的。对物证、书证的来源、收集程序有疑问,不能作出合理解释的,该物证、书证不得作为定案的根据。"

(二)物证审查判断的内容与方法

在物证的审查判断中,应重点审查物证的客观性、关联性。同时,《刑事诉讼法》也将非法取得的物证纳入到了非法证据的排除范围以内,因此,对物证合法性的审查也成为物证审查的重要内容。具体而言,对物证的审查判断应从以下几个方面入手:

1. 关联性

关联性又称证据的相关性,是证据的基本属性(或称基本特征)之一。证据的关联性是证据适格的基础性条件。关联性是证据进入诉讼的第一道"门槛"。与案件没有关联的物品、痕迹,不能作为认定案件事实的根据。因此,对证据的审查应当首先判断其与案件有无关联,对于与案件无关的证据,即便其是合法取得的,是真实的,也不能成为定案的依据。

对物证与案件是否具有关联性进行识别,常见的方法是鉴定和辨认。有些物证无须鉴定就能够基于物质属性、形态等证明案件事实。但对于现场遗留的血迹、指纹、毛发、体液等痕迹物证,由于涉及专门性问题,必须进行鉴定并得出鉴定意见后,才能确定其与案件是否具有关联性,进而作为证据使用。

2. 物证的合法性

《刑事诉讼法》第五十六条第一款规定:"采用刑讯逼供等非法方法收集的犯罪嫌疑人、被告人供述和采用暴力、威胁等非法方法收集的证人证言、被害人陈述,应当予以排除。"违反法律规定收集物证、书证,严重影响司法公正的,应当予以补正或者作出合理解释;不能补正或者作出合理解释的,对该证据应当予以排除。即对于非法言词证据,实行绝对排除;对于非法实物证据,实行裁量排除。

我国非法物证的排除规则,对于收集物证不符合法定程序的,应重点审查其能否补正或者作出合理解释,使用这样的物证是否可能严重影响司法公正。而根据《刑事诉讼法解释》第九十五条第二款的规定,对是否"可能严重影响司法公正",应当综合考虑收集物证、书证违反法定程序以及所造成后果的严重程度等情况来予以判断。根据《刑事诉讼法解释》第七十三条的规定,在勘验、检查、搜查过程中提取、扣押的物证、书证,未附笔录或者清单,不能证明物证、书证来源的,不得作为定案的根据。如果只是有一些记录上的瑕疵,经补正或者作出合理解释的,可以采信。

3. 客观性

司法实践中,影响物证客观性的因素主要有:一是人为伪造,伪造物证的动机有很多,可能出于对他人的栽赃陷害,也可能出于自己逃避法律责任等;二是物证可能因自然原因发生变化,如现场遗留的鞋印因风吹雨淋而变形,物品保管过程中因自然原因而损耗、变质等;三是物证因提取、固定、保管不科学、不严谨而发生变化,如提取的血迹检材因保管不善而被污染、腐坏等。就第三种情况而言,在物证收集、保管及鉴定的过程中,接触物证的人员都可能有意或无意破坏或者改变证据。首先,侦查人员如不熟悉特定物证、书证的收集、保管方法,就可能会污染证据或者改变证据的外表形态。如现场上的血迹证据，如果收集、保管的方法不当或者盛装血迹的器具不洁净，就可能会污染血迹。其次，证据在被保管的过程中可能因保管条件不善或者环境条件发生变化而改变，如血迹、精斑等生物证据，需要单独使用专用的器具盛装，并且需要在特定的温度、湿度条件下保存，如不具备相应的保管条件就可能导致这些证据遭到破坏。最后，在将血迹、精斑等物证提交鉴定后，如果鉴定机构的管理不规范、检材保管条件不善，或者鉴定人员对证据进行鉴定的过程不合理，都可能会改变证据的外表形态或者内在属性，进而导致鉴定意见失真。证据的动态变化给审查与认定带来了严峻的挑战。对于物证等客观性证据的审查，必须重视证据的动态变化。

对物证的审查判断通常采用以下几种方法：第一，鉴别法。就是对案件物证逐个单一进行审查和鉴别，从事物的发生、发展规律去辨别物证的真伪。第二，印证法。将案件中许多物证分别证明的若干事实结合起来进行验证，以考察它们是否相互呼应，协调一致。第三，辨认法。当某一事物不能确认时，组织曾与该事物有过接触的有关人员加以指认和确定。第四，鉴定法。有一些物品和物质痕迹，仅凭收集证据的人员的直观感觉是无法判明其性质和特征的，需通过专门技术鉴定予以确认。

三、书证的审查判断

（一）书证审查判断的法律依据

书证审查判断的法律依据主要也是《刑事诉讼法解释》第六十九条、第七十三条的规定，已在前文物证部分介绍，这里不再赘述。此外，《刑事诉讼法解释》第七十一条的规定也为书证的审查判断提供了依据。该条规定："据以定案的书证应当是原件。取得原件确有困难的，可以使用副本、复制件。书证有更改或者更改迹象不能作出合理解释，或者书证的副本、复制件不能反映原件及其内容的，不得作为定案的根据。书证的副本、复制件，经与原件核对无误、经鉴定为真实或者以其他方式确认为真实的，可以作为定案的根据。"根据该条规定，书证应当重点审查是否为原件，副本、复制件能否反映原件及其内容，书证有无更改或者更改迹象能否做出合理解释等。所以一般审查书证的方法为首先与原件核对、进行鉴定或者其他方式。

（二）书证审查判断的内容与方法

审查判断书证，第一，要审查书证的产生过程，如是何人、在何种情况下制作的等，可对其进行勘验或鉴定。第二，审查书证的获取过程，书证是由谁提供的，或者在什么时间、地点、条件下获取的，以及其保管或固定的情况等。第三，审查书证的内容是否因为提取的手段不当而遭到破坏。第四，审查书证的内容，即内容是否真实，是否和案件有联系，是否伪造、变造等。第五，还应联系案内其他证据，将彼此结合起来进行审查，对比它们证明的问题是否一致，互相之间有无矛盾以及产生矛盾的原因等。

1. 书证的关联性

审查书证关联性是指审查相关书证与案件事实有无关系。书证与案件事实的关联性，有些从书证的内容上很容易判断，对于明显与案件无关的材料，不应作为本案的证据；对于明显与案件有关的材料，则应当就其合法性、真实性予以进一步的审查。有些记载着文字、符号、图案的材料，无法从其所反映的内容来直接判断其与案件事实是否有关联，则需要结合其他证据，运用经验法则和逻辑推理，结合具体案情综合审查判断。

2. 书证的合法性

合法性是关系证据资格的重要问题。书证在程序上存在的瑕疵有两种：一种是书证制作程序上存在瑕疵，如公文书的制作未遵守法定的程序或方式；另一种是书证收集程序上存在瑕疵，如违反法定程序或采取法律禁止的方法收集书证。就第一种情况而言，如公文书是违反法定的程序或方式制作的，则一般不具备证据效力。就书证收集程序违法的情况而言，应具体分析，《刑事诉讼法》第五十六条第二款规定："收集物证、书证不符合法定程序，可能严重影响司法公正的，应当予以补正或者作出合理解释；不能补正或者作出合理解释的，对该证据应当予以排除。"因此，对书证合法性的审查关键是要审查其收集程序是否可能严重影响司法公正。根据《刑事诉讼法解释》第九十五条的规定："'认定刑事诉讼法第五十四条规定的可能严重影响司法公正'，应当综合考虑收集物证、书证违反法定程序以及所造成后果的严重程度等情况。"

3. 审查书证的客观性

审查书证的客观性，应主要是审查书证是否完整，有无人为增删、修改、剪裁的痕迹。一般通过以下方法进行审查判断：一是通过询问收集人员了解书证在收集过程中有无过错性的损坏行为，并应问明收集时该书证存放的位置、周围环境等情况。收集人员如果在收集书证的过程中对其有损害，则在分析书证的内容时应先将损害造成的后果排除在分析内容之外。询问书证存放位置和周围环境，一定程度上可以判断出书证被改动的可能性大小。若发现书证的现场周围有明显的翻动、搜寻痕迹，则书证被改动、毁损的可能性更大，还有可能部分书证已经被藏匿或销毁。

二是审查书证是否为原件。如果是复制件，则发生过改动的可能性明显大于原件。发现复制件的情况，更应该尽量查找到原件，与之比对看有无改动，如有改动则可以通过比对借以发现改动的目的，进而发现可能的犯罪动机。

三是将书证送交专门的技术鉴定人员，就其中笔迹、纸张等有关技术问题进行鉴定。通过鉴定了解书证是否存在伪造、模仿笔迹、粘贴的情况。

四是通过与其他证据的比对来判断书证是否真实，即从书证证实的案件事实有无其他证据印证，有无矛盾，矛盾能否被合理排除等方面入手来审查书证的真实性。

四、证人证言的审查判断

（一）证人证言审查的法律依据

《刑事诉讼法解释》第七十四条中明确规定了证人证言审查的重点内容，对证人证言应当着重审查以下内容：①证言的内容是否为证人直接感知；②证人作证时的年龄，认知、记忆和表达能力，生理和精神状态是否影响作证；③证人与案件当事人、案件处理结果有无利害关系；④询问证人是否个别进行；⑤询问笔录的制作、修改是否符合法律、有关规定，是否注明询问的起止时间和地点，首次询问时是否告知证人有关作证的权利义务和法律责任，证人对询问笔录是否核对确认；⑥询问未成年证人时，是否通知其法定代理人或者有关人员到场，其法定代理人或者有关人员是否到场；⑦证人证言有无以暴力、威胁等非法方法收集的情形；⑧证言之间以及与其他证据之间能否相互印证，有无矛盾。第七十五条规定："处于明显醉酒、中毒或者麻醉等状态，不能正常感知或者正确表达的证人所提供的证言,不得作为证据使用。证人的猜测性、评论性,推断性的证言,不得作为证据使用,但根据一般生活经验判断符合事实的除外。"第七十六条规定:"证人证言具有下列情形之一的,不得作为定案的根据:(一)询问证人没有个别进行的;(二)书面证言没有经证人核对确认的;(三)询问聋、哑人,应当提供通晓聋、哑手势的人员而未提供的;(四)询问不通晓当地通用语言、文字的证人,应当提供翻译人员而未提供的。"第七十七条规定:"证人证言的收集程序、方式有下列瑕疵,经补正或者作出合理解释的,可以采用;不能补正或者作出合理解释的,不得作为定案的根据:(一)询问笔录没有填写询问人、记录人、法定代理人姓名以及询问的起止时间、地点的;(二)询问地点不符合规定的;(三)询问笔录没有记录告知证人有关作证的权利义务和法律责任的;(四)询问笔录反映出在同一时段,同一询问人员询问不同证人的。"第七十八条规定:"证人当庭作出的证言,经控辩双方质证、法庭查证属实的,应当作为定案的根据。证人当庭作出的证言与其庭前证言矛盾,证人能够作出合理解释,并有相关证据印证的,应当采信其庭审证言;不能作出合理解释,而其庭前证言有相关证据印证的,可以采信其庭前证言。经人民法院通知,证人没有正当理由拒绝出庭或者出庭后拒绝作证,法庭对其证言的真实性无法确认的,该证人证言不得作为定案的根据。"

(二)证人证言的审查内容与方法

1. 证人证言的关联性

对证人证言的审查应注意审查其与待证事实有无关联,对于与待证事实无关联的证人证言,则无须进行其他方面审查的必要。而对于某一证人证言与待证事实究竟有无关联,这需要证据审查主体运用经验法则进行逻辑判断。

2. 证人证言的全面性

除了审查证人证言是否与待证事实有关外,还要审查收集的证人证言是否全面、充分。侦查机关的追诉义务往往决定了其更为关注有罪、罪重证据的收集,因此对证人证言的审查还应当关注无罪和罪轻证据是否获得了全面的收集,尤其是当辩护人提出有相反的证言时,应当积极调取,并加以审查核实。

3. 证人证言的合法性

对证人证言合法性的审查应从以下几个方面着手:

(1)审查取证主体是否合法。具体而言,对以下几种特殊取证主体所取得的书面证言应慎重对待:一是法律工作者调查的书面证言。在刑事诉讼中,没有规定法律工作者可以参加刑事诉讼,也没有规定法律工作者有调查取证权。法律工作者不享有《刑事诉讼法》第四十三条规定的收集或申请调取证据的权利。因此,法律工作者制作的证人书面证言,因取证程序不合法,不能作为证据使用。但法律工作者可以提供作证证人姓名、性别、年龄、职业、住址,申请办案单位调取该证人证言或传该证人出庭作证。二是纪检监察人员调查的证人书面证言。纪检监察人员不具有刑事诉讼意义上的侦查主体的资格,其制作的证人证言,不管内容是否真实,都不能作为证据使用。检察人员必须将纪检监察人员制作的笔录通过核实的方式转化为刑事诉讼意义上的证人证言。三是企业保卫人员调查的证人书面证言。企业保卫人员不具有刑事诉讼侦查主体的资格。其制作的证人证言笔录是不具有法律性的,不能作为刑事证据使用。

(2)审查证人证言的取证程序的合法性。第一应审查证人证言的取得过程中,是否存在非法取证的情况。如存在法律规定暴力、威胁等非法方法取得的证人证言,则该证人证言应被排除。第二应注意审查在证人证言的取得过程中,有无其他程序瑕疵。例如,《刑事诉讼法》第四十三条第二款规定:"辩护律师经人民检察院或人民法院许可,并经被害人或者其近亲属、被害人提供的证人同意,可以向他们收集与本案有关的材料。"根据这一规定,辩护律师调取证人证言,必须遵守法定程序。

4. 证人证言的客观性

对证人证言客观真实性的审查要遵循逻辑理性和经验法则,对证人证言本身的逻辑性,同一证人前后证言的一致性,证人与当事人之间的关系、不同证人证言之间,证人证言与其他证据之间的关系等予以全面、细致的判断。同时,应根据《刑事诉讼法解释》第七十四条中明确规定的内容对证人证言进行审查。

五、被害人陈述的审查判断

(一)被害人陈述审查的法律依据

《刑事诉讼法》第一百二十七条规定:"询问被害人,适用本节各条规定。"《刑事诉讼法解释》第七十九条规定:"对被害人陈述的审查,参照适用本节的有关规定。"

根据《刑事诉讼法解释》的相关规定,被害人陈述应当着重审查以下内容:①陈述的内容是否为被害人直接感知;②被害人作证时的年龄,认知、记忆和表达能力,生理和精神状态是否影响作证;③被害人与案件当事人、案件处理结果有无利害关系;④询问被害人是否个别进行;⑤询问笔录的制作、修改是否符合法律、有关规定,是否注明询问的起止时间和地点,首次询问时是否告知被害人有关作证的权利义务和法律责任,被害人对询问笔录是否核对确认;⑥询问未成年被害人时,是否通知其法定代理人或者有关人员到场,其法定代理人或者有关人员是否到场;⑦被害人陈述有无以暴力、威胁等非法方法收集的情形;⑧陈述之间以及与其他证据之间能否相互印证,有无矛盾。

被害人陈述具有下列情形之一的,不得作为定案的根据:①询问被害人没有个别进行的;②书面陈述没有经被害人核对确认的;③询问聋哑人,应当提供通晓聋、哑手势的人员而未提供的;④询问不通晓当地通用语言、文字的被害人,应当提供翻译人员而未提供的。

被害人陈述的收集程序、方式有下列瑕疵,经补正或者作出合理解释的,可以采用;不能补正或者作出合理解释的,不得作为定案的根据:①询问笔录没有填写询问人、记录人、法定代理人姓名以及询问的起止时间、地点的;②询问地点不符合规定的;③询问笔录没有记录告知被害人有关作证的权利义务和法律责任的;④询问笔录反映出在同一时段,同一询问人员询问不同被害人的。

被害人当庭作出的陈述,经控辩双方质证、法庭查证属实的,应当作为定案的根据。被害人当庭作出的陈述与其庭前陈述矛盾,被害人能够作出合理解释并有相关证据印证的,应当采信其庭审陈述;不能作出合理解释,而其庭前陈述有相关证据印证的,可以采信其庭前陈述。经人民法院通知,被害人没有正当理由拒绝出庭或者出庭后拒绝作证,法庭对其陈述的真实性无法确认的,该被害人陈述不得作为定案的根据。

(二)被害人陈述审查的内容与方法

对被害人陈述的关联性、合法性的审查判断与对证人证言关联性、合法性的审查判断基本一样，不再赘述。因此，这里主要探讨对被害人陈述的真实性的审查判断。对被害人陈述的真实性的审查判断可以从以下几个方面入手：

1. 被害人陈述的稳定性

被害人作为犯罪行为的亲历者，其对于犯罪事实的感受应当较为具体、明确，对犯罪事实的描述也应较为稳定，当然并不排除被害人因受犯罪行为的刺激而暂时性失忆、对细节描述不能的情形，但后者并非常态，故被害人陈述的稳定性是判断其是否真实、可信的重要依据。但在一些复杂的经济犯罪案件中，被害人往往也存在一定的过错，其陈述案件事实时有时会有一定的反复性，尤其是在被害人利益受到影响，如被告人家属承诺对其补偿的时候，被害人就可能改变原来的陈述。因此被害人陈述的稳定性如何、其翻证的动机何在都是审查的重点。

2. 被害人陈述的合理性

被害人具有积极追诉的意愿，为了保障自己诉求的实现，往往能够配合司法机关如实、具体地说明受害过程，但由于心理、生理或者社会等因素的限制，有可能使被害人违背事实进行虚假陈述。有学者对被害人作出虚假陈述的原因进行了分析，被害人受到犯罪行为的侵害，是案件的直接受害者，被害人有可能出于对犯罪嫌疑人和被告人的憎恨、出于某种不良动机或其他种种原因，在向司法机关供述时，夸大其词，避轻就重，甚至故意捏造事实，谎报案情，也可能因突然遭受犯罪行为的侵害，精神高度紧张、激动，而发生认识上、记忆上的错误。所以对被害人陈述不能不信，也不能轻信，要客观地、实事求是地审查它的真伪。如果系客观上认识能力的问题造成虚假陈述，往往不会对案件的主要事实产生影响。如果是主观上故意做出的虚假陈述，审查判断时不容易被发现，更需要甄别。

3. 审查被害人陈述有无其他证据补强、印证

被害人陈述作为特殊利益主体提供的证据，有故意作伪证的高度风险，有时难以对此证据的证明力作出适当的判断，因此是否有其他证据印证，被害人陈述的细节问题能否得到补强，是加深法官采信力度的关键问题。法官则要综合全案证据来认定犯罪事实。

《刑事诉讼法》第五十五条第三款对证据确实，充分的证据标准进一步明确，规定："证据确实、充分，应当符合以下条件：（一）定罪量刑的事实都有证据证明；（二）据以定案的证据均经法定程序查证属实；（三）综合全案证据，对所认定事实已排除合理怀疑。"刑事诉讼采用"排除合理怀疑"的标准就是要求证据之间互相印证，排除其他可能。"孤证不能定案"更是我国刑事证明制度中为司法实践所普遍认可的原则。

4. 一对一场合被害人陈述的审查

实践中经常会碰到被害人、犯罪嫌疑人各执一词，对案件事实的描述大相径庭，并且双方都缺乏其他证据印证或者有一些不能单独形成证据链条的间接证据，这种情况通常称之为"一对一"证据，此种情况，更应对被害人陈述进行认真审查判断。

首先，审查被害人陈述的动机。主要是看被害人与犯罪嫌疑人之间的关系。通常而言，如果被害人与被告人素不相识，或关系正常，则其故意捏造事实，提供虚假证据可能性较小；反之，则容易夸大事实真相，以期加重被告人的罪责。

其次，审查被害人感知和再现案件事实的主客观条件。我们对被害人陈述的审查还要注意考察：第一，被害人是否因认识上、记忆上和表达上的原因而提供了失实或部分失实

的证据;第二,被害人在感知案件事实时,是否因为客观距离远近、光线明暗、声音大小等原因而影响其感知的准确性和全面性;第三,被害人提供证据时,有无如胁迫、引诱、欺骗、贿买、指使等情形,这些是被害人改变陈述最为常见的原因,但审查起来难度较大。在对此进行审查时,我们可以对被害人的主观能力进行测定,必要时也可进行侦查实验,以判断在被害人所讲的情况下有无可能了解其所说的那些事实。

最后,审查被害人陈述证言的内容。第一,要审查内容本身是否合情合理,有无矛盾;第二,要审查陈述的内容是否稳定,即被害人陈述证言前后叙述是否相同、稳定,有无反复和重大的出入;第三,审查其内容与案件事实之间的其他证据是否吻合协调,能否互相印证。

综上,只有排除了上述所有矛盾的被害人陈述,才有可能是真实可靠的指控证据。运用"一对一"证据定案是一项难度极高的工作,稍有失误,就有可能造成冤假错案,或者放纵犯罪分子。

六、犯罪嫌疑人、被告人供述与辩解的审查判断

(一)犯罪嫌疑人、被告人供述与辩解审查的法律依据

《刑事诉讼法解释》第八十条规定:"对被告人供述和辩解应当着重审查以下内容:(一)讯问的时间、地点,讯问人的身份、人数以及讯问方式等是否符合法律、有关规定;(二)讯问笔录的制作、修改是否符合法律、有关规定,是否注明讯问的具体起止时间和地点,首次讯问时是否告知被告人相关权利和法律规定,被告人是否核对确认;(三)讯问未成年被告人时,是否通知其法定代理人或者有关人员到场,其法定代理人或者有关人员是否到场;(四)被告人的供述有无以刑讯逼供等非法方法收集的情形;(五)被告人的供述是否前后一致,有无反复以及出现反复的原因;被告人的所有供述和辩解是否均已随案移送;(六)被告人的辩解内容是否符合案情和常理,有无矛盾;(七)被告人的供述和辩解与同案被告人的供述和辩解以及其他证据能否相互印证,有无矛盾。必要时,可以调取讯问过程的录音录像、被告人进出看守所的健康检查记录、笔录,并结合录音录像、记录、笔录对上述内容进行审查。"

《刑事诉讼法解释》第八十一条规定:"被告人供述具有下列情形之一的,不得作为定案的根据:(一)讯问笔录没有经被告人核对确认的;(二)讯问聋、哑人,应当提供通晓聋、哑手势的人员而未提供的;(三)讯问不通晓当地通用语言、文字的被告人,应当提供翻译人员而未提供的。"第八十二条规定:"讯问笔录有下列瑕疵,经补正或者作出合理解释的,可以采用;不能补正或者作出合理解释的,不得作为定案的根据:(一)讯问笔录填写的讯问时间、讯问人、记录人、法定代理人等有误或者存在矛盾的;(二)讯问人没有签名的;(三)首次讯问笔录没有记录告知被讯问人相关权利和法律规定的。"第八十三条规定:"审查被告人供述和辩解,应当结合控辩双方提供的所有证据以及被告人的全部供述和辩解进行。被告人庭审中翻供,但不能合理说明翻供原因或者其辩解与全案证据矛盾,而其庭前供述与其他证据相互印证的,可以采信其庭前供述。被告人庭前供述和辩解存在反复,但庭审中供认,且与其他证据相互印证的,可以采信其庭审供述;被告人庭前供述和辩解存在反复,庭审中不供认,且无其他证据与庭前供述印证的,不得采信其庭前供述。"

(二) 审查犯罪嫌疑人、被告人供述与辩解的内容与方法

1. 犯罪嫌疑人、被告人供述的合法性

应坚持非法证据排除规则。在实践中，很多被告人声称自己曾受到刑讯逼供，但没有其他证据。司法机关需对此进行调查核实，如检察机关不能对此合法性予以证明，则要承担举证不能的后果。即检察机关需要向法庭证明侦查人员没有实施被告方所称的非法取证行为，或者即使侦查人员存在类似的非法取证行为，但他们通过这些行为所获取的被告人供述也不应被排除于法庭之外。公诉方一般要提供庭前讯问笔录，往往还包括审查起诉阶段的讯问笔录，以及记载讯问过程的原始录音录像资料，有必要的话，检察机关也可以提请法庭通知其他在场人员、证人、讯问人员出庭作证。

2. 犯罪嫌疑人、被告人供述的真实性

由于被告人与案件的最终处理有直接的利害关系，因此其口供的真实性往往有很大变数。很多时候被告人趋利避害的本能，会导致其矢口否认犯罪事实，进行无罪辩解；而且还有部分本来无罪的嫌疑人会由于多种原因而做出有罪供述等。

无论是无罪辩解还是有罪供述都有存在虚假的可能性，对口供真实性的判断一定要结合取证手段（是否存在刑讯逼供）、供证吻合、口供的稳定性等进行审查判断。

3. 犯罪嫌疑人、被告人无罪辩解的合理性

在被告人进行无罪或者罪轻辩解的场合，需注意审查其合理性：一是审查是否存在非法取证的情况；二是审查辩解的理由，看是否可以查证。

4. 审查翻供的合理性

翻供的情况在司法实践中较为常见，相关司法解释包括"两个证据规定"中都对被告人翻供时证据的采信进行了规定，主要包括三种情形：

其一，被告人庭前供述一致，庭审中翻供，但被告人不能合理说明翻供理由或者其辩解与全案证据存在矛盾，而庭前供述与其他证据能够相互印证的，可以采信被告人庭前供述。

其二，被告人庭前供述与辩解出现反复，即庭前多次翻供，但庭审中供认的，且庭审中的供述与其他证据能够印证的，可以采信庭审中的供述，强调了当庭供述的优先价值。

其三，被告人庭前供述和辩解出现反复，庭审中不供认，且无其他证据与庭前供述印证的，不能采信庭前供述。

5. 同案被告人供述的可采性

对于将共犯口供认定为补强证据时，要严格遵循以下条件，在非常审慎的情况下定罪：①各被告人被分别关押，排除了串供的可能性；②各被告人的口供都是在没有任何违法的情况下取得的，排除了刑讯逼供、诱供、骗供等可能性；③各被告人供述的犯罪事实细节上基本一致，尤其是与现场的情况相吻合，在分别指认的前提下可以确认他们都到过现场以及他们各自在现场活动的情况；④综合上述情况，排除了其他可能性。

6. 审查被告人供述的补强

《刑事诉讼法》第五十五条第二款规定："只有被告人供述，没有其他证据的，不能认定有罪和判处刑罚；没有被告人供述，证据确实充分的，可以认定被告人有罪和判处刑罚。"这一规定就涉及口供补强原则，口供补强是证据补强原则的一个重要组成部分。

七、鉴定意见的审查判断

(一)审查鉴定意见的法律依据

根据最高人民法院、最高人民检察院、公安部、国家安全部、司法部《关于办理死刑案件审查判断证据若干问题的规定》第二十三条以及《刑事诉讼法解释》第八十四条的规定,对鉴定意见应当着重审查以下内容:①鉴定机构和鉴定人是否具有法定资质;②鉴定人是否存在应当回避的情形;③检材的来源、取得、保管、送检是否符合法律、有关规定,与相关提取笔录、扣押物品清单等记载的内容是否相符,检材是否充足、可靠;④鉴定意见的形式要件是否完备,是否注明提起鉴定的事由、鉴定委托人、鉴定机构、鉴定要求、鉴定过程、鉴定方法、鉴定日期等相关内容,是否由鉴定机构加盖司法鉴定专用章并由鉴定人签名、盖章;⑤鉴定程序是否符合法律、有关规定;⑥鉴定的过程和方法是否符合相关专业的规范要求;⑦鉴定意见是否明确;⑧鉴定意见与案件待证事实有无关联;⑨鉴定意见与勘验、检查笔录及相关照片等其他证据是否矛盾;⑩鉴定意见是否依法及时告知相关人员,当事人对鉴定意见有无异议。以上十个方面有的将影响到鉴定意见的证据能力,有的则影响到鉴定意见的证明力,公安机关、检察机关的办案人员在审查鉴定意见时,应当逐一进行审核。

(二)审查鉴定意见的内容和方法

1. 审查鉴定主体

(1)审查鉴定机构及鉴定人的资格和条件。

根据相关法律规定,只有具备法定资格和条件的鉴定机构和鉴定人才能依法从事司法鉴定业务,所提供的鉴定意见也才能具备证据能力。

判断鉴定机构和鉴定人是否具备法定的资格和条件,主要依据《全国人民代表大会常务委员会关于司法鉴定管理问题的决定》。根据《全国人民代表大会常务委员会关于司法鉴定管理问题的决定》第二条、第三条的规定,鉴定机构要从事鉴定业务,需要有明确的业务范围,有在业务范围内进行司法鉴定所必需的仪器、设备,有在业务范围内进行司法鉴定所必需的检测实验室,并且每项司法鉴定业务要有3名以上鉴定人参与。鉴定机构要经过省级人民政府司法行政机关的登记、名册编制和公告,而且鉴定事项不能超出鉴定机构项目范围或者鉴定能力。违背上述任一方面的要求,鉴定机构就不具备法定的资格和条件,所提供的鉴定意见不得作为定案的根据。

根据《全国人民代表大会常务委员会关于司法鉴定管理问题的决定》第四条的规定,鉴定人应当具备以下条件之一,才有资格从事司法鉴定业务:①具有与所申请从事的司法鉴定业务相关的高级专业技术职称;②具有与所申请从事的司法鉴定业务相关的专业执业资格或者高等院校相关专业本科以上学历,从事相关工作五年以上;③具有与所申请从事的司法鉴定业务相关工作十年以上经历,具有较强的专业技能;④没有受到过刑事处罚,没有受过开除公职处分,或者没有被撤销鉴定人登记。具备上述条件的人员还必须经过省级人民政府司法行政机关的登记、名册编制和公告,才能获得执业资格,从而最终具备鉴定人的法定资格和条件。

(2) 审查鉴定人的中立性。

司法鉴定是指在诉讼活动中,鉴定人运用科学技术或者专门知识对诉讼涉及的专门性问题进行鉴别和判断并提供鉴定意见的活动。鉴定活动中,鉴定人必须在鉴定活动中保持中立地位。但在司法实践中,由于受到主客观方面多种因素的影响,也不乏鉴定人偏离其中立诉讼地位做出错误的、甚至是虚假的鉴定意见的情形。因此,在审查鉴定人的中立性时,应当按照刑事诉讼法及相关司法解释有关回避的规定,重点审查以下内容:①鉴定人是否是本案的当事人或是当事人的近亲属;②鉴定人或者他的近亲属和本案是否有利害关系;③鉴定人是否担任过本案的证人、辩护人、诉讼代理人;④鉴定人是否与本案当事人有其他关系,可能影响公正处理案件的。

2. 审查鉴定过程

对鉴定过程的审查主要包括鉴定程序合法性、鉴定材料来源可靠性以及鉴定方法的科学性等三方面要求。

(1) 审查判断鉴定程序是否符合法律法规。

司法鉴定程序的合法性,既包括委托、受理鉴定的主体及程序是否符合法律法规,又包括鉴定实施程序是否合法。审查鉴定意见时,应当主要依据《公安机关办理刑事案件程序规定》(以下简称《公安规定》)第二百三十九条、二百四十二条、二百四十三条、二百四十四条以及《人民检察院刑事诉讼规则》(以下简称《检察规则》人民检察院刑事诉法规则》第二百五十三条规定,首先,查明司法鉴定的启动、鉴定人的选任、鉴定后的告知、补充鉴定等程序是否符合法律法规。其次,应当审查鉴定人在实施鉴定过程中的程序是否合法、规范,主要依照司法部《司法鉴定程序通则》、公安部《公安机关鉴定工作规则》、最高人民检察院《人民检察院鉴定规则(试行)》等程序性规定加以判断。如在个别领域中存在特殊鉴定程序的,除应当遵循上述程序外,还应当同时遵循特殊鉴定程序。

(2) 审查判断鉴定材料来源是否可靠。

审查鉴定材料时,应当查明其来源、提取、保存、送检等环节是否具有连续性、安全性,是否符合相关法律规定,确保检材在流转环节中的同一性和不被污染。应将鉴定材料与提取笔录、扣押物品清单等文件上记载的内容进行比对,审查两者之间是否吻合,以切实保证鉴定材料的客观性,真实性。鉴定材料尤其是检材是否充足,直接影响到鉴定意见的准确性和可靠性。这就要求办案人员不仅应当审查鉴定材料的数量,还需审查其质量,以全面判明鉴定材料是否充足、可靠。

(3) 审查判断鉴定方法是否科学。

鉴定方法的科学性,要求鉴定人在实施鉴定过程中采用的方法符合本专业相关标准和规程,分析、判断过程全面、细致,采用多项、重复方法验证检验结果,鉴定方法、手段为业界同行所公认。任何有悖于社会伦理与公序良俗的鉴定方法均不得使用,一旦鉴定人使用的鉴定方法存在缺陷与错误,必然导致最终的鉴定意见不具有任何证明效力。

3. 审查鉴定结果

(1) 审查鉴定文书的规范化。

鉴定意见的书面文件载体应当符合司法部《司法鉴定文件规范》和公安部《刑事技术鉴定规则》第十一条等相关规定,由具体实施鉴定的鉴定人按照规范进行制作。审查鉴定意见的形式要件时,主要应当查明鉴定文件是否符合规范性要求。办案人员应当注意鉴定文件中是否注明鉴定事由、委托人、鉴定机构、鉴定要求、鉴定过程、检验方法、鉴定文件日期等相关内容；是否由两名以上实施鉴定工作的鉴定人签名，并由鉴定机构加盖鉴定专用章；鉴定文件为多页时，是否已在各页文件上加盖骑缝章。司法鉴定实行鉴定人负责制，如审查后发现鉴定人在作出鉴定意见后，未在鉴定文件上签名，或者鉴定机构未在鉴定意见上盖章的，该鉴定意见即不符合法定形式要件而不得作为认定案件事实的依据。

（2）审查鉴定意见的明确性。

鉴定人应当运用科学技术或者专门知识对鉴定材料中蕴藏的真实信息进行甄别与判断，并在客观准确、科学可靠的基础上形成肯定或否定的明确性鉴定意见。因受鉴定材料数量、质量、技术方法、手段等限制，只能提供倾向性鉴定意见的，如司法实践中存在"不排除某某的可能""有可能是某某""倾向于认定某某""倾向于否定某某"等鉴定意见，不得作为定案的依据，仅可为判断其他证据提供参考，增强其他证据的证明力。

（3）审查鉴定意见与案件待证事实是否具有关联性。

由于鉴定材料与案件事实相关联是鉴定意见与案件待证事实具有关联性的前提，所以鉴定意见与待证事实的内在关联性在很大程度上依赖于鉴定材料与案件待证事实的关联性。还应重点审查鉴定意见在多大程度上与案件待证事实有关联性。

（4）审查鉴定意见论证是否充分、合理。

在鉴定意见书中应该充分体现鉴定人对鉴定意见的分析、论证过程，使鉴定人以外的人了解鉴定意见得出的事实依据、科学依据，以及依据与意见之间的逻辑关系。在我国许多鉴定机构出具的鉴定意见十分简单，其中的分析论证部分有时甚至缺失，使鉴定意见披上了一层神秘的色彩。对鉴定意见的审查：一是要求鉴定人对鉴定意见进行说明和解释；二是指派或者聘请专家辅助人协助公安司法人员审查鉴定意见。在侦查和审查起诉阶段，公安人员、检察人员可以向有专门知识的人咨询案件涉及的鉴定意见论证是否充分、合理。专家辅助人审查后应当出具审查意见。在审判阶段，人民检察院和当事人可以聘请具有专门知识的人出席法庭，经法庭许可，对鉴定意见的证据能力和证明力发表评论性意见或者提出质疑。控、辩双方在审判阶段聘请的专家辅助人，可以出席法庭对相对方提交的鉴定意见提出质疑，进行评论和质证。经法庭许可，也可以向鉴定人发问。如果聘请了专家辅助人的，控辩双方在审判前，应当向法院提交专家辅助人名单。

4. 审查鉴定意见与同案其他证据之间的一致性

审查鉴定意见时，不能仅审查鉴定意见本身，更应将鉴定意见与勘验、检查笔录及相关照片等其他证据综合起来进行审查，看其与其他证据在证明方向上是否一致，如果它们之间存在矛盾，应查明造成矛盾的原因；如果它们之间的矛盾无法排除，则不得将鉴定意见作为定案的根据。

八、勘验、检查、辨认、侦查实验等笔录的审查判断

（一）对勘验、检查笔录的审查

1. 审查勘验、检查笔录的依据

《刑事诉讼法解释》第八十八条规定："对勘验、检查笔录应当着重审查以下内容：（一）勘验、检查是否依法进行，笔录的制作是否符合法律、有关规定，勘验、检查人员和见证人是否签名或者盖章；（二）勘验、检查笔录是否记录了提起勘验、检查的事由，勘验、检查的时间、地点、在场人员、现场方位、周围环境等，现场的物品、人身、尸体等的位置、特征等情况，以及勘验、检查、搜查的过程；文字记录与实物或者绘图、照片、录像是否相符；现场、物品、痕迹等是否伪造、有无破坏；人身特征、伤害情况、生理状态有无伪装或者变化等；（三）补充进行勘验、检查的，是否说明了再次勘验、检查的缘由，前后勘验、检查的情况是否矛盾。"第八十九条规定："勘验、检查笔录存在明显不符合法律、有关规定的情形，不能作出合理解释或者说明的，不得作为定案的根据。"

2. 审查勘验、检查笔录的内容

对现场勘验、检查笔录的审查，可以分为对笔录形式的审查和对笔录内容及相关活动的审查两个方面。

首先，对勘验、检查笔录形式的审查，《公安机关刑事案件现场勘验检查规则》对现场勘验、检查笔录的格式，前言、正文和结尾三个部分及相关内容作出了详细的规定。

（1）对前言部分的审查。

对前言部分的审查，应当着重审查以下方面：①是否准确记录了提起勘验、检查的事由。②勘验、检查的时间、地点是否与实际相符。③现场勘验、检查笔录中所描述的接报情况，是否与报案情况相符。④赶赴现场勘验人员是否符合法律规定。侦查机关对刑事案件现场进行勘验、检查时人数是否少于2人，是否邀请1至2名与案件无关的公民在现场作见证人。⑤是否具有相应专业知识的人员到场，如勘验、检查有尸体的现场，是否有法医参加。⑥现场指挥人员是否符合规定。根据《公安机关刑事案件现场勘验检查规则》的规定，一般案件的现场勘查，由侦查部门负责人指定的人员现场指挥；重大、特别重大案件的现场勘查由侦查部门负责人现场指挥。必要时，发案地公安机关负责人应当亲自到现场指挥。⑦在参加勘验、检查人员名单中，是否存在违反《刑事诉讼法》第二十八条、第二十九条关于侦查机关负责人、侦查人员应当回避等规定的情形。

（2）对正文部分的审查。

主要审查勘验、检查笔录所记录的内容是否全面、规范、准确，包括：①是否准确记载了尸体的位置、特征、衣着、姿势、损伤、血迹分布、形状和数量等。②与犯罪有关的痕迹和物品的名称、部位、数量、性状、分布等情况，现场、物品、痕迹等是否被破坏或者伪造，是否为原始现场。③人身特征、伤害情况、生理状况有无伪装或者变化等。④勘验、检查笔录上文字记载的内容与现场图、照片、录像等所反映的情况是否一致，有无相互矛盾之处。⑤文字、用词是否规范、准确，现场图是否规范、准确，照片是否与实物一致。⑥勘验、检查过程中或结束后是否提取痕迹、物证，以及提取痕迹、物证的方法和程序。⑦扣押物品、文件情况，是否具有相应的扣押物品、文件清单，笔录所记载的物品、文件名称、数量等是否与扣押物品、文件清单上的一致，被扣押物品的实物现在何处。

（3）对结尾部分的审查。

勘验、检查笔录的结尾部分应包括制作文书名称、数量，现场勘查相关人员的姓名、单位和日期。在审查时应当着重审查以下方面：①制图和照相的数量，录像、录音的时间，是否与勘验、检查开始与结束的时间一致。②笔录、现场图等制作完毕后，制作笔录人、制图人、照相人、录像人、录音人，执行现场勘验、检查任务人员的名字、单位、职务等是否在笔录落款上标明，并由本人签名，参加现场见证的人员是否也在笔录上签名。对以上这些方面，只要公安司法人员认真审查，通常都会发现勘验、检查笔录中常见的一些问题。

其次,对勘验、检查活动合法性的审查。

(1)审查勘验、检查人员是否违反关于回避的规定。

应注意审查参加现场勘验、检查的侦查人员是否存在《刑事诉讼法》规定的应当回避的事由、在办案中是否有过回避申请的提出、有关机关对此是否已处理、处理决定是否符合法律的有关规定等。

(2)审查对现场保护是否合法、规范。

根据《公安机关刑事案件现场勘验检查规则》第二十条、第二十一条、第二十二条的规定,负责保护现场的人民警察应当根据案件具体情况,划定保护范围,设置警戒线和告示牌,禁止无关人员进入现场。负责保护现场的人民警察除抢救伤员、保护物证等紧急情况外,不得进入现场,不得触动现场上的痕迹、物品和尸体。处理紧急情况时,应当尽可能避免破坏现场上的痕迹、物品和尸体。负责保护现场的人民警察对可能受到自然、人为因素破坏的现场,应当对现场上的痕迹、物品和尸体等采取相应的保护措施。保护现场的时间,从发现刑事案件现场开始,至现场勘验、检查结束。不能完成现场勘验、检查的,应当对整个现场或者部分现场继续予以保护。由于公安司法人员没有亲临现场,且缺少相应的现场勘查知识和经验,因此,在审查这个问题时存在一定困难,但这并不表明公安司法人员不能发现问题。公安司法人员应当注意现场遗留、发现、存在的各种痕迹和物质,并注意发现、辨别其中是否存在由于现场保护不当而导致对现场的破坏和毁损情况,以确认勘验检查笔录与现场的实际情况是一致的,发现并排除勘验检查笔录与物证、犯罪嫌疑人供述及辩解、被害人陈述、证人证言、鉴定意见等证据的矛盾。

(3)审查对案件现场范围的确定是否准确。

如何确定案件现场的范围,是公安机关、检察机关在勘验检查中能否及时、准确、全面收集痕迹物证的重要问题。实践中比较突出的问题是,公安机关、检察机关在现场勘验时仅重视对重点部位、中心现场的勘验,忽视对现场外围的勘验和室内物品的清理,因而导致与案件有关的重要证据没有纳入勘查的视线,影响公安机关、检察机关对案件的准确判断和正确处理。

审查时应当注意甄别现场勘查中案发现场范围的确定是否有疏漏,以及重要证据是否被遗漏及遗漏在何处的情况。对此可以通过认真审核现场勘验所反映出的有关情况,譬如现场图、照片,提取物证、书证的地点等,结合被告人供述和有关证人证言进行综合分析判断。可就有关问题讯问犯罪嫌疑人,并与其他证据进行对比、分析,找到问题所在,并予以解决。

(4)审查复验复查是否符合法律规定。

《刑事诉讼法》第一百三十四条规定:"人民检察院审查案件的时候,对公安机关的勘验、检查,认为需要复验、复查时,可以要求公安机关复验、复查,并且可以派检察人员参加。"《关于办理死刑案件审查判断证据若干问题的规定》第二十五条第三项规定:"补充进行勘验、检查的,前后勘验、检查的情况是否有矛盾,是否说明了再次勘验、检查的缘由。"《检察规则》第三百六十九条规定:"人民检察院审查案件的时候,对公安机关的勘验、检查,认为需要复验、复查的,应当要求公安机关复验、复查,人民检察院可以派员参加;也可以自行复验、复查,商请公安机关派员参加,必要时也可以聘请专门技术人员参加。"《公安机关刑事案件现场勘验检查规则》第八十五条规定："遇有下列情形之一，应当对现场进行复验、复查：（一）案情重大、现场情况复杂的；（二）侦查工作需要从现场进一步收集信息、获取证据的；（三）人民检察院审查案件时认为需要复验、复查的；（四）当事人提出不同意见，公安机关认为有必要复验、复查的；（五）其他需要复验、复查的。"

审查现场的复验、复查，应注意查清以下问题：①再次勘验、检查的缘由，即重新勘查检验的原因和理由。②本次复验、复查的主要目的和复验、复查的具体内容事项，即在此次复验、复查中，侦查机关勘查、检验了哪些事项，需要解决什么问题；这些事项在上一次的现场勘验、检查中是否已经查过。③本次复验、复查的结果，即通过复验、复查，侦查机关做出了哪些新的结论，这些新的结论与原勘验、检查中的结论的区别和各自的效力；提取了哪些新证据，新证据的提取是否符合法定程序，是否对新提取的物证进行了检验或鉴定。④本次复验、复查对本案定性、量刑有何影响。

最后，对辨认笔录的审查。

（1）审查辨认笔录的根据。

《刑事诉讼法解释》第九十条规定："对辨认笔录应当着重审查辨认的过程、方法，以及辨认笔录的制作是否符合有关规定。辨认笔录具有下列情形之一的，不得作为定案的根据：（一）辨认不是在侦查人员主持下进行的；（二）辨认前使辨认人见到辨认对象的；（三）辨认活动没有个别进行的；（四）辨认对象没有混杂在具有类似特征的其他对象中，或者供辨认的对象数量不符合规定的；（五）辨认中给辨认人明显暗示或者明显有指认嫌疑的；（六）违反有关规定、不能确定辨认笔录真实性的其他情形。"

（2）审查辨认笔录的内容。

在审查辨认笔录时可从辨认笔录的形式和辨认笔录的内容及相关活动两个方面进行，并注意以下几个问题：

首先，对辨认笔录形式的审查。

①对前言部分的审查。对前言部分的审查，主要包括以下方面：第一，是否记载了辨认开始至结束的时间，地点。第二，是否写明侦查人员的人数及其基本情况，例如姓名、单位、职务等信息。第三，是否记载了辨认人和见证人姓名、住址、单位。第四，是否记载了辨认对象，例如人、尸体、物品或场所等。第五，是否记载了辨认目的。

在审查上述内容时，应当重点审查以下两个方面：

一是主持辨认活动的人员的身份和人数。《公安规定》第二百五十条第一款规定："辨认应当在侦查人员的主持下进行。主持辨认的侦查人员不得少于二人。"《检察规则》表明：如果根据笔录的记载，辨认活动是由侦查人员以外的人员主持的，则不得将其作为定案的根据使用。如果发现辨认活动仅由一名侦查人员主持辨认，公安司法人员应当要求办案机关就此作出补正或者合理解释，否则该辨认笔录不得作为定案的根据使用。此外，按照《刑事诉讼法》有关回避的规定，如果主持辨认的侦查人员存在应当回避的情形而未回避的，该辨认笔录原则上也不得作为定案的根据使用。

二是注意核实见证人的身份。《刑事诉讼法解释》规定，生理上、精神上有缺陷或者年幼，不具有相应辨别能力或者不能正确表达的人，与案件有利害关系，可能影响案件公正处理的人，行使勘验、检查，搜查、扣押等刑事诉讼职权的公安、司法机关的工作人员或者其聘用的人员不得担任刑事诉讼活动的见证人。对此，审查中要特别注意侦查机关将其联防队员或者司机作为见证人乃至"职业"见证人的情形。

②对辨认笔录正文部分的审查。正文部分应如实反映辨认活动的过程及结论。对正文部分的审查，应当着重审查以下方面：第一，是否记载了辨认人进行辨认的具体情况和现实条件。第二，是否记载了辨认对象的具体情况。第三，是否记载了辨认的方法和辨认过程中辨认人的态度。第四，是否记载了辨认结果及辨认人对辨认对象能够辨别、确认或者不能够辨别、确认的理由。第五，是否记载了辨认人对辨认提出的疑义和要求。

在审查上述内容时，应当重点审查以下两个方面：

一是辨认笔录是否记载了侦查人员向辨认人询问辨认对象具体特征以及辨认人对辨认对象具体特征的描述。《检察规则》第二百五十八条规定，在辨认前，应当向辨认人详细询问被辨认对象的具体特征，并应当告知辨认人有意作假辨认应负的法律责任。辨认前的询问，能够让侦查人员了解辨认人对案件的知情程度，分析其对辨认对象特征的掌握情况，进而对辨认人的辨认能力进行综合评断，决定是否进行实质性的辨认。但是，侦查实践中，辨认前的询问往往被省略或者以极其简单的形式走走过场，通常的不当做法就是直接将辨认对象（犯罪嫌疑人、涉案物品的照片或者涉案物品）交给辨认人辨认，基本不作询问和告知，如此操作存在导致错案的风险。如果辨认人在辨认前侦查人员没有向辨认人询问辨认对象具体特征，该份辨认笔录需经办案机关补正或者作出合理解释，否则，不得作为定案的根据。

二是辨认笔录仅记载了结果而没有记载过程。规范、科学、合法的辨认程序能够在很大程度上保障辨认结果的真实性和可靠性。《公安规定》和《检察规则》分别对公安机关、检察机关组织辨认程序应当遵守的原则作出了规定。在审查辨认笔录时，应着重审查辨认笔录中记载的辨认过程，以判断侦查机关是否按照法律的规定组织辨认活动。当遇到辨认笔录仅记载了结果而没有记载过程时，应当要求办案机关补正或者作出合理解释。如果发现侦查机关在组织辨认时违反了辨认的相关原则，应当排除辨认笔录，不得将其作为定案的根据。

③对辨认笔录尾部的审查。辨认笔录的尾部主要由参加辨认活动的侦查人员、辨认人、见证人和记录人的签名或者盖章构成，因此，对辨认笔录尾部审查的重点应当放在上述人员是否在辨认笔录上签字。如果辨认笔录的尾部缺少上述人员的签字或者盖章，应当查明原因，以确定辨认笔录缺少侦查人员、辨认人，见证人和记录人的签名或者盖章是由于侦查人员的疏忽造成的，还是由于侦查人员没有按照法律的规定组织辨认活动造成的。如果查明是由前者造成的，则应当要求公安机关补正；如果查明是由后者造成的，则应当排除该辨认笔录。

其次，对辨认活动合法性、规范性的审查。

如前所述，《公安规定》《检察规则》确立了实施辨认的一些规则，如辨认前告知规则、辨认前不见规则、单独辨认规则、混杂辨认规则、禁止暗示等，这些规则为辨认结果的可靠性提供了制度保障。但从公安机关，检察机关目前组织辨认活动的情况来看，在公安司法人员对辨认活动的合法性、规范性进行审查时，应当注意以下几个方面。

①办案机关是否存在先见后辨的情形。《检察规则》第二百五十八条确立了辨认前不见规则。根据辨认前不见规则的要求，辨认前应当尽量避免辨认人和被辨认对象（包括照

片）有所接触。然而在现实操作中，侦查人员往往会先根据辨认人的描述，选择出与辨认人描述的特征相似的照片供辨认人辨认，当辨认人辨认出犯罪嫌疑人之后，再安排一次走过场式的实人辨认。很显然这种情况下的辨认，造成出入人罪司法危险的可能性大大提高。此外，在对犯罪现场的指认中，也存在类似的情形，即在之前的讯问过程中，由于受到办案人员的引诱、暗示甚至直接告知，犯罪嫌疑人已经知道了现场的基本情况和细节，因此在指认现场时，他们于是按照办案人员事先交代的路线或细节进行指认。公安司法人员要通过辨认笔录正文部分的审查、对被害人、证人的询问及对犯罪嫌疑人的讯问，查明辨认活动是否存在先见后辨的情形。如果存在这样的情形，应当排除该份辨认笔录。

②辨认活动是否违反混杂辨认规则。《公安规定》第二百四十九条规定，辨认犯罪嫌疑人时，被辨认的人数不得少于7人；对犯罪嫌疑人照片进行辨认的，不得少于10人的照片；辨认物品时，混杂的同类物品不得少于5件。《检察规则》第二百六十条对陪衬对象的数量作出了明确的规定，辨认犯罪嫌疑人，被害人时，被辨认人的人数为5到10人，照片5到10张；辨认物品时，同类物品不得少于5件，照片不得少于5张。公安司法人员要通过辨认笔录正文部分的审查、对被害人，证人的询问及对犯罪嫌疑人的讯问，查明辨认活动是否遵守了混杂辨认规则。如有违反，应当排除该份辨认笔录。

③辨认活动中是否对辨认人进行了暗示。在辨认活动中，禁止暗示规则未能得到有效遵守。

在辨认过程中，侦查人员有意无意的方式难免会对辨认人产生暗示。这严重影响了辨认人的自主判断，一旦辨认人的记忆被混淆，难以保障辨认结果的可靠性。因此，公安司法人员要通过辨认笔录正文部分的审查、对被害人、证人的询问及对犯罪嫌疑人的讯问，查明辨认活动是否遵守了不得暗示辨认规则。如有违反，应当排除该份辨认笔录。

④辨认活动是否违反个别辨认规则。《公安规定》第二百四十八条，《检察规则》第二百五十九条确立了个别辨认规则。据此，几名辨认人对同一被辨认人或者同一物品进行辨认时，应当由每名辨认人单独进行，其中一名辨认人进行辨认时，其他辨认人不得在场。这样可以避免辨认人互相影响、互相干扰，甚至串通，保障辨认结果的客观性、正确性。如果违反个别辨认规则进行辨认，容易造成辨认错误，进而导致错案。公安司法人员要通过辨认笔录正文部分的审查、对被害人、证人的询问及对犯罪嫌疑人的讯问，查明辨认活动是否遵守了个别辨认规则。如有违反，应当排除该份辨认笔录。

（二）对侦查实验笔录的审查

1. 审查侦查实验笔录的根据

《刑事诉讼法解释》第九十一条规定："对侦查实验笔录应当着重审查实验的过程、方法，以及笔录的制作是否符合有关规定。侦查实验的条件与事件发生时的条件有明显差异，或者存在影响实验结论科学性的其他情形的，侦查实验笔录不得作为定案的根据。"

2. 审查侦查实验笔录的内容

对侦查实验笔录应从以下方面进行审查。

（1）对侦查实验笔录形式的审查。

①对前言部分的审查。

对前言部分的审查，主要包括以下方面：一是否记载了侦查实验的时间和环境。侦查实验的时间、环境条件应与发案时间、环境条件基本相同。二是地点。现场实验一般在发案地点进行，燃烧、爆炸等危险性实验，才可以在其他地点进行。三是否写明侦查人员的人数及其基本情况，例如姓名、单位、职务等信息。四是否记载了侦查实验的目的。此处应与《呈请侦查实验报告书》所述的目的一致。根据《公安规定》和《检察规则》的规定，侦查实验的目的主要包括：验证在现场条件下能否听到某种声音或者看到某种情形；验证在一定时间内能否完成某一行为；验证在现场条件下某种行为或者作用与遗留痕迹、物品的状态是否吻合；确定某种条件下某种工具能否形成某种痕迹；研究痕迹、物品在现场条件下的变化规律；分析判断某一情节的发生过程和原因。

公安司法人员应当将侦查实验笔录记载的时间、地点与勘验、检查笔录、证人证言、被害人陈述以及犯罪嫌疑人供述和辩解中有关事件发生时的时间地点进行比对，如发现侦查实验的时间、地点与事件发生时的时间、地点有明显差异，而这种差异足以影响实验结论的可靠性、科学性时，该侦查实验笔录不得作为定案的根据。

②对正文部分的审查。

对正文部分的审查，主要包括以下方面：一是否记载了实验的自然条件。实施侦查实验时应与案件发生、发现时的自然条件相同，即如实施侦查实验时的光线、风向、风力、气温、周围环境等自然条件应尽可能同案件发生、发现时相同。二是否记载了实验用的工具和物品。应尽量使用原物。如果原物已经损坏不能使用，或者需要原物比对或鉴定时，应选用与原物同类的工具或物品进行实验。三是否记载了实验的内容、步骤、方法和次数，即实验什么，什么先实验，什么后实验，采取什么方法实验，实验了几次，每次实验的具体情况。四是否记载了实验结果。如果进行了数次实验，实验的结果是否一致。

公安司法人员应当将侦查实验笔录记载的实验条件与勘验、检查笔录、证人证言、被害人陈述以及犯罪嫌疑人供述和辩解中有关事件发生时的条件进行比对，如发现侦查实验的条件与事件发生时的条件有明显差异，或者存在影响实验结论科学性的情形，该侦查实验笔录不得作为定案的根据。

③对尾部的审查。

侦查实验笔录的尾部主要由参加实验活动的侦查人员、记录人和见证人的签名或者盖章构成，因此，对侦查实验笔录尾部审查的重点应当放在上述人员是否在侦查实验笔录上签字。如果侦查实验笔录的尾部缺少上述人员的签字或者盖章，应当查明原因，以确定侦查实验笔录缺少侦查人员、辨认人、见证人和记录人的签名或者盖章是由于侦查人员的疏忽造成的，还是由于侦查人员没有按照法律的规定组织侦查实验造成的。如果查明是由前者造成的，则应当要求办案机关补正；如果查明是由后者造成的，则应当排除该侦查实验笔录。

(2) 对侦查实验活动科学性的审查。

①审查侦查实验的组织过程。

在审查侦查实验的组织过程中，首先要审查具体的侦查实验是否有周密的实验计划，侦查实验的目的是否明确，对实验参加人（侦查实验的主持人员，实验的具体执行者以及实验的见证人）的选择是否符合法律的规定、满足实验的具体要求，而对一些复杂的实验，其必要的工具、设备的准备情况如何也是审查的内容；其次要审查侦查实验的实施方案，判断实验的顺序、内容是否恰当，实验的分工是否合理，如果侦查实验是在户外进行的，则要审查实验的警戒工作是否严格；最后对实验所必要的工作制度如请示报告制度、审批制度、交接工作制度也要进行审查。

②审查侦查实验的科学依据。

侦查实验所解决问题的范围广泛，既有对人的感知能力进行的实验，也有对物理性能和化学性能进行的实验。不同的侦查实验所依据的原理以及进行实验所遵循的根据各不相同。因此，审查侦查实验的根据是否科学，是否符合客观规律，也可以判断实验结论的可靠性。

③审查侦查实验中的偶然因素。

有时实验结果可能是由于某些偶然因素的介入所致。因此，为了判明实验结果是否能排除偶然性，应当研究实验结果是否在同一条件下反复进行实验而得出的。通过反复进行同一实验而结果相同，可以说明该结果的出现并非偶然，而是合乎必然规律的。如果通过反复进行同一实验得到的结果不尽一致，则必须查明产生差异的原因，而不能随意认定其中某次实验结果是真实可靠的。

④审查与侦查实验有关的主观因素。

实验中该人在事件发生时特定的心理、生理状况能否得到体现，对实验结果的可靠性往往有重大影响。

有时由于种种原因，需要让参加实验的人员事先对将要重演的事实情节有某种程度的思想准备，而在案件事实发生时，有关当事人却无这种思想准备。这种心理状态上的差异，可能会影响实验结果的可靠性。

在原事件发生时，有关当事人并没有完成某一特定行为的心理准备，而如果告知实验的实际执行者将要重演的事实情节，让其有某种程度的思想准备，就会造成被验证者和实验者之间的心理差异，就可能会影响侦查实验结论的可靠性。因此，在审查实验结论的可靠性时，就要对实验者是否具备某种思想准备以及这种心理差异是否对实验结果起着实质影响进行审查。

⑤审查侦查实验的疑点。

侦查实验中出现与原事实、情节不相符合的疑点在所难免。这主要表现为在侦查实验中，无论侦查实验结果是肯定的，还是否定的，都可能出现一些与结论不相符合的其他现象。

对出现的实验疑点，要认真对待，探求其形成的原因，明确其对侦查实验结论的形成是否有实质的影响，对疑点作出合理的解释。如果不能对实验中出现的疑点进行合理解释，一般不应轻易下结论，而应当重新实验，进一步查明出现疑点的原因，从而确保侦查实验的可靠性。

⑥审查侦查实验使用的技术手段和设备。

侦查实验作为一项技术性要求很高的侦查措施，其真实程度与实验技术的正确运用密切相关。首先，要审查侦查实验所使用的技术设备的性能及其可靠程度。其次，要审查有关人员的操作技术水平。有关人员的操作技术水平不仅直接影响侦查实验的外在进程，也可能影响其所得结论的客观真实性。具体而言，如果实验需要利用某种专业知识或具有一定的技术风险，就要审查该实验是否按照规定聘请了具有这种专门知识或能够预见和有效预防风险的人员参加，并让他们担任实验项目的实际执行者。同时，还要对该人员是否具备一定的职业资格进行审查。

3. 对勘验、检查、辨认、侦查实验等笔录进行审查的方式

（1）应进行综合分析。

对勘验、检查、辨认、侦查实验等笔录进行审查，一方面，可以通过认真、仔细查阅和了解勘验、检查、辨认、侦查实验等笔录中的情况；另一方面，可以通过听取当事人、辩护人针对勘验、检查、辨认、侦查实验等笔录提出的意见，对勘验、检查、辨认、侦查实验等笔录的证据能力进行取舍，对勘验、检查、辨认侦查实验等笔录的证明力进行判断。

（2）通知有关侦查人员出庭作证。

《刑事诉讼法》第五十九条规定："在对证据收集的合法性进行法庭调查的过程中，人民检察院应当对证据收集的合法性加以证明。现有证据材料不能证明证据收集的合法性的，人民检察院可以提请人民法院通知有关侦查人员或者其他人员出庭说明情况；人民法院可以通知有关侦查人员或者其他人员出庭说明情况。有关侦查人员或者其他人员也可以要求出庭说明情况。经人民法院通知，有关人员应当出庭。"针对勘验、检查、辨认、侦查实验等笔录中存在的问题，可以要求参加现场勘验、检查、辨认、侦查实验的有关侦查人员进行说明和解释。

（3）通知有关检验、鉴定人员出庭作证。

针对现场有关痕迹、尸体、物证及其相应的检验报告、鉴定书等存在的问题，要求检验、鉴定人出庭进行说明和解释。

（4）结合全案证据对勘验、检查、辨认、侦查实验等笔录进行分析判断。

《刑事诉讼法解释》第一百零四条规定："对证据的真实性，应当综合全案证据进行审查。对证据的证明力，应当根据具体情况，从证据与待证事实的关联程度、证据之间的联系等方面进行审查判断。证据之间具有内在联系，共同指向同一待证事实，不存在无法排除的矛盾和无法解释的疑问的，才能作为定案的根据。"

九、视听资料的审查判断

（一）视听资料审查判断的法律依据

视听资料审查判断的法律依据主要为《刑事诉讼法解释》第九十二条、第九十四条的规定。根据这两条的规定，对视听资料应当着重审查以下内容：①是否附有提取过程的说明，来源是否合法；②是否为原件，有无复制及复制份数；是复制件的，是否附有无法调取原件的原因、复制件制作过程和原件存放地点的说明，制作人、原视听资料持有人是否签名或者盖章；③制作过程中是否存在威胁、引诱当事人等违反法律、有关规定的情形；④是否写明制作人、持有人的身份，制作的时间、地点、条件和方法；⑤内容和制作过程是否真实，有无剪辑、增加、删改等情形；⑥内容与案件事实有无关联。对视听资料有疑问的，应当进行鉴定。视听资料具有下列情形之一的，不得作为定案的根据：①经审查无法确定真伪的；②制作、取得的时间、地点、方式等有疑问，不能提供必要证明或者作出合理解释的。

（二）视听资料审查判断的内容与方法

对视听资料的审查也要从关联性、合法性、真实性三个方面入手。

1. 审查视听资料的关联性

与其他证据形式一样，只有与本案有关的视听资料才能作为定案的根据。否则，就不能当作证据采用。通过科学分析与研究，从大量的视听资料中查找出与案件有密切联系的事实，最终得出正确结论。

2. 审查视听资料的合法性

在审查判断视听证据时，要弄清证据资料是以何种手段、在什么情况下取得的，是否违背了法定的程序、是否采用了法律明确禁止的手段、方法等，这对判断视听资料是否拥有证据能力是非常重要的。如果向法庭提交的视听资料是明显采用不正当手段或通过约束证人精神、人身自由等侵害其人格权方法而获得的话，其行为本身就系违法，否定其证据能力是无可非议的。

3. 审查视听资料的真实性

由于视听资料具有易被伪造和易被篡改的缺陷，在对视听资料的合法性进行审查之后，要对其内容的真实性予以审慎、细致的审查。对视听资料真实性的审查可从如下几个方面入手：

第一，审查视听资料的来源，诉讼中所用的视听资料并非都是司法机关录制，有相当数量是由各种组织和人员提供的，而这些组织和人员的情况十分复杂，即使由司法机关录制，也不能绝对排除不包含任何虚假成分。所以，对视听资料的来源进行审查，是十分必要的。在审查视听资料来源之际，首先，要弄清楚其制作主体。其次，要弄清视听资料的形成时间。再次，要区分某些视听资料是原始证据还是传来证据。最后，审查视听资料是否在设备和装置处于不灵敏或不正常状态下获得的。

第二，审查视听资料有无被删节、剪接、篡改的情况。首先，要由录音人和录像人证明录音和录像的时间、地点以及在什么情况下录制的声音和图像等，如果录音和录像经过复制，还应由复制人证明在复制时无剪辑增减录音和录像的情况。其次，可以运用科技及其设备对获得视听资料的装置、设备以及视听资料的技术形成过程进行的审查与验证。再次，可以由有关人员辨别涉及自己言行和其他情况的视听资料是否真实、有无篡改。最后，可以进行鉴定。司法机关在审查视听资料的内容时，有时无法单凭人的感官感觉明其真伪，需要指派或邀请具有专门技术知识的人对其进行鉴定。在审查视听资料时，既要运用审查证据的一般规律和方法，也要注意采用更先进、更科学的方法，以适应其特殊性的需要。

第三，将视听资料与其他证据予以比对，以判断视听资料的真伪。要审查视听资料的真伪，就必须把它放到案件的证据体系中去，与其他证据联系起来加以验证，这样才能使各种证据形成一个整体，从不同的侧面证实案件事实。

十、电子数据的审查判断

（一）电子数据审查判断的法律依据

视听资料审查判断的法律依据主要为《刑事诉讼法解释》第九十三条，第九十四条的规定。根据这两条的规定，对电子邮件、电子数据交换、网上聊天记录、博客、微博、手机短信、电子签名、域名等电子数据，应当着重审查以下内容：①是否随原始存储介质移送；在原始存储介质无法封存、不便移动或者依法应当由有关部门保管、处理、返还时，提取、复制电子数据是否由二人以上进行，是否足以保证电子数据的完整性，有无提取、复制过程及原始存储介质存放地点的文字说明和签名。②收集程序、方式是否符合法律及有关技术规范；经勘验、检查、搜查等侦查活动收集的电子数据，是否附有笔录、清单，并经侦查人员、电子数据持有人、见证人签名；没有持有人签名的，是否注明原因；远程调取境外或者异地的电子数据的，是否注明相关情况；对电子数据的规格、类别、文件格式等注明是否清楚。③电子数据内容是否真实，有无删除、修改、增加等情形。④电子数据与案件事实有无关联。⑤与案件事实有关联的电子数据是否全面收集。对电子数据有疑问的，应当进行鉴定或者检验。电子数据具有下列情形之一的，不得作为定案的根据：①经审查无法确定真伪的；②制作、取得的时间、地点、方式等有疑问，不能提供必要证明或者作出合理解释的。

（二）电子数据审查判断的内容与方法

1. 审查电子数据的关联性

在运用电子数据证明案情时，应根据其不同的证明范围和不同的证明程度做出恰如其分的判断。特别是需要通过科学的分析研究，排除各种矛盾和其他可能性，确定电子数据所反映的内容同案件事实有无联系。审查判断电子数据与案件事实的联系程度，可以从以下几个方面入手：一是所提出的电子数据欲证明什么样的待证事实；二是该事实是否是案件中的实质问题；三是所提出的电子数据对解决案件中的争议问题有多大实质意义。一般说来，某一电子数据对案件争议问题具有实质性意义，即能确定或否定某一案件事实存在，则法庭应当认定该证据具有足够的关联性。

2. 审查电子数据的合法性

收集主体是否合法不仅要考虑是否以合法的身份收集，还要考虑证据收集人员的计算机操作水平。收集过程是否合法，则主要审查侦查机关在收集证据的过程中是否遵守有关法律的规定。因此，在审查电子数据时，要了解证据是采用什么方法、在什么情况下取得的，是否违背了法定的程序和要求，是否符合法律规定的形式要件。

3. 审查电子数据的真实性

电子数据容易伪造、篡改，且不会留下明显痕迹，因此，对电子证据真实性的审查需格外审慎。对电子数据真实性的审查可从以下几个方面入手：

第一，审查电子数据的来源。由于电子数据比其他任何证据更容易"损毁"且难以恢复，在侦查和诉讼活动中及时封存或存储有电子文件的电磁设备如硬盘、软盘或CD-ROM等是取得证据的最重要的途径和最有效的手段。审查电子数据的收集来源，没有固定模式，根据电子数据的不同，可以采取不同的方式。如需要审查当事人的电子邮件，仅仅对双方提供的自己计算机留存和下载的电子邮件是不够的，通常还应该向电子邮件服务器提供商收集证据，电子邮件服务器如实记录了电子邮件的内容以及收发和提取日期时间。必要时，还应利用专门的电子仪器、设备通过运行特定的程序对电子数据的形成过程进行检查及验证。

第二，审查相关设备，技术的科学可靠性。必要时，应运用科学技术及科技设备对获得的电子数据的装置、设备以及电子数据的技术形成过程进行检查与验证。

第三，审查电子数据在储存、传输等各个阶段均是否保持了数据和信息的原始状态，有无人为的或自然的因素影响破坏。判断电子数据在储存、传输等各个环节是否受到了人为或自然因素的影响主要从以下几个方面入手：一是考察刑事电子数据生成、存储、传输的程序、系统、网络状态是否正常可靠稳定，排除非法入侵、非法控制、非法操作等情况发生。二是考察计算机网络系统环境运行是否良好，排除系统自身故障，排除感染计算机病毒的可能。三是考察计算机网络的物理环境，排除高温、高压、静电、电磁影响破坏刑事电子数据生成、存储、传输的可能。四是运用网络取证分析技术考察刑事电子数据在生成、存储、传输过程中有无剪接、删改、替换的情况，其内容是否前后一致、通顺，符合逻辑。

第四，审查电子数据与其他证据能否相互印证、有无矛盾、矛盾能否被合理地排除。应将电子数据纳入本案的整个证明体系中去，分析电子数据与其他证据之间、多个电子数据之间是否一致，与案件发生的原因、结果、时间、地点有无矛盾。

十一、全案证据综合审查与运用的方法

在收集、保全证据以及审查判断证据之基础上，司法人员必须综合运用证据，加以分析判断来认定案件事实，即对案件的基本事实作出最后认定的结论。根据相关法律规定和司法解释，运用证据认定案件时应注意以下几个问题：

第一，只有单个证据不能认定有罪，即"孤证不能定罪"。《刑事诉讼法》第五十五条作出了仅凭口供不能定案的规定，即"只有被告人供述，没有其他证据的，不能认定被告人有罪和处以刑罚"。我们认为，在刑事诉讼中，只要没有其他证据加以印证，任何单个证据都不能单独作为认定案件事实的根据。这是因为刑事诉讼涉及公民的财产权、人身权甚至是生命权，必须慎之又慎。

第二，在运用间接证据定案时要更加谨慎。任何一个间接证据都不能单独、直接证明案件的主要事实。只有将间接证据与直接证据联系起来，或者将一定数量的、确实充分的间接证据联系起来，构成一个完整的证据体系，对主要事实的证明达到"唯一性"，排除合理怀疑，才能作出有罪认定。

第三，在某些"一对一"的案件中，收集到的基本上是言词证据。对此类案件要特别注意审查证据的稳定性问题，更不能轻易认定有罪。

第四，把案内所有证据与案件事实联系起来，予以认定案件事实的证据应当在整体上形成一个严密的证明体系，在主要犯罪事实上形成包括"唯一性"结论在内的排除合理怀疑，总体上达到犯罪事实清楚，证据确实、充分的要求。这是最重要的一条定罪规则。

第五，贯彻疑案从无原则。对全案证据进行综合审查判断后，可能出现定罪证据不足，无罪又难下定论的情况，这就是办案中不时出现的"疑案"。对于这种疑案，确实存在判有罪可能冤枉无辜、判无罪可能放纵罪犯的两难选择。但是，根据无罪推定原则以及《刑事诉讼法》第一百七十五条第四款关于证据不足应当不起诉的规定和第二百条第三项关于证据不足应当作无罪判决的规定，对达不到"证据确实充分"的案件，我们应当本着宁纵勿枉的精神，坚决作出无罪的处理。

综上可见，收集、保全证据，审查判断证据和综合运用证据、认定案件事实是证明过程中三个相互依存与渗透的环节，其划分不是绝对的，而是既相对独立，又不绝对分开的。其中，证据的收集与保全主要存在于但又不限于侦查阶段，在审查起诉和法庭审理阶段有补充侦查的法律规定，而且法庭有一定的庭外调查权。对证据的审查判断以及综合运

用证据认定案件事实存在于侦查、起诉、审判各个阶段。但是审查起诉和审判阶段的主要任务不是收集证据,而是审查判断证据;特别是在审判阶段,法官必须根据对证据的审查、分析和评判,对被告人是否犯罪在事实上作出最后的裁判。

第三节 行政案件证据制度

证据在诉讼活动中占有重要地位,是诉讼活动的关键,是案件事实认定和司法裁判的基础。证据制度是诉讼程序的核心,它不仅是人民法院正确审理行政案件的基础,也是诉讼结构均衡的调整器。

《行政诉讼法》和《最高人民法院关于行政诉讼证据若干问题的规定》(以下简称《行政诉讼证据规定》)都没有对什么是行政诉讼证据做出明确规定。按照学者们的一般理解,行政诉讼证据是行政诉讼中用来证明待证案件事实是否客观存在的一切事实。《行政诉讼法》和《行政诉讼证据规定》确定了行政诉讼证据的8种法定表现形式,即书证、物证、视听资料、证人证言、当事人陈述、鉴定结论、勘验笔录、现场笔录。《刑事诉讼法》对证据界定为"可以用于证明案件事实的材料,都是证据",而《行政诉讼法》没有这样明确定义,只是对其外延进行了限定。根据证据诉讼证据原理的相通性,《刑事诉讼法》的规定可以为我们提供一些借鉴。

总的来说,在程序阶段方面,诉讼证据是在诉讼过程中收集、提供和使用的材料;在内容方面,证据是证明案件真实情况的事实;在形态方面,证据是证明案件事实的有关事实材料,材料是证据存在的一种方式;在来源方面,证据具备法定的来源和形式;在结果方面,证据是认定案件事实的根据。这里要区分证据和证据证明的对象,案件事实是证据所要证明的对象,而不属于证据本身。综上所述,可以将行政诉讼证据定义为:在行政诉讼过程中,由当事人、人民法院或者人民检察院用以证明行政案件真实情况,符合法定形式和合法来源的事实材料。

一、行政诉讼证据概述

(一)行政诉讼证据的特殊性

证据作为证明案件真实情况的事实材料必须具备合法性、关联性、客观性三个特征,即证据的形式以及取得证据的方式和程序必须合法;证据必须与案件的事实具有一定的关联性,其证明的事实必须是案件事实;证据所记载和所反映的情况都必须是客观真实的。由于行政诉讼与民事、刑事诉讼存在明显区别,使行政诉讼证据在具备诉讼证据共性的同时,更有其自身的特殊性。

1. 形式上的特殊性

行政诉讼证据在形式上与其他诉讼证据不完全相同,其主要特征表现在以下三个方面:

(1)特殊的提供者——行政诉讼证据主要由被告提供。

行政诉讼的核心任务是审查和确认被诉具体行政行为的合法性,而具体行政行为是由行政机关作出的。作出具体行政行为的事实理由和依据一般掌握在作为被告的行政机关手中。因此,行政诉讼证据主要由被告提供,这既是对被告行政机关依法行政的合理倒逼,也是依举证能力分配举证责任这一诉讼基本规则的具体体现。

（2）特殊的来源——行政诉讼证据主要来源于行政案卷。

行政案件在进入法院前通常经过行政程序，一些案件还经过了行政听证程序或者行政复议程序。行政机关作出具体行政行为和进行行政复议都要以证据作为根据，行政行为和行政复议终结都要将有关的事实材料及其证据归入案卷。原告提起行政诉讼后，作为被告的行政机关或依据法律、法规授权的组织应当将相关行政案卷提交给人民法院，行政行为作出阶段的案卷是人民法院审理行政案件，审查被诉具体行政行为合法性的主要证据来源。在某些西方国家，法院进行司法审查，仅限于对行政案卷的审查，拒绝接受当事人在行政案卷以外提供的任何证据。我国虽然不采用严格的"案卷主义"，但法律同样限制被告在行政诉讼过程中自行收集证据，反对先裁决后取证。行政诉讼证据主要从行政程序案卷中取得，行政程序案卷是行政诉讼证据的主要来源，这种情况在民事、刑事诉讼中是基本不存在的。

（3）特殊的表现形式——行政诉讼证据包含文书证据。

文书证据，特别是规范性法律文件或非规范性法律文件证据在行政诉讼中占有重要地位。由于行政诉讼是对具体行政行为的合法性进行审查，而具体行政行为除了依据法律、法规、规章外，还大量依据各种规范性文件和非规范性文件，如决定、命令、指令、指示、批复、报告等。因此，在审查具体行政行为的合法性时，文书证据也是作为一种特殊的证据形式，在行政诉讼中发挥着重要的证明作用。规范性法律文件或非规范性法律文件在民事诉讼和刑事诉讼中更多地成为人民法院裁判的依据考量，而较少发挥作用，或者说证据作用相对可能不及行政诉讼。

2. 内容上的特殊性

行政诉讼所要解决的核心问题是要审查和确认具体行政行为是否合法、是否侵犯行政相对人或相关人的合法权益。围绕着这一核心，在行政诉讼中，被告要尽可能提供一切有关的事实材料，证明其所作的具体行政行为合法；原告也可以提供或者申请法院调取能证明被告所作的具体行政行为违法并侵犯其合法权益的事实材料；人民法院则运用原、被告提供的证据材料，以及通过鉴定、勘验和收集有关的证据材料，来审查、判断和确认具体行政行为的合法性，审查、判断和确认相应行为是否侵犯原告或第三人的合法权益。所有这些与具体行政行为合法性有关的事实材料都是行政诉讼证据。而民事诉讼证据所要证明的是双方当事人在民事法律关系中的某种行为或事实，刑事诉讼证据所要证明的是被告人或犯罪嫌疑人是否实施了某种犯罪或犯罪事实的情况，这与行政诉讼所要证明的内容显然不同。

（二）行政诉讼证据的种类

1. 书　证

书证，即作为证据的文书，是指以其内容、文字、符号、图画等来表达一定思想并用以证明案件事实的书面文件。书证的特征是通过其所表述或反映的思想内容来证明案件事实。在行政诉讼中，作为书证的文书主要有行政决定书、公证书、证明书、许可证、执照、通知书等。值得注意的是，在行政程序中形成的询问、陈述、谈话笔录、听证笔录等证据在行政诉讼中作为书证，而不是当事人陈述或证人证言的证据形式。

2. 物　证

物证，即作为证据的物品，是指以其存在的外形、规格、质量、特征等形态来证明案件事实的物品。物证可以分为实体物证和痕迹物证，也可以分为常观物证和微观物证。根据物证在案件中的地位，可以将物证分为三种类型：第一类是案件中的标的物，如生产的违禁物品、假冒伪劣商品；第二类是案件中的使用物，如生产假冒伪劣产品的工具；第三类是案件中的关联物，如交通事故中的散落品或痕迹等。

物证本身不具有任何思想内容，不受人的主观因素影响，在诉讼过程中具有不可替代的作用。物证和书证的区别在于，后者以其物质属性和外观特征来证明案件事实，前者以其内容来证明案件事实，因此有时候同一个物体既是书证又是物证。需要注意的是，有的物证容易发生毁损、灭失而导致提供原物已不可能，根据《行政诉讼证据规定》第十一条规定：提供原物确有困难的，可以提供与原物核对无误的复制件或证明该物证的照片、录像等其他证据。

3. 视听资料

视听资料，是指利用录音、录像、计算机存储等手段反映出的音响、影像或其他信息证明案件事实的材料。行政诉讼中常见的视听资料有：监听、监视或公开录制的录音和录像资料，环境案件中的环境监测视听资料，运用计算机进行并存储的视听申请材料、档案材料、相关行政行为资料等。

随着信息存储技术的发展与使用方式的便捷有效，行政案件中，行政机关越来越多地采用视听资料这类证据来固定和保全案件事实，行政相对人也常采用该种证据。例如，交通管理部门通过电子警察设备发现和固定交通违章行为事实，工商行政管理部门通过录像调查生产和销售假冒伪劣产品的行为。一些视听资料还可以单独证明案件的主要事实，成为认定案件事实的主要证据，在行政管理和行政案件的审理中发挥着重要作用。

4. 证人证言

证人仅指除当事人以外的对案件待证事实有亲身体验的第三人，不包括鉴定人。证人证言是指了解案件情况的人以口头或书面形式，向人民法院所作的与案件事实有关的陈述。凡了解案件情况的人，都可以作为证人，但是不能正确表达意思的人不能作为证人。需强调的是，我国行政诉讼中的证人证言，不包括当事人陈述和鉴定人的鉴定意见。

5. 当事人陈述

当事人陈述，是指当事人在行政诉讼中就其所经历的案件事实，向人民法院所作的陈述或对案件事实发表的意见和看法等。行政诉讼中，当事人陈述在主体上包括原告，也包括被告，有时还包括第三人。在陈述的内容一般有两个方面：一是有关案件事实的陈述和说明；二是请求作出有利于自己裁判的陈述。能够作为证据的，一般只限于当事人对案件事实的陈述，包括承认、反驳和支持陈述三个方面的内容。

6. 鉴定结论

鉴定结论，是指由鉴定部门指派具有专门知识和专门技能的人对某些专业性或专门性问题进行分析、鉴别和判断，从而得出的用以证明案件事实的书面结论。鉴定结论是行政程序中的重要证据，行政机关和行政相对人都可以聘请鉴定人对专业性或专门性问题进行鉴定，出具鉴定书。人民法院在必要时也可以委托鉴定，以利更好地查明案件事实。

7. 勘验笔录、现场笔录

行政诉讼法将勘验笔录、现场笔录合列为一项，并不说明二者相同，勘验笔录和现场笔录是两类不同的证据。

勘验笔录是对与案件有关的场所、物品，由专门机关的办案人员依其职权和法定程序，进行勘查、检验而作出的客观记载，其在行政管理程序中，大量用于交通管理、城市建设管理和环境管理等领域。例如，对有争议的建筑进行拍照，确定方位并以文字、表格、图画等形式对所得结果作出的记录。勘验笔录只能如实记载所观察的事实，不允许办案人员进行分析判断，且制作笔录的人员是专门机关的办案人员，具有相应的专业知识，一般与案件没有利害关系，这些特点决定了勘验笔录客观性较强。勘验笔录反映的内容比较全面，它不仅反映被勘验对象本身的情况，还反映对象与周围事物的关系。当然，由于勘验人或者记录人勘验能力或记录能力的因素，勘验笔录也可能存在勘验不全面或者记录不完整的情况。

勘验笔录在行政案件中所起的作用主要是反映行为发生的经过，收集、保留证据，记录和固定现场情况。行政案件中的勘验笔录呈现三方面的特点：一是勘验笔录由于是现场制作，能够客观地反映被勘验对象本身的情况及其与客观环境的关系，全面地反映事实情况本身；二是勘验笔录是专门人员记录的客观情况，不包含其主观分析判断，因此，具有较强的客观性；三是勘验笔录可以用图画、照片等形式表达，辅之以录音录像，形象生动地反映勘验对象的真实情况。

现场笔录专指行政机关及其工作人员在执行职务过程中，实施具体行政行为时，当场所作的能够证明案件事实的记录，又称为当场记录。现场笔录和勘验笔录的不同在于，勘验笔录一般只记录现场的真实情况，而不涉及当事人、证人等的询问内容，勘验笔录是作出具体行政行为的一个环节。现场笔录是包括行政事件发生现场和处理现场的记录，既包括案件事实客观真实情况的记录，也包括作出处理的行政程序记录。如行政机关对违反治安管理处罚的人进行现场询问所作的笔录。行政案件涉及的现场包括行政违法行为发生的场所、作出具体行政行为的场所以及案件事实发生的其他场所。行政机关在执行职务的过程中所作的现场笔录，应由执行职务的人、当事人、见证人等有关人员签名或盖章。

现场笔录真实记载了行政机关作出行政行为的情况，反映具体行政行为所依据的事实。现场笔录又是对程序事实的记载，综合反映当事人陈述、证人证言等证据材料，也反映出行政机关作出行政决定的过程。经当事人、证人等签名的现场笔录具有充分的证明力，当事人要否认其在现场笔录中所陈述的事实，应当承担意思表示不真实的证明责任。因此，现场笔录是行政诉讼中的重要证据，是人民法院审查的重点内容。

（三）行政诉讼证据规则与民事、刑事证据规则之比较

1. 证明对象的比较

三大诉讼的证明对象即证明客体，概括而言，"主要是案件事实，而且是未知或者有争议的案件事实"[①]。因此，也称作"待证事实"，由于三大诉讼所对应的实体法律关系不同，待证事实也存在本质的差异。

---

① 何家弘、刘品新著：《证据法学》，法律出版社 2008 年版，第 199 页。

（1）行政诉讼与刑事诉讼在证明对象上的区别。

刑事诉讼中的证明对象可以分为这样四类：一是构成要件事实，即犯罪的主体事实、客体事实、主观方面的事实、客观方面的事实。二是阻却违法性事实，即当事人是否具有紧急避险、正当防卫等情况。三是量刑情节事实，所谓量刑情节事实是指可能影响量刑的从重、加重、从轻、减轻、免除处罚的法定情节或者酌定情节。四是程序性事实，刑事诉讼中的程序性事实，包含了免罚性程序事实与一般程序事实两方面内容，前者如超过追诉时效的、须告诉才处理而没有告诉的等；后者指强制措施实施、诉讼是否超越法定期限、管辖确立等事实。

从上述刑事诉讼证明对象的内容可见，刑事诉讼证明对象中犯罪的构成要件事实是证据指向的主证事实，而阻却违法性事实、程序事实等虽然对被告人同样具有重要意义，这些事实的证成，或是取决于构成事实的成立，抑或是围绕构成事实的成立展开。

行政诉讼的证明对象"具体行政行为合法性"，与刑事诉讼证明对象最大的区别就在于刑事诉讼中当事人是否犯罪是未知的，在未经法院判决的前提下，当事人的行为是被推定为无罪的。而行政诉讼的证明对象在诉讼过程中一般是确定的，即具体行政行为，在法院判决撤销或者确认违法之前，行政主体作出的具体行政行为一般被推定为有效，这是具体行政行为公定力所决定的。虽然行政诉讼的被告、刑事诉讼公诉方都要证明自己的主张成立，但行政诉讼证明不力的结果是使原来的行政为失去效力，而刑事诉讼中则是使之不发生刑事责任的效力。由此，行政诉讼证明对象相对于刑事诉讼而言，是一种既存的诉讼标的。

（2）行政诉讼与民事诉讼在证明对象上的区别。

民事诉讼的证明对象主要包括三项内容：权利形成事实，就是引起民事实体权利产生的事实；权利妨碍事实，就是在权利形成之时，导致权利无法发生或者制约权利实现的事实；权利消灭事实，则指导致既存的权利归于消灭的事实。

相对于民事诉讼的证明对象的多元性，行政诉讼证明对象是比较单一的，主要就是证明行政主体的行为是否合法。民事诉讼中权利形成事实、权利妨碍事实、权利消灭事实都是证明对象，而这三项事实并非单独存在于实体关系中，即在诉讼中可能同时存在这三种事实需要加以证明。

2. 举证责任的比较

在举证责任方面，三大诉讼制度有一定的差异。首先在举证主体方面具体行政行为是否合法的举证责任由被告承担，在刑事诉讼中，举证责任由侦查机关和人民检察院（作为公诉人）承担，被告人不承担举证责任。从举证责任涉及的主要主体性质而言，行政诉讼与刑事诉讼相通，即都由具备举证优势和充分能力的国家机关承担。但是，两者不同之处在于：在行政诉讼中，负有举证责任的被告是诉讼当事人，与原告诉讼地位平等，而在刑事诉讼中，负有举证责任的一方是侦查机关和检察机关，由于举证本质是控诉或侦查职能的一种表现，它们不是诉讼当事人，其诉讼地位与被告人也不同。这是行政诉讼与刑事诉讼在举证主体方面的差异。民事诉讼的举证责任实行"谁主张，谁举证"的原则，但在几类特殊的侵权行为案件中，实行由侵权行为方负举证责任，即举证责任倒置的原则。无论实行哪种举证原则，诉讼当事人的地位都是平等的，这一点与行政诉讼相同，与刑事诉讼则不同。

其次，行政诉讼与刑事诉讼在举证责任分配上也有不同。刑事诉讼的证明责任是单一的，即由公诉人对被告人构成犯罪、罪轻罪重负有举证的责任。被告人本身的举证只是针对公诉人的反证，被告人即使不能证明自己不构成犯罪，也不能排除公诉方的证明责任。这是刑法罪刑法定与被告人不能自证其罪原则的体现。

而民事诉讼中主要遵循"谁主张，谁举证"的举证责任原则，少数案件又有举证责倒置，整体是属于多元分配的情形。行政诉讼中虽然由被告承担具体行政行为合法性的举证责任，但并不是所有举证责任都由被告承担。根据《行政诉讼证据规定》，原告应提供其符合起诉条件的证据材料，在起诉不作为的案件中，应提供其在行政程序中曾经提出申请的证据；在行政赔偿诉讼中，应对被诉具体行政行为造成损害的事实提供证据。比较来看，民事诉讼中核心问题的举证责任是在提出主张的一方，多数为原告；而在行政诉讼中，核心问题，即：被诉行政行为是否合法的证明责任在被告一方，原告只是承担了初步的证明责任，证明自己的合法权益有被侵害的可能性就可以。

3. 证明标准的比较

所谓证明标准，是指诉讼证明主体通过自己的证明活动证明案件事实所应达到的法律规定的主观认知程度。三大诉讼制度所包含的诉讼证明标准都有所不同，在各诉讼制度中证明标准的确立也有较大的争议。

民事诉讼的证明标准在《民事诉讼证据规定》中表述为："双方当事人对同一事实分别举出相反的证据，但都没有足够的依据否定对方证据的，人民法院应当结合案件情况，判断一方提供证据的证明力是否明显大于另一方提供证据的证明力，并对证明力较大的证据予以确认。"民事诉讼的证明标准是比较单一的，前述民事诉讼证据规则的规定可以概括为"明显优势证据"标准。

对刑事诉讼证明标准显然要高于民事诉讼与行政诉讼。刑事诉讼证明的特征可以归结为"犯罪事实清楚，证据确实、充分"，概括来说即在总体上已足以对所要证明的犯罪事实得出确定无疑的结论，即排除其他一切可能性而得出唯一的结论。而证明当事人无罪则只要存在合理怀疑即可。

行政诉讼证明标准与民事诉讼、刑事诉讼最大的区别在于行政诉讼证明标准的多元性。行政诉讼证明标准的多元性是基于不同性质的具体行政行为而有所差异。在我国，尽管尚未确立行政诉讼的证明标准，来自司法实务的意见认为："行政案件证明标准的高低，原则上取决于被诉具体行政行为对原告权益影响的大小。从目前的审判实际来看，对于涉及限制人身自由、大额罚没等对行政相对人人身、财产权益影响较大的具体行政行为的案件，可以比照适用类似于刑事案件的证明标准；对于行政裁决类行政案件和其他行政案件，可以比照类似于民事案件的证明标准。"[①]

二、行政诉讼的举证规则

（一）行政诉讼的举证责任

举证责任在本质上是一种后果责任。在行政诉讼中，当行政诉讼完结而被告行政机关提供的行政行为的事实根据和法律依据缺乏或不足以支持行政行为合法的主张时，被告行

---

① 沈志先主编：《行政证据规则应用》，法律出版社2012年版，第23页。

政主体就必须承担败诉责任。原告对行政行为违法的主张,可以提供证据,也可以不提供,即原告享有提供证据的权利,而不是有责任或义务提供。原告提供的证据不成立的,并不减免被告所负的举证责任。

"被告对作出的行政行为承担举证责任"不等同于"被告在行政诉讼中负有举证责任"。被告在行政诉讼中负举证责任是指在行政诉讼中,无论与行政行为合法性有关无关的一切证据,都应由被告举证,否则被告就要承担败诉责任。如果仅仅属于表述错误则可能使人引起误解,引起不良后果。如果属于理解错误,在实践中则是非常有害的,可能导致某些当事人随意主张权力,影响另一方的权利,并给诉讼的顺利进行带来不便。行政诉讼举证责任,从主体角度来看,可以分为被告的举证责任、原告的举证责任和第三人的举证责任。

(二) 各诉讼主体的举证规则

1. 被告的举证责任范围

被告承担举证责任的范围,规定在《行政诉讼法》第三十四条中,该条第一款规定:"被告对作出的行政行为负有举证责任,应当提供作出该行政行为的证据和所依据的规范性文件。"从这条的规定可以看出:

(1) 被告对行政行为承担举证责任。

毋庸置疑,行政诉讼是以行政行为的合法性为核心,但诉讼过程中还涉及与行政行为相关的其他问题,如被侵害的程度、实际的损失等,并不完全属于被告的举证责任范围。需要注意的是,对于行政不作为的案件,我们认为应当区分看待:争议的是不作为的存在与否,应当由原告举证;如果争议的是行政不作为的合法性与否,则应当由被告举证,即被告应当证明其不作为是合法的。

(2) 被告对行政行为的合法性承担举证责任。

被告对行政行为的合法性承担举证责任,是建立在我国行政诉讼以合法性审查为限度的基础上的。合法性审查主要是审查行政行为是否违法,而对行政机关在自由裁量权范围和幅度内作出的行政行为是否适当,一般不予审查,但行政处罚明显不当的除外。

(3) 被告需对行政行为合法性的证据和依据承担举证责任。

行政机关作出行政决定应当以事实为证据,以法律规范为准绳,这决定了行政行为合法性的证据既包括事实层面的,又包括规范层面的。在此,规范性依据文件要作广义理解,即包括作出行政行为时的法律、法规、规章和其他规范性文件。尽管规范性文件不能作为行政行为的依据,但可以作为支持行政行为的证据,如果一个行政行为有规范性依据,至少可以说明行政行为在作出时并不是主观任意的,而且规章以下的规范性文件一般难以查询,将其提交给人民法院便于法院审查确定行政行为依据的内容,判断下位规范性文件规定的内容与上位规范性文件规定的内容是否存在抵触。

在举证责任范围上,还有一个问题需要澄清,即被告提供的是全部证据还是主要证据。关于举证范围,2002年《行政诉讼证据规定》第一条规定,被告应当"提供据以作出被诉具体行政行为的全部证据和所依据的规范性文件",这里的表述是"全部证据"。因此,被告在提交证据证明其行为的合法性时,应当提交证明案件事实的所有证据,即行政机关不能自行筛选,仅提供主要证据或对自己有利的证据。

（4）被告认为原告起诉超过起诉期限时，应当承担相应的举证责任。

《行政诉讼证据规定》明确原告应证明起诉符合法院条件，被告认为原告起诉超过法定期限的，由被告承担举证责任。

2. 原告的证明责任

（1）起诉人的初步证明责任。

起诉人的初步证明责任体现在行政诉讼法及其司法解释关于起诉条件的规定之中。《行政诉讼法》第四十九条第三项规定，起诉人提起诉讼应当有"具体的诉讼请求和事实根据"；《行政诉讼证据规定》第四条第一款规定："公民、法人或者其他组织向人民法院起诉时，应当提供其符合起诉条件的相应的证据材料。"这一规定表明，在提起诉讼时起诉是否具有事实根据，应当由起诉人证明。事实根据是指足以证明符合起诉条件或前提的事实，包括起诉人向行政主体提出申请报告的事实以及起诉人与行政主体行政活动存在关联的事实根据。

（2）原告对特定事项的举证责任。

在《行政诉讼法》中，没有关于原告举证责任的规定；《行政诉讼证据规定》对原告举证有细化的规定。包含如下内容：

①证明起诉符合法定条件。当人民法院已经受理争议案件以后，如果被告再对原告的起诉条件提出质疑，原告再次证明自己的起诉符合法定条件的目的在于反驳被告的主张。如果人民法院在受理之后，被告认为原告的起诉超过起诉期限的，那么就发生了举证责任的转移——由被告承担举证。

②在起诉被告不作为的案件中，行政相对人提供证据证明其在行政程序中曾经提出过申请的事实。《行政诉讼证据规定》第四条第二款规定："在起诉被告不作为的案件中，原告应当提供其在行政程序中曾经提出申请的证据材料。但有下列情形的除外：（一）被告应当依职权主动履行法定职责的；（二）原告因被告受理申请的登记制度不完备等正当事由不能提供相关证据材料并能够作出合理说明的。"这个规定为行政不作为案件分配举证责任提供了依据，即原告仅就其在行政程序中提出过申请的事实提供证明。

③在一并提起行政赔偿诉讼中，证明因受被诉行为侵害而造成损失及损失数额大小的事实。《行政诉讼证据规定》第五条规定："在行政赔偿诉讼中，原告应当对被诉具体行政行为造成损害的事实提供证据。"最高人民法院《关于审理行政赔偿案件若干问题的规定》第三十二条规定："原告在行政赔偿诉讼中对自己的主张承担举证责任。被告有权提供不予赔偿或者减少赔偿数额方面的证据。"在行政赔偿诉讼中，举证责任是按照民事诉讼证据规则来安排的。

3. 第三人的证明责任

虽然《行政诉讼法》《行政诉讼法解释》以及《行政诉讼证据规定》未对第三人的举证责任作出明确规定，但并不意味着第三人在诉讼中就无须承担任何举证责任。例如，被告在诉讼中怠于举证，致使在行政程序中受益的第三人权利可能受到损害，第三人可以及时提供相关证据证明行政行为合法以维护自身利益。总的来说，第三人的证明责任可以参考民事诉讼的标准，"谁主张，谁举证"。

（三）一审程序的举证规则

1. 被告举证规则

（1）举证期限。

《行政诉讼法》第六十七条规定："人民法院应当在立案之日起五日内，将起诉状副本发送被告。被告应当在收到起诉状副本之日起十日内向人民法院提交作出具体行政行为的有关材料，并提出答辩状。"根据该条规定，被告的举证期限为十日，即被告在接到起诉状副本之日起十日内应当向法院提供作出被诉具体行为的全部证据和所依据的规范性文件。

需要指出的是，法律规定的需要在接到起诉状副本十日内提交的证据是作出具体行政行为时依据的证据材料和规范性文件。若被告需要针对原告起诉状提交辩驳证据，或者针对原告的证据材料提供反证的，则不受此条款的约束。对于原告提交辩驳证据和反证的期限，《行政诉讼证据规定》没有涉及，在司法实践中可以参照最高人民法院《民事诉讼证据规定》的要求，在法院指定的时间内提供。

（2）延期举证的事由和程序。

延期举证是指负有举证责任的当事人，因正当事由不能在法律规定或者法院指定的举证期限内提交证据，经由法院准许，可以超出举证期限向法院提交证据的制度。

①延期举证的事由。

延期举证主要是考虑到行政诉讼的实践中，可能出现难以预料的客观情况，导致行政机关不能在法律规定的十日内提交具体行政行为作出之时已经收集的证据。根据《行政诉讼证据规定》第一条的规定，被告可以申请延期举证的事由包括两种情形：第一，不可抗力；第二，客观上不能控制的其他正当事由。

不可抗力是指不能预见、不能避免并不能克服的客观情况，如战争、地震、火山爆发等天灾人祸。

客观上不能控制的其他事由，主要是指不可抗力以外的使行政机关难以在法定举证期限内提交证据的情形。司法实践中，比较典型的不能控制的其他事由，主要包括：第一，具体行政行为的证据由外地行政机关保存的；第二，具体行政行为证据原件由一时难以联系的案外人持有的。

②延期举证的程序。

延期举证作为被告按期举证的例外，需要遵循法律规定的程序。按照《行政诉讼证据规定》第一条和第七条的规定包括申请、准许和延期提交三个程序步骤。

当可以延期举证的法定事由出现时，被告应当在收到起诉状副本之日起十日内向法院递交书面申请。

被告延期举证申请应当得到法院的准许，未经法院准许，被告延期举证的法律效果等同于逾期举证，视为具体行政行为没有相应的证据。法院准许被告延期举证的，书记员应当作出书面决定，并且送达原告。被告应当在正当事由消除后十日内提供证据。法院认为被告的理由不成立而不予准许的，应当将决定书面通知被告，被告应当在收到起诉状副本之日起十日内举证。

2. 被告逾期举证的法律后果

《行政诉讼证据规定》第一条规定："被告不提供或者无正当理由逾期提供证据的，

视为被诉具体行政行为没有相应的证据。"

需要注意的是,被告逾期提供规范性文件的情况。规范性文件本身在属性上就不属于证据范畴,在实践中,需要区别两种情形,一种是未提供职权依据即执法主体资格依据,另一种是作出具体行政行为所适用的法律依据。被告未提供或未准确提供职权依据,并不等于其客观上确实没有职权依据或职权依据错误,法院应当主动进行审查;而对被告未提供被诉具体行政行为具体适用的处理依据时,则可以视为没有依据。

3. 被告在一审中补充证据的问题

一般而言,被告应当在法律规定的期限内提交证据,但是《行政诉讼证据规定》基于行政审判实践的需要,规定了被告可以补充证据的两种情形:第一,为反驳原告和第三人提出的新理由和新证据,经法院准许后补充相应的证据,即主动补充证据;第二,根据法院的要求,补充涉及国家利益、公共利益或者他人合法权益的证据,即被动补充证据。

(1)主动补充证据。

主动补充证据的内容应限于反驳原告或第三人提出的新理由和新证据。按照"先取证、后裁决"的要求,被告补充提交的证据针对的是当事人在行政程序中没有提出的反驳理由和证据,当事人在诉讼中提出这些新的反驳理由和证据,被告经许可后可以补充证据。

(2)关于被动补充证据。

所谓被动补充证据,是指被告补充证据不是源于其申请,而是基于法院的要求,又可以区分为两种情况:第一种是法院根据原告或者第三人的申请,责令被告补充证据;第二种是法院依照职权,责令被告补充证据。

对于第一种情形,是指行政机关持有可以证明具体行政行为违法的证据,原告或者第三人难以自行获取的。在这种情形下,原告或者第三人可以向法院提出申请,法院准许的,可以责令被告予以补充,被告不愿意补充的,法院也可以依法调取证据。

对于第二种情形,是指《行政诉讼证据规定》第九条中规定的,法院可以要求行政机关补充提交证据的具体情形:当事人无争议,但涉及国家利益、公共利益或者他人合法权益的事实,人民法院可以责令当事人提供或者补充证据。

4. 原告及第三人举证规则

《行政诉讼证据规定》第七条第一款对原告或者第三人在行政诉讼一审程序中的举证期限作了原则性规定:原告或者第三人应当在开庭审理前或者人民法院指定的证据交换之日提供证据。根据此规定,原告或者第三人举证的具体期限不是来自于法律条文的规定,而是由受案法院根据实际情况予以指定。第七条还规定了例外的情况,即原告或第三人因正当事由申请延期提供证据的,经人民法院准许,可以在法庭调查中提供。

三、行政诉讼证据的提交、调取、保全与交换

(一)行政诉讼证据的提交

1. 行政诉讼证据提交的形式要求

(1)书证提交的形式要求。

书证的提交一般应当提交书证的原件,特殊情况下可以提供其他形式的书证。这里的特殊情况是指:①书证的原件由有关部门保管;②提供原件确有困难,如原件遗失或损

坏、被对方当事人掌握无法获得等，此时可以提供与原件核对无误的复印件、照片、节录本。

（2）物证提交的形式要求。

根据《行政诉讼证据规定》第十一条的规定，当事人提供物证时，应遵循：原则上应提供原物，当事人提供原物确有困难的，可以提供与原物核实无误的复制件或证明该物证的照片、录像等其他证据。"确有困难"一般是指原物或因人为原因而毁损或灭失，或因自然原因而被影响、模糊或消失。若原物为数量较多的种类物的，当事人可以提供一部分作为物证。

（3）视听资料证据提交的形式要求。

一般情况下，视听资料应当提供原始载体，提供原始载体确有困难的，可以提供复制件。提供视听资料时应当注明制作方法、制作时间、制作人和证明对象等。声音资料应当附有该声音内容的文字。

（4）证人证言提交的形式要求。

根据《行政诉讼证据规定》第十三条的规定，当事人向人民法院提供证人证言的，应当符合下列要求：①写明证人的姓名、年龄、性别、职业、住址等基本情况。②有证人的签名，不能签名的，应当以盖章等方式证明。也就是说，当事人向人民法院提供证人证言的，证人证言上要有证人的签名，如因为各种原因不能签名的，应当以盖章等方式证明。③注明出具日期。④附有居民身份证复印件等证明证人身份的文件。当事人陈述的形式可以参考前述要求。

（5）鉴定结论提交的形式要求。

根据《行政诉讼证据规定》第十四条的规定，第一，当事人向人民法院提供鉴定结论时，应当载明委托人和委托鉴定的事项。第二，应当提交向鉴定部门提交的相关材料。鉴定人作出科学鉴定结论的前提是委托人向鉴定部门提供鉴定材料的真实性和全面性。为了让法官在庭审时能够对鉴定结论是否正确作出准确的判断，提供鉴定结论一方应当提供向鉴定部门提交的相关材料。第三，鉴定结论应当有鉴定的依据和使用的科学技术手段。第四，鉴定结论必须具备鉴定部门和鉴定人鉴定资格的说明。第五，应有鉴定人的签名和鉴定部门的盖章。最后，通过分析获得的鉴定结论，应当说明分析过程。

（6）现场笔录和勘验笔录提交的形式要求。

现场笔录是行政诉讼中特有的证据形式，根据《行政诉讼证据规定》第十五条第一款的规定，被告提交的现场笔录一般应当具备两项要求：一是应当载明时间、地点和事件等内容。二是应当有执法人员、当事人或者其他在场人的签名。当事人拒绝签名或不能签名的，应当注明原因。有其他人在现场的，可由其他人签名。

需要注意的是，在以下情况下，即使无相对人或其他人签名的现场笔录仍具有证明力：①该具体行政行为是适用简易程序作出的。适用简易程序的行政案件案情清楚、违法性较轻、程序简便，为了保障行政执法效率，可以没有相对人的签名。②无法找到其他见证人。如在偏远地区或夜深人静时执法，此时相对人拒绝签名，也不应妨碍现场笔录的证明力。在这两种情形下，执法人员应在现场笔录上注明无相对人签名的原因，并应附录有关照片、录音、录像等。

《行政诉讼证据规定》对被告提交勘验笔录的形式要求没有规定。因勘验笔录与现场笔录性质基本相同,因此,对被告提供勘验笔录的形式要求应当与提供现场笔录的形式要求一致。

2. 提交与接受证据的程序要求

(1) 当事人提交证据的要求。

《行政诉讼证据规定》第十九条规定:"当事人应当对其提交的证据材料分类编号,对证据材料的来源、证明对象和内容作简要说明,签名或者盖章,注明提交日期。"从该条规定我们可以得知,当事人提交证据有如下要求:

①分类编号。行政诉讼中,案情简单的案件,证据的数量和种类较少,但对于案情复杂或疑难的案件,行政主体和行政相对人向法院提供的证据种类多、数量多,而且这些证据材料分别证明有关被诉具体行政行为合法性不同方面的事实,如职权依据方面的证据或依据、认定事实方面的证据,适用法律方面的证据或依据、执法程序方面的证据等。因此,当事人应当对其提供的证据材料分类编号。分类编号首先应当按照证明被诉具体行政行为合法性不同方面的内容进行分类,其次在每一类证据中按照时间顺序或主次进行编号,以便于庭审的顺利进行。

②对证据材料的来源、证明对象和内容作简要说明。证据材料的来源是指证据取得的手段。证据取得手段是合法还是非法决定证据材料的证明力。证明对象和证明内容是指证据材料用来证明的对象及内容,证明材料与证明对象和证明内容关联性越高,其证明力就越高,与证明对象和证明内容关联性越低,其证明力就越低。

③签名或者盖章。签名和盖章牵涉到当事人提供证据材料的数量、种类的真实性问题,避免当事人与法院发生证据遗失的争议。当事人提交证据材料应当逐页签名和盖章。

④注明提交日期。提交日期是指当事人向人民法院提交证据材料的日期。当事人在提交证据材料时应当注明提交日期,以便庭审中对证据是否在举证期限内提交进行质证和审查。

(2) 证据的交接要求。

所谓证据的交接要求是人民法院收取当事人提交的证据材料时应注意的相关问题。《行政诉讼证据规定》第二十条规定:"人民法院收到当事人提交的证据材料,应当出具收据,注明证据的名称、份数、页数、件数、种类等以及收到的时间,由经办人员签名或者盖章。"

收据应注明证据的名称、份数、页数、件数、种类,避免对提交或收到哪些证据、份数等问题发生争议,同时也有利于证据交换的顺利进行,提高诉讼效率。《行政诉讼证据文书样式(试行)》规定,证据收据中应当写明收到提交证据的当事人的姓名或者名称,提交的证据如果是单一证据可填写证据名称。如果证据较多,可表述为"参见附录"。附录应具有以下内容:序号、证据名称、份数、页数、原件(复制件)、证明目的及备注。

收据还应注明收到证据的时间,因为收到证据的时间直接涉及当事人举证期限的确定,进而影响证据的接纳与采纳,对案件结果具有实质性影响。

经办人应当在证据收据上签名或盖章,目的是要确定责任的承担者。如人为原因发生证据灭失、损毁等情况,负责出具证据收据、保存证据的有关人员应当承担相应的责任。

(二) 行政诉讼证据的调取

1. 依申请调取证据的条件、范围及程序

依申请调取证据是指法院根据原告和第三人的申请,以法院的名义向特定的个人或组织调查收集证据。

(1) 原告和第三人申请调取证据的条件。

根据《行政诉讼证据规定》的规定,申请调取证据应当具备一定的条件,即原告或者第三人不能自行收集,但能够提供确切线索。具体来说,可分为以下三个方面:①申请人应当是原告和第三人。②原告或者第三人客观不能。"客观不能"包括"不能自行收集"和"无法自行收集"两个方面。所谓"客观不能"是指不能收集证据的原因在于申请人的客观不能,不仅仅是指"不可抗力"或者"其他不能抗拒的原因"。"不能自行收集"包括"不可抗力"等情况,"无法自行收集"包括有关证据材料由国家有关部门保存等情况。③能够提供确切线索。原告或者第三人申请调取证据必须能够提供一定的线索。

(2) 原告和第三人申请调取证据的范围。

①由国家有关部门保存而须由人民法院调取的证据材料。如果属于《政府信息公开条例》规定的,行政机关已主动公开或可以通过申请方式获取的证据材料,原告或第三人就没有必要向人民法院申请调取证据。如因行政机关未主动公开或原告或第三人向行政机关申请获得有关材料,而被行政机关拒绝时,可以向人民法院申请调取。国家档案馆保管的档案,一般应当自形成之日起满30年才向社会开放。如原告或第三人要查看国家档案馆尚未开放的档案,其就应当申请人民法院调取相关的材料。

②涉及国家秘密、商业秘密、个人隐私的证据材料。根据《保守国家秘密法》第九条规定,以下涉及国家安全和利益的事项,泄露后可能损害国家在政治、经济、国防、外交等领域的安全和利益的,应当确定为国家秘密:国家事务重大决策中的秘密事项;国防建设和武装力量活动中的秘密事项;外交和外事活动中的秘密事项以及对外承担保密义务的秘密事项;国民经济和社会发展中的秘密事项;科学技术中的秘密事项;维护国家安全活动和追查刑事犯罪中的秘密事项;经国家保密行政管理部门确定的其他秘密事项。

按照《反不正当竞争法》的规定,所谓商业秘密,是指不为公众所知悉、能为权利人带来经济利益、具有实用性并经权利人采取保密措施的技术信息和经营信息。由此可知,商业秘密包括两部分:一是非专利技术和经营信息。如管理方法、产销策略、客户名单、货源情报等经营信息。二是技术信息。如生产配方、工艺流程、技术诀窍、设计图纸等技术信息。商业秘密关乎企业的竞争力,对企业的发展至关重要,有的甚至直接影响到企业的生存。普通老百姓对商业秘密不知悉,也无法获取。在这种情况下,人民法院因当事人的申请调取有关商业秘密的证据。

个人隐私是指不受他人非法干预的隐私权利。一般来说,个人隐私包括个人的生活情况、工作情况、家庭情况、交友情况、恋爱情况、财务情况、个人资讯、个人档案等不愿意公开的信息。

③确因客观原因不能自行收集的其他证据材料。这是一项兜底条款。根据司法实践,下列情况可考虑纳入原告确因客观原因"无法自行收集"证据的范围:一是被告否认曾经作出某一具体行政行为的证据;二是事关行政处罚决定的适当性或合理性的证据;三是被

告在行政程序中收集的对原告有利但没有向人民法院提交的证据;四是其他行政机关现有的规范性文件能够证明被告作出的具体行政行为违法的证据;五是被告作出的具体行政行为所依据的证据是违法取得的,原告提出线索,但由于客观原因难以收集的证据。

(3)原告和第三人申请调取证据的程序。

①当事人申请人民法院调取证据,应当在举证期限内提交调取证据的书面申请。也就是说,在一般案件中,原告或第三人应当在第一审开庭前或者法院指定的交换证据之日前向法院提交调取证据申请。

②当事人调取证据申请书应当写明以下内容:一是证据持有人的姓名或名称住址等基本情况;二是拟调取证据的内容;三是申请调取证据的原因及其要证明的案件事实。

③人民法院对当事人调取证据的申请,经审查符合调取证据条件的,应当及时决定调取;对当事人调取证据的申请不符合形式要件的,法院一般先指出申请书存在的问题,让其修改,对坚持不改的,法院可以口头驳回申请。若申请书符合形式要求,经审查不符合申请条件,决定不予调取的,书记员应当向当事人或者其诉讼代理人送达通知书,说明不准许调取的理由。这里的"理由"主要是指当事人调取证据的申请不符合调取条件,或者人民法院认为现有证据已经足以证明案件事实,申请调取的证据与讼争的案件不具有关联性等。

2. 依职权调取证据的范围、条件及程序

所谓依职权调取证据是指人民法院在行政诉讼中,为了更好地审查证据,查清事实,依据法律赋予的职权,在法律规定的条件和范围内,依照法律规定的程序主动调取证据的活动。

当事人举证与法院调取证据存在以下不同:一是目的不同,当事人举证目的是证明和支持自己的主张,法院调取证据的主要目的是对当事人所举证据进行审查,辨别其真伪,确认其效力。不能在被诉行政行为没有或缺少证据的情况下,代替被告去调查补充和收集证据,混淆司法机关与行政机关的职能。二是时间不同,当事人举证在先,法院调取证据在后。

(1)依职权调取证据的具体范围。

①涉及国家利益、公共利益或者他人合法权益的事实认定。

人民法院在行政诉讼中,经常会碰到一些涉及国家利益、公共利益或者他人合法权益的事实认定的案件,行政机关和行政相对人常常因为害怕给自己带来不利的后果或因与自己没有直接的利害关系,而未向法院提供相关的证据。在这种情况下,为了维护国家利益,保护公共利益和他人的合法权益,人民法院可以依职权主动调取有关证据。

涉及国家利益的事实认定是指涉及损害我国人民民主专政的政权和社会主义制度,危害国家安全,损害国家政治、经济等秩序的事实认定。

涉及公共利益的事实认定是指涉及危害公共安全、妨害社会管理秩序,危害社会主义市场经济秩序等的事实认定。

涉及他人合法权益的事实认定是指涉及公民的人身权、财产权、选举权被选举权、劳动权、休息权等,以及法人或其他组织的合法权益的事实认定。

②涉及依职权追加当事人、中止诉讼、终结诉讼、回避等程序性事项。

适用该项规定必须具备两个条件:一必须是涉及依职权追加当事人、中止诉讼、终结诉讼、回避等程序性事项；二必须是与案件实体事实无关的程序性事项。

（2）依职权调取证据的方式。

人民法院依职权调取证据的方式因证据种类的不同而不同。对于书证等证据材料，可以是原件，也可以是采取复制、拍照、录像等方法复制的复制件，如果是副本或者复制件的，应当在调取证据的笔录中说明来源和取证情况。对于物证等证据材料，可以是原物，提供原物确有困难的，也可以采取提取封存、勘验并作勘验笔录、拍照、录像、作成复制品、绘图等方法，并且在调取证据笔录中说明情况。对于证人证言等证据材料，应当采用询问和制作询问笔录等方式，在必要的时候，还可以采取录音、录像等方法。由于现场笔录具有当场性和即时性，一般情况下，该现场已经不复存在，人民法院不就此调取证据，在特殊情况下，如果现场未经破坏仍然保留的，可以针对该现场笔录的真实性调取相关的证据。对于录音、录像、计算机数据等视听资料，可以要求提供原始载体，提供原始载体确有困难的，可以提供复制件。提供复制件的，调查人员应当在调查笔录中说明来源和制作经过。

（三）行政诉讼证据的保全

1. 申请证据保全的条件

《行政诉讼法》对于诉讼中证据保全的前提条件的界定，与《民事诉讼法》对此问题的界定基本相似。证据保全行为作为一种诉讼行为，需要耗费一定的司法资源，对于申请人和被申请人而言，则可能要承担提供担保或是暂时无法处分被保全物的义务。因此，证据保全不能随意进行，必须具备一定的条件。

关于证据"可能灭失"主要是以下两种情况：①需要保全证人证言，但目前证人因为年事已高、疾病有可能故世，在这种情况下，对于此类证人的证言存在进行保全的必要性；②在被诉行政行为作出过程中，可能涉及某些鲜活或是容易腐败变质的食品或农产品，提起行政诉讼之后，对于此类涉案的证据若不采取固定和保全的措施，则有可能导致物理灭失，最终导致审判实践中无法对此类证据所反映的事实进行认定。

关于证据"以后难以取得"，主要包括以下情况：①涉案的主要证人即将出境，以后难以取得相应的证人证言；②交通行政处罚案件中，涉案车辆涉嫌伪造机动车号牌，并且存在逃离事发地的可能，且以后难以寻找，这种情况下，也应当对相关的证据进行保全，等等。

2. 证据保全的程序

（1）证据保全申请提出时限。

《行政诉讼证据规定》提出证据保全申请的时间限制即应当在举证期限届满之前。需要注意，行政诉讼原告、被告具有不同的举证期限。

（2）证据保全申请形式。

证据保全申请应采用书面形式。根据《行政诉讼证据规定》的要求，申请证据保全，应当以书面形式向人民法院提出，不得以口头或数据电文等（如电子邮件等形式）向人民法院提出。

（3）证据保全申请的主要内容。

根据《行政诉讼证据规定》的要求，证据保全申请中必须包含的主要内容是：证据名称、证据所在的地点、要求人民法院进行证据保全的内容以及范围，申请证据保全的理由等。

3. 证据保全的方法

《行政诉讼证据规定》第二十八条规定："人民法院进行证据保全，可以根据具体情况，采取查封、扣押、拍照、录音、录像、复制、鉴定、勘验、制作询问笔录等保全措施。人民法院保全证据时，可以要求当事人或者其诉讼代理人到场。"

一般而言，对于物证、书证应当采用查封、扣押的方式封存原物，若无法保存原物，则可以采用录像、复制等方式；对于证人证言，则可以采用录音、制作询问笔录等方式；勘验或是鉴定等方式一般适用于证据容易灭失或是无法长期予以保留的情况，鉴定或是勘验后以相应的笔录作为证据，同时，勘验还适用于对可能灭失现场的保全。

（1）查封。查封是指将需要进行保全的证据加贴封条，禁止对该物体进行转移或是另行处理。查封既可以适用于动产也可以适用于不动产。例如在证据保全的实践中，对于涉案的不动产进行查封，一般是采用张贴封条的方式，而对于动产进行查封，一般是对账簿等进行查封，限制账簿使用人等进行使用。

（2）扣押。扣押是指将需要进行保全的证据转移到其他场所进行扣留。扣押的主要目的在于限制物品的所有人或是使用人占有、使用和处分，但与查封最大的区别在于扣押是将被扣押的证据转移至其他场所，而查封系将被保全的证据仍然留在原场所。审判实践中对于扣押的典型例证，诸如对涉案的机动车转移至其他场所，防止被转移或是难以寻找等。

（3）鉴定。鉴定是指专门的鉴定机构或者其他机构中具有相应专业知识和实践经验的专家受办案人员或是律师委托其解决专门性问题，运用专业知识和科学仪器，对一定客体进行检验并作出鉴定结论的一种特殊的科学活动。在行政诉讼证据保全中，鉴定这一方式常用于对某些专业问题所需要作出的结论，如对笔迹的鉴定以及对于伤势构成何种伤情的鉴定，等等。

（4）勘验。勘验主要指在证据保全过程中，对于某些特定的现场和其他证据进行勘察检验。勘验这种方式主要应用于对于现场的证据保全，因为现场具有不可移动性和易破坏性，因此只能通过勘验笔录这种方式对其进行保全。在行政诉讼中较为常见的是对于现场的勘验，如对于车辆相撞事故现场等进行勘验以及对房屋拆迁现场的勘验等。例如对于房屋拆迁现场的勘验，应当注重对于保全对象的确定，有门牌的依照门牌，没有门牌的应当选定合适的参照物，保全对象的勘测应当由具有勘测资质的公司进行，勘测公司应当在勘测结果上盖章，勘测公司工作人员也应当在勘测结果上签名。同时，应当尽量缩小保全对象的范围和内容，以及注重做好现场有关内容的记录。

但应当注意的是，此处的勘验所制作的笔录并不同于行政程序中的勘验笔录，两者的主要区别在于：一是制作主体不同，分别为人民法院和行政机关；二是制作的时间不同，分别为诉讼过程中和作出具体行政行为之前。

拍照、录音、录像、复制、制作询问笔录等证据保全方式，也可以根据不同的需要而予以适用。

（四）行政诉讼证据的交换

1. 证据交换的适用

行政诉讼证据交换的适用领域即何种案件可以适用证据交换。根据《行政诉讼证据规定》第二十一条规定,并非任何行政案件均需要组织证据交换,而仅仅限于"对于案情比较复杂或者证据数量较多的案件"。即使是对于上述案情复杂、证据数量较多的案件,组织证据交换也并非人民法院的强制性义务,也可以组织当事人在开庭前向对方出示或者交换证据,并将交换证据的情况记录在卷。民事诉讼中,只要有当事人的申请,人民法院即可以组织进行证据交换,而对于疑难复杂案件,组织证据交换则是人民法院的强制性义务,这与行政诉讼中是否组织证据交换系"可以由人民法院决定"存在明显的差异。这种明显的差异,与民事诉讼发生于平等的主体之间,诉讼模式强调当事人之间的举证和质证的对抗抗辩,纠问式诉讼模式逐渐退出有关。

2. 证据交换适用情形把握

对于操作层面,最为重要的是,如何判断"案情复杂"或是"证据数量较多"的案件?"案情复杂"在目前的审判实践中大致包括:①新类型行政案件。②传统行政案件中出现新情况。③具有一定影响的重大、疑难、复杂案件。④矛盾可能激化类案件。而"证据数量较多"的行政案件,应当由审理具体案件的人民法院根据以往审理案件的具体情况,区别不同的情形予以确定。

3. 证据交换的程序和方式

(1) 证据交换的启动程序。

《行政诉讼证据规定》第二十一条仅仅规定了案情复杂、证据较多的案件,人民法院可以组织双方当事人在庭审前交换证据。但是,该条规定并未提及证据交换应当由人民法院主动召集进行,还是可以由各方当事人提出申请后,经准许由人民法院组织进行。我们认为,行政诉讼中启动证据交换程序的主体可以是当事人或是人民法院,但决定是否组织进行证据交换的主体只能是人民法院。

(2) 证据交换程序的主持人、参与人。

《行政诉讼证据规定》并未明确规定何种主体可以成为行政诉讼证据交换程序的主持人。参照《民事诉讼证据规定》,证据交换程序中,可以采用预备庭的形式,由合议庭组成人员,主要是主审法官或是审判长来主持证据交换程序,并由合议庭书记员进行记录。

(3) 证据交换的方式。

从证据交换制度本身具有的价值来看,证据交换的目的在于通过这种方式,使当事人各方对于对方所掌握的证据有更为清晰的认知,明确案件争点,通过先前的沟通或合作,减少当事人双方的争议。因此,在设计证据交换方式时,也应注意尽量减少证据交换时的对抗性,增加制度的和缓性。目前行政诉讼的证据交换程序主要由行政庭法官主持,可采用由法官召集各方当事人进行谈话的方式进行,法官居于主导地位,而不宜采取任由各方当事人自行决定证据交换进程的操作模式。在法官主持的证据交换程序中,主要由居于主导地位的法官负责听取并归纳案件争议焦点,安排各方当事人提供证据,引导当事人围绕该争议焦点提供证据,并由书记员对于当事人的初步举证、质证情况进行记录,进而明确争议各方所拥有的证据数量以及内容,并对这些情况予以固定。

在进行证据交换时,对证据的"三性"即关联性、真实性、合法性应确定哪些方面?确定到何种程度?证据交换程序在整个诉讼中应属于审前程序,并非完整的审理程序,其不可能像完整的庭审程序一样,涵盖全部质证过程。对于双方有争议的证据,进行证据交换首先要解决的问题就是证据和待证事实的关联性问题,至于证据的关联性与待证事实之间到底是何种关系，此类证据如何对于待证事实证真或是证伪，在双方争议很大的情况下，应当在正式庭审中予以审理。我们认为，除了关联性之外，证据的合法性主要解决证据形式是否合法、证据来源是否合法的问题，对此若各方当事人争议不大，也可以在证据交换阶段予以明确，并记明笔录；而证据的真实性主要是指法律上的真实性，而非单纯事实上的客观性，对于证据的真实性，在证据交换阶段，若当事人争议不大，可以通过记明笔录予以明确，但若是双方对此争议很大，仍然应当通过正式庭审程序对此进行明确为宜。此外，应当注意证据交换笔录记载形式的规范性，对于当事人无异议的证据应当记在卷，对于有异议的证据，按照需要证明的事实分类记录在卷。

4. 证据交换的次数、时间

关于证据交换的次数，在《行政诉讼证据规定》中并无具体规定。民事诉讼中的规定具有一定的参考意义。对于行政诉讼来说，一般应确定为一次，重大、疑难案件或是人民法院认为确有必要再次进行证据交换的，可以增加一次，应以不超过两次为宜。

此外，在行政诉讼的证据交换程序中，并没有明确规定证据交换的时间，最高人民法院行政审判庭对此的观点认为："组织出示或证据交换应当在开庭前，证据交换的时间可以由当事人自主协商并经法院准许，也可以由人民法院决定，无论是当事人协商确定还是人民法院决定，出示或是交换证据的时间，必须确定在开庭审理之前，并与举证期限结合起来，确定具体日期。"

四、行政诉讼质证规则

（一）行政诉讼质证概述

所谓质证，是指在法庭审理过程中，由诉讼当事人及其诉讼代理人就法庭上出示的证据材料采取询问、辩驳、辨认、质疑、说明等方式，对对方当事人提出的证据的可采性和证明力等问题进行质辩，以实现其胜诉目的的一种活动。质证不仅是当事人的一项诉讼权利，同时也是法院审查认定证据真实性、合法性、关联性的主要方法。《行政诉讼法》第四十三条确立了基本的质证制度，即证据应当在法庭上出示，并由当事人相互质证。《行政诉讼证据规定》则作了较为详细的规定。

我国的质证模式采用了职权主义下当事人主义模式。诉讼当事人应在法官的组织、引导下，针对法官确定的审查范围和重点，对法官梳理出的若干争议焦点进行有顺序、有步骤的举证、质证。

（二）质证的方式

《行政诉讼证据规定》主要规定了以下四种质证方式：

1. 出示或播放

出示是指当事人就其所掌握的证据向法庭展示以证明证据存在的质证方式；播放是指当事人将自己掌握的视听资料当庭予以放映以证明案件事实的质证方式。《行政诉讼证据规定》第四十条规定，当事人应当出示书证、物证或视听资料的原件或原物，视听资料应当当庭播放或者显示。

2. 发 问

发问是指当事人就证据的有关问题进行询问，以辨明证据真伪及其证明作用的质证方式。《行政诉讼证据规定》第三十九条规定，经法庭准许，当事人可以就证据问题相互发问，也可以向证人、鉴定人或者勘验人进行发问。

3. 对　质

对质是指有关人员就同一事实的陈述存在尖锐矛盾时，由法庭在分别对其询问后，组织陈述双方当面进行质询诘问的一种质证方式。《行政诉讼证据规定》第四十五条第四款规定，法庭询问证人时，其他证人不得在场，但组织证人对质的除外；第四十八条第二款规定，对出庭说明的专业人员，必要时，法庭可以组织其进行对质。

4. 说　明

说明是指就专门性问题，组织专业人员到庭进行解释的质证方式。《行政诉讼证据规定》第四十八条第一款规定，对具体行政行为涉及的专门性问题，法庭可以依当事人申请或者依职权通知专业人员出庭说明。

（三）质证的顺序

质证的顺序，是指在庭审过程中，当事人或者诉讼参与人对对方证据进行辩驳质疑、质问的时间顺序或者先后顺序。简而言之，即是质证活动展开的先后顺序。关于质证的顺序问题，《行政诉讼证据规定》没有对此进行规定，但是最高人民法院《民事诉讼证据规定》第五十一条对质证的顺序作出了规定，行政诉讼中可以参照执行。根据排序对象的不同，质证的顺序问题主要有三个方面的内容。

1. 质证的流程

根据质证的内在含义，质证的顺序可以分为三个阶段：第一阶段是证据的出示，即由当事人提出证明自己主张或反驳对方主张的证据材料，该阶段是质证的前提；第二阶段是对证据的认可或质询，即其他当事人对举证人提供的证据发表意见，或是对证据予以认可，或是对存异的证据进行询问和质疑；第三阶段是辩驳，即当事人围绕证据的真实性、关联性、合法性及证明力的大小等内容进行辩驳。

2. 当事人质证的顺序

根据质证主体的不同，质证的顺序还包括不同诉讼主体出示证据和对其出示的证据进行质证的顺序，即当事人质证的顺序。当事人质证的顺序主要是根据当事人不同的诉讼地位来确定。民事诉讼中，在一般情况下，当事人质证的顺序为原告、被告、第三人，其基础是根据"谁主张，谁举证"的原则，由先主张负举证责任的一方首先出示证据，对该部分证据进行质证。而在行政诉讼中，《行政诉讼证据规定》未对当事人质证的顺序作出明确界定，举证责任的分配相对复杂，质证的顺序亦有所不同，故无法按照《民事诉讼证据规定》的规定来确定当事人出示证据的顺序。但是，行政诉讼中确定质证顺序的基本原理与民事诉讼中有所类似，即应当根据具体案件中的举证责任的分配情况来确定质证顺序，由负有举证责任的一方当事人首先出示证据，由其他当事人进行质证。

具体来说，行政诉讼中当事人质证的顺序有以下两个基本规则：①关于被诉具体行政行为合法性的待证事实问题，行政诉讼的审查标的是被诉具体行政行为，而被告行政机关对此负举证责任，质证的顺序通常为"被告—原告—第三人"，即首先由被告出示证据，原告第三人与被告进行质证；②对于法律明确规定原告负举证责任的事实，如《行政诉讼证据规定》第四条、第五条、第六条所规定，原告对其是否符合起诉条件，不作为案件中是否在行政程序中曾提出过申请，以及行政赔偿诉讼中就行政主体的行为造成损害的事实负举证责任,此时即应当由原告首先出示证据,质证的顺序一般为"原告—被告—第三人",即原告出示证据,被告、第三人与原告进行质证。如涉及第三人举证的,则由原告、被告进行先后质证。

3. 关于法院调取的证据的质证问题

根据证据来源的不同,质证的顺序还有一种情形,即在质证过程中,应当对当事人出示的证据先进行质证,而后对法院调取的证据进行质证。根据《行政诉讼证据规定》第二十二条、第二十三条、第二十四条的规定,法院调取的证据有两种情况:一种是法院根据当事人申请调取的证据,主要包括由有关国家部门保存而须由人民法院调取的证据,涉及国家秘密、商业秘密和个人隐私的证据,以及当事人因客观原因不能自行收集的其他证据材料;另一种是法院依职权调取的证据,主要包括涉及国家利益、公共利益或者他人合法权益的事实认定的证据,以及其他涉及相关方面的程序性事项的证据。

关于法院根据当事人申请调取的证据应当由谁出示的问题,根据《行政诉讼证据规定》第三十八条第一款规定:"当事人申请人民法院调取的证据,由申请调取证据的当事人在庭审中出示,并由当事人质证。"庭审中,当事人可以就申请调取证据的必要性、申请调取证据的条件、申请调取证据的证明力等内容进行质证。

关于法院依职权调取的证据应当由谁出示的问题,《行政诉讼证据规定》第三十八条第二款明确规定应当由法庭出示,并可就调取该证据的情况进行说明,听取当事人的意见。

(四)质证的内容

《行政诉讼证据规定》第三十九条第一款明确规定:"当事人应当围绕证据的关联性、合法性和真实性,针对证据有无证明效力以及证明效力大小,进行质证。"

1. 证据关联性的质证

证据的关联性、合法性、真实性,通常将其称为证据的"三性",是证据规则中的核心概念,决定着证据与非证据、定案依据与非定案依据之间的界限。

证据的关联性,又称相关性,是指证据与待证事实之间具有事实上或者法律上的某种逻辑联系,具有证明待证事实的可能性。其反映的是证据材料对待证事实存在与否的实际影响,即如果有某项证据材料,待证事实存在的可能性就越大,否则,待证事实存在的可能性就越小,那么该证据材料与待证事实之间就存在关联性。

对证据关联性的质证,要注意三个方面的内容:

(1)待证事实必须是实体法或程序法所规定的必须证明的事实。行政诉讼案件事实,包括与被诉具体行政行为合法性有关联的事实,涉及行政赔偿的案件还应包括与行政赔偿有关联的事实,以及诸如原告主体资格、起诉期限等程序方面的事实。

(2)当事人提供的证据必须与这些待证事实有联系。这种联系可以是直接联系,也可以是间接联系,或是与案件事实发生的原因或后果有联系,它包括能够证明被诉具体行政行为合法的证据材料,也包括证明被诉具体行政行为违法的证据。

(3)证据的关联性需要逻辑的判断,而非法律或者政策适用问题,对关联性的判断具有浓厚的思辨色彩。法律或政策只规定了审理某一类案件需要哪些事实要件,而不可能直接设定某一类证据与某种待证事实间的关联,而这种关联性判断,则有赖于逻辑推理和经验法则。

2. 证据合法性的质证

证据的合法性，是指证据的形式和取得程序必须符合法律规定，或者不侵犯他人合法权益，才能用于证明案件的待证事实。证据的合法性主要包括以下两个方面的含义：一是诉讼证据不论是当事人提供的，还是人民法院主动收集的，都必须符合法律规定的程序要求，违反法定程序提供、收集、固定的证据，一般不能作为认定案件事实的根据。法庭在质证活动中，应当询问当事人证据的来源。二是法律对证明形式（证明方法）有特定要求时，必须以符合法律规定的证明形式来证明事实，否则不能作为定案的依据。比如鉴定结论必须由具备相关鉴定资质的鉴定机构或者鉴定人员作出，证人证言必须由适格的证人提供，在中华人民共和国领域外形成的证据应当经所在国公证机关证明，并经中华人民共和国驻该国使领馆认证等。不具有合法性的证据，其证明力将大大降低，严重违法的证据将被排除在定案的依据之外。

3. 证据真实性的质证

证据的真实性，又称客观性，是指证据所反映的内容是真实的、客观存在的，是在行政机关与行政相对人之间，即直接的管理者与被管理者之间的行政法律关系的产生、变更、消灭过程中和案件发生时形成的，一经形成就成为一种客观事实，它或者有客观真实的具体记载，或者有客观真实的证人证言等证明材料予以反映。只有具有真实性的证据才能作为定案的依据。真实性又有形式上的真实与内容上的真实之分。形式上的真实，是指证据的载体是真实的，而内容上的真实，是指证据所证明的内容是真实的。

如在一起原告A起诉要求撤销工商局作出的B公司的董事变更登记的行政案件中，原告A是B公司的董事，认为B公司作出董事变更的决议是虚假的，原告提出决议上的盖章并非是公司的真实印章，对决议的真实性提出异议。此时原告A提出的对证据真实性的异议，即是对证据形式上的真实的异议。

再如在一起房屋登记案件中，第三人系原告的儿子，其冒用原告的身份证、户口簿以及房产证等材料将登记在原告名下的房屋转移到自己的名下，又将房屋卖给案外人。在办理过户交易之前，第三人还雇人冒充其父亲到公证处作委托公证，对原告委托其办理过户交易手续予以公证。庭审中，原告对公证书提出异议，认为是虚假的，其从未作过公证。此时原告提出的对公证书真实性的异议，即是对证据内容的真实性的异议。

另外，关于证据"三性"的排序问题，一般情况下，在确定证据具有关联性后，就应当对其合法性问题进行质证，在审查合法性质证后，才应当进入真实性审查。

4. 证据的证明效力

首先需要明确证据的证明效力和证明能力的概念。证据的证明效力，又称为证据的证明力、证据力，是指各种证据的可靠程度、证明作用的大小以及能够在多大程度上证明案件的事实，从而决定其是否可以作为定案的依据、证据。而证据能力，则是指证据的资格，尤其是指是否能够作为定案依据的资格，其是证明力的基础，没有证据能力也就无证明力可言，若用"三性"的概念来衡量，同时具备"三性"的证据即为具有证据能力的证据。可以说，证据能力是对证据定性的分析，而证明力是对证据的定量分析。《行政诉讼证据规定》第六十三条列举的诸如国家机关以及其他职能部门依职权制作的公文文书优于其他书证、鉴定结论、现场笔录、勘验笔录、档案材料以及经过公证或者登记的书证优于其他书证、视听资料和证人证言等，就是对已经具有证据能力，即符合"三性"的证据的证明力的大小进行的比较。司法实践中对证据证明力的质证,还可以结合理论界对诉讼证据类型的划分,看是直接证据还是间接证据;看是原始证据还是传来证据;看是实物证据还是言词证据;看是公文书证还是其他书证;看是原件原物还是复制件复制品;看是法定鉴定部门的鉴定结论还是其他鉴定部门的鉴定结论;看是法庭主持所制作的勘验笔录还是其他部门主持所制作的勘验笔录;看是出庭作证的证人证言还是未出庭作证的证人证言,等等。

5. 质证与辩论的关系

证据是法院解决原被告双方争议的事实基础,离开了证据的审判就是无源之水、无本之木。证据的使用过程体现在质证和辩论上,只有对证据进行充分的质证,对所反映的事实的真伪经过数轮辩论,才有可能使法律事实接近客观事实,确保判决的公正。

传统庭审流程有一个显著特点,就是将法庭调查与辩论分为相对独立的两个阶段,且辩论在质证阶段之后。辩论的实质是阐述自己的主张或反驳对方的主张来确定案件事实和适用什么法律来解决纷争,较少涉及单个证据问题。目前,有些法院采取"一证、一质、一辩"的审理方式,它是甄别证据真伪的合理方式,也能较好地避免以往粗放式庭审方式可能产生的疏漏。而法庭辩论阶段,则可以对全案证据发表综合意见,对关键证据发表有针对性的意见。

五、行政诉讼证据认证规则

(一)行政诉讼证据认证概述

认证,即证据的审核认定,是指人民法院根据一定的原则和规则,依照法定程序对经过质证的证据材料的关联性、合法性和真实性进行审查判断的诉讼活动。认证是行政审判过程中的重要环节,是将证据材料通过分析判断转换为案件事实的桥梁。

认证在本质上是法官在行使行政审判职权的过程中对证据进行审核认定行使审判权的一种职能活动,认证的主体只能是法官,且必须是参加案件审理的法官,其他任何人都不能成为认证的主体。

书记员作为法官的辅助人员,需要对法官的工作思路有一定的了解,尤其是在庭审中,法官会为了做好认证工作而进行有针对性的发问,书记员如果能对认证的规则有一定的了解,必然有助于理解法官的思路、发问的含义,从而更准确地进行记录工作。

(二)认证原则

《行政诉讼证据规定》第五十四条规定:"法庭应当对经过庭审质证的证据和无需质证的证据进行逐一审查和对全部证据综合审查,遵循法官职业道德,运用逻辑推理和生活经验,进行全面、客观和公正的分析判断,确定证据材料与案件事实之间的证明关系,排除不具有关联性的证据材料,准确认定案件事实。"

(三)认证方法

对证据的审查认定主要有下列方法:

(1)个别审查,即对单个证据围绕证据"三性"进行审查。具体而言,就是对该证据的来源、证据与案件事实的联系、证据的真实性及其证明效力,以及证据的形式要件是否符合法律规定等进行审查,以确定其是否可以作为定案依据。

（2）比较判断，即对同类或者证明同一事实的不同证据，进行对照分析，以区别其可予采信、不予采信以及可作辅助证据的甄别行为。

（3）综合分析，即在个别审查和比较分析基础上，将可予采信、可起辅助作用的全部证据材料按照是否可以形成证据锁链的标准进行综合分析，从而对案件事实进行认定。

（四）证据关联性审查规则

（1）行政诉讼合法性审查的固有特征决定了关联性审查的全面性要求，即对被诉具体行政行为的事实依据、法律依据、行政程序、是否存在滥用职权和不履行法定职责，以及赔偿案件中造成的损害及其损害程度等方面的审查要求。简言之，凡与被诉具体行政行为合法性事实之间具有联系的证据材料，就具有证据的关联性。

（2）对证据材料关联性进行审查时，不宜仅采用个别审查的方式，而应采取综合分析的方式进行。尤其在审查间接证据是否具有关联性问题时，应当将直接证据与间接证据进行比对，相互之间是否存在关联，或者审查间接证据之间是否能够形成锁链，彼此之间是否具有关联性，若对案件事实的认定具有证明效力，则对该间接证据应予采信。

（3）应当排除品格证据和过去行为证据。品格证据虽能证明相对人的人品、人格，过去行为证据亦能印证相对人过去实施类似行为的情况，但这些证据与案件事实之间不具有关联性，一般不能作为定案证据。当然，如果法律、法规将行为人的有关过去行为作为现行为处理时必须考虑的因素时，涉及相对人过去行为的相关证据材料，就与对其现行为处理存在关联性。

（4）被告针对原告或者第三人在行政程序中没有提出的反驳理由或者证据，经人民法院准许而补充收集或者提交的证据，不能直接作为证明被诉具体行政行为合法性的证据使用，但可以用来证明原告或者第三人的反驳理由或者证据违法、不真实。

（五）证据合法性审查规则

证据的合法性，是指行政相对人或者人民法院在收集证据时应当符合法律规定收集证据的程序和所收集的证据应当符合法律规定的形式。

1. 对鉴定结论司法审查的步骤

鉴定结论司法审查的步骤。

（1）审查鉴定人资格；
（2）审查鉴定人与案件的利害关系；
（3）审查鉴定结论的依据材料是否充分可靠；
（4）审查鉴定过程是否符合法律和技术规范要求；
（5）审查鉴定结论的科学合理性。

2. 证据合法性审查规则需要注意以下问题

（1）对严重违反法定程序的理解。

就违反合法性原则所收集证据的效力该如何把握，实践中存在不同认识。《行政诉讼法》只原则性地规定"以非法手段取得的证据，不得作为认定案件事实的根据"。《行政诉讼法解释》将"以非法手段取得的证据"细化为三类，即（一）严重违反法定程序收集的证据材料；（二）以违反法律强制性规定的手段获取且侵害他人合法权益的证据材料；（三）以利诱、欺诈、胁迫、暴力等手段获取的证据材料。《行政诉讼证据规定》第五十七条规定下列9类证据材料不能作为定案依据：

①严重违反法定程序收集的证据材料；

②以偷拍、偷录、窃听等手段获取的侵害他人合法权益的证据材料；

③以利诱、欺诈、胁迫、暴力等不正当手段获取的证据材料；

④当事人无正当事由超出举证期限提供的证据材料；

⑤在中华人民共和国领域以外或者在中华人民共和国香港特别行政区、澳门特别行政区和台湾地区形成的未办理法定证明手续的证据材料；

⑥当事人无正当理由拒不提供原件、原物，又无其他证据印证，且对方当事人不予认可的证据的复制件或者复制品；

⑦被当事人或者他人进行技术处理而无法辨明真伪的证据材料；

⑧不能正确表达意志的证人提供的证言；

⑨不具备合法性和真实性的其他证据材料。

（2）严重违反法定程序收集的证据。

①违反正当程序收集的证据；

②收集证据时未予交代权利和注意事项；

③采用法律所禁止的方法所收集的证据。

（3）以偷拍、偷录、窃听等手段收集的证据。

①行政机关采用上述手段时缺乏法律的特别授权；

②自然人采用上述手段收集证据的行为。

（4）关于案卷外证据是否采信问题。

①原告在行政程序中拒绝提供而在诉讼过程中提供的证据，一般不予采纳。

②被告在复议程序中经同意收集的证据，可以间接作为证明被诉具体行政行为合法的证据使用，但其只能作为证明申请复议人或者复议中的第三人提出反驳理由或者新的证据不能成立的证据，而不能直接作为被诉具体行政行为合法的证据使用。

③被告在诉讼中未提供证据，原告或者第三人所提供的证据，不能作为认定被诉具体行政行为合法的根据。

（六）证据真实性审查规则

证据材料经查证属实并能够反映案件事实的，才能作为定案的根据，这是证据真实性规则的要求。结合我国近年来的理论探索和审判实际，对证据真实性的审查认定应当把握下列规则：

1. 排除规则

排除规则，即指法官根据其已有的审判经验就能判断出涉案证据不真实，并据此将其排除于定案证据之外的规则。《行政诉讼证据规定》第五十七条明确排除下列不具有真实性的证据：

（1）当事人拒不提供原件、原物，又无其他证据，且对方当事人不予认可的证据的复制件或者复制品；

（2）被当事人或者其他人进行技术处理而无法辨明真伪的证据；

（3）不能正确表达意志的证人提供的证言；

（4）不具有真实性的其他证据。

2. 最佳证据规则

最佳证据规则，是指当数个均具有证明力且存在相反主张的证据证明同一事项时，就其证明力大小所作出的规定。《行政诉讼证据规定》第六十三条就此作出明确规定：

（1）国家机关以及其他职能部门依职权制作的公文文书优于其他书证；

（2）鉴定结论、现场笔录、勘验笔录、档案材料以及经过公证或者登记的书证优于其他书证、视听资料和证人证言；

（3）书证的原件、物证的原件优于复制件、复制品；

（4）法定鉴定部门的鉴定结论优于其他部门的鉴定结论；

（5）法庭主持勘验所制作的勘验笔录优于其他部门主持勘验所制作的勘验笔录；

（6）原始证据的证明力优于传来证据；

（7）其他证人证言优于与当事人有亲属关系或者其他密切关系的证人提供的对该当事人有利的证言；

（8）出庭作证的证人证言的证明效力优于未出庭作证的证人证言；

（9）数个种类不同、内容一致的证据的证明效力优于一个孤立的证据。

3. 自认规则

自认，即指当事人承认对方当事人所主张的对己不利的事实。行政法学界虽然将自认作为一种证据或者证据方式对待和使用，但鉴于自认的主体、时机、方式、是否附带条件等情形，将直接影响到自认行为的效力，故对其分别研究具有重要意义。

（1）诉讼外自认的证明力问题。诉讼外自认，是指在诉讼程序之外或者在其他案件中，一方当事人对对方当事人所主张的对其不利事实的承认。诉讼上的自认具有证明效力，可以免除相对一方当事人的举证责任。诉讼外的自认只能作为间接证据看待，其证明效力由法官酌情裁量，因此不能据此免除对方当事人的举证责任。在行政赔偿诉讼中，一方当事人在调解中所作的让步，其目的主要是为了平息争端，而非对诉讼标的放弃和承诺，故让步行为本身并不意味着承认了对方当事人主张的事实或者诉讼请求。因此，让步行为不能视为自认。

（2）默示自认的证明力问题。默示行为为明示行为的反义词，是指在诉讼中，一方当事人对对方当事人主张对其不利的事实，不明确加以否认的不作为行为。由于民事诉讼与行政诉讼就当事人的举证责任负担存在明显不同。因此，对存在的默示行为效力亦有不同的标准。行政诉讼中，当事人只有存在明示的自认才具有证明效力，默示的自认必须结合其他证据，并作出综合分析后，才能确定其证明效力。

（3）自认的证明效力问题。自认的证明效力如何，应作具体分析：

①虽存在自认行为，仍需审查全部证据中是否存在足以推翻自认的证据，只有经审查不存在足以推翻自认的证据情况下，才可将自认作为定案的根据。对于涉及限制人身自由的行政处罚或行政强制措施案件和对行政相对人重要权益有重大影响的行政案件，由于应当适用排除合理怀疑证明标准，还应在审查排除对自认事实的合理怀疑之后，才能将此作为定案根据。

②自认涉及其他诉讼当事人利益的，其他当事人对自认提出异议的，则不能适用自认规则。

③发现自认系在受到胁迫或者重大误解情况下作出，且与事实不符，该自认不具有证

明效力。

④对委托代理人在诉讼当事人不在场情况下的自认,应当审查委托代理人是否具备自认权限,否则不能将自认直接作为定案根据。

4. 妨碍举证的推定规则

行政诉讼的被告往往借助其在行政管理中的优势地位收集了大量证据,但对一些有利于原告的证据,为了掩盖其被诉具体行政行为违法的事实,可能拒绝向法庭提供。《行政诉讼证据规定》第六十九条规定:"原告确有证据证明被告持有的证据对原告有利,被告无正当理由拒不提供的,可以推定原告的理由成立。"

5. 生效裁判和仲裁裁决的证明效力

生效裁判、仲裁裁决所确认的事实可以作为定案的依据。但在裁判、裁决文书的证明效力适用上应注意以下问题:

(1)涉案事实必须与裁判、裁决文书认定的事实为同一事实;

(2)裁判、裁决文书已经发生法律效力;

(3)当生效裁判、裁决认定的事实存在重大问题时,应当终止诉讼,待通过法定程序纠正后再行恢复诉讼。

第四章 笔 录

第一节 笔录概述

一、笔录概述

笔录，顾名思义就是用笔记录。广义上讲，是指公安机关、检察院、法院在办理案件的过程中，依法对案件办理过程的记录。狭义上的笔录，即本书中的笔录是指人民法院在依照法定程序办理案件的过程中，对诉讼活动的记录。笔录的形式可以是手写体，也可以是打印体。虽然现在的诉讼活动会使用录音、录像，但只能作为笔录的辅助材料，但录音、录像并不能代替笔录，因为笔录是使用文字符号在纸张上形成的材料，其准确性和稳定性是无可置疑的。同时，程序法要求必须使用笔录，不能用视听资料代替笔录。在案件办理过程中形成的视听资料等文件，应按照有关法律规定保存并在卷宗中注明。

概括而言，人民法院的笔录可分为刑事诉讼笔录、民事诉讼笔录、行政诉讼笔录，最高人民法院公布了参考的笔录样式，其中有的笔录通用于各种案件，如开庭审理笔录、调查笔录；有的笔录适用于部分案件，如执行笔录、执行死刑笔录。

二、笔录的基本要求

诉讼活动离不开笔录，笔录的制作必须符合法律规定，笔录制作的基本要求就是笔录的特征，二者是统一的，笔录制作的基本要求如下：

（一）笔录制作须具备合法性

笔录是用文字记录来反映诉讼活动，必须具备合法性。制作主体的合法性，《人民法院组织法》第四十九条规定："人民法院的书记员负责法庭审理记录等审判辅助事务。"各诉讼法也规定了制作笔录的主体是书记员。制作过程的合法性要求书记员在记录期间不得离开记录现场，并当场记录，不能由他人代替。在实际工作中，有时会出现紧急情况，如在开庭审理过程中，需要更换书记员时，审判人员需要再次询问当事人是否对更换后的书记员申请回避，这样才符合法律的规定。另外，依法应当有其他人员在场的，应邀请有关人员到场并要求其按规定在笔录上签名或者盖章。制作形式的合法性要求笔录的核对、宣读、署名等手续必须完备，并符合法律规定。

（二）笔录制作须具备客观性

笔录是对审判活动的客观记录，因此真实客观是笔录最本质、最核心的特征，失去客观性，笔录就失去意义，就可能会影响到案件的正确审理，会使人民法院的裁判文书失去真实性。笔录制作的客观性表现为全面性和真实性。制作笔录既要记录制作笔录的原因和法律依据,又要全面记录制作的过程;既要对案件的基本事实、基本证据完整记录,又要对重要、关键问题着重记录;既要记录审判人员的审理活动,又要记录当事人的诉讼活动;既要记录各方的陈述,又要记录当事人的表情、语气、声调、神态及动作。这样的全面记录是为了在以后再看到笔录时,能清晰地全面再现制作笔录时的客观情况。制作笔录要求客观、真实,书记员须如实记录,不得作虚假记录,不得凭空猜测、推断被记录对象的陈述。全面性和真实性是统一的,只有记录全面,才是真实的记录;只有真实的记录,才能全面反映诉讼活动。

(三)笔录制作须具备即时性

绝大多数笔录只能与当场正在进行的诉讼活动同步制作,不允许记录者事后进行加工、修改、润色。即时性与笔录制作的合法性、客观性是一体的,即时性是合法性和客观性的体现,只有即时记录才能保障记录的合法、客观,不影响记录的权威,有利于审判活动的顺利进行。

(四)笔录制作须具备规范性

现行法律对笔录字词的使用没有明确严格的规定,但笔录制作应具备规范性,笔录的行文既要符合法律的规定,又要符合《国家机关公文格式》中规定的公文格式规范与汉语字词使用规范。

1. 制作格式要规范

不同种类的笔录适用场合和适用对象不同,格式要求也不同。制作笔录时首先要确定笔录适用的程序、种类和对象,才能选用正确的笔录格式,如开庭审理就不能用调查笔录格式,而要用庭审笔录格式。

2. 语言文字要规范

制作笔录所使用的语言文字,要以国家通用的语言文字即普通话和规范汉字为主,但在民族自治地方,要依照法律规定使用该民族自治地方的通用语言文字。此外需要注意的是,书记员制作笔录不能用速记文字和拼音文字。

3. 书写数字要规范

笔录中的数字用法需符合国家质量监督检验检疫总局、国家标准化管理委员会发布的《出版物上数字用法》,该用法规定使用阿拉伯数字和汉字的情形主要有三点:

(1)应当使用阿拉伯数字的情形。

用于计量的数字;用于编号的数字;已定型的含阿拉伯数字的词语,如3G手机,MP3播放器、维生素B12等。

(2)应当使用汉字的情形。

非公历纪年;概数,如三四个月、一二十个;已定型的含汉字数字的词语,如星期五。

(3)既可用阿拉伯数字又可用汉字的情形。

如果表达计量或编号所需要用到的数字个数不多,选择汉字数字还是阿拉伯数字,在书写的简洁性和辨识的清晰性方面没有明显差异时,两种形式均可使用。如果要突出简洁醒目的表达效果,应使用阿拉伯数字;如果要突出庄重典雅的表达效果,应使用汉字数字。

4. 标点符号要规范

标点符号的名称、形式和用法须符合国家质量监督检验检疫总局、国家标准化管理委员会颁布的《中华人民共和国国家标准标点符号用法》。

5. 引用法条要规范

引用法条须符合法律规定，《法官行为规范》第五十三条规定："法律条文的引用：（一）在裁判理由部分应当引用法律条款原文，必须引用到法律的条、款、项；（二）说理中涉及多个争议问题的，应当一论一引；（三）在判决主文理由部分最终援引法条依据时，只引用法律条款序号。"《最高人民法院关于裁判文书引用法律、法规等规范性法律文件的规定》对法条如何引用作了细致的规定。

6. 使用笔墨要规范

《人民法院诉讼文书立卷归档办法》《人民法院声像档案管理办法》《人民法院法医学鉴定文书立卷归档办法》规定了制作笔录只能用毛笔、钢笔，不能用圆珠笔和铅笔；钢笔使用的墨水只能是碳素或蓝黑墨水，不能用其他颜色的墨水。这是因为有的墨水在常温常压下化学性质很稳定，不容易与其他物质反应，可以长期保存不褪色，而有的墨水则不容易保存，因此制作笔录须使用法律规定的笔墨。

7. 书写要规范

现在大部分笔录已经是打印的，但仍有需要书写的笔录，书记员在书写时要做到字迹清晰、大小适中，总体而言要保证笔录工整。容易识别，避免笔录模糊不清影响记载内容的准确性。

除上述要求外，书记员记录笔录还应当注意：

（1）记全每个笔录的抬头，笔录的标题、制作时间、制作地点、合议庭组成人员的姓名、案号、案由等需要准确记录。

（2）笔录须记录审判人员宣读当事人权利义务的过程和内容，告知当事人制作笔录的程序和目的，告知当事人按事情的客观发展如实回答问话，记不清就回答记不清、记得大概就回答记得的大概或者大约的内容，不要想象或推测。

三、笔录的实务操作要领

（一）笔录四字诀——"全""实""准""快"

（1）"全"，是指庭审笔录要反映审判活动的全貌。对时间、地点、是否公开审理、当事人情况、案由、审判人员等的记录要齐全；要清楚地记载庭审的层次与顺序，如使用"现在""转入""结束"等时间性和阶段性较强的用语就使得记录层次分明、前后衔接、内容完整。

（2）"实"，是指要客观真实地反映整个庭审活动。不可随意增添或减损，如实地把庭审活动和过程记录下来，决不能以书记员情绪的好恶记载，制作虚假庭审记录。

（3）"准"，是指必须用准确的词语准确地反映庭审情况。强调庭审记录内容的准确性、用语的准确性。

（4）"快"，是指记录速度要快。要适合庭审进行的需要，这就要求书记员在平时就要注意锤炼文字功夫，善于抓住庭审的关键和重点。

（二）融入群众、灵活应变

（1）方言、俚语的掌握；

（2）口齿不清或表达障碍，概括记录后需向当事人清楚宣读，确认后才能正式记录在案；

（3）对胡搅蛮缠、污言秽语、犹豫不决、闪烁其词的当事人，应当对其言行、表情等记录在案。

（三）庭前勤准备、庭后认真对

庭前阅卷并与审判人员沟通，从而了解案情和庭审重点。至少了解：

（1）各方当事人姓名、诉讼地位及其相互关系；

（2）案件基本事实和有争议的情节；

（3）熟悉当事人语言特色、表达方式；

（4）预知庭审重点和关键证据，如争议焦点和需要进一步了解的事实；

（5）细心观察被告人的容貌长相以免张冠李戴；

（6）记录和确认各当事人的通讯方式和送达地址。

庭审笔录应当在庭审后当庭向当事人和其他诉讼参与人宣读，当事人和其他诉讼参与人认为没有遗漏、差错的，应监督他们在笔录上签名或盖章，不可放任不管。至于笔录补正的问题，下面会专门介绍。

（四）记录有窍门、经验需总结

1. 优先记录

优先记录当事人的话语，在问话与答话没有时间全部记录的情况下，优先记录当事人答话，审判人员的话语可以稍后记录，或者可以在庭后进行补记。

2. 选择记录

诉讼参与人远离主题、不着边际的陈述，要分析其所要表达的真实意图进行记录，与案件无关的内容无须记录；对于当事人的陈述缺乏条理性，表达内容分散的，应总结、整理、归纳出发言人的主要观点和中心意思予以记录；对诉讼参与人新的观点、意见详细记录，重复表述或者一再强调过的内容则可以简略。

3. 闲时不闲

在庭审开始前，可以抽出时间对庭审笔录的记录做出准备，主要包含以下几个方面：

（1）提前与主审法官交流案情，熟悉案情，了解记录重点；

（2）提前将笔录头、笔录中程序性的流程内容、可以预先载明的其他内容预先制作，提高记录效率；

（3）提前十分钟到法庭，开启和检查法庭各项电子设备，如法官和当事人席的电脑显示屏、打印机油墨和空白打印纸张等；

（4）提前核对已到庭当事人身份、代理人委托手续和接受委托的权限，并将信息变化、当事人通讯方式及时记入庭审笔录；

（5）提前将当事人、证人的名字、名称用自己熟悉的文字录入软件输入几遍，从而使得录入软件及时将案件所涉名字、名称智能记忆，放入词库，从而提高庭审录入的效率与准确度。

（6）在庭审节奏放缓或者宣读、出示证据等空隙时间，可以详细记录，适当描述当事人语气、表情，或者利用这段少许时间修改、补记前面的遗漏。

4. 电脑输入加速诀窍

（1）基本要求：掌握"十指法"，必须达到"盲打"的熟练程度。

（2）输入法设置：根据便于操作和提速的原理设置好输入法，以百度输入法为例，根据自己发音是否准确决定是否设置模糊音及设置哪些模糊音；设置好快捷键，如选择输入法、中英文切换、候选字翻页等；根据自己的接受能力设置候选字多寡，一般是3～9字，建议选最大值，省去大量候选字翻页的多余动作；根据记录需要设置字库，如城市规划、建筑行业、医疗卫生等，并选择自动更新，从而确保记录流畅、准确等。

（3）提前造词：利用输入法的记忆功能，正式庭审之前将当事人姓名、单位简称及生僻的专业术语提前输入到记录电脑；利用输入法的造词功能，在庭前或庭后空余之时设置一些快捷输入词组，如用"wxzy"代表"无锡市中级人民法院"。

（4）减少不必要的操作步骤。

①养成句中用"，"句尾直接用"。"等标点符号选词习惯；

②在自己可以掌控的范围内尽量一次性完成较长词句的输入；

③记得对之前已经输入过的词语用简拼；

④长词句中存有错误直接用 Esc 键（原则上不逐一回溯修改）等；

⑤了解 word 文档的基本功能，会使用编辑功能中的查找、替换和定位功能；

⑥巧用现成文件：同时打开多个涉及记录案件的其他文书页面，并记住对应任务栏中的次序；

⑦善用电脑操作快捷键：如复制（Ctrl + C）、粘贴（Ctrl + V）、全选（Ctrl + A）、保存（Ctrl + S）等。

（五）笔录的十一类常见问题

1. 文句表达错误

（1）错别字，如："讯""询"不分；

（2）病句；

（3）重复、多余等。

2. 用语不规范

（1）前后不一致，时而口语，时而书面语；

（2）阿拉伯数字和中文数字混用；

（3）对俚语、反问、粗话、黑话等缺乏转化、机械照搬或过度转化导致词不达意。

3. 标点符号不规范

（1）无标点，或以空格、小点代替标点符号；

（2）逗号、句号不分，一逗到底或与句子表达意思层次不符；

（3）乱用分号等。

4. 逻辑性差

（1）问题与问题之间缺乏内在联系，缺乏连贯，天马行空；

（2）人称混乱，"你、我、他"不分。

5. 叙述要素不全

（1）时间、地点、人物、事情、起因、结果六要素不全，导致对涉案事实的叙述不完整，不清楚。

（2）记叙简略、描述粗糙，对涉案关键事实的特征表述不清。如：物品的颜色、数量、型号、新旧程度，对人的高矮胖瘦、脸型、发型、衣着等体貌特征描述，对动作过程的先后顺序、步骤，对场所的方位、特征、朝向等。

（3）问题遗漏或未写明当事人对该问题的态度。这里必须提醒注意的是，在涉及案件主要事实的确认时，必须养成习惯：回车并打上如下文字——"双方确认上述事实"。

6. 笔录形式瑕疵

（1）字迹难以辨认；

（2）涂改多；

（3）涂改、增删处未捺手印或签字确认。

7. 庭审阶段性差

（1）庭审各阶段，如开庭阶段、调查阶段、辩论阶段、调解阶段、休庭等庭审过程未予记录或者记录不明；

（2）举证质证混乱，证据未逐一编号、证据名称特征不明显或与实际庭审的"一证一质"不符。

8. 笔录范本化过于机械

（1）当事人、诉讼代理人信息未根据实际情况作变更；

（2）到庭人员记录不详；

（3）合议庭成员、书记员发生变动情况未予记录；

（4）不公开开庭审理的案件仍表述为公开审理。

9. 对其他记录存在遗漏

（1）对当事人在诉讼过程中比较特殊的表情、语气、声调、神态以及动作没有做客观准确的记载，导致对当事人特定情景下的话语理解出现偏差；

（2）对影响庭审进展的突发情况没有记载，对当事人突然发病、审判长的警告、训诫、对诉讼中其他紧急情况的制止处理、特别是对当事人辱骂、殴打、冲击法庭的情况没有记载；

（3）对审判人员的庭审小结记录不全；

（4）对调解及当事人协商过程未作记载；

（5）滥用"略"。对有书面意见的只记录"见代理词或辩护词"，而代理人的其他意见未予记录或记录过于简单，屡见不鲜的有：详见起诉状（略）、详见答辩状（略）、详见第三人陈述（略）、详见代理词（略）。特别注意的是：有的当事人在庭审中增加或改变了诉讼请求，抑或是被告提出了反诉，而在记录中却无反映。

10. 程序违法

（1）自审自书；

（2）多人同证；

（3）制作人未签字。

11. 笔录签名不规范
（1）只有当事人签名，而没有审判人员、书记员签名或签名不全；
（2）签名交叉无序，难以分清各自身份，等等。

四、笔录的核对及补正

《民事诉讼法》第一百四十七条规定，书记员应当将法庭审理的全部活动记入笔录，由审判人员和书记员签名；法庭笔录应当当庭宣读，也可以告知当事人和其他诉讼参与人当庭或者在五日内阅读；当事人和其他诉讼参与人认为对自己的陈述记录有遗漏或者差错的，有权申请补正，如果不予补正，应当将申请记录在案。

必须要强调的是：笔录一经制作，当事人签字确认完毕，就不得再进行核对、补正。这是任何司法笔录的底线，疏漏与错误的存在已经成为客观，不得通过对该笔录的任何所谓人工修饰而文过饰非，一错再错。除非，笔录的制作人与被制作人均当场确认修正并按照规定在补正处进行签字捺印确认。

需要特别注意以下几点：

（一）不规范做法

（1）当事人或者其代理人认为书记员对他们的陈述有遗漏或差错，不是向书记员申请补正，而是自己直接补正。
（2）在对当事人或诉讼参与人的申请不予补正的情况下，未能依法将补正申请记录在案。
（3）补正之处未要求申请补正人签字确认。

（二）申请补正的三种情况

（1）庭审记录确实有遗漏或者差错，要求补正；
（2）认为自己在庭审中的陈述不完整，要求补充；
（3）对庭审中已经作过的陈述反悔，要求更改。

只有第一种才是法律所规定的有权申请补正的情况，而后两种情况则违反了庭审笔录的写实性、准确性、即时性、合法性原则，所要求补充、更改的内容，已不是庭审中本来出现的内容，不应准许。

对于庭审记录确实有遗漏或者差错的情况，如何补正？

对于这种情况依法应准予补正。补正的办法是由有关当事人和诉讼参与人另行在笔录上书写，而不能对笔录直接进行涂改。申请人没有书写能力的，可由书记员代写并注明系根据某人申请补正。对于电子化的庭审笔录，也只能书写补正，不应再用打字补正。这样，使原庭审笔录可明显地与补正笔录相区分。补正处应由申请人签字或按手印。

第二节　庭审笔录

一、庭审笔录概述

庭审记录是由书记员制作的，如实反映人民法院在审判刑事、民事和行政案件中审判人员、当事人以及其他诉讼参与人在法庭上的主要活动的书面记录。庭审记录是以文字形式对法庭审理全过程所作的记录和再现，是重要的诉讼档案之一。

庭审记录是法庭审判全部活动的反映，是人民法院依法判案的重要根据。如实而准确的法庭笔录，有利于人民法院正确及时解决当事人之间的纠纷；有利于审判人员总结工作经验，提高审判工作的质量；有利于人民检察院、上级人民法院对民事审判活动实行法律监督；有利于上诉审和再审人民法院处理上诉案件和再审案件。

庭审记录的好坏不仅体现出书记员个人业务素质的高低，也体现着审判质量的好坏和法院的整体形象，关系到裁判结果能否经得起历史的检验。

（一）庭审记录的基本功能

了解庭审记录功能的目的在于增强书记员的责任心和严格遵循书记员的工作要求。庭审记录的基本功能表现为以下几个方面：

（1）固定当事人及其他诉讼代理人的陈述和辩解，对证人、鉴定人的发问，以及证人、鉴定人的回答。例如，根据《关于民事诉讼证据的若干规定》和《关于行政诉讼证据若干问题的规定》等有关规定，当事人一方的自认是不能反悔的，除非有相反的证据足以推翻原来的自认。所以，当事人和其他诉讼参与人的庭上发言（包括发问与回答）一旦被记载于庭审记录上就被以法定形式固定了下来，非具法定事由和法定程序是不能更改的。

（2）固定当事人各方的证据。当事人各方为支持自己的主张而向法庭提供了诸多证据。依据法律及相关解释，只有经过当事人当庭质证的证据才可作为定案的依据，即具备了证据的可采性条件，否则就可能被排除出本案的证据范围。而是否经过当庭质证的唯一依据就是庭审记录上是否记载了相关证据的质证活动。如未记载，则不被认为已当庭质过证，而不管实际上是否质过证，更不要说已向法庭提交过相关证据了。

（3）固定法官、人民陪审员及书记员庭审时的具体言辞，包括诉讼权利的告知、举证指导、争议焦点的归纳、某一事实的发问、某一申请的裁定、调解等事项。

（4）庭审记录是合议庭、审判委员会讨论决定案件的依据。

（5）第二审案件审理的基础。由于二审法官不参加一审的审理活动，其只能通过庭审记录来了解一审当事人和其他诉讼参与人的主张和观点；了解一审法庭调查的基本情况，包括举证和质证活动、法官的发问和当事人的回答；了解一审法官的审理思路及本案诉争的焦点及相关事实及其依据，了解一审审理程序的合法性。在此基础上，二审法院的法官可以确定审判思路、案件的诉争焦点，以便正确裁判。一审和二审的庭审记录也是审判监督法庭的基础。

（6）庭审记录是审判监督的基本依据。法律保护当事人在诉讼中享有平等的权利，回避的权利，有由本民族语言翻译的权利，陈述、辩解、质证、辩论、申请法院调取和保全证据、保全财产、申请证人出庭等权利。但法庭是否都对这些权利给予了及时和充分的保障，有无程序违法行为，是否偏袒一方，都须有确凿的证据，这个证据就是庭审记录。遇不服裁判的一方或双方申请再审，抗诉或投诉时，受理机构往往先查阅庭审记录，以此为据，结合其他情况，作出是否再审或重审的处理意见。

（二）庭审记录的基本要求

1. 庭审记录对书记员职业素养要求

庭审记录是书记员的基本工作，要达到规定的质量标准，必须具有良好的职业素养和职业道德。

首先，要客观，公正地记录法庭每一次的审理活动；

其次，要准确地记录；

第三，要有速记的基本技术；

第四，要排除和阻止包括法官在内的任何一方随意增删法庭笔录等的不当干预；

最后，要以对法律和司法公正的忠诚，以及高度负责的态度复核法庭笔录。

此外，书记员应了解诉讼的基础知识，掌握诉讼的具体程序，了解可能出现的意外情况。

2. 庭审记录的质量要求

《刑事诉讼法》第二百零七条规定："法庭审判的全部活动，应当由书记员写成笔录，经审判长审阅后，由审判长和书记员签名。法庭笔录中的证人证言部分，应当当庭宣读或者交给证人阅读。证人在承认没有错误后，应当签名或者盖章。法庭笔录应当交给当事人阅读或者向他宣读。当事人认为记载有遗漏或者差错的，可以请求补充或者改正。当事人承认没有错误后，应当签名或者盖章。"

《民事诉讼法》第一百四十七条规定："书记员应当将法庭审理的全部活动记入笔录，由审判人员和书记员签名。法庭笔录应当当庭宣读，也可以告知当事人和其他诉讼参与人当庭或者在五日内阅读。当事人和其他诉讼参与人认为对自己的陈述记录有遗漏或者差错的，有权申请补正。如果不予补正，应当将申请记录在案。法庭笔录由当事人和其他诉讼参与人签名或者盖章。拒绝签名盖章的，记明情况附卷。"

为此，庭审记录应全面、具体、准确地反映整个法庭审理活动。总的要求是庭审记录记载应反映法庭审理情况的原貌，即法官及其他各诉讼参与人发言、发问、回答均为原话，不能篡改、歪曲、遗漏、差错，亦不能擅自省略。

记录笔录还应当注意以下事项：

一份理想的庭审记录至少应当满足三项要求：一是忠实庭审原貌，完整记录庭审过程；二是准确、翔实记录各方诉讼参与人的陈述、辩解和观点、意见；三是格式规范，页面整洁，清晰流畅，无错别字。

3. 庭审记录的核对规范

庭审笔录的首要价值正是它的客观真实性，如果一份笔录与庭审过程不符，即使再详细、再工整也没有价值，庭审笔录在制作完成后，应认真加以校对。

法庭笔录应当当庭宣读，也可以告知当事人和其他诉讼参与人当庭阅读或者在5日内阅读。当事人或者其他诉讼参与人认为对自己的陈述记录有遗漏或者有差错的，有权申请补正，如果不予补正，应当将申请记录在案。当事人和其他诉讼参与人应当在法庭笔录上签名或者盖章，拒绝签名盖章的，记明情况附卷。

（三）庭审记录的基本技巧

庭审记录的基本技巧可以概括为以下几方面。

1. 勤　勉

即主动做好庭前准备工作，多与审判人员交流沟通，庭前要阅读主审人制作的庭审提纲，及时掌握合议庭的基本思路与庭审重点，避免仓促到庭，手忙脚乱。

2. 全　面

即对时间、地点、是否公开审理、当事人情况、案由、审判人员等的记录要齐全；要用清楚的文字记载体现庭审的分明层次与顺序的内容，如使用"现在""转入""结束"等时间性和阶段性较强的用语，使得记录层次分明、前后衔接、内容完整。

3. 客　观

笔录要客观真实地反映整个庭审活动，不可随意增添或减损，只能一是一、二是二地把庭审活动和过程如实地记录下来，决不能受书记员自身情绪的影响记载、制作虚假庭审记录。

4. 准　确

即必须用准确的词语准确地反映庭审情况。

5. 快　速

即记录速度要快，要适合庭审进行的需要，这就要求书记员在平时就要注意锤炼文字功夫，善于抓住庭审的关键和重点。

二、笔录实务——以庭审笔录为例

庭审笔录是笔录之王，就像庭审是案件审理的中心，庭审有多重要，庭审笔录就有多重要，在写判决书的时候，甚至庭审笔录比庭审更重要。庭审跟调查不一样，因为有多方当事人参与，它的节奏非常快，因此庭审笔录没有办法和调查笔录一样如果错误太多可以重做。我们期待书记员能够一次性全面的、完美的完成庭审笔录的记录，但是事实上，这种期待往往难以保证。因此，我们有必要来探讨一下庭审笔录的基本要求。

（一）写实性（客观性）要求

法庭审理笔录应当真实客观地反映庭审活动的全部情况，既要反映案件审理过程，又要反映法官主持审理活动的情况，还要反映当事人及其代理人在法庭上举证、陈述的内容和证人作证、鉴定人发言的内容。对法庭审理活动既不能遗漏，也不能作与庭审客观事实不符的增添。对当事人及其他诉讼参与人的发言原则上应当按原话照录。庭审笔录经审判人员和当事人、诉讼参与人签字后即具有证据效力。总之，写实性是庭审笔录最基本的要求。

1. 如何正确对待当事人或代理人的"重复"

当事人及其他诉讼参与人发言内容重复的，应当区别对待。当事人之所以会重复，往往是因为其比较紧张，缺乏经验，对法律的专业性不强，对事实表述的逻辑性不周密而导致的。但是，如果是专职的律师或者法律工作者对某些问题一再重复，则很有可能是他们比较担心书记员没有记录在案或其他原因。如果重复是为了强调其发言内容的重要性，那么也应当全部照录；如果重复是由于表达能力和逻辑思维能力的局限性所致，在不违背原意的情况下，记录时可作适当归纳。

2. 如何记录当事人语焉不详、语意不清之处

应按原话记录，不可随便更改。

3. 是否应当记录庭审过程中的突发事件

对诉讼参与人和旁听人员有妨碍庭审行为和扰乱法庭秩序的情况，也应当在庭审笔录中体现，并可以此作为处罚妨碍诉讼行为的证据。

4. 是否应当记录诉讼参加人攻击性、侮辱性的言行

当事人或代理人有漫骂行为和攻击性、污辱性语言的，应当如实记录；如果经过审判人员训诫认错改正的，可以用概括性的语言对言行、训诫和认识进行简要记载。

5. 如何记录对案件处理的观点性意见

可以用法言法语进行归纳记录。无法准确归纳的，按实记录。

（二）准确性要求

书记员的记录必须要最大限度地还原法庭活动的情况，在记录时，除了把客观性放于首位，还应当精准、凝练地反映法庭活动，做到准确记录。

1. 内容的准确性

记录的内容应准确地反映庭审活动的全过程和庭审的全部内容。

2. 语言的准确性

要准确地记录法官主持庭审、提问当事人、认定证据、阐述裁判理由的语言和当事人及其他诉讼参与人的陈述、辩论语言，证人作证的语言。

3. 用语的规范性

庭审记录的用语应当规范。对法官和诉讼参与人在法庭上活动情况的表述应当简洁、明了、准确。对当事人和其他诉讼参与人在法庭发言时的不规范用语，一般应按其原话记录。

（三）即时性要求

即时性要求指对法庭审理情况应当当场记录，并当庭宣读或提交当事人及其他诉讼参与人当庭阅读。虽然民事诉讼法规定当事人及其代理人可以在5日内阅读，为法院保留了整理庭审笔录的时间，但这只能作为一种例外，并且也不能改变庭审笔录必须与法庭审理同步进行的特性。之所以要对庭审活动当场记录，并把记录内容当庭宣读，或当庭交与当事人及其他诉讼参与人阅读，所有主持庭审的法官、记录人员和参加庭审的人员当场在笔录上签名或盖章或捺印，是因为如此可有效地保证庭审笔录的真实性和客观性，防止事后补记整理时，因记忆或其他原因而对庭审笔录的真实性和客观性带来不利影响，从而影响庭审笔录的权威性。

（四）合法性要求

庭审笔录的合法性包括记录人员身份的合法性、记录过程的合法性和记录形式的合法性。庭审笔录人员必须由人民法院的书记员担任。书记员是人民法院组织法规定的人民法院工作人员，其职责亦由法律规定。书记员必须经过法定程序任命。出庭担任记录的书记员的身份必须在法庭上由审判长或独任审判员宣布，并且应征询当事人对其是否申请回避。

记录过程的合法性要求书记员在记录期间不得离开法庭，当场记录，不能临时由他人代替。其记录的全过程必须置于当事人及其他诉讼参与人的视线范围之内。记录形式的合法性要求庭审笔录必须有审判人员、书记员、当事人及其他诉讼参与人签名或盖章或捺手

印。当事人及其他诉讼参与人拒绝签名盖章的，记明情况附卷。庭审笔录上有涂改补正的地方，应由有关当事人和诉讼参与人签字或捺手印。

特别要求：当事人在庭审笔录的每一页上都签名或捺印，防止当事人对笔录的真实性有争议。

（五）权威性要求

庭审笔录的权威性除了来源于庭审活动本身的权威性外，还来源于书记员身份的合法性、笔录产生过程及形式的合法性、笔录内容的写实性、庭审笔录地位作用的不可替代性。正是其按照法律规定的程序，真实地记录了庭审的全部过程和内容，并且具有检验法院裁判正确与否的参照依据的作用，因此具有极大的权威性。

第五章　审结后的工作

案件审结后的相关工作是指在案件相关裁判文书送达当事人或向当事人宣判后,书记员需要办理的有关事项。立卷归档是案件审结后最主要、最核心的工作,若案件当事人提出上诉,或申请执行,则有上诉案件的移送,执行案件的移送、调卷、退卷等事项;在民事案件和行政案件当中,还需处理诉讼费用的结算事宜。

一、立卷工作的意义

人民法院立卷工作具有以下几方面的重要意义:

（一）诉讼案卷材料反映了人民法院贯彻执行国家法律、法规的情况

人民法院的各类诉讼文书,是国家重要的专业文书之一,它所形成的诉讼档案,是人民法院审判活动的真实记录,反映了人民法院贯彻执行党的路线、方针、政策和国家法律、法令的情况以及人民法院的基本职能,又是人民法院进行审判活动的重要依据和必要条件。

（二）诉讼案卷是人民法院进行审判活动的重要依据和必要条件

按照法律规定,我国对诉讼活动设置了一审程序、二审程序、审判监督程序。各个程序之间相互关联,其中重要的桥梁是诉讼档案的衔接,一审程序中形成的文书将是二审程序和再审程序中的重要依据,如果没有立卷工作,人民法院的诉讼材料将随审判工作的结束而消失,二审或再审程序的启动就缺少必要的资料。

（三）立卷工作是法律科学研究的需要

诉讼案卷材料是法律科学研究的第一手资料,无论是法院自身总结审判经验,还是法学专家、学者对法律问题进行研究,都必须把诉讼案卷作为基本资料。近年来,判例研究成为法学研究的重要方法之一,如果没有立卷工作所形成的诉讼案卷材料,法学专家、学者的判例研究工作就无法开展。

二、立卷归档的要求

人民法院立卷工作应当遵循以下要求:

（一）根据案件类别立卷

按照法律规定,案件类别从大的方面可以分为刑事、民事、行政三大类,在立卷过程中,应将三大类案件的诉讼文书分别整理归档。

（二）一案一号,单独立卷

在诉讼活动过程中,每个案件都会根据年度、审级的不同确定一个独立的编号,有些

案件可能会涉及相同的当事人，但是编号各异。因此，在立卷过程中，应该根据具体的编号单独立卷，将各编号项下形成的法律文书、公文、函件等诉讼文书分别入卷成册，不能混同。

（三）利于保密，正、副分卷

为了审判工作需要，在人民法院中形成的诉讼文书材料，按照规定，有些是不宜公开的。在立卷过程中，应按照有利于保密、方便利用的原则，分别立为正卷和副卷。不宜公开的有关文书应入副卷。

（四）按照时间顺序排列文书

诉讼文书的排列，《人民法院诉讼档案管理办法》有明文规定，总的要求是按照诉讼程序的客观进程形成文书时间的自然顺序，兼顾文件自身的有机联系进行排列。

（五）诉讼文书必须用标准的 A4 办公纸

为了美观、便于利用，《人民法院诉档案管理办法》的附件《人民法院诉讼文书材料立卷规范》第十三条规定："入卷的诉讼文书材料一般以 A4 办公纸为标准，纸张过大的要折叠，纸张过小、订口过窄或者有字迹的要粘贴衬纸。纸张破损的要进行修补。"

三、立卷归档对书记员的职业素养要求

（一）认真、仔细、负责

人民法院在审判活动中形成的诉讼文书，是审判活动的真实记录，反映了人民法院贯彻执行国家法律、法规的情况以及人民法院的基本职能，也是人民法院进行审判活动的主要依据和必要条件。书记员在处理审结后相关事项的过程中一定要认真、负责、仔细、严格依照规定办理有关事项。

（二）熟悉立卷归档的有关文件

最高人民法院下发了《人民法院诉讼档案管理办法》，该办法对立卷归档的有关事项进行了详细地规定，书记员在办理立卷归档事项前应该熟悉该办法的有关规定。

（三）具备很强的时间观念

《人民法院诉讼档案管理办法》第六条规定："各级人民法院审判业务部门应当在案件办理完毕后三个月内，将全案诉讼文书材料、电子文件、庭审录音录像等移交归档。因特殊情况需要延期归档的，最迟不得超过六个月。"书记员应该熟知该规定，并在具体工作中严格遵照执行。

下篇 实务操作

第一章 民事案件

第一节 案件审理前的工作

一、起诉与受理

参见《民事诉讼法》第一百一十九条至一百二十四条。

（一）收　案

1. 收到案件后应检查的材料

每起案件都是在立案庭予以审查立案，案件从立案庭转到审判庭后，由内勤经庭长签发分发到各审判员的。随后书记员应检查卷宗相应内容是否齐备，如案件流程表、立案卡（立案卡上立案庭是否盖章，庭长是否签注承办法官）、立案清单、预交费单是否在卷内，是否按当事人人数提供起诉书副本份数，审查当事人及诉讼代理人的身份证明材料（如居民身份证复印件、营业执照复印件、组织机构代码证、法定代表人身份证明书、授权委托书、律师事务所函、律师执业证书复印件等），发现有遗漏，则在通知其领取其他诉讼材料时一并要求补齐到位，以避免在开庭后才发现遗漏，有可能发生当事人不予配合的情况。

2. 收案登记

收案登记需注明以下项目：案号、案由、当事人姓名、立案日期、承办法官姓名、合议庭其他人员姓名、本庭登记时间、结案的方式和时间（待后填写）。要根据各院的案件流程管理的要求对相关项目进行登记和录入。

3. 向法官报告来案的注意事项

（1）争议类型和案由。

民商事案件的常见争议类型：人格权案件、合同案件、婚姻家庭案件、物权案件、侵权案件等。

民商事案件的常见案由："人格权纠纷"案由、"婚姻家庭纠纷"案由、"继承纠纷"案由、"不动产登记纠纷"案由、"物权保护纠纷"案由、"所有权纠纷"案由、"用益物权纠纷"案由、"担保物权纠纷"案由、"公司、企业相关合同纠纷"案由、"破产纠纷"案由、"侵权责任纠纷"案由等。

（2）争议焦点。

常见争议类型中的争议焦点：

以民间借贷纠纷为例。

①民间借贷关系是否有效。

a. 借款用途是否合法会影响到合同的效力，如果出借人明知借款人将借款用于非法用途，就很可能导致合同无效。

　　b. 出借人对于借款用途是否知情，需要双方当事人进行举证说明。

　　c. 借款行为被认定为诈骗、非法吸收公众存款、集资诈骗等犯罪行为，借款将被认定无效。

　　②原告起诉是否超过诉讼时效。

　　a. 借款发生的时间。

　　b. 约定的还款时间。

　　c. 原告向被告主张要求偿还借款的时间。

　　d. 被告在此期间是否向原告偿还本金或者定期偿还利息。

　　③双方约定借款的数额、借款用途、利息计算、偿还时间、担保等问题。

　　a. 是否有借款合同明确约定。

　　b. 是否有证人、事后商谈记录等证据能够说明约定情况。

　　④借款支付的事实、支付的数额、支付时间。

　　a. 款项支付中是否存在预先扣除利息的情况。

　　b. 借款人收到借款时向出借人出具的收款条、欠条。

　　c. 出借人向借款人通过银行支付款项后，调取的银行转账凭证、银行交易对账单。

　　d. 证人证言、电话录音等证据证明上述争议事项。

　　⑤偿还本金、利息数额。

　　a. 出借人收到利息或本金后，向借款人出具的收条。

　　b. 银行转账凭证、银行交易对账单。

　　c. 证人证言、录音等证明本息偿还的情况。

　　⑥担保的约定及担保实际履行情况。

　　a. 担保方式是否约定明确。

　　b. 抵押担保是否办理了登记手续。

　　c. 质押物品是否完成了交付。

　　⑦借款本息催要的事实情况（含向担保人主张权利）。

　　a. 催要的方式。

　　b. 是否有证据证明催要情况。

　　⑧双方是否存在其他关系干扰本案事实认定。

　　a. 出借人与借款人之间是否存在其他经济往来关系。

　　b. 其他经济往来款项支付是否与借款支付、本息偿还能够严格区分，是否有证据证明。

　　⑨其他案件事实。

　　a. 出借人与借款人的关系。

　　b. 出借人款项的来源。

　　c. 借款合同、借条等书面资料起草人、起草的背景、签订的时间和地点。

　　d. 款项支付的背景。

　　e. 借款人的款项用途是否符合双方约定。

　　f. 出借人是否督促过借款人按照借款用途使用款项。

g. 出借人与借款人借款事务办理是否存在惯例，惯例对案件事实认定的影响。

（二）归纳争议焦点的方法

1. 排除法

案件争议焦点的归纳是在庭审过程中作出的，应首先认真听取原、被告的诉辩主张，归纳出双方当事人无争议的部分，排除不构成或推定不构成争议焦点的事实，然后对于双方陈述有争议的部分划定主次，主要争议的哪些事实可以确定为争议焦点。对争议焦点的归纳，是一个逐步需要认知的过程，不可能一蹴而就，尤其对一些法律关系较为复杂的案件，在审理程序安排上可以分阶段进行，通过庭审前阅卷初步了解案情，需要的话进行庭前证据交换来部分排除，这样到法庭调查和法庭辩论阶段就会逐步形成，如此对争议焦点的层层筛选，能更为准确。

2. 类案分析法

我国虽然不适用判例法，但判例的指导作用是显而易见的，也是准确适用法律的有效方法，对于指导法官归纳争议焦点，特别对案情复杂、法律适用困难的案件，分析类似案例，吸取经验，能更有效地归纳出争议焦点。

3. 要件分析法

按照民事法律行为的构成要件，通盘依次检查，能够全面、准确地归纳案件争议焦点。比如在侵权纠纷案件中，法官首先明确侵权民事法律行为的构成要件即损害事实、过错及因果关系，对照构成要件依次排查，双方当事人没有争议的作为案件事实予以认定，当事人有争议的就应当作为争议焦点，来统领当事人举证、质证、辩论和认证，就会使庭审过程结构清晰，逻辑严密，取得好的庭审效果。

4. "倒推法"

这是参照中学时期解几何题经常用的"倒推法"，即倒着推理。正常推理是根据已知的条件推出结论，倒着推理是根据结论向前推出应具备的条件，"倒推法"在寻找争议焦点上效果也不是蛮不错的。以某污染环境致人损害案件为例：原告主张被告实施露天焚烧秸秆的行为，被告吸入混合性气体引发中毒性肺炎住院治疗，要求被告赔偿损失，我们先假设原告的主张能够成立，查明两个事实即被告有污染环境的行为、被告人身受到损害，至于两者之间的因果关系就是被告需要举证的部分了。"倒推法"思维方式，其实是要件法分析法的一个延伸，也可以称为逆向要件分析法。

5. 综合判断法

为了避免片面适用某一种方法，造成归纳争议焦点不准确，庭审法官可以分别适用上述方法，进行筛选，必要时充分利用合议制度、定期的案件讨论例会等方式，各抒己见，切实保证案件争议焦点的归纳质量。

二、送　达

参见《民事诉讼法》第八十四条至九十二条。

（一）需要送达的材料和时限

待庭长确定案件承办人后，应当及时准备副本及相关送达材料，应当根据民事诉讼法规定在立案之日起五日内将起诉状副本送达被告，同时送达被告的文书有：应诉通知书、举证通知书、传票、合议庭组成人员告知书（普通程序）、诉讼风险提示书、授权委托书、法定代表人身份证明书。应该送达原告的文书有：举证通知书、合议庭组成人员告知书（普通程序）、传票。送达之后需由被送达人在送达回证上签字。

如被告提交答辩状，应要求他注明提交时间，并应根据民事诉讼法的规定在收到答辩状之日起五日内将答辩状副本送达原告。普通程序审理的案件，合议庭组成人员确定后，应当在三日内送达、被告及第三人合议庭组成人员告知书。开庭时间确定后，应当在开庭三日前送达当事人和其他诉讼参与人开庭传票或出庭通知书（合议庭组成人员及开庭时间在送达被告起诉状副本等材料和送达原告举证通知书前就已经确定的，可以一并送达），并同时将开庭公告打印出来附卷。

如有追加当事人，由法官决定后，书记员送达追加当事人通知书及以上应送达材料。

小贴士：送达时最好能留下当事人的身份证复印件，以防后期开庭时当事人不出庭，而难以确认当事人身份。

【应诉通知书示例】[①]

××省××市××区人民法院
应诉通知书

（××××）　×××字第××号

×××：

本院已受理×××（原告或者上诉人的姓名或名称）诉你方×××（案由）纠纷一案，现发送×诉状副本一份，并将有关事项通知如下：

一、当事人在诉讼过程中，有权行使《中华人民共和国民事诉讼法》第四十九条、第五十条、第五十一条等规定的诉讼权利，同时必须遵守诉讼秩序，履行诉讼义务。

二、你方应当在收到×诉状之日起十五日（涉外案件为三十日）内向本院提交答辩状一式×份。

三、法人或者其他组织参加诉讼的，应当提交法人或者其他组织资格证明以及法定代表人身份证明书或者负责人身份证明书。自然人参加诉讼的，应当提交身份证明。

四、需要委托代理人代为诉讼的，应当提交由委托人签名或者盖章的授权委托书，授权委托书应当依照《中华人民共和国民事诉讼法》第五十九条的规定载明委托事项和权限。

××××年××月××日
（院印）

说明

本通知书送达被告或者被上诉人。

[①] 本书所提供的范本示例均参考《法院诉讼文书格式样本》（中国市场出版社，2013年版），所涉及的法律简称遵从该书，未作变动。

【举证通知书示例】

××省××市××区人民法院
举证通知书

(××××)　×××字第××号

根据《中华人民共和国民事诉讼法》和《最高人民法院关于民事诉讼证据的若干规定》，现将有关举证事项通知如下：

一、当事人应当对自己提出的诉讼请求所依据的事实或者反驳对方诉讼请求所依据的事实承担举证责任。当事人没有证据或者提出的证据不足以证明其事实主张的，由负有举证责任的当事人承担不利后果。

二、向人民法院提供证据，应当提供原件或者原物，或经人民法院核对无异的复制件或者复制品。并应对提交的证据材料逐一分类编号，对证据材料的来源、证明对象和内容作简要说明，依照对方当事人人数提出副本。

三、申请鉴定，增加、变更诉讼请求或者提出反诉，应当在举证期限届满前提出。

四、你方申请证人作证，应当在举证期限届满的十日前向本院提出申请。

五、申请证据保全，应当在举证期限届满的七日前提出，本院可根据情况要求你方提供相应的担保。

六、你方在收到本通知书后，可以与对方当事人协商确定举证期限后，向本院申请认可。

你方与对方当事人未能协商一致，或者未申请本院认可，或本院不予认可的，你方应当于××××年××月××日前向本院提交证据。

七、你方在举证期限内提交证据材料确有困难的，可以依照《最高人民法院关于民事诉讼证据的若干规定》第三十六条的规定，向本院申请延期举证。

八、你方在举证期限届满后提交的证据不符合《最高人民法院关于民事诉讼证据的若干规定》第四十一条、第四十三条第二款、第四十四条规定的"新的证据"的规定的，视为你方放弃举证权利。但对方当事人同意质证的除外。

九、符合《最高人民法院关于民事诉讼证据的若干规定》第十七条规定的条件之一的，你方可以在举证期限届满的七日前书面申请本院调查收集证据。

附：1. 存在《最高人民法院关于民事诉讼证据的若干规定》（以下简称《证据规定》）第四条或者第五条、第六条规定的情形的，审判人员可以针对不同案件情况填写。

2. 如当事人可能提供域外形成的证据的，审判人员应当根据《证据规定》第十一条、第十二条的规定，填写相关内容。

3. ……（审判人员认为有必要的，可以根据案件的具体情况，指定当事人提供与本案有关的证据）。

××××年××月××日

（院印）

【说明】

本通知书适用于一审诉讼程序。

人民法院指定举证期限时,应当指定举证期限届满的时间。后收到通知书的一方当事人举证期限不足 30 日的,自其收到通知书起第 31 日为举证期限届满的时间。

注:

1. 适用简易程序的,当事人申请的时间可以不受十日的限制。
2. 适用简易程序的,当事人申请的时间可以不受七日的限制。

【传票示例】

××省××市××区人民法院
传　票

案　号	（　）字第　号
案　由	
被传唤人	
送达地址	
传唤事由	
应到时间	
应到场所	

注意事项:

1. 被传唤人必须准时到达应到场所。
2. 原告收到本传票后无正当理由拒不到庭,人民法院可以按撤诉处理;被告收到本传票后无正当理由拒不到庭,人民法院可以根据原告的诉讼请求及双方已经提交给法庭的证据材料缺席判决。
3. 适用简易程序审理的民事案件可以当庭宣判。当庭宣判的,人民法院可以当庭送达裁判文书;当庭不能送达的,人民法院将告知当事人领取裁判文书的时间和地点,逾期不来领取的,不影响上诉期间的计算。

审判员:

年　月　日

(二) 送达方案

《民事诉讼法》第八十四条至第九十二条集中规定了民商事案件送达的方式,可以分为直接送达、留置送达、邮寄送达、电子送达、委托送达、转交送达、公告送达七种方式。

在司法实践中，根据不同案件的不同情况，可以制订不同的送达方案。

1. 通信送达

包括直接送达、委托送达、邮寄送达和电子送达四种方式。

（1）直接送达：这里的直接送达在司法实践中表现为，采用多种通信手段通知当事人及其代理人，由其到法院来直接领取其被送达诉讼文书的方式。

（2）委托送达：法院直接送达有困难，委托其他法院代为送达的送达方式。它是直接送达的补充。严格意义上讲委托送达不是一种独立的送达方式，它只是法院相互间的协助行为而已。

（3）邮寄送达：法院送达人员将应送达的诉讼文书通过邮寄方式交受送达人的送达方式。

（4）电子送达：在受送达人同意的情况下，人民法院可以采用传真、电子邮件等当前较为方便快捷的方式送达诉讼文书，但判决书、裁定书、调解书除外。

2. 上门送达

包括直接送达、留置送达两种方式。

（1）直接送达：这里的直接送达在司法实践中表现为，由审判人员、书记员直接将应送达的诉讼文书送到被送达人的住所交付给受送达人本人、代理人或同住成年家属、单位的法定代表人的送达方式。

（2）留置送达：受送达人对法院直接送达的诉讼文书拒绝签收，送达人在邀请相关组织的人员到场后，由相关人员见证将诉讼文书留置在受送达人住所而完成送达的方式。

小贴士：上门送达时最好采用拍照或执法记录仪留下送达的证据，以避免当事人与法院之间因送达问题发生纠纷。

3. 公告送达

又叫拟制送达。指在报纸或其他载体上刊登公告，经过一定期限即产生送达效果的送达方式。

（三）排期开庭

书记员需积极与审判人员沟通交流，确定开庭日期，发出开庭公告，并在开庭日期前做好相应准备工作。

（四）送达回证的填写

送达回证一定要按栏目要求认真填写，案由、案号、被送达人、送达时间、送达文书及份数、送达人，缺一项都是不规范的诉讼行为。除了共同诉讼的当事人比如是一家人（没有利益冲突）等以外，一份送达证只针对送达一个当事人或其他诉讼参加人，不能将当事人及其他诉讼参加人一并填写在一份送达证上，比如原告（姓名）及其委托代理人（姓名）填在一起。送达给当事人的文书材料，被送达人一栏必须填写该当事人的姓名，不能因为其委托代理人代为签收，或者被送达人名称太长不想填写，而填写委托代理人的姓名。留置送达的，留置时间要填写上去。当事人签收法律文书要加盖手印（法人法定代表人、代理人、律师不用盖手印），送达证开头处要加盖庭室印章。

（五）填写送达证时常出现的问题

送达回证未填写被送达人；无送达时间；送达给当事人的，比如法人，可能有些书记员认为法人的名称太长，不想写，被送达人一栏上只写其委托代理人。

【送达回证示例】

××省××市××区人民法院
送达回证

案　　由		案　号	（　）字第　　号
传送文书名称和件数			
受送达人			
送达地址			
受送达人签名或捺印			
代收人及代收理由			
备考			

三、财产保全

参见《民事诉讼法》第一百条至一百零五条。

（一）诉中财产保全

1. 启　动

当事人申请、法院认为有必要。

2. 审　批

依申请进行的保全，过程中需要制作笔录，确认申请保全的财产（限于请求的范围或与本案有关的财物）并可以要求申请人提供相应数额的担保财产，申请人不提供担保的，裁定驳回申请。

3. 文书制作

决定保全后，制作保全裁定文书、协助执行通知书及送达回证。

4. 实施保全

（1）方式：查封、扣押、冻结或法律规定的其他方法。

（2）需携带的证件：两名执行保全措施的法院干警的执行公务证、工作证原件及复印件。

（3）送达协助保全单位的材料：保全裁定、协助执行通知书、送达回证。

将上述材料送达协助单位后，要求其向人民法院提供保全实施情况的回执，并将送达回证签收后收回。

（5）常见协助执行单位：住房保障和房地产管理局、银行、车辆管理所等。

5. 完成保全

完成保全后将保全裁定书送达各当事人。

（二）诉前财产保全

参见《民事诉讼法》第一百零一条，过程参照前述诉中财产保全的流程。

四、证　据

（一）证人出庭作证

根据《民事诉讼法解释》第一百一十七条至一百一十九条规定：

（1）当事人申请证人出庭作证的，应当在举证期限届满前提出。

（2）符合本解释第九十六条第一款规定情形的，人民法院可以依职权通知证人出庭作证。

（3）未经人民法院通知，证人不得出庭作证，但双方当事人同意并经人民法院准许的除外。

（4）《民事诉讼法》第七十四条规定的证人因履行出庭作证义务而支出的交通、住宿、就餐等必要费用，按照机关事业单位工作人员差旅费用和补贴标准计算；误工损失按照国家上年度职工日平均工资标准计算。

（5）人民法院准许证人出庭作证申请的，应当通知申请人预缴证人出庭作证费用。

（6）人民法院在证人出庭作证前应当告知其如实作证的义务以及作伪证的法律后果，并责令其签署保证书，但无民事行为能力人和限制民事行为能力人除外。

（7）证人签署保证书适用本解释关于当事人签署保证书的规定。

（8）证人拒绝签署保证书的，不得作证，并自行承担相关费用。

（二）法院调查取证

（1）启动。
①当事人申请调取。
②法院依职权调取。

（2）准备的材料。
①向银行调取：协助查询函、两名干警的执行公务证、工作证的原件和复印件。
②向其他单位调取：调取证据函、两名干警的执行公务证、工作证的原件和复印件。

（3）调取证据人员：有执行公务证和工作证的两名正式干警。

（4）调取证据需到银行部门专门柜台或其他单位办公室、法务部门调取。

（5）调取的证据如果是可复印的纸质文件，复印后加盖公司骑缝印章；如果无纸质材料的，须向知情人做一份询问笔录，并在询问笔录上签字按手印。

（三）证据材料相关表格

（1）《民事诉讼法》第六十五条第二款、第三款规定："人民法院根据当事人的主张和案件审理情况，确定当事人应当提供的证据及其期限。当事人在该期限内提供证据确有困难的，可以向人民法院申请延长期限，人民法院根据当事人的申请适当延长。"

【准予/不准延长举证通知书示例】

××省××市××区人民法院
通 知 书
（准许延长举证期限申请）

（××××） ×××字第××号

×××：

你方与××××（对方当事人的姓名或者名称及案由）纠纷一案，×××（申请人的姓名或者名称）于××××年××月××日以……（申请延长举证期限的理由），在举证期限内提交证据确有困难为由，向本院申请延期举证。

经审查，×××（申请人的姓名或者名称）的申请符合《最高人民法院关于民事诉讼证据的若干规定》第三十六条的规定，本院予以准许。延长本案举证期限至××××年××月××日。

××××年××月××日
（院印）

××省××市××区人民法院
通 知 书
（不予准许延长举证期限申请）

（××××） ×××字第××号

×××：

你方与××××（对方当事人的姓名或者名称及案由）纠纷一案，×××（申请人的姓名或者名称）于××××年××月××日以……（申请延长举证期限的理由），在举证期限内提交证据确有困难为由，向本院申请延期举证。

经审查，×××（申请人的姓名或者名称）申请延长举证期限的理由不成立，根据《最高人民法院关于民事诉讼证据的若干规定》第三十六条的规定，本院不予准许。

××××年××月××日
（院印）

【说明】

一、本通知书适用于《证据规定》第三十六条的情形。

二、本通知书送达申请人。本通知书的内容，人民法院可以口头方式告知申请人，并记入笔录，由当事人或代理人签名。

【准许/不予准许当事人变更举证期限申请通知示例】

××省××市××区人民法院
通　知　书
（准许/不予准许当事人变更举证期限申请）

（××××）　×××字第××号

×××：

你方与××××（对方当事人的姓名或者名称及案由）纠纷一案，本院于××××年××月××日向你方发出举证通知书，指定你方于××××年××月××日前向本院提交证据。现你方与×××（对方当事人的姓名或者名称）协商确定双方于××××年××月××日前完成举证，并向本院申请认可。

经审查，本院予以准许（或"不予准许"）。

××××年××月××日
（院印）

××省××市××区人民法院
通　知　书
（因公告送达变更举证期限）

（××××）　×××字第××号

×××：

你方与××××（对方当事人的姓名或者名称及案由）纠纷一案，因……（根据案件涉及的"受送达人下落不明，或者以其他方式无法送达"的具体情况填写），本院现以公告方式向其送达有关诉讼文书。本案举证期限届满之日变更至××××年××月××日。逾期提供证据的，视为放弃举证权利。

××××年××月××日
（院印）

【说明】

一、变更后的举证期限届满日应自公告期届满之日起不少于30日。

二、本通知书送达公告送达的受送达人之外的当事人。

××省××市××区人民法院
通 知 书
（因追加当事人或有独立请求权第三人参加诉讼变更举证期限）

（××××） ×××字第××号

×××：

　　你方与××××（对方当事人的姓名或者名称及案由）纠纷一案，因……（根据案件涉及的"追加当事人"或者"××作为有独立请求权第三人参加诉讼"具体情况填写，并应当写明追加的当事人的名称及诉讼地位），本院决定本案举证期限届满之日变更至××××年××月××日。逾期提供证据的，视为放弃举证权利。

××××年××月××日
（院印）

（2）《民事诉讼法》第六十六条：人民法院收到当事人提交的证据材料，应当出具收据，写明证据名称、页数、份数、原件或者复印件以及收到时间等，并由经办人员签名或者盖章。

【证据收据示例】

××省××市××区人民法院
证据收据

（××××） ×××字第××号

　　今收到×××（提交证据的当事人的姓名或者名称）提交的证据……（单一证据可填写证据名称。如证据较多，可表述为"参见附录"）一式××份。

签收人：×××
××××年××月××日

附　录

序　号	证据名称	份　数	页　数	原件/复制件	证明目的	备　注

（3）《民事诉讼证据规定》第三条第二款规定：当事人因客观原因不能自行收集的证据，可申请人民法院调查收集。

　　《民事诉讼证据规定》第十八条规定：当事人及其诉讼代理人申请人民法院调查收集证据，应当提交书面申请。申请书应当载明被调查人的姓名或者单位名称、住所地等基本情况、所要调查收集的证据的内容、需要由人民法院调查收集证据的原因及其要证明的事实。

【准许/不予准许调查取证通知示例】

××省××市××区人民法院
通 知 书
（准许当事人申请法院调查收集证据）

（××××）　×××字第××号

×××：

你方与××××（对方当事人的姓名或者名称及案由）纠纷一案，×××（申请人的姓名或者名称）于××××年××月××日向本院申请调查收集……（当事人申请调查收集的证据的名称）。

经审查，你方的申请符合《最高人民法院关于民事诉讼证据的若干规定》的有关规定，本院予以准许。

××××年××月××日
（院印）

【说明】

一、本通知书送达申请方。

二、本通知书的内容，人民法院可以口头告知当事人，并记入笔录，由申请人签字或者盖章。

××省××市××区人民法院
决 定 书
（不予准许当事人申请法院调查收集证据）

（××××）　×××字第××号

×××：

你方因与××××（对方当事人的姓名或者名称及案由）纠纷一案，于××××年××月××日向本院申请调查收集……（当事人申请调查收集的证据名称）。

经审查，本院认为，……（人民法院不予准许当事人调查收集证据申请的理由）。你方的申请不符合《最高人民法院关于民事诉讼证据的若干规定》第十七条（可根据情况以第十八条或者第十九条为依据）的规定，本院决定不予准许。

如不服本决定，可以在收到本决定书的次日起三日内向本院书面申请复议一次。

××××年××月××日
（院印）

【说明】

本决定书送达申请人。

《民事诉讼证据规定》第十九条第二款规定：人民法院对当事人及其诉讼代理人的申请不予准许的，应当向当事人或其诉讼代理人送达通知书。当事人及其诉讼代理人可以在收到通知书的次日起三日内向受理申请的人民法院书面申请复议一次。人民法院应当在收到复议申请之日起五日内作出答复。

【驳回不予准许调查收集证据申请的复议决定书示例】

××省××市××区人民法院
复议决定书
（驳回不予准许调查收集证据申请的复议）

（××××）　×××字第××号

×××：

你方不服本院（××××）×××字第××号不予准许调查收集证据申请的决定，于××××年××月××日向本院申请复议。提出：……（当事人申请复议的请求和理由）。

经审查，本院认为，……（人民法院作出复议决定的理由）。依照《最高人民法院关于民事诉讼证据的若干规定》第十九条的规定，决定如下：

驳回申请，维持原决定。

××××年××月××日
（院印）

【说明】

本决定书送达申请人。

（4）《民事诉讼法》第七十二条第一款规定：凡是知道案件情况的单位和个人，都有义务出庭作证。

《民事诉讼证据规定》第五十四条第一款、第二款规定：当事人申请证人出庭作证，应当在举证期限届满十日前提出，并经人民法院许可。人民法院对当事人的申请予以准许的，应当在开庭审理前通知证人出庭作证，并告知其应当如实作证及作伪证的法律后果。

【准许/不予准许当事人申请证人出庭作证通知示例】

××省××市××区人民法院

通 知 书

（准许当事人申请证人出庭作证）

（××××） ×××字第××号

×××：
　　你方因与×××（对方当事人的姓名或者名称及案由）纠纷一案，于××××年××月××日向本院申请证人×××（证人的姓名或者名称）出庭就……（证人作证的事项）事项陈述证言。
　　经审查，你方的申请符合《最高人民法院关于民事诉讼证据的若干规定》第五十四条的规定，本院予以准许。

××××年××月××日

（院印）

××省××市××区人民法院

通 知 书

（不予准许当事人申请证人出庭作证）

（××××） ×××字第××号

×××：
　　你方因与×××（对方当事人的姓名或者名称）纠纷一案，于××××年××月××日向本院申请证人×××（证人的姓名或者名称）出庭就……（证人作证的事项）事项陈述证言。经审查，……（不予准许当事人申请的理由），本院不予准许。

××××年××月××日

（院印）

【说明】

　　一、本通知书适用于《证据规定》第五十四条的情形。
　　二、本通知书送达申请人。通知书的内容，审判人员可口头告知申请人，并记入笔录，由当事人或者代理人签字。

【依当事人申请通知证人出庭作证通知书示例】

××省××市××区人民法院
通 知 书
（人民法院依当事人申请通知证人出庭作证）

（××××） ×××字第××号

×××：
　　×××与×××（当事人的姓名或者名称及案由）纠纷一案，×××（申请证人出庭作证的当事人的姓名或者名称）向本院申请你（单位作为证人的，可填写"你单位"）出庭作证，并已经本院准许。你（单位作为证人的，可填写"你单位"）应于××××年××月××日××时××分携带有效身份证明到××（证人作证的地点）出席法庭审理（证人出席证据交换陈述证言的，可表述为"证据交换"），陈述证言。根据《中华人民共和国民事诉讼法》和《最高人民法院关于民事诉讼证据的若干规定》，现将有关事项通知如下：
　　一、凡是知道案件情况的单位和个人，都有义务出庭作证。
　　二、证人应当客观陈述亲身感知的事实，不得使用猜测、推断或者评论性的语言。证人不得宣读事先准备的书面证言。
　　三、证人应当如实作证，并如实回答审判人员和当事人的询问，作伪证的，应承担相应的法律责任。
　　四、证人不得旁听法庭审理，不得与当事人和其他证人交换意见。
　　五、证人的合法权利受法律保护。

××××年××月××日
（院印）

【说明】
　　一、本通知书适用于《证据规定》第五十四条的情形。
　　二、本通知书送达证人。

【人民法院依职权通知证人出庭作证通知书示例】

××省××市××区人民法院
通 知 书
（人民法院依职权通知证人出庭作证）

（××××） ×××字第××号

×××：
　　×××与×××（当事人的姓名或者名称及案由）纠纷一案，本院现通知你（单位作为证人的，可填写"你单位"）作为证人，就……（证人作证的事项）

事项出庭陈述证言。你（单位作为证人的，可填写"你单位"）应于××××年××月××日××时××分携带有效身份证明到××（证人作证的地点）出席法庭审理（证人出席证据交换陈述证言的，可表述为"证据交换"），陈述证言。根据《中华人民共和国民事诉讼法》和《最高人民法院关于民事诉讼证据的若干规定》，现将有关事项通知如下：

一、凡是知道案件情况的单位和个人，都有义务出庭作证。

二、证人应当客观陈述亲身感知的事实，不得使用猜测、推断或者评论性的语言。证人不得宣读事先准备的书面证言。

三、证人应当如实作证，并如实回答审判人员和当事人的询问，作伪证的，应承担相应的法律责任。

四、证人不得旁听法庭审理，不得与当事人和其他证人交换意见。

五、证人的合法权利受法律保护。

××××年××月××日
（院印）

（5）《民事诉讼法》第七十六条规定：当事人可以就查明事实的专门性问题向人民法院申请鉴定。当事人申请鉴定的，由双方当事人协商确定具备资格的鉴定人；协商不成的，由人民法院指定。当事人未申请鉴定，人民法院对专门性问题认为需要鉴定的，应当委托具备资格的鉴定人进行鉴定。

《民事诉讼证据规定》第二十八条规定：一方当事人自行委托有关部门作出的鉴定结论，另一方当事人有证据足以反驳并申请重新鉴定的，人民法院应予准许。

【准许/不予准许重新鉴定申请通知书示例】

××省××市××区人民法院
通 知 书
（准许重新鉴定申请）

（××××）　×××字第××号

×××：

×××（申请重新鉴定的当事人的姓名或者名称）因与×××（对方当事人的姓名或者名称及案由）纠纷一案，对××院委托×××（鉴定机构的名称或者鉴定人员的姓名）所作的鉴定结论有异议，认为……（当事人申请重新鉴定的理由），并于××××年××月××日向本院申请重新鉴定。

经审查，×××（申请人的姓名或者名称）的申请符合《最高人民法院关于民事诉讼证据的若干规定》第二十七条的规定，本院予以准许。

××××年××月××日
（院印）

××省××市××区人民法院
通 知 书
（不予准许重新鉴定申请）

（××××） ×××字第××号

×××：

你方因与×××（对方当事人的姓名或者名称及案由）纠纷一案，对××（原委托鉴定的人民法院名称）院委托××（原鉴定机构的名称或者鉴定人员的姓名）所作的鉴定结论有异议，认为……（当事人申请重新鉴定的理由），并于××××年××月××日向本院申请重新鉴定。

经审查，……（不予准许当事人重新鉴定申请的理由），你方的申请不符合《最高人民法院关于民事诉讼证据的若干规定》第二十七条的规定，本院不予准许。

××××年××月××日
（院印）

【说明】

一、本通知书适用于《证据规定》第二十七条规定的情形。

二、本通知书送达申请人。通知书的内容，审判人员可以口头方式告知申请人，并记入笔录，由申请人或者其代理人签字。

(6)《民事诉讼法》第七十九条规定：当事人可以申请人民法院通知有专门知识的人出庭，就鉴定人作出的鉴定意见或者专业问题提出意见。

【准许/不予准许具有专门知识人员出庭协助质证的申请示例】

××省××市××区人民法院
通 知 书
（准许具有专门知识人员出庭协助质证的申请）

（××××） ×××字第××号

×××：

你方与×××（对方当事人的姓名或者名称及案由）纠纷一案，×××（申请具有专门知识的人员出庭的当事人的姓名或者名称）于××××年××月××日向本院申请×××（当事人申请的具有专门知识的人员的姓名）作为具有专门知识的人员出庭，就……（具有专门知识的人员协助质证的事项）事项协助质证。经审查，×××（申请具有专门知识的人员出庭的当事人的姓名或者名称）的申请符合《最高人民法院关于民事诉讼证据的若干规定》第六十一条的规定，本院予以准许。

××××年××月××日
（院印）

【说明】

一、本通知书适用于《证据规定》第六十一条的情形。

二、为程序公正考虑，此通知书送达双方当事人。

××省××市××区人民法院
通　知　书
（不予准许具有专门知识人员出庭协助质证的申请）

（××××）　×××字第××号

×××：

　　你方因与×××（对方当事人的姓名或者名称及案由）纠纷一案，于××××年××月××日向本院申请×××（当事人申请的具有专门知识的人员的姓名）作为具有专门知识的人员出庭，就……（具有专门知识的人员协助质证的事项）事项协助质证。经审查，你方的申请……（人民法院可以根据案件的具体情况，写明不予准许的理由），本院不予准许。

××××年××月××日
（院印）

【说明】

一、本通知书适用于《证据规定》第六十一条规定的情形。

二、本通知书送达申请人。通知书内容，审判人员可口头告知申请人，并记入笔录，由申请人或者代理人签字。

【具有专门知识人员出庭协助质证通知书示例】

××省××市××区人民法院
通　知　书
（具有专门知识人员出庭协助质证）

（××××）　×××字第××号

×××：

　　×××与×××（当事人的姓名或者名称及案由）纠纷一案，×××（申请具有专门知识的人员出庭的当事人的姓名或者名称）向本院申请你作为具有专门知识的人员出庭，就本案涉及的……（具有专门知识的人员协助质证的具体的专门性问题）问题协助其质证。

　　本院经审查已准许×××（申请具有专门知识的人员出庭的当事人的姓名或者名称）的申请。现将有关事项通知如下：

一、你应当于××××年××月××日××时××分携带有效身份证明到××（法庭审理的地点）出席法庭审理。

二、你应当遵守法庭秩序，服从审判人员指挥，不得参与本案与……（具有专门知识的人员协助质证的具体的专门性问题）问题无关的诉讼活动。

三、审判人员和当事人可以对你进行询问。经人民法院准许，你可以与对方当事人申请的具有专门知识的人员就……（具有专门知识的人员协助质证的具体的专门性问题）问题进行对质。

四、你在法庭上可以就……（具有专门知识的人员协助质证的具体的专门性问题）问题对鉴定人进行询问。

××××年××月××日
（院印）

（7）《民事诉讼法》第八十一条规定：在证据可能灭失或者以后难以取得的情况下，当事人可以在诉讼过程中向人民法院申请保全证据，人民法院也可以主动采取保全措施。因情况紧急，在证据可能灭失或者以后难以取得的情况下，利害关系人可以在提起诉讼或者申请仲裁前向证据所在地、被申请人住所地或者对案件有管辖权的人民法院申请保全证据。

【证据保全担保通知书示例】

××省××市××区人民法院
通　知　书
（证据保全担保）

（××××）　×××字第××号

×××：

你方因与××××（对方当事人的姓名或者名称及案由）纠纷一案，于××××年××月××日向本院提出关于……（当事人申请保全的证据名称）证据保全的申请。根据《最高人民法院关于民事诉讼证据的若干规定》第二十三条第二款的规定，你方应当在收到本通知之日起××日内提供……（具体的担保方式。采取何种担保形式，人民法院可根据案件的具体情况指定）作为担保。逾期不提供担保的，视为放弃申请。

××××年××月××日
（院印）

【说明】

本通知书送达申请人。

【证据保全裁定书示例】

××省××市××区人民法院
民事裁定书
(证据保全用)

（××××） ×××字第××号

申请人……（姓名或名称、住所地等基本情况）

被申请人……（姓名或名称、住所地等基本情况）

本院在审理×××与×××（当事人姓名或者名称及案由）纠纷一案中，×××（申请人姓名或者名称）于××××年××月××日向本院提出证据保全申请，请求……（当事人申请对何证据采取何种保全方法，当事人提供担保的，也应当写明）。

本院经审查认为，……（人民法院作出证据保全裁定的理由）。依照《中华人民共和国民事诉讼法》第八十一条、《最高人民法院关于民事诉讼证据的若干规定》第二十四条第一款的规定，裁定如下：

……（保全的证据名称、数量等情况及保全方法）。

审判长　×××

审判员（或独任审判员）×××

审判员　×××

本件与原本核对无异

××××年××月××日

（院印）

书记员

【说明】

本裁定书应当送达申请人以及所涉及的各方当事人或相关的第三人。

【驳回证据保全申请通知书示例】

××省××市××区人民法院
通　知　书
(驳回证据保全申请)

（××××） ×××字第××号

×××：

你方因与×××（对方当事人姓名或名称及案由）纠纷一案中，于××××

年××月××日向本院提出证据保全申请,请求……(当事人申请对何证据采取何种保全方法,当事人提供担保的,也应当写明)。

本院经审查认为,……(作出决定的理由)。依照《中华人民共和国民事诉讼法》第八十一条、《最高人民法院关于民事诉讼证据的若干规定》第二十三条(有其他法律或司法解释规定的,可援引)的规定,本院决定驳回你方的证据保全申请。

××××年××月××日
(院印)

(8)《民事诉讼证据规定》第三十七条规定:经当事人申请,人民法院可以组织当事人在开庭审理前交换证据。

人民法院对于证据较多或者复杂疑难的案件,应当组织当事人在答辩期届满后、开庭审理前交换证据。

【依当事人申请组织证据交换通知书示例】

××省××市××区人民法院
通 知 书
(人民法院依当事人申请组织证据交换)

(××××) ×××字第××号

×××:

你方与××××(对方当事人的姓名或者名称及案由)纠纷一案,经×××(申请人姓名或者名称)申请,本院根据《最高人民法院关于民事诉讼证据的若干规定》第三十七条的规定,决定组织当事人于××××年××月××日××时××分交换证据,你方应准时到×××(证据交换的地点)参加。证据交换之日举证期限届满,逾期提供证据的,视为放弃举证权利。

××××年××月××日
(院印)

【说明】

一、本通知书适用于《证据规定》第三十七条第一款的情形。
二、本通知书送达双方当事人。

【依职权组织证据交换通知书示例】

××省××市××区人民法院
通 知 书
（人民法院依职权组织证据交换）

（××××） ×××字第××号

×××：

你方与××××（对方当事人的姓名或者名称及案由）纠纷一案，由于……（由审判人员根据案件证据较多或复杂疑难的具体情况填写），本院根据《最高人民法院关于民事诉讼证据的若干规定》第三十七条（再次组织证据交换的，应当依据《最高人民法院关于民事诉讼证据的若干规定》第四十条）的规定，决定组织当事人于××××年××月××日××时××分交换证据，你方应准时到××（证据交换的地点）参加。证据交换之日举证期限届满，逾期提供证据的，视为放弃举证权利。

××××年××月××日
（院印）

【不予准许证据交换申请通知书示例】

××省××市××区人民法院
通 知 书
（不予准许证据交换申请）

（××××） ×××字第××号

×××：

你方因与××××（对方当事人的姓名或者名称及案由）纠纷一案，于××××年××月××日向本院申请庭前交换证据。

经审查，本院认为，……（写明不予准许的理由）。对你方的申请，本院决定不予准许。

××××年××月××日
（院印）

【说明】

一、本通知书适用于《证据规定》第三十七条第一款的情形。

二、本通知书送达申请人。本通知书内容，审判人员可口头告知当事人，并记入笔录，由当事人或者代理人签字。

（9）《民事诉讼证据规定》第四十一条第一项规定：一审程序中的新的证据包括：当事人在一审举证期限届满后新发现的证据；当事人确因客观原因无法在举证期限内提供，经人民法院准许，在延长的期限内仍无法提供的证据。

【对新的证据提出意见或者举证通知书示例】

××省××市××区人民法院
通　知　书
（对新的证据提出意见或者举证）

（××××）　×××字第××号

×××：

你方与×××（对方当事人的姓名或者名称及案由）纠纷一案，×××（主张新的证据的当事人的姓名或者名称）依照《最高人民法院关于民事诉讼证据的若干规定》的有关规定向本院提交了新的证据：……（新的证据的名称）。你方应当在××××年××月××日前针对该项新的证据提出意见或者举证。逾期提交证据的，视为放弃举证权利。

××××年××月××日
（院印）

【说明】

一、本通知书适用于《证据规定》第四十五条的情形。

二、本通知书送达提出新的证据的当事人的对方。

（四）鉴　定

参见《民事诉讼法》第七十五条至七十八条。

1. 启　动

当事人申请、法院对专门性问题认为需要鉴定的。

2. 提交鉴定前的准备

（1）通知各方当事人进行鉴定询问，并做笔录，内容为：确认鉴定的范围、各方当事人对提交鉴定的证据进行举质证、协商委托鉴定的机构（协商不成的，由人民法院指定）、确认预交鉴定费用的一方等。

（2）向各方当事人送达《鉴定风险告知书》并由其签收送达回证。

（3）委托鉴定：填写《司法鉴定委托书》，将委托书、鉴定申请书、鉴定询问笔录、鉴定风险告知书送达回证、当事人提交鉴定的证据等相关材料交委托鉴定的部门。

（4）鉴定意见书的送达：待鉴定机构作出《鉴定意见书》并反馈后，将《鉴定意见书》送达各方当事人并签收送达回证。

（5）鉴定人出庭作证。

条件：当事人对鉴定意见有异议或者人民法院认为鉴定人有必要出庭的，鉴定人应当出庭作证。经人民法院通知,鉴定人拒不出庭作证的,鉴定意见不得作为认定事实的根据。

通知:开庭前至少3天向鉴定人员送达《出庭通知书》。

流程及注意事项:参照证人出庭。

第二节 案件审理中的工作

一、开庭准备

(1)检查送达情况,进行诉讼请求的核实或变更。
(2)根据证据目录核对证据材料。
(3)了解案情。
(4)确认当事人情况是否需要做特殊准备。
①确认民族状况和是否需要翻译。
②确认当事人身体情况是否适合开庭。
③确认当事人是否为人大代表、政协委员。
④是否是法定代表人出庭。
⑤冲突是否激烈。
⑥人民陪审员是否能够到庭。
(5)与法官沟通庭审记录要点。
(6)法庭准备。
①调试扩音和录像设备。
②了解旁听人员情况。
③核对当事人情况。

二、开 庭

(1)宣读法庭纪律。
(2)请合议庭入席。
(3)报告到庭情况。
(4)庭审记录。

三、调解案件的处理

(一)立案阶段

书记员在案件中是最先接触当事人的人员。在庭前调解中,书记员应当发挥这一特点,这也是庭前调解工作的充分体现。基层人民法院特别是人民法庭,往往由书记员负责立案工作,书记员在立案时除审查当事人的立案条件外,还应当向当事人贯彻调解的理念。在立案询问当事人时,充分了解当事人的情况,告知当事人可以调解结案,并将调解结案的好处告知当事人,比如可充分化解当事人之间的矛盾、可节约审判资源减轻讼累、调解结案可得时履行、调解结案受理费可减半收取,减轻经济负担等,让当事人知道调解结案的好处，从而发自内心愿意配合审判人员做好调解工作。从立案环节就已经让当事人知道可以通过调解的方式结案，并且调解对其自身有大量的好处。

（二）送达阶段

送达对调解工作也是非常重要的一个环节。在送达法律文书时，也可发挥书记员最先了解案情和接触当事人的优势。书记员在送达法律文书时，已经初步了解了原告的诉讼请求和基本的案件事实，在送达文书时，就可向被告同样贯彻调解的优势，让当事人知道调解结案对其自身的利弊，从而自愿选择以调解的方式结案。如果不能及时调解结案，也可以通过送达法律文书，了解到被告对案件诉讼请求的意见和提出对案件处理的一些要求。将此信息反映给审判员，为审判员下一步有针对性的调解工作打下基础。

（三）审理阶段

民商事案件在审理过程中，审判人员往往会通过调解来解决案件。调解过程中可由书记员与审判人员相互配合，在审判员做调解工作陷入僵局时，可以换由书记员来做当事人的工作。通过书记员的专业知识，以及对案情的了解和优先接触当事人建立起来的信任，换一个角色对当事人做思想工作，可能会起到不同的效果，比审判员一个人唱独角戏要好得多。

四、笔录的记录

书记员随时都要跟随承办法官外出办案，办案过程中可能会涉及财产保全、调查、调解等情况，这就可能会记录保全笔录、调查询问、勘验笔录、调解笔录等。

小贴士：外出办案，注意携带办公用品，包括空白纸和笔录纸，笔、印泥、胶水、执法记录仪等，以备不时之需。执法记录仪从进入办案场所时即可开启。

（一）调查（询问）等笔录

书记员跟随承办法官外出办案除带相关办公用品外，还需要准备介绍信，取证时要向被调查人或单位出示工作证，记录时首先在笔录中明确阐述：我们是×××法院的工作人员，现针对原告×××诉被告×××一案，有些情况向你（们）进行核实，希望你（们）如实阐述，并按《民事诉讼法》及《民事诉讼证据规定》的规定，交代作伪证的利害关系。笔录制作完后应交被调查人阅读，在笔录末由被调查人写上"本人已阅属实。"字样，并由被调查人和调查人签署姓名和时间并捺手印，笔录修改的地方或未修改的页码均让被调查人署名并捺手印（法人法定代表人、代理人、律师不用盖手印）。

【调查（询问）等笔录范本示例】

××省××市××区人民法院
调查（询问）笔录

时间：××××年××月××日×午××时
地点：××市××区××处
调查人：×××　　　　　　　，记录：×××
被调查人：×××（基本身份情况，包括身份证号码、联系电话等）

调查过程及内容记录如下：

本人已阅属实。

被调查人（签名及时间）：

调查人签名（签名及时间）：

（二）调解笔录

调解笔录分为庭前调解笔录和开庭后调解笔录，庭前调解笔录，首先应告知当事人原告×××诉被告×××一案，由×××法官主持调解，由书记员×××担任记录，调解本着自愿合法的原则进行，告知双方当事人回避的权利，并征询是否提出回避，如答辩期限或举证期限未到而进行调解的，还应征询被告方是否放弃答辩期限，征询双方当事人是否放弃举证期限（这部分承办法官没有做，书记员也应当记录进去）。开庭后的调解笔录，无须交代和征询回避，也无须征询答辩期限和举证期限（因为庭审时已经征询过）。开庭后调解笔录，书记员应将当事人达成的调解协议整理归纳后记录下来，并宣读给双方当事人，征询当事人双方对上述协议有无异议。笔录制作完后应交由当事人阅读，由当事人签署姓名和时间并捺手印，笔录修改的地方或未修改的页码均让当事人署名并捺手印（法人法定代表人、代理人、律师不用捺手印），随后将笔录交由审判员及书记员署名，如果系当即履行完毕不需要制作调解书的案件，还应在审判员、书记员签名处加盖院印。如果系协议生效的案件，书记员在笔录中记录："双方当事人一致同意本调解协议，自双方在调解协议上签名或捺印后即具有法律效力。"书记员一定要提醒审判人员该案系协议生效的案件，避免出现调解书生效与书记员记录的调解笔录生效不一致。审判员将调解书制作完毕后，书记员应进行核对，调解书中的调解协议内容是否与调解笔录记录的调解协议内容一致，调解书生效是否一致。

【调解书格式范本示例】

××省××市××区人民法院
调解笔录

时间：××××年××月××日×午××时
地点：××市××区××处
主持调解法官：　　　　　　　　书记员：
案由：
原告：×××（基本身份情况）
被告：×××（基本身份情况）

调解过程及内容记录如下：

×××（法官）：原告×××诉被告×××一案，由×××法官主持调解，由书记员×××担任记录，调解本着自愿合法的原则进行，告知双方当事人回避的权利，并征询是否提出回避，如答辩期限或举证期限未到而进行调解的，还应征询被告方是否放弃答辩期限，征询双方当事人是否放弃举证期限。开庭后的调解笔录，无须交代和征询回避，也无须征询答辩期限和举证期限（因为庭审时已经征询过）。

　　……

　　本案在审理过程中，经本院主持调解，双方当事人自愿达成如下协议：

　　……（写明协议的内容）

　　……（写明诉讼费用的负担）

　　（协议生效的还应记录：双方当事人一致同意本调解协议自双方在调解协议上签名或捺印后即具有法律效力。）

　　×××（法官）：原、被告对上述协议有无异议？

　　原告：无异议。

　　被告：无异议。

　　原告署名及时间
　　被告署名及时间

审判员　　×××
二〇一四年四月十日
书记员　　×××

（三）开庭及庭审笔录

　　首先，书记员应提前15分钟到法庭，等候双方当事人。如双方当事人到庭，则立即核对当事人、委托代理人和法定代表人的身份。亲属公民代理人出庭应出示其身份证原件并提交当事人的委托书；非亲属公民代理人的应出示其身份证原件，提交当事人的委托书、社区推荐函；律师代理人出庭应出示其律师证原件并提交当事人委托书和律师事务所所函及代理证。

　　核对当事人基本情况，应按以下顺序进行：当事人姓名、性别、出生年月日、民族、文化程度、籍贯、职业、住址、身份证号码。核对时应尽量详细、准确，特别是当事人的身份证号码，一定要核对准确。

　　其次，待合议庭到庭后，书记员宣读法庭纪律，而后宣布全体起立，请合议庭入席。待审判长宣布坐下后，书记员应面向审判长向其汇报当事人的到庭情况，告之庭前准备已经就绪，可以开庭。

　　庭审中应保持严肃、认真的态度，着装要整齐，发式要干净利落，现大部分法院开庭时用电脑记录整个庭审过程，这就要求书记员要熟悉电脑的操作过程，不断提高打字的速度。

　　再次，庭审笔录应反映出整个庭审过程。在笔录中应有体现法庭调查、法庭调查结束、法庭辩论、法庭辩论终结、最后陈述、组织双方当事人调解的字样。即使承办法官没有说"法庭调查结束,下边进行法庭辩论",书记员仍然要把这句话记录下来。

在缺席判决的案件,一定要记录:×××经本院合法传唤未到庭,未进行庭审答辩、未进行庭审举证、质证,未参加法庭辩论。而如有庭前提交的书面答辩状,还应将其书面答辩状向对方当事人宣读,有庭前提交的证据材料的,应由对方当事人质证,以体现程序的完整性。

对于当事人在庭审中的动作应记录在案,如××代理人提交证据原件给法庭、法庭递交证据原件给××代理人、被告代理人退还证据原件给原告代理人等,这样做可以防止当事人说证据原件在法庭,合议庭没有退回的情况,也可以帮助法官在制作文书时,回忆庭审的情况。

如证据较多,刚开始记庭审笔录时,可以将证据清单复印一份,供需要时抄写。对于审判员的问话要记录清晰,尽量保持原话,对于当事人的回答及阐述的意见,应该提取精华,对于紧密围绕审判员问话的回答一定要记录在卷,由于当事人的文化程度存在差异,所说的车轱辘话要提取话语的宗旨进行记录,认真听当事人的语调及语义,在庭审时尽量不要打断审判员及当事人的话语,如确有听不清或不明白的话语时,应该将笔录留出适当的空缺,在开庭完毕时及时向审判员及当事人核实,并记录在卷。

在法庭调查阶段,书记员要看原告的起诉状中的诉讼请求是否与庭审中陈述的诉讼请求一致,如存在原告变更诉讼请求的情形,应及时提醒承办法官,征询新的答辩期限和举证期限。庭审笔录要记明是否公开开庭及旁听人数。

最后,开庭完毕后让当事人查阅笔录,也可允许当事人在开庭后5日内查阅,如有记录有误的地方,应当事人的要求予以修改,但当事人只能对自己的阐述提出异议。当事人查阅后,让当事人在庭审笔录上签署姓名和时间,并在每页的底页空白处或修改处签字和摁手印,其中法人法定代表人、代理人、律师不用捺手印。同时书记员应在尾页空白处签名,并提醒审判员及其他合议庭成员签名,签名完成后才能将笔录交付承办法官入卷。

【庭审笔录范本示例】

示例1:一审普通程序

××省××市××区人民法院
法庭笔录

时间:二〇一八年三月五日8时30分至9时37分
地点:××市××区人民法院第四审判法庭
案号:(××××)×××××民初××××号
案由:土地租赁合同纠纷
审判长:×××　　人民陪审员:×××、×××
书记员:×××
记录如下:
书记员:为维护法庭秩序,保障审判活动的正常进行,现在根据法律的有关规定,宣布法庭纪律:
全体人员在庭审活动中应当服从审判长或审判员统一指挥,尊重司法礼仪,遵守法庭秩序，不得实施下列行为：

（一）鼓掌、喧哗；

（二）吸烟、进食；

（三）拨打或接听电话；

（四）对庭审活动进行录音、录像、拍照或使用移动通信工具等传播庭审活动；

（五）其他危害法庭安全或妨害法庭秩序的行为。

检察人员、诉讼参与人发言或提问，应当经审判长或独任审判员许可。

旁听人员不得进入审判活动区，不得随意站立、走动，不得发言和提问。

媒体记者经许可实施第一款第四项规定的行为，应当在指定的时间及区域进行，不得影响或干扰庭审活动。

对违反法庭纪律的，法庭将给予口头警告、训诫。对不听劝告的，经审判长决定，可以没收录音、录像、摄影器材，责令退出法庭，或经院长批准予以罚款、拘留。对哄闹、冲击法庭等严重扰乱法庭秩序的人，依法追究刑事责任。

审判人员：（敲击法槌）现在开庭。首先核对当事人和其他诉讼参加人的基本信息。

原告：×××。

委托诉讼代理人：×××。代理权限：特别授权代理。

被告：×××。

审：原告对被告出庭人员的身份是否有异议？

原：没有异议。

审：被告对原告出庭人员的身份是否有异议？

被：没有异议。

审：经核对，各方当事人和其他诉讼参加人均符合法律规定，可以参加本案诉讼活动。××市××区人民法院依照《中华人民共和国民事诉讼法》第一百三十四条规定，今天依法适用普通程序公开开庭审理（2017）云0802民初1608号原告×××诉被告×××土地租赁合同纠纷一案。本案由审判员×××、人民陪审员×××、×××组成合议庭，由审判员×××担任审判长，由书记员×××担任记录。

根据《中华人民共和国民事诉讼法》第四十四条、第四十五条之规定，当事人对审判员、书记员有下列情形之一的，有权用口头或书面形式申请回避：

（一）是本案当事人或者当事人、诉讼代理的近亲属；

（二）与本案有利害关系；

（三）与本案当事人有其他关系，可能影响对案件公正审理的。

审判人员接受当事人、诉讼代理人请客送礼，或者违反规定会见当事人、诉讼代理人的，当事人有权要求他们回避。

审判人员有前款规定的行为的，应当依法追究法律责任。

审：原告是否申请回避？

原告：不申请回避。

审：被告是否申请回避？

被告：不申请回避。

审：根据《中华人民共和国民事诉讼法》第四十九条、第五十条、第五十一条之规定，当事人有下列权利和义务：

诉讼权利：有权用本民族的语言和文字进行诉讼；经法庭许可有权向证人、鉴定人、勘验人发问；有权要求重新鉴定或勘验；有权要求重新收集、提供新的证据；有权进行辩论；有权请求调解；原告有权放弃、变更诉讼请求，提出撤诉申请；被告有权承认或反驳诉讼请求，提出反诉。

诉讼义务：依法行使诉讼权利，对自己的主张负有举证责任，按法定程序进行诉讼活动，服从法庭人员指挥，遵守法庭纪律。

审：以上交代的当事人的诉讼权利和诉讼义务是否听清楚了？

原代答：听清楚了。

被告答：听清楚了。

审：现在进行法庭调查。首先由原告陈述诉讼请求、事实和理由。

原代：诉讼请求：1. 请求依法解除双方签订的《租自留地合同书》；2. 请求判令被告返还多收取租金54000元；3. 本案诉讼费由被告承担。

事实与理由：以民事起诉状为准（略）

审：原告的诉讼请求及事实理由有无增加或者变更？

原代：没有增加和变更。

审：现在由被告进行答辩。

被告：租自留地合同签订是事实，所租土地的50%的土地补偿金我已经给了原告，给了36000元，54000元的租金我不同意退给原告。

审：现在进行举证质证。先由原告举证，被告质证。

原：1. 租自留地合同书1份，原件，证明原被告双方于2007年5月1日达成租赁位于××市××区农校养猪场旁自留地的协议，租期50年，租金共为60000元。

被质：没有意见。

原：2. ××市二十号路征地补偿明细表1份，复印件，证明被告早于2012年6月24日领取征地补偿款。（××市××区××镇政府调取）

被质：没有意见。

原：举证完毕。

审：被告是否有证据向法庭提交？

被：1. 领条1份，复印件。证明原告收到被告青苗和土地费36000元整。

原质：对真实性没有异议，但是36000元里面已经包含了18000元的青苗补偿费。

被：举证完毕。

审：本案在诉讼过程中，原告向本院申请调取证据，本院依法向××市××区××镇政府调查取证，现在对调证情况进行宣布：1. 2012年4月20日三家村岔路小组与××市国土资源局征收协议书1份、三家村社区岔路居民小组弯榔箐征地付款说明1份，原、被告发表质证意见。

原代：对两份证据的三性予以认可。征收集体土地协议证明了今天争议土地补偿款是每亩8万元，总共是3亩，补偿款应该是24万元。

被质：我和原告签订合同的土地不在这份协议里面，他向我租的土地在新农业局旁边。

审：2.2012年3月24日征收集体土地协议书1份、2012年8月征收集体土地协议书1份、2012年11月29日征收集体土地协议书1份、统计表1份，原、被告发表质证意见。

原质：对证据真实性、合法性均没有异议，法院调取的几份征收土地协议中，有被告签字的3.58亩这一块是不是被告租给原告的土地还需要被告进行确认。

被质：对真实性、合法性没有意见，2012年8月份和2012年11月29日的征地补偿协议与本案无关，2012年3月24日这份协议与本案有关。

审：下面法庭核实几个问题。

审：租自留地合同书的地块在什么地方？

原：××市农业局后面，以前农校的养猪场后面。

审：租了多少亩？

原：3亩。

审：租期租金、征收补偿是怎么约定的？

原：租金是一亩400元，租了50年，租金共计60000元，国家或者生产队征收的话，土地补偿费是双方各50%。

审：你租金是否支付了？

原：一次性付清了60000元。

审：现在为什么提出来解除合同？

原：因为在租赁土地过程中，租赁的土地被国家征用了，土地我只使用了四年。

审：现在土地的现状是什么样？

原：国家征收了以后由国家管理。

审：你租用的这块土地国家是否补偿了？

原：国家付给了被告。

审：补偿费用你是否拿到了？

原：我拿到的是3亩租地的青苗补偿费，好像是18000元，是政府支付给生产队，生产队的会计叫我去拿的。

审：租自留地合同的真实性、合法性你是否有异议？

被：没有异议。

审：租的地块在什么地方？

被：是二十号路。位于××市农业局左侧。

审：合同上四至界限对不对？

被：对的。

审：是不是3亩？

被：是的。

审：你租给原告的土地是否被国家征收了？

被：已经征收了。

审：补偿费用国家支付给你了？

被：支付了，我领取了18000元。

审：租地的原告是否得到了补偿？

被：是我姐姐帮我代领的，代领后付给原告36000元。

审：现在租给原告的地由谁管理？

被：现在上面荒着，但是由国家使用。

审：你对原告解除合同和退租金有什么意见？

被：合同写明了国家征收与我无关。

审：当时原告已经支付了租金60000元，你是否收到了该笔租金？

被：收到了60000元。

审：法庭调查结束，现在进行法庭辩论。本案归纳的两个争议焦点：1. 本案原被告签订的租自留地合同是否能够解除？2. 被告被告是否应该向原告返还收取的租金54000元？双方发表辩论意见。

原代：1. 双方签字的租自留地合同书是否应该解除，租赁合同期限是50年，其实是土地承包权的流转，租金我方是一次性支付了60000元，不满5年就遇到了国家征收，国家征收是不可抗力，导致合同不能继续履行，应该依法提前解除，合同应该在征用之日起解除。2. 合同应该依法解除，因为租金原告是一次性支付给了被告，我们租金按照平均每年计算，我们按照五年，总共租金是6000元，多收取的租金部分，被告应该返还原告。

被：我没办法解除合同，不同意退还原告租金。

审：现在进行第二轮辩论。

原代：没有新的辩论意见。

被：没有新的辩论意见。

审：现在征询双方当事人是否同意在法庭的主持下进行调解？

原：同意调解。

被：不同意调解。

审：因为被告不同意调解，法庭调解不再进行，现在进行最后陈述。

原代：请求法院依法支持原告的诉讼请求。

被：没有其他要说的。

审：现在闭庭。（敲击法槌）

审　判　长：
人民陪审员：
人民陪审员：
　　　　　　　　　　二〇一八年三月五日
书　记　员：

示例2：共同诉讼案件

××省××市××区人民法院
法庭笔录

时间：二〇一六年十一月七日9时0分至10时24分
地点：××市××区人民法院第四审判法庭
案号：(2016)×××××民初××××号
案由：买卖合同纠纷
审判员：×××
书记员：×××
记录如下：
书记员：为维护法庭秩序，保障审判活动的正常进行，现在根据法律的有关规定，宣布法庭纪律：
全体人员在庭审活动中应当服从审判长或审判员统一指挥，尊重司法礼仪，遵守法庭秩序，不得实施下列行为：
（一）鼓掌、喧哗；
（二）吸烟、进食；
（三）拨打或接听电话；
（四）对庭审活动进行录音、录像、拍照或使用移动通信工具等传播庭审活动；
（五）其他危害法庭安全或妨害法庭秩序的行为。
检察人员、诉讼参与人发言或提问，应当经审判长或独任审判员许可。
旁听人员不得进入审判活动区，不得随意站立、走动，不得发言和提问。
媒体记者经许可实施第一款第四项规定的行为，应当在指定的时间及区域进行，不得影响或干扰庭审活动。
对违反法庭纪律的，法庭将给予口头警告、训诫。对不听劝告的，经审判长决定，可以没收录音、录像、摄影器材，责令退出法庭，或经院长批准予以罚款、拘留。对哄闹、冲击法庭等严重扰乱法庭秩序的人，依法追究刑事责任。
审判人员：（敲击法槌）现在开庭。首先核对当事人和其他诉讼参加人的基本信息。
原告：肖某。
原告：方某。
二原告共同委托诉讼代理人×××，特别授权代理。
被告：何某。
委托诉讼代理人×××，特别授权代理。
审：现在征询各方当事人，对对方出庭人员的身份有无异议。
审：原告对出庭人员的身份有无异议？
二原告：无异议。

审：被告对出庭人员的身份有无异议？

被告：无异议。

审：经核对，各方当事人和其他诉讼参加人均符合法律规定，可以参加本案诉讼活动。××市××区人民法院依照《中华人民共和国民事诉讼法》第一百三十四条规定，今天依法适用简易程序公开开庭审理（2016）云0802民初2160号原告肖某、方某诉被告何某买卖合同纠纷一案。本案由审判员×××进行独任审理，由书记员×××担任记录。

根据《中华人民共和国民事诉讼法》第四十四条、第四十五条之规定，当事人对审判员、书记员有下列情形之一的，有权用口头或书面形式申请回避：

（一）是本案当事人或者当事人、诉讼代理的近亲属；

（二）与本案有利害关系；

（三）与本案当事人有其他关系，可能影响对案件公正审理的。

审判人员接受当事人、诉讼代理人请客送礼，或者违反规定会见当事人、诉讼代理人的，当事人有权要求他们回避。

审判人员有前款规定的行为的，应当依法追究法律责任。

审：原告是否申请回避？

二原告：不申请回避。

审：被告是否申请回避？

被告：不申请回避。

审：根据《中华人民共和国民事诉讼法》第四十九条、第五十条、第五十一条之规定，当事人有下列权利和义务：

诉讼权利：有权用本民族的语言和文字进行诉讼；经法庭许可有权向证人、鉴定人、勘验人发问；有权要求重新鉴定或勘验；有权要求重新收集、提供新的证据；有权进行辩论；有权请求调解；原告有权放弃、变更诉讼请求，提出撤诉申请；被告有权承认或反驳诉讼请求，提出反诉。

诉讼义务：依法行使诉讼权利，对自己的主张负有举证责任，按法定程序进行诉讼活动，服从法庭人员指挥，遵守法庭纪律。

审：以上交待的当事人的诉讼权利和诉讼义务是否听清楚了？

二原告答：听清楚了。

被告答：听清楚了。

审：现在进行法庭调查。首先由原告陈述诉讼请求、事实和理由。

二原告：诉讼请求：1. 判令被告支付二原告木材款305000元、利息11940.75元、违约金50000元，共计366940.75元；2. 依法判令被告承担本案的诉讼费用。

事实与理由：以民事起诉状为准（略）

审：现在由被告答辩。

被告：1. 双方争议的欠款事实是存在的，原告起诉的金额我们认为与还款情况不相符。2. 本案原告起诉的违约金没有相关的事实依据及法律依据。双方进行对账之后，被告这边会有明确的意见。

审：现在进行举证质证。先由原告举证，被告质证。

二原告：1. 原告肖某、方某身份证复印件，各1份，证明原告的诉讼主体资格。

被质：认可。

二原告：2. ××松原木订购合同，1份，原件，证明被告向原告订购4000棵××松原木的事实，以及原木的价格、规格结算方式等。

被质：认可真实性。

二原告：3. 结算清单，1份，原件。证明经原被告双方进行结算，被告还应支付原告654937元的事实。

被质：认可真实性。对于金额方面，被告方已经支付过相关的款项，数额需要双方核对。

二原告：4. 欠条，1份，证明被告于2015年10月21日向原告出具欠条，明确被告尚欠原告655000元的事实以及支付款项的期限。

被质：认可真实性。对于金额方面，被告方已经支付过相关的款项，数额需要双方核对。

二原告：5. 苗木抵押合同，1份，原件，证明被告欠59万元苗木款，违约方向守约方支付5万违约金的事实。

被质：认可真实性。苗木抵押合同没有进行法律意义上的登记，在法律上不成立，相关违约金是无效的，即使是有效的，被告方没有产生违约，不存在5万元违约金的事实。原告起诉的时候已经计算了利息。

二原告：6. 证明，1份，原件。证明两原告为向被告索要苗木款，2015年9月—2016年3月期间在××七天假日公寓宾馆开房178天，房费每天80元，共支付14240元。

被质：不认可，证明起不到发票和收据的作用，属于无效证据，没有关联性。

审：被告是否有证据提交？

被：1. 收条、收据，8份，原件。证明被告陆续向原告支付货款的事实。

二原告质：认可。2015年11月3日、11月28日这两张收条是645000元中的一笔，扣除这些之后得出尚欠59万元。2016年3月28日的收据，我开给他的是55000元，我实际只收到5000元现金，过年前一天他打了50000元到我妻子方某的账户上，这张条子是后面补开的。

被：2. 手机短信信息记录，1份，复印件，证明2016年2月7日，原告肖某通过手机短信，将方某的银行卡号发给被告，被告依据该指示，于当日转款给方某5万元的事实。

二原告质：认可，那天总付给我12万元，我给他开了7万元的收条，另外5万元就是过年前面打给我的那笔。

被：3. 法庭笔录，1份，复印件。证明2016年8月19日的法庭庭审当天，原告肖某当庭承认方某收到过被告40000元，原告收到4000元，认可曾收到29000元。

二原告质：认可，这笔4万元是分多次打的，与2016年2月2日的收据上的4万元不是同一笔，我们共收到8万元。肖某收到的4000元是生活费，29000元是含在4万元里面的。

审：下面法庭核实几个问题。

审：原告你说你给被告打条子的7万元是不是就是2016年2月3日的5万元和2016年2月6日的2万元？

肖某：是的。剩下5万元是打在2016年3月8日那张条子上了。

审：现在还有5万元没有打条子？

肖某：目前还有一笔5万元的没打条子，是今年4、5月份付的，是转到我媳妇方某账户上，是被告说先不要打条子，他马上就结账了。

被：方某除了收到4万元外，还收到了4000元。

方某：4000元已经包含在4万元以内。

审：利息怎么计算？

原：月利率千分之4.35，从2015年12月15日计算至2016年9月21日。

审：收条两笔写在一起的是苗木抵押合同以前付的，不包含在59万元以内？

被：是的。

审：方某自认的40000元是发生59万元以后支付的？

方某：是的。

审：被告认为违约金是否过高，是否需要调整？

被代：我们认为过高，以利息的方式表现比较合理，按照已还款的情况分段计算。

原：利息违约金我们已经是砍出了已还款的费用。

审：现在进行法庭辩论。

原代：原被2015年3月24日签订××松原木订购合同是双方真实意思表示，原被告之间应该按照合同履行，原告向被告提供了符合约定的木材，原告的合同义务已经履行完毕，被告没有按照合同约定支付木材款，被告存在违约。原告向被告供完木材后，经双方结算，被告应该支付原告943627元，扣除前面支付的款项，尚欠654937元，之后在2015年10月21日，被告向原告出示了欠条，确定了被告欠原告655000元的事实，结算清单和欠条是真实有效的，属双方买卖合同后的补充协议，被告应该按照结算清单和欠条的约定支付款项，被告构成二次违约，原被告又于2015年12月1日签订了抵押合同，抵押合同真实有效，是双方真实意思表示，担保必须抵押登记的是不动产和机动车，除此之外不需要登记，苗木不属于不动产和机动车，不需要登记，苗木抵押合同是有效的。即使抵押合同无效，不影响其他合同的效力。双方签订抵押合同之后，被告没有按时支付苗木款，被告构成了第三次违约，原告多次往返于××、昆明，被告总是说要支付款项了，总是在忽悠两原告，两原告多次在××等待，多次往返，因为原告没有想到要收集证据，只是由宾馆出具了证明，原告的损失除了住宿费还有其他经济损失。原告主张是有理有据的，请求法庭判令支持二原告的诉讼请求。

被代：原告起诉的欠款有条子进行证明，被告没有否认欠款，但是只是欠多少，原告都不确定，被告也在回忆欠多少。根据法庭查明的事实，原告第一次起诉的金额29万元比较吻合。被告尚欠原告的金额是29万元，欠款纠纷，欠了多少款应该是要明确的事实，双方应该力求客观，明确欠款的事实。原告不能既要求支付利息又主张违约金。抵押合同没有登记，不发生法律效力，不存在违约金的问题，与相关的司法解释上也有冲突，原告认为抵押合同是生效的，原告没有证据证明被告违约。利息计算，原告没有明确的解释，付款的部分应该分段计算，因此被告对利息的部分和违约金的部分不认可。本金部分从法庭的核实来看就是29万元。

被：法庭辩论终结。征询各方当事人的调解意向。原告是否愿意调解？

二原告：同意调解。

被告：同意调解。

审：双方发表调解意见。

原：如果被告能够尽快支付，我们要求被告支付30万元。

被：同意，我在2017年1月15日前支付15万元，2017年3月15日前支付15万元。

原：可以。但是如果被告没有按上述期限支付第一笔债务，原告可以在第二笔债务未到期前就两笔债务在第一笔债务履行期限届满后一次性申请强制执行。

被：同意。

审：案件受理费6804元，减半收取3402元，怎么承担？

原：双方各承担一半。

被：同意。

审：经本院主持调解，双方自愿达成以下调解协议：

一、被告何某自愿支付原告肖某、方某货款及利息共30万元，该款于2017年1月15日前支付150000元；于2017年3月15日前支付余款150000元。

二、如果被告未按上述期限支付第一笔债务，原告可以在第二笔债务未到期前就两笔债务一次性申请强制执行。

三、案件受理费6804元，减半收取3402元，原、被告各承担1701元。

审：双方对调解协议有无异议？

原：无异议。

被：无异议。

审：以上协议不违反法律规定，双方在送达证上签字确认后，本调解协议即发生法律效力。

审：现在闭庭。（敲击法槌）

审判员：
二〇一六年十一月七日
书记员：

示例3：第三人案件

××省××市××区人民法院
法庭笔录

时间：二〇一七年十二月二十一日9时50分至10时10分
地点：××市××区人民法院第四审判法庭
案号：（2017）×××××民初××××号
案由：民间借贷纠纷
审判长：×××　审判员：×××　人民陪审员：×××
书记员：×××
记录如下：
书记员：为维护法庭秩序，保障审判活动的正常进行，现在根据法律的有关规定，宣布法庭纪律：
全体人员在庭审活动中应当服从审判长或审判员统一指挥，尊重司法礼仪，遵守法庭秩序，不得实施下列行为：
（一）鼓掌、喧哗；
（二）吸烟、进食；
（三）拨打或接听电话；
（四）对庭审活动进行录音、录像、拍照或使用移动通信工具等传播庭审活动；
（五）其他危害法庭安全或妨害法庭秩序的行为。
检察人员、诉讼参与人发言或提问，应当经审判长或独任审判员许可。
旁听人员不得进入审判活动区，不得随意站立、走动，不得发言和提问。
媒体记者经许可实施第一款第四项规定的行为，应当在指定的时间及区域进行，不得影响或干扰庭审活动。
对违反法庭纪律的，法庭将给予口头警告、训诫。对不听劝告的，经审判长决定，可以没收录音、录像、摄影器材，责令退出法庭，或经院长批准予以罚款、拘留。对哄闹、冲击法庭等严重扰乱法庭秩序的人，依法追究刑事责任。
审判人员：（敲击法槌）现在开庭。首先核对当事人和其他诉讼参加人的基本信息。
原告：柴某。
委托诉讼代理人×××，特别授权代理。
被告：翁某。
委托诉讼代理人×××，特别授权代理。
第三人：张某。
审：现在征询各方当事人，对对方出庭人员的身份有无异议。
审：原告对对方出庭人员的身份有无异议？
原告：无异议。

审：被告对对方出庭人员的身份有无异议？

被告：无异议。

审：第三人对对方出庭人员的身份有无异议？

第三人：无异议。

审：经核对，各方当事人和其他诉讼参加人均符合法律规定，可以参加本案诉讼活动。××市××区人民法院依照《中华人民共和国民事诉讼法》第一百三十四条规定，今天依法适用普通程序公开开庭审理（2017）云0802民初1185号原告柴某诉被告翁某、第三人张之纲民间借贷纠纷一案。本案由审判员刘晓玲、付学华、人民陪审员司进组成合议庭，由审判员×××担任审判长，由书记员×××担任记录。

根据《中华人民共和国民事诉讼法》第四十四条、第四十五条之规定，当事人对审判员、书记员有下列情形之一的，有权用口头或书面形式申请回避：

（一）是本案当事人或者当事人、诉讼代理的近亲属；

（二）与本案有利害关系；

（三）与本案当事人有其他关系，可能影响对案件公正审理的。

审判人员接受当事人、诉讼代理人请客送礼，或者违反规定会见当事人、诉讼代理人的，当事人有权要求他们回避。

审判人员有前款规定的行为的，应当依法追究法律责任。

审：原告是否申请回避？

原告：不申请回避。

审：被告是否申请回避？

被告：不申请回避。

审：第三人是否申请回避？

第三人：不申请回避。

审：根据《中华人民共和国民事诉讼法》第四十九条、第五十条、第五十一条之规定，当事人有下列权利和义务：

诉讼权利：有权用本民族的语言和文字进行诉讼；经法庭许可有权向证人、鉴定人、勘验人发问；有权要求重新鉴定或勘验；有权要求重新收集、提供新的证据；有权进行辩论；有权请求调解；原告有权放弃、变更诉讼请求，提出撤诉申请；被告有权承认或反驳诉讼请求，提出反诉。

诉讼义务：依法行使诉讼权利，对自己的主张负有举证责任，按法定程序进行诉讼活动，服从法庭人员指挥，遵守法庭纪律。

审：以上交代的当事人的诉讼权利和诉讼义务是否听清楚了？

原告答：听清楚了。

被告答：听清楚了。

第三人答：听清楚了。

审：现在进行法庭调查。首先由原告陈述诉讼请求、事实和理由。

原告：诉讼请求：1. 判令被告代第三人偿还原告借款400000元（大写：肆拾万元整），并承担该款自2011年11月16日起至清偿之日止资金占用费（按年利率24%计算）；2. 判令被告和第三人承担本案诉讼的一切费用。

事实与理由：以民事起诉状为准（略）

审：现在由被告答辩。

被告：我们不认可借款关系和代位权关系，原告没有证据证明与被告之间存在任何债务，也不能证明被告与第三人之间存在债务关系，本案的借款已经超过了诉讼时效，利息没有法律依据。

审：现在由第三人进行陈述。

第三人：柴某和我属于合作关系，公司里面的所有借款关系，柴某在我公司有资金，我跟柴某借出来之后，又借给了翁某，认可借款金额是40万元。柴某有追款的权利。

审：现在进行举证质证。先由原告举证，被告质证。

原：1. 收据，1份，原件，证明被告翁某向张某借款40万元的事实，被告与张某之间存在借款关系。2. 手机短信1份，原件。证明原告与张某向翁某要过钱，被告也承认他欠张某钱。

被质：对收据不认可，不知道是否真实，没有借条等借款凭证，而且翁某签字是经办人，不代表钱是翁某借的，不能证实被告与第三人的债务关系。对于手机短信，短信时间是2015年，举证期限已过，而且是单方发出，被告没有回应，不能显示手机号。

第三人质：时间长了，翁某跟我有多笔资金往来，我记不清是哪一笔，他跟我借钱是滚动的，有借有还。

审：被告是否有证据提交？

被：没有证据提交。

审：第三人是否有证据提交？

第三人：1. 借条、收据各1份，原件。证明原告提交的借款收据是真实的，只是后面打了新条子抵了旧条子，旧借条毁了，旧收据没有毁。

原质：认可，证明双方的借款关系是真实存在的。

被质：不认可证据三性，第三人也承认他会在借条上添字，所以翁某签字有可能是第三人套打上去的。

第三人：2. 银行流水1份、业务回单36份，原件。证明翁某与我之间一直存在借款关系。

原质：认可，证明张某与被告长期都有借款关系的存在，双方之间有借有还，原告主张的代位权是存在的，第三人一直在主张权利，并没有超过时效。

被质：只能说明被告与第三人之间存在资金往来关系，看不出是借贷关系，银行流水单上也没有盖章，对三性不予认可，第三人并不能证明其实在持续追款，公安那边也没有立案。

审：下面法庭核实几个问题。

问题一：被告，你与柴某借款是家庭借款吗？

被告：是的。

问题二：张某，原告提供的借条2011年的这份，该笔借款从何而来？

第三人：是柴某提给我的，翁某要和我借40万元付装修款，柴某不在，因为急用，柴某就将40万元现金交给我，我又交给了翁某。

审：现在进行法庭辩论。

原代：1. 本案的代位权是否成立，被告是否应该偿还40万元的借款，已经查明了第三人向法庭举证证明，其对翁某存在债权，收据。借条都是翁某出具的，收据上面写得很清楚是借款现金，所以是借款收据。张某与翁某之间存在债权债务关系，虽然借条上写了这么多字，但是不影响借款关系的存在。翁某不仅签了字还按了手印，被告不申请鉴定又否认事实，是狡辩和抵赖，第三人对被告的借款关系是存在的。2. 第三人张某说了与原告之间的借款关系，根据民事诉讼法的规定，对于乙方认可的事实就不用举证了，第三人欠原告的事实关系存在，同时被告欠第三人借款的事实存在，我方刑事代位权是成立的，请求法院予以支持；3. 被告提出时效抗辩，是承认了借款的真实存在，借款时效是没有过的。希望法庭支持我方的诉讼请求。

被代：代位权并不成立，第三人说与原告存在合伙关系，今天的情况不适用于自认，今天涉及的是翁某的利息，第三人的债务很混乱。民间借贷是以交付为标准，原告没有说清楚是否已交付，第三人在借条上添动词，我们不能保证借条上的内容是不是添上去的，条子加过东西就属于真伪不明，不能作为证据提交法庭。诉讼须知上已经写明了举证期限，新民诉法已经规定了超过期限，不应予以采信。

第三人：我们的意见不是混乱的，是账目往来太多，是我太相信翁某，造成了自己成为一个受害者，希望法庭给一个公正的判决。

审：法庭辩论终结。征询各方当事人的调解意向。原告是否愿意调解？

原告：同意。

被告：不同意。

审：由于一方当事人不同意调解，法庭调解不再进行，现在由当事人最后陈述。

原代：请求依法支持原告的全部诉讼请求。

被代：请求驳回原告的诉讼请求。

第三人：请求法院依法判决。

审：现在闭庭。（敲击法槌）

审判长：
审判员：
人民陪审员：
二〇一七年十二月二十一日
书记员：

（四）参加合议庭（审委会）评议笔录

在记录合议庭评议笔录时首先应将所有参加合议的人员名字、合议的时间、合议的地点记录在案。应注意要记清每位参加合议的成员的观点意见，如有庭长、院长参加评议的，更应将他们的观点详细记录。如果有反对意见，一定要将反对意见写得清楚明白，在评议结束后详细写好评议结论，并及时请合议庭成员逐一签字。签名完成后才能将笔录交付承办法官入卷。

书记员在参加合议庭评议笔录时，要注意，有些简单的案件，承办法官即是审判长的案件，合议庭评议案件时，承办法官未严格按《最高人民法院关于人民法院合议庭工作的若干规定》第十条"合议庭评议案件时，先由承办法官对认定案件事实、证据是否确实、充分以及适用法律等发表意见，审判长最后发表意见；审判长作为承办法官的，由审判长最后发表意见。对案件的裁判结果进行评议时，由审判长最后发表意见。审判长应当根据评议情况总结合议庭评议的结论性意见"的规定，审判长首先发表了意见，书记员就要注意这个问题了，在记录时应当将其意见记录在最后发表的意见。

普通程序审理的案件，如追加当事人、委托评估、鉴定、撤诉、调解等一些重大事项，都需经合议庭评议，书记员在装订卷宗时要检查是否有遗漏，如有遗漏，应告知承办法官及时补齐合议庭笔录。

【合议庭评议笔录范本示例】

××省××市××区人民法院
合议庭评议笔录（第×次合议）

时间：××××年××月××日×午××时
地点：××市××区××处
合议庭组成人员：审判长：
　　　　　　　　审判员（或代理审判员）：
　　　　　　　　人民陪审员：
书记员：
评议××××与××××纠纷一案。
评议过程及内容记录如下：

合议庭评议结果：

合议庭组成人员署名：

【审委会评议笔录范本示例】

××省××市××区人民法院
审判委员会讨论案件笔录

  时　间：××××年××月××日×午××时
  地　点：××市××区××处
  会议主持人：
  出席审判委员会委员：
  列席人员：
  案件汇报人：　　　　　　　　记录人：
  讨论××××与××××纠纷一案。

  讨论过程及内容记录如下：

  审判委员会讨论结果：

  审判委员会委员及列席人员署名：

（五）宣判笔录

  一个案件经过依法审理后产生的判决具有法律的严肃性，书记员应当协助做好宣判工作，在送达裁判文书的同时，做好宣判笔录。

  在记录宣判笔录时，书记员要注意，即便没有宣读判决书，笔录中仍然要记录"审判长（员）宣读×××人民法院××××年××月××日（×××）×民初字第××号判决书"。宣判笔录中要记录征询当事人对判决的意见，有些书记员记录简单，缺乏宣判时间、到庭当事人和其他诉讼参加人、当事人对判决的意见等内容，这是不符合法律规定的。

  书记员记录宣判笔录时，还要注意，当事人没有参加宣判，只有其委托代理人代为参加宣判的情形，不能只填写委托代理人的姓名，还应将其代理的当事人的姓名和名称写上。宣判完毕让当事人在笔录上签署姓名、时间和摁手印（法人法定代表人、代理人、律师不用按手印）。

【宣判笔录范本示例】

××省××市××区人民法院
宣判笔录

  时间：××××年××月××日×午××时
  地点：××市××区××处
  审判长：   审判员（人民陪审员或代理审判员）：
  书记员：
  [到庭的公诉人：（刑事案件）]
  到庭的当事人和其他诉讼参加人：

  宣判过程及内容记录如下：
  审判长（员）×××宣读××区人民法院××××年××月××日（×××）×民初字第××号×××判决书。

  当事人签署姓名及时间（加盖手印）

五、判决文书制作

判决书、裁定书均由审判人员亲自制作，书记员没有权力写判决书、裁定书。

第三节　案件审理后的工作

一、文书的校对及打印

  承办法官制作出的裁判文书，由审判人员校对，书记员协助校对。在校对文书过程中，书记员应仔细校对文书是否存在错别字、标点符号使用是否错误、合议庭成员名字是否用错、案号是否正确、涉案的数据是否正确、诉讼费各项相加是否准确、如有保全费用是否在判决书中有体现等。

  文书的校对一定要仔细，一份文书应多次校对。保证文书送达时没有错误。经校对的文书应及时进行电子签章和打印，手动盖章时，要注意盖院章时一定要注意对准正点，不能盖歪盖斜，章的工正代表着法院的公正，"本件与原件核对无异"章，应当加盖在文书末时间和书记员中缝空栏左手边。如：

审判员　×××

二〇一四年四月十四日

本件与原件核对无异

书记员　×××

二、上诉案件的移送

凡上诉案件，在当事人交来上诉状时，均要求当事人注明提交时间、提交人，同时送达给当事人上诉案件受理费缴纳须知并及时将卷宗装订成册，然后填写上诉案件移送函，在移送函上列明移送的材料。并在上诉人提交上诉状之日起5日内将上诉状副本及答辩状、法定代表人身份证明书、授权委托书送达给被上诉人，书记员应在内勤处填写上诉案件登记簿、对于上诉案件要认真装订，并填写齐全。上诉案件退回后，书记员要将上诉移送函（存根）、中院退卷函、中院裁判文书扫描后装订入卷。

发回重审案件，当事人又上诉的，原审卷宗也需一同移送。

三、案件的装订归档

凡已结案的卷宗，在材料齐备的情况下应在十五天内装订送检。装卷首先先整理卷宗，发现有小于A4纸张的材料要粘贴到A4纸上，文书材料上的回形针、大头针、订书钉等金属物必须剔除干净，卷宗中不能有这些东西，否则会损伤卷宗，诉讼文书材料经过系统排列后，要逐页编号。页码一律用阿拉伯数字编写或打码在有文字正面的右上角，背面的左上角。卷宗封面、卷内目录、备考表、证物袋、卷底不编号。卷内目录应按诉讼文书材料排列顺序逐件填写，一份诉讼文书材料编一个顺序号。卷宗封面、卷内目录要用毛笔或钢笔按规定项目逐项填写齐全，字迹要工整、规范、清晰。结案日期填写宣判日期。打完号后进行卷宗的扫描，扫描就按整理出来的顺序及页码进行，扫描完毕后进行卷宗的装订。装订卷宗要求卷皮打印要对齐，每册卷宗要装订卷脊，每个案件的卷宗内要备份4份法律文书副本，所有准备工作做完后，进行装订，卷宗装订前，要对诉讼文书材料进行全面检查，材料不完整的要补齐，破损或褪色的要修补、复制。订口过窄或有字迹的要粘贴补纸。纸张过大的材料要修剪、折叠、加边、加补、折叠均以A4办公纸为准。对于字迹难以辨认的材料，应附上抄件，外文及少数民族文字材料应附上汉语译文，凡有铅笔、圆珠笔填写的字迹均复印一份放在卷宗中。需要附卷保存的信封，要打开展平加贴补纸，邮票不得取掉。每卷卷宗以厚度不超过15毫米或以100页为分册标准。装订时要齐地、齐右，必须用线绳三孔一线装订，长度以160毫米左右为宜，在卷底中孔处打结，并在卷底装订线结扣处粘贴封志，由立卷人及档案管理部门加盖骑缝章。随卷归档的录音带、录像带、照片等声像档案材料应按《人民法院声像档案管理办法》的规定办理。凡能附卷保存的证物均应装订入卷。无法装订的可装入证物袋，并标明证物名称、数量、特征、来源，不便附卷的证物应拍照片附卷。不得从已经归档的卷宗内抽取材料，确需增添诉讼文书材料的，应征得档案管理人员同意后，按立卷要求办理。

书记员在整理卷宗材料时要注意，对于当事人提交的证据材料，应按证据清单的顺序或庭审举证、质证顺序进行整理。

案件结案经审判监督庭检查合格后一个月内交由审判庭内勤或承办人员编写归档清册向档案管理部门移交归档。

四、卷宗材料的装订顺序

（一）一审案件正卷诉讼文书材料的排列顺序

①卷宗封面；②卷内目录；③审判流程表；④立案卡；⑤立案清单；⑥起诉书、口诉笔录及附件（具体行政行为的相关材料）；⑦原告身份证明或营业执照；⑧预交诉讼费通知；⑨诉讼费预交收据或缓交申请、审批手续材料；⑩受理案件通知书；⑪应诉通知书；⑫举证通知书（原告）；⑬送达回证（原告）；⑭应诉通知书；⑮举证通知书（被告）；⑯送达回证（原告）；⑰参加诉讼通知书（第三人）；⑱举证通知书（第三人）；⑲送达回证（第三人）；⑳答辩状；㉑送达回证；㉒法定代表人及诉讼代理人的身份证明及授权委托书；㉓证据交换通知及送达回证；㉔证据交换笔录；㉕原、被告举证证据材料及证据收据存根；㉖询问、调查笔录及调查取证材料；㉗报延审限审批表；㉘人民陪审员安排表；㉙合议庭成员告知书、开庭传票、通知、公告底稿及送达回证；㉚开庭庭审笔录；㉛代理词；㉜.撤诉申请书；㉝判决书、裁定书正本；㉞宣判笔录；㉟判决书、裁定书送达回证；㊱上诉案件移送书；㊲上级法院退卷函；㊳上级法院的判决书、裁定书或批复；㊴生效法律文书通知书存根；㊵诉讼费退费、缴费收据及减、免申请，审批手续材料；㊶移送执行书（诉讼费及执行款）；㊷证物处理手续；㊸备考表；㊹证物袋；㊺卷底。

（二）执行案件的正卷文书材料的排列顺序

①卷宗封面；②卷内目录；③审判流程表；④立案审批表；⑤申请、移送委托执行书及附件或中止案件的恢复执行申请书；⑤执行依据；⑥执行通知书稿；⑦当事人提供的财产线索、财产申报表、财产调查的相关证明材料；⑧申请执行人、被执行人的相关情况证明材料，工商登记资料以及授权委托书；⑨案外人提供、举报财产的相关材料；⑩询问笔录、调笔录、听证笔录、执行笔录、人民法院依职权进行的取证材料、调信函等；⑪强制执行措施材料（包括合议庭笔录、法律文书材料）；⑫协助执行通知书；⑬查询、冻结、划拨存款通知书（存根、回执）；⑭搜查令，搜查、查封扣押笔录，财产清单；⑮解除强制措施材料；⑯对妨害执行的强制措施材料；⑰案外人对执行标的提出异议的材料；⑱对异议的审查材料；⑲能否继续执行的审查报告；⑳对异议的合议庭或审判委员会决定；㉑驳回申请通知书；㉒追加、变更执行主体的裁定书正本；㉓执行和解协议；㉔执行和解协议履行情况的证明材料；㉕强制拍卖或以物抵债裁定书及相关材料；㉖结案合议笔录；㉗终结执行裁定；㉘执行费收据，执行款物收取、支付凭证及有关审批材料；㉙延长执行期限的审批表；㉚结案报告、结案审批表；㉛司法建议书；㉜传票；㉝相关的送达回证；㉞执行日志；㉟其他相关材料；㊱备考表、证物袋、卷底。

（三）非诉行政执行案件材料装订顺序

①卷宗封面；②卷内目录；③审判流程表；④立案表；⑤执行申请书及附件；⑥执行依据；⑦准予执行合议庭笔录；⑧准予执行裁定书原、正本；⑨执行通知书稿；⑩当事人提供的财产线索、财产申报表、财产调查的相关证明材料；⑪申请执行人、被执行人的相关情况证明材料，工商登记资料以及授权委托书；⑫案外人提供、举报财产的相关材料；⑬执行笔录、调查取证材料；⑭强制执行合议笔录、审批表、法律文书；⑮停止具体行政行为执行的有关材料；⑯协助执行通知书；⑰搜查、查封、扣押笔录及清单；⑱拍卖、变

卖手续；⑲对妨害执行的强制措施审批材料及法律文书；⑳执行异议材料；㉑对执行异议的审查、处理材料；㉒追加、变更执行主体的裁定书正本；㉓执行和解协议；㉔执行和解协议履行情况的证明材料；㉕强制拍卖或以物抵债裁定书及相关材料；㉖结案合议笔录；㉗终结执行裁定；㉘执行费收据，执行款物收取、支付凭证及有关审批材料；㉙延长执行期限的审批表；㉚结案报告、结案审批表；㉛司法建议书；㉜传票；㉝相关的送达回证；㉞执行日志；㉟其他相关材料；㊱备考表、证物袋、卷底。

（四）各类案件副卷诉讼文书材料的排列顺序：

①卷宗封面；②卷内目录；③阅卷笔录；④案件审理报告；⑤承办人与有关部门内部交换意见的材料或笔记；⑥有关本案的内部请示及批复；⑦合议庭评议笔录；⑧审判庭研究、汇报案件记录；⑨审判委员会讨论记录；⑩案情综合报告原、正本；⑪判决书、裁定书原本（含裁判文书审批稿）；⑫审判监督表或发回重审意见书；⑬其他不宜对外公开的材料；⑭案件质量检查表；⑮备考表；⑯卷底。

注：装订顺序中没有规定的材料又必须装订的，按时间顺序装订或分类装订。

第二章 刑事案件

第一节 刑事公诉案件的受理

一、立案阶段书记员主要工作介绍

立案庭接收到检察院的起诉材料后,立案庭的书记员应当辅助法官办理立案与案件的整理、移交工作。

对于一审案件而言,立案庭书记员需要完成以下工作:①签收起诉材料;②办理换押手续;③填写立案审批表;④录入案件审判流程管理系统,系统自动生成案号。

二、清点与核对随案移送的证据材料

我国刑事诉讼法规定的证据包括:①物证、书证;②证人证言;③被害人陈述;④犯罪嫌疑人、被告人供述和辩解;⑤鉴定意见;⑥勘验、检查笔录;⑦视听资料。

清点与核对证据材料的过程中,尤其对涉及随案移送的物证(如匕首、钥匙、刀片等作案工具)应仔细清点核对避免遗漏;同时对物证应当按照要求进行妥善保管,避免遗失或毁损。

三、案件信息登记

对移送的立案材料和证据材料进行核对与清点之后,根据案件的性质拟定案件审理登记表。

将案件信息录入立案登记系统,系统将自动生成相关表格。

案件信息录入、登记时,应当认真仔细地填写,确保所填写的案件信息准确无误;对相关内容应用全称的,不能采取简略方式填写,以确保案件信息的完整性。

四、报告立案庭负责人批注

书记员将收到的材料登记之后,交由立案庭负责人在案件审批表中的领导意见处批注,确定承办案件审理的审判人员。

立案庭负责人批注后,书记员按照立案庭负责人的批注,从立案登记系统分案给具体的承办法官,并将纸质卷宗移送刑事审判庭书记员处。

第二节　庭前准备阶段的工作

一、送达起诉书副本等材料

书记员拿到案件后，首先阅看起诉书及有关附件材料，确定被告人的个人信息、强制措施情况、指控的事实和罪名、有无量刑建议、是否建议适用简易程序等。

（一）核对检察院移送的起诉书副本

核对检察院移送的案件材料，审查起诉书副本的数量是否符合法律规定、被告人是否被羁押及羁押地点等案件的基本情况。通过阅卷熟悉被告人的基本情况，如被告人的人数、籍贯、年龄、民族等事实，并对被告人的犯罪事实及情节加以了解。

（二）特殊情况处理

1. 注意被告人是否为未成年人

如被告人是未成年人，需要向其法定代理人送达起诉书副本。另需注意未成年被告人委托辩护人的情况，如果没有委托辩护人，需要为其指定辩护人。

2. 注意查看有没有刑事附带民事起诉状

如故意伤害罪等可以提出刑事附带民事诉讼的案件，需要询问被害人是否提起附带民事诉讼，并督促被害人及时提交诉状，并将附带民事诉状及时向被告人以及附带民事被告人送达。

（三）确认委托辩护人的情况

是否请律师	请		办手续：律师应该向法院提供委托书、律所函；向委托辩护人送达起诉书、量刑建议书、出庭通知书
	不请	应当指定辩护人的情形：盲、聋、哑人；尚未完全丧失辨认或者控制自己行为能力的精神病人；可能被判处无期徒刑、死刑的人（《刑事诉讼法解释》第四十二条）指定辩护人：指定辩护人通知书、起诉书、量刑建议书、出庭通知书送达法律援助中心。通知书原本、正本各一份附卷	
		不需指定	

【注意事项】

（1）人民法院自受理案件之日起三日内，应当告知被告人有权委托辩护人。

（2）普通程序：人民法院决定开庭审判后，应当确定合议庭的组成人员，将人民检察院的起诉书副本至迟在开庭十日之前送达被告人及辩护人；简易程序：人民法院应当在开庭三日前，将开庭的时间、地点通知辩护人。审判期间，辩护人接受被告人委托的，应当在接受委托之日起三日内，将委托手续提交人民法院。

（3）人民法院通知法律援助机构指派律师提供辩护的，应当将法律援助通知书、起诉书副本或者判决书送达法律援助机构；决定开庭审理的，除适用简易程序审理以外，应当在开庭十五日前将上述材料送达法律援助机构。

（四）办理换押手续

1. 核对换押证

对于被羁押的被告人，书记员在核对检察院移送起诉的材料时，应核对检察院是否提供了换押证。换押证一式两联，一联交羁押被告人的看守所，一联由看守所盖章之后附卷。凡对在押的犯罪嫌疑人、被告人依法变更刑事诉讼程序的，均应办理换押手续。人民检察院审查或者侦查终结后人民法院决定受理的，在移送交接时，移送机关应当填写《换押证》，并加盖公章随案移送；接收机关应当在《换押证》上注明承接时间，填写本诉讼阶段的法定办案起止期限，加盖公章后及时送达看守所。看守所凭《换押证》办理换押手续。

2. 办理换押手续及提押票

书记员在向被羁押的被告人送达副本的同时，应当办理被告人的换押手续。换押手续的办理程序为：将检察院移交的两联的换押证中的一联交给羁押被告人的看守所，由看守所在附卷联上盖章。此手续办理过后，如果其他机关或个人要会见该被告人，需经法院同意。如果法院需要提审该被告人则应出示本院盖章的提押票。

对于在押的被告人，从监所收到换押票开始，该被告人属于法院的羁押人员，任何个人或组织会见该被告人，都需要经过法院的允许。法院提审该被告人也需要出具相应的凭证，这个凭证就是提押票。

【换押票示例】

××省××市××区人民法院
换押票
（公诉案件用）

（××××）×刑×字第××号

××看守所：

  你所羁押犯罪嫌疑人×××（性别×，××××年××月××日出生），×××人民检察院指控其犯××罪，向本院提起公诉，经审查，我院已依法受理，请予换押。

审判员　×××
书记员　×××
××××年××月××日
（院印）

【说明】

本联送交看守所。

【换押票回执示例】

××省××市××区人民法院
换押票(回执)

×××人民法院:

根据你院××××年××月××日(×××)××刑×字第×号换押票,我所已将羁押的犯罪嫌疑人×××换押。

看守所所长　×××

××××年××月××日

(看守所印章)

附注:

本联由看守所填写,加盖看守所印章后,退回法院存卷。

【说明】

一、本样式供第一审人民法院受理公诉案件后,将人民检察院指控并已羁押的犯罪嫌疑人换为法院羁押时使用。

二、换押票中应写明羁押犯罪嫌疑人的姓名、性别、出生年月日等项内容。如有需要注意的问题,可在"附注"后写明。

【提押票示例】

××省××市××区人民法院
提押票
(刑事案件用)

(××××)××字第××号

×××看守所:

　　下列被告人一名,请准予提押。

审判员: ×××
书记员: ×××

××××年××月××日

被告人姓名	性别	出生日期	出生地
		年月日	
提押事由	提押时间及执行法警	还押时间和看守所值班民警	
	年　月　日　时　分 执行法警:	年　月　日　时　分 值班民警:	

续 表

	年　月　日　时　分 执行法警：	年　月　日　时　分 值班民警：
	年　月　日　时　分 执行法警：	年　月　日　时　分 值班民警：
	年　月　日　时　分 执行法警：	年　月　日　时　分 值班民警：
	年　月　日　时　分 执行法警：	年　月　日　时　分 值班民警：
备注：		

本提押票还押案犯后存卷。

（五）被告人被采取取保候审、监视居住的处理程序

书记员拿到立案庭的卷宗材料后，将案件登记好，应当注意案件的被告人在公安机关和检察院是采取何强制措施，根据案件的具体需要是否决定继续取保候审或者监视居住。

1. 办理取保候审的基本程序

书记员办理取保候审应当准备的材料：起诉书副本、送达起诉书副本笔录、取保候审决定书一式三份，取保候审执行通知书（送公安），保证书、量刑建议书（看检察院是否有制作）、适用简易程序决定书（根据案件是否适用简易程序）。

让保证人提交身份证，核实保证人的身份是否符合《刑事诉讼法》第六十九条规定的条件。

签字、办理完后所需要送达的材料如下：

被告人	1. 起诉书副本一份 2. 取保候审决定书一份 3. 量刑建议书、适用简易程序决定书（具体案件是否有）
公安机关	1. 起诉书副本一份 2. 取保候审决定书一份 3. 取保候审执行通知书一份

【注意事项】

（1）取保候审期限最长不得超过十二个月，注意案件适用程序转换或者案件报延、检察院建议补充侦查后取保候审的期限。

(2) 办理监视居住的基本程序

书记员办理监视居住应当准备的材料：起诉书副本、送达起诉书副本笔录、监视居住决定书一式三份，监视居住执行通知书（送公安），量刑建议书（看检察院是否有送）、适用简易程序决定书（根据案件是否适用简易程序）。

当事人签字、办理完后所需要送达的材料如下：

被告人	1. 起诉书副本一份 2. 监视居住决定书一份 3. 量刑建议书、适用简易程序决定书（看案件是否有）	注：所送的材料送达证上应当有写明送达的时间
公安机关	1. 起诉书副本一份 2. 监视居住决定书一份 3. 监视居住执行通知书一份	

（六）注意期间、期日问题

期间分为法定期间和指定期间两种。法定期间，又称"不变期间"。是指由法律直接作出规定的诉讼期间。特点：期间的长短在法律条文中都有明确、具体的规定，它既不能由双方当事人协商约定，也不能由法院予以变更。指定期间，又称"可变期间"是指人民法院依照职权对进行某些诉讼行为所指定的期限。例如，法院指定案件延期审理的日期等。

下面主要列举在办理刑事案件中经常用到的法定期间。如下表：

各种主要期限	具体内容
随时	1. 被告人有权随时委托辩护人 2. 自诉案件的自诉人及其法定代理人、附带民事诉讼的当事人及其法定代理人有权随时委托诉讼代理人
24 小时	人民法院决定逮捕的被告人由公安机关逮捕后，送往看守所羁押，人民法院必须在 24 小时内进行讯问并通知家属
3 日	1. 法院自受理案件之日起三日内应当告知被告人有权委托辩护人 2. 人民法院至迟应当在开庭三日以前将传票、通知书送达当事人、辩护人、诉讼代理人 3. 对简易程序的案件，人民法院应当在 3 日以前将人民检察院的起诉书副本送达被告人及辩护人 4. 公开审判的案件，法院应当在开庭三日以前先期公布案由、被告人姓名、开庭时间和地点 5. 通过原审人民法院提出上诉的，原审人民法院应当在三日以内将上诉状连同案卷、证据移送上一级人民法院，同时将上诉状副本送交同级的另检察院和对方当事人

续 表

各种主要期限	具体内容
5 日	1. 人民法院当庭宣判的，应当在 5 日内送达判决书 2. 不服裁定的上诉、抗诉的期限为 5 日
10 日	1. 对普通程序的案件，人民法院应当在开庭 10 日以前将人民检察院的起诉书副本送达被告人及辩护人 2. 不服裁定的上诉、抗诉的期限为十日 3. 罪犯被交付执行的，人民法院应当在判决书生效后十日内将有关的法律文书送达监狱（实务中是送给看守所）
20 日	适用简易程序审理的案件，人民法院应当在受理后 20 日内审结
1 个月	对于补充侦查的案件，应当在一个月以后补充完毕
1 个半月	适用简易程序的案件，人民法院对可能判处的有期徒刑超过 3 年的，审限可以延长至一个半月（即合议制简易）
2 个月	对于补充侦查的案件，应当在一个月以后补充完毕。补充侦查两次为限
3 个月	一审的普通程序的案件的审限为 3 个月
6 个月	1. 监视居住最长不得超过 6 个月 2. 人民法院审理公诉案件，应当在受理后两个月内宣判，至迟不得超过三个月。对附带民事诉讼的案件、交通十分不便的边远地区的重大复杂案件，重大的犯罪集团案件，流窜作案以及犯罪涉及面广、取证困难的重大复杂案件，经上一级人民法院批准，可以延长三个月
12 个月	取保候审最长不得超过 12 个月
不计入期限	1. 不符合暂予监外执行条件的罪犯，通过贿赂等非法手段被暂以监外执行的，在监外执行的时间不计入执行刑期 2. 精神病鉴定的期间不计入办案期限 3. 中止审理的期间不计入审理期限
无限	人民法院一审公诉案件 6 个月内无法审结，因特殊情况还需要延长的，报请最高人民法院批准。

【注意事项】

期间的计算方法：

（1）以日为计算单位的期间。从期间开始的次日起算，期间开始的日不计算在期间以内。例如：甲于 2018 年 9 月 3 日收到判决书，那么上诉的期间为 2018 年 9 月 4 日至 9 月 13 日，判决书的生效时间为 2018 年 9 月 14 日。

（2）以月为计算单位的期间。自本月某日至下月同日为 1 个月。例如，普通程序的审理期限，2018 年 3 月 10 日立案，那么审理期限为：2018 年 3 月 10 日至 2018 年 6 月 10 日；

期限起算日为本月最后一日的,至下月最后一日为 1 个月,下月同日不存在的自本月某日自下月最后一日为 1 个月。例如,退回补充侦查的期限是一个月,2018 年 2 月 28 日退回,补充侦查的期限为 2018 年 2 月 28 日至 2018 年 3 月 31 日为一个月。

注意:一个月不等于 30 日,半个月等于 15 日。

(3) 特殊情形下期间的计算。①期间的最后 1 日为节假日的,以节假日的第 1 日为期间届满日期。②上诉状或者其他文件在期满前已经交邮,不算过期,交邮时间以当地邮局所盖的邮戳为准。

(4) 期间的重新计算。①人民检察院补充侦查完毕,移交人民法院后,人民法院重新计算审限。②第二审人民法院发回原审人民法院重新审理的案件,原审人民法院从收到发回案件之日起重新计算审理期限。

综上,根据被告人是否被羁押、案件适用何种程序,应向被告人送达的材料详见下表:

送达起诉书副本	取保候审、监视居住	被告人	起诉书副本、量刑建议书 权利义务告知书(认罪认罚)				根据案件情况联系司法局进行社区矫正调查评估
			传票				
			取保候审手续	保证人(保证书签字、身份证复印件)	被告人须在取保候审决定书(一式两份)上签字	取保候审执行通知书、决定书各一份送达执行机关,取保候审决定书一份存档	
				保证金			
		被告单位	起诉书副本、量刑建议书				
			传票				
			诉讼代表人	委托书(盖公章) 身份证复印件			
	在押	被告人	起诉书副本、量刑建议书 权利义务告知书 必问:有无辩护人、是否认罪、是否适用简易程序、是否有申请排除非法证据的权利、是否需要联系家属				是否审前调查由法官决定

(七) 送达起诉书副本等材料准备工作

1. 了解被告人的羁押状况及羁押地点

在送达副本之前,书记员需要知晓被告人是否被羁押以及羁押地点。对于团伙作案的被告人，要在准备副本的时候了解被告人是否被羁押在同一地点，以便安排具体的送达时间。

2. 确定送达的方式

《刑事诉讼法》第一百零七条规定了直接送达及留置送达。《刑事诉讼法解释》第一百六十七条规定了直接送达、留置送达，第一百六十八条规定了邮寄送达、委托送达。虽然法律及其解释规定了四种送达方式，但是因为刑事案件涉及被告人有罪或无罪以及适用何种刑罚，因此一般刑事案件都是以直接送达为主。

3. 实际送达

如果被告人已被羁押，送达副本时需准备换押证、起诉书（包括附带民事诉讼起诉书）、送达笔录及送达回证。如果被告人未被羁押，则通知被告人到法院领取副本，并准备起诉书、送达笔录及送达回证。对于已被羁押的被告人，需两名法院工作人员持工作证前去羁押地点进行送达，并制作送达笔录，同时要求被告人在送达回证上签字。

（八）制作送达笔录及相关材料

刑事案件中，向被告人送达法律文书材料之后，应要求被告人在送达回证上签字，并制作送达笔录。

1. 准备笔录用纸

刑事案件副本的送达包括向已被羁押的被告人送达和向未被羁押的被告人送达两种情况，这两种情况的送达笔录格式基本一致，差异之处在于向未被羁押的被告人送达的笔录中没有向其提问"何时被拘留、何时被逮捕"的记录。

2. 制作送达笔录

刑事案件的送达笔录制作的具体要求如下：

（1）核对被告人身份。如被告人陈述的出生年月与起诉书所写明的出生年月不一致的，应该报告主审法官。因为被告人年龄的核实不仅涉及被告人身份的情况，更重要的是年龄是是否承担刑事责任的一个界限。

（2）如被告人对起诉书中所列的罪名或者事实有异议，送达人应如实记录，并及时报告主审法官。主审法官会根据案件情况决定该案是否适用普通程序审理。

（3）询问被告人是否请有律师，并告知其有委托辩护人的权利。

（4）告知被告人有申请排除非法证据的权利。《人民法院办理刑事案件排除非法证据规程（试行）》第八条第一款规定，人民法院向被告人及其辩护人送达起诉书副本时，应当告知其有权在开庭审理前申请排除非法证据并同时提供相关线索或者材料。上述情况应当记录在案。第二款规定，被告人申请排除非法证据，但没有辩护人的，人民法院应当通知法律援助机构指派律师为其提供辩护。

（5）根据《刑事诉讼法解释》第一百五十条，人民法院受理附带民事诉讼案件，应当在5日内向附带民事诉讼的被告人送达附带民事起诉状副本，并告知其提交答辩状的时间。根据《刑事诉讼法》第二百一十七条，适用简易程序审理案件，审判人员应当询问被告人对起诉书指控的犯罪事实的意见；告知被告人适用简易程序审理的法律规定，确认被告人是否同意适用简易程序审理。上述事项，应当在送达起诉书副本笔录中分别列项记明。

3. 笔录的核对与签名

起诉书副本送达笔录应当交给被告人阅读或向其宣读。被告人阅读笔录认为无误后，应让其在笔录下面签名并捺手印。如其提出对笔录中其所做陈述进行修改，送达人应核实笔录是否有误，如确实有误应允许其修改，并让其在修改处捺手印；如笔录无误则不允许其修改。如果被告人拒收起诉书副本，应邀请监所看管人员到场，说明拒收情况，在送达笔录及送达回证上记明拒收理由，由送达人和看管人在送达回证上签名，并将起诉书副本留在监所，适用留置送达。

【送达起诉书副本笔录示例】

××省××市××区人民法院
送达起诉书副本笔录
（公诉案件用）

  时 间：××××年××月××日××时
  地 点：×××××
  送达人：×××记录人：×××
  送达人核对被告人姓名、性别、出生年月日、民族、出生地、文化程度等情况
  问：你何时被拘留？何时被逮捕？
  答：_____
  告知：××人民检察院指控你犯有××罪向本院提起公诉，我院已经受理。根据《中华人民共和国刑事诉讼法》第一百八十七条第一款的规定，现将×××人民检察院××检诉［××］××号起诉书副本送达给你。我院即将开庭审理。除你自己行使辩护权外，还可以委托律师等辩护人为你辩护。
  问：你听清了吗？有什么要说的？
  答：_____

二、排期通知

（一）确认适用的程序和审判组织

  检察院建议适用简易程序的，经审查认为可以的，同意适用简易程序，并出具相应的同意函；审查认为有不适合适用简易程序条件的，则直接决定适用普通程序，并出具相应的决定书。

【注意事项】

  根据刑事诉讼法规定，法院不适用简易程序的情形：被告人是盲、聋、哑人的；被告人是尚未完全丧失辨认或者控制自己行为能力的精神病人的；有重大社会影响的；共同犯罪案件中部分被告人不认罪或者适用简易程序有异议的；辩护人作无罪辩护的；被告人认罪但经审查认为可能不构成犯罪的；其他不宜适用简易程序审理的。

  独任审判的，一般有一名审判员、一名书记员。合议庭审理案件的，需要在"审判组

织"中选择审判长、审判员等,并可能需要申请人民陪审员。

(二)开庭登记

在审判管理系统上,输入开庭地点、时间、开庭方式等信息,点击保存。

【注意事项】

(1)排期之前需了解法官的排庭惯例,尤其法官需要自己安排开庭时间的,要按照法官确定的时间排庭;

(2)简易程序案件批量排期开庭的,同一公诉人的案件尽量安排在一起开庭;

(3)刑事案件开庭一般在刑事案件专用法庭,也可以使用专门法庭进行远程庭审;

(4)案件涉及国家秘密、个人隐私、未成年人案件等,"开庭方式"选项应点击不公开审理;

(5)如有不适宜公开审理的情况,应当不公开开庭;不公开开庭审理的案件,宣判应当公开。

第三节 开庭审理前的工作

一、协助法官在庭审前进行调查、勘验及检查工作,并制作各种笔录

刑事案件中,庭审前的准备工作主要是为了庭审的顺利开展而进行的各项工作,主要包括庭审前的调查、勘察以及检查。上述工作主要是在法官主持下进行的,书记员的主要工作是协助法院进行上述工作,并制作相应的笔录。

(一)制作调查笔录

调查笔录是人民法院在办理刑事案件过程中,依法向被害人、证人、知情人及其他人员或单位调查、询问案情而作出的具有证据效力的笔录。

1. 准备工作

调查笔录一般由标题、首部、正文、尾部四部分组成。被调查人如果是证人或其他人时,应询问其与当事人的关系;询问证人时,还应当告知证人应如实地提供证言,如故意作伪证或者隐匿证据,要负法律责任;尾部应由被调查人签名或者盖章。

2. 调查笔录的制作

调查笔录制作的具体要求如下:

调查笔录制作一般可采问答式和综合式,或者采用问答式和综合式的结合。如对表达能力较强的被调查人可多采用综合式记录,多由被调查人叙述,对重要的、关键的话语则可用问答式突出出来。

"被调查人"一栏,应当依次写明姓名、性别、出生年月日、民族、出生地、文化程度、职业或者工作单位和职务、住址。如询问证人或者其他有关人员时,笔录中应当写明其与当事人的关系。

调查时,如有其他人在场,应当写明在场人的姓名、性别、职业或者工作单位和职务等。

制作调查笔录应注意对不同的调查对象适用不同的称谓。笔录应力求详细、具体、完

整,力求记录被调查人的原话,反映被调查人的个性特点,有些被调查人的自然特征,如聋、哑、盲、跛足等也应注明。要记明被调查人与当事人之间的关系,这些内容往往可以作为鉴别真伪的重要依据,不能忽略。

对证人调查时,应注意记明材料来源,是亲眼所见、还是直接听当事人所说或是间接地听别人说的等情况。

3. 核对与签名

本笔录记录完毕,经被调查人校阅后,由被调查人和调查人、记录人签名或者盖章。

【调查笔录示例】

××省××市××区人民法院
调查笔录
(刑事案件用)

  时 间:××××年××月××日××时××分至××时××分
  地 点:
  调查人:
  记录人:
  被调查人:

_____

_____

_____

_____

(二)制作勘验笔录

1. 准备工作

勘验笔录一般由标题、首部、正文、尾部四部分组成。勘验笔录是审理刑事案件(含自诉案件)时书记员制作的对刑事案件现场及有关场所、物品、痕迹等进行勘验的笔录。勘验笔录的具体内容包括:勘验时间、天气情况、勘验地址和场所、勘验人、记录人、在场当事人或其成年家属、被邀参加人、勘验对象、勘验情况和结果。

2. 勘验笔录的制作

勘验笔录制作的具体要求如下:

勘验情况要具体记载。勘验情况和过程是勘验笔录的重点部分,应当尽可能地具体记录。如勘验的具体地点、位置环境;现场内部、中心部位的地形、物品;现场的走道、门窗、楼梯、家具陈设、物品放置有无损坏、损坏程度;作为被损害对象的人、物所受害的具体情况,有无血迹,损害的具体尺寸;有无现场提供的物证等。需要现场照相、绘制现场图的还应照相和绘图。

勘验笔录的记录顺序一般应与实际勘验顺序相一致,以免记载紊乱而发生遗漏或不必要的重复。勘验笔录要围绕勘验的目的、中心,繁简得当,笔录的用语应当力求准确、简练,不能含糊其辞或模棱两可。

清点财产笔录应当把财产名称、规格、特征、数量记录清楚，财产比较多的情况下，可按清点编号记载。

绘制现场图应力求方法准确、比例恰当、图样清楚规范、线条清晰。根据需要绘制现场方位图、现场全貌图、现场局部图，必要时可绘制立体图。

现场照相必须做到影像清晰、逼真，主题突出，一目了然。现场照片也是勘验笔录的附件和重要组成部分，在勘验笔录中起着其他形式无法替代的作用。现场照相一般可按勘验的目的和要求，分别采用方位照相、概览照相、中心照相、细目照相等方法，现场照片按顺序编排，即应先方位照片，后全貌照片，再中心照片，最后细目照片，依次粘贴在规定的纸片上，层层展开，环环相扣，最后装卷时与勘验笔录附在一起。

3. 核对与签名

本笔录记录完毕，勘验人、记录人、当事人或其成年家属和被邀参加人等分别签名或盖章。

（三）制作检查笔录

1. 准备工作

检查笔录一般由标题、首部、正文、尾部四部分组成。检查笔录是审理刑事案件（含自诉案件）时书记员制作的对刑事案件现场及有关场所、物品、痕迹等进行勘验的笔录。检查笔录的具体内容包括：检查的时间，地点，检查人，记录人，在场被检查人或其成年家属，见证人或被邀参加人检查对象，检查情况和结果。

2. 检查笔录的制作

检查笔录制作的具体要求如下：

"在场被检查人或者其成年家属"一栏，应当写明其姓名、性别、职业或者工作单位和职务等。"见证人或者被邀到场人"一栏，应写明其姓名、性别、职业或者工作单位和职务等。

检查情况要具体记载。检查情况和过程是检查笔录的重点部分，应当尽可能地具体记录。如检查的具体地点，位置环境；现场内部、中心部位的地形、物品；现场的走道、门窗、楼梯、家具陈设、物品放置有无损坏及损坏程度；作为被损害对象的人、物所受害的具体情况，有无血迹，损害的具体尺寸；有无现场提供的物证等。需要现场照相、绘制现场图的还应照相和绘图。

检查笔录的记录顺序一般应与实际检查顺序相一致，以免记载紊乱而发生遗漏或不必要的重复。

检查笔录要围绕检查的目的、中心，繁简得当，笔录的用语应当力求准确、简练，不能含糊其辞或模棱两可。

绘制现场图应力求方法准确、比例恰当、图样清楚、规范、线条清晰。根据需要绘制现场方位图、现场全貌图、现场局部图，必要时可绘制立体图。

现场照相必须做到影像清晰、逼真，主题突出，一目了然。现场照片也是检查笔录的附件和重要组成部分，在检查笔录中起着其他形式无法替代的作用。最后装卷时，现场照片要与勘验笔录附在一起。

成年家属、见证人或被邀参加人等分别签名或盖章。

【检查笔录示例】

××省××市××区人民法院
检查笔录
（刑事案件用）

时　　间：××××年××月××日××时××分至××时××分
地　　点：
调 查 人：
记 录 人：
在场被检查人或者其家属：
见证人或者被邀到场人：
检查对象：

检查情况和结果：
_____
_____
_____
_____

二、指定辩护有关事项的办理

根据《刑事诉讼法》的规定，人民法院应当为符合特定条件的被告人指定承担法律援助义务的律师为其提供辩护。

（一）协助法官确定被告人是否属于可以或应当为其指定辩护人的范围

对于符合《刑事诉讼法》第三十五条及《刑事诉讼法解释》第四十二条规定的，一般要指定承担法律援助义务的律师为被告人提供辩护。

对于符合《刑事诉讼法》第三十五条第二、三款规定的，应当指定承担法律援助义务的律师为被告人提供辩护。这些被告人的范围具体包括：盲、聋、哑人或者限制行为能力的；开庭审理时不满十八周岁的；可能被判处死刑的。而且最高人民法院的相关批复及答复认为，为上述被告人指定承担法律援助义务的律师为其提供辩护的规定适用于一审及二审。

（二）向援助义务承担机构或机关送达指定辩护人通知书

指定辩护人应该向法律援助中心送达指定辩护人通知书。

（三）注意适用未成年人制度

根据《刑事诉讼法》第二百八十一条第一款规定，对于未成年人刑事案件，在讯问和审判的时候，应当通知未成年犯罪嫌疑人、被告人的法定代理人到场。无法通知、法定代理人不能到场或者法定代理人是共犯的，也可以通知未成年犯罪嫌疑人、被告人的其他成年亲属，所在学校、单位、居住地基层组织或者未成年人保护组织的代表到场，并将有关情况记录在案。到场的法定代理人可以代为行使未成年犯罪嫌疑人、被告人的诉讼权利。

【指定辩护人通知书示例】

××省××市××区人民法院
指定辩护人通知书
（公诉案件用）

（××××）×刑×字第××号

×××（写明法律援助机构或者司法行政机关的名称）：

本院受理×××人民检察院指控被告人×××犯××罪一案，因被告人×××……（写明指定辩护人的事由），根据《中华人民共和国刑事诉讼》第三十五条第×款和《最高人民法院关于适用〈中华人民共和国刑事诉讼法〉的解释》第四十二条（或者第四十三条）第×项的规定，本院决定为其指定辩护人。请在收到本通知书三日内，指派承担法律援助义务的律师提供辩护，并于××××年××月××日前到本院××审判庭查阅案卷，准备出庭辩护。

附：×××人民检察院的起诉书副本一份

××××年××月××日
（院印）

三、通知开庭

排期之后要尽快发出开庭通知，人民陪审员、公诉人、辩护人等可能提出工作冲突等原因要求改期，书记员应向法官汇报后，由法官决定是否改期。需要通知的有关人员及通知方式详见下表。

排期通知	公诉人	出庭通知书（是否同意简易、速裁程序）	如需再次开庭，输入开庭结果后再次排期，重新通知
	辩护人	出庭通知书	
	被告人（取保）、被告单位证人、被害人（出庭）	传票	
	家属（在押）被害人	一般电话通知	
	人民陪审员（合议庭）	通知书	
	法警	开庭通知书	
		提讯提解证（在押）	

（一）传唤当事人

刑事案件中的当事人包括被害人、自诉人、犯罪嫌疑人、被告人、附带民事诉讼的原告人和被告人。在开庭之前，书记员要向当事人送达开庭传票，传唤当事人，同时告知其开庭时间、地点等。

1. 制作开庭传票

刑事案件中传唤当事人都是通过向其送达开庭传票进行的，因此书记员在送达之前要制作开庭传票。开庭传票为填充式，一式两联，一联存卷，一联送达被传唤的当事人。有关项目要填写清楚，特别是其中的被传唤人姓名、住址、传唤事由、应到时间和应到处所等，一定要写得准确具体。传票由承办该案的审判员、书记员署名，并加盖法院印章。

【开庭传票示例】

××省××市××区人民法院
传票（存根）
（刑事案件用）

案　　号	（　）字第　　号
案　　由	
当事人姓名	
工作单位或者住址	
传唤事由	
应到时间	年　月　日　时　分
应到处所	
备　　考	

审判员：
书记员：
年　月　日

××省××市××区人民法院
传　票

案　号	（　）字第　号
案　由	
当事人姓名	
工作单位或者住址	
传唤事由	
应到时间	年　月　日　时　分
应到处所	

注意事项：1. 被传唤人必须准时到达应到处所。

2. 被传唤人应携带传票报到。

3. 被传唤人收到传票后，应在送达回证上签名或盖章。

审判员：

书记员：

年　月　日

（院印）

2. 送达开庭传票

《刑事诉讼法》第一百八十七条规定，传唤当事人的传票至迟在开庭三日以前送达。通知当事人开庭时间及地点用的是传票，在送达传票的同时，应该让受送达的当事人在送达回证上签字。

（二）通知公诉机关、辩护人、法定代理人、诉讼代理人、证人、鉴定人和翻译人员

1. 制作出庭通知书

出庭通知书是指人民法院对于准备开庭审理的刑事案件通知当事人以外的诉讼参加人出庭的司法文书。

2. 送达出庭通知书

《刑事诉讼法》第一百八十七条规定，通知辩护人、诉讼代理人、证人、鉴定人和翻译人员的通知书至迟在开庭三日以前送达。通知上述诉讼参与人用的是通知书。《刑事诉讼法》第一百八十七条规定，将开庭的时间、地点在开庭三日以前通知人民检察院。在通知公诉机关提供的证人时，如果该证人当场表示拒绝出庭作证或者按照所提供的证人通讯地址未能通知到证人的，应当及时告知申请通知该证人的公诉机关。书记员在送达出庭通知书的同时，应该让受送达的当事人在送达回证上签字。

【出庭通知书示例】

××省××市××区人民法院
出庭通知书
（刑事案件用）

（××××）××字第××号

×××：

本院受理　　　　一案，定于　年 月 日　时分在　　　　　　　　开庭审理。根据《中华人民共和国刑事诉讼法》第一百八十七条第三款的规定，特通知你作为本案　　　　人准时出庭。

××××年××月××日
（院印）

（三）制作、发布开庭公告

1. 制作开庭公告

《刑事诉讼法》第一百八十七条规定，公开审判的案件，在开庭三日以前先期公布案由、被告人姓名、开庭时间和地点。公开审判是我国刑事诉讼的一个基本原则，因此一般刑事案件的审判都是公开审理的，但也有例外。《刑事诉讼法》第一百八十八条规定，有关国家秘密或者个人隐私的案件，不公开审理。《刑事诉讼法》第二百八十五条第一款规定，审判的时候被告人不满十八周岁的案件，不公开审理。对于不公开审理的案件，应当当庭宣布不公开审理的理由。除了上述案件之外的其他案件都应该公开审理，并发布开庭公告。

2. 发布开庭公告

开庭公告制作好之后，书记员应该在开庭三日以前发布该开庭公告，公告的内容包括：案由、被告人姓名、开庭时间和地点。以前开庭公告都是通过在法院的公告栏里张贴纸质公告进行发布的。随着科技的进步，一些法院开始运用电子显示屏及互联网进行开庭公告的发布。具体的方式是书记员直接在法院公告栏粘贴公告或是由书记员将公告内容交给办公室人员，由办公室人员在规定的时间将公告内容发布在法院的电子屏幕或互联网上，以便公民旁听。不管是通过电子显示屏或互联网发布开庭公告，还是在公告栏里张贴公告，都应该保留一张开庭公告附卷。

【开庭公告示例】

××省××市××区人民法院
公告（稿）
（通告开庭用）

本院定于　年 月 日 时 分在　公开审理
　　　　　一案。
　　特此公告。

××××年××月××日
（院印）

　　注：本公告已于　年 月 日张贴

书记员（签名）

（四）提押被告人

在确定开庭日期之后，对于被关押的被告人，书记员应该在法警队进行联系，告知法警队开庭时间、地点以及被告人的人数及被关押的地点，并将提押票交给法警队。开庭结束之后，法警队会将被告人押回监所取回提押票，这时书记员应该收回该提押票并附在案卷中。

【提押票示例】

××省××市××区人民法院
提押票
（刑事案件用）

（××××）××字第××号

看守所： 下列被告人一名，请准予提押。			审判员： 书记员： 年 月 日	
被告人姓名	性别	出生日期		出生地
		年月日		
提押事由	提押时间及执行法警		还押时间和看守所值班民警	
	年 月 日 时 分 执行法警：		年 月 日 时 分 值班民警：	

续 表

	年 月 日 时 分 执行法警：	年 月 日 时 分 值班民警：
	年 月 日 时 分 执行法警：	年 月 日 时 分 值班民警：
	年 月 日 时 分 执行法警：	年 月 日 时 分 值班民警：
	年 月 日 时 分 执行法警：	年 月 日 时 分 值班民警：
备注：		

本提押票还押案犯后存卷。

第四节 开庭审理阶段

一、庭审准备

书记员庭前做好笔录头：找到将要开庭案件的起诉书，寻找模板并按照法官的要求做好笔录头。同时庭前阅看起诉书，了解案件基本情况，开庭时做到胸有成竹，以便开庭时记录得当，同时有助于学习承办人的审理思路，锻炼总结案件争议焦点的能力。

开庭当天：

书记员应提前15分钟到达法庭进行准备工作：

（1）检查庭审录像系统、视频播放系统（如有需要的）等能否正常工作。

（2）确认审判人员、公诉人、辩护人、被告人等铭牌摆放是否正确。

（3）引导旁听人员入座。

（4）打开庭审录像系统，选定案件，点击准备开庭。

（5）打开笔录模板。

（6）受审判长或者审判员委托，查明公诉人、当事人、证人及其他诉讼参与人是否到庭。

二、庭审过程

（1）点击庭审录像系统"开始"。

（2）宣读法庭纪律。

（3）请公诉人及相关诉讼参与人入庭。

（4）请审判长、审判员（人民陪审员）入庭。

（5）审判人员就座后，向审判长报告开庭前的准备工作已经就绪。

（6）制作庭审笔录（详见本节"四、刑事案件中庭审记录注意事项"）。

法庭审理笔录应如实反映审理过程：

（1）标题，应标明法庭审理笔录（第×次）。

（2）首部，应写明：开庭时间、地点、是否公开审理、旁听人数、审判人员、书记员的姓名。

（3）正文。

宣布开庭阶段：被告人的姓名、性别、出生年月、民族、住址、强制措施、是否有犯罪记录等、本案案由及是否公开审理、审判人员、书记员、公诉人、辩护人名单、告知当事人回避权及当事人的态度、告知当事人诉讼权利等。

法庭调查阶段：公诉人宣读起诉书；被告人对指控的事实等进行陈述；公诉人、辩护人、法官发问被告人；控辩双方举证，发表质证意见。

法庭辩论阶段：公诉人发表公诉意见，被告人自行辩护、辩护人发表辩护人意见；简易程序一般一轮辩论即可结束，普通程序通常要二至三轮辩论。

最后陈述阶段：当事人最后的想法、认识、要求。

宣告庭审结束阶段：当庭宣判/定期宣判/需要另行安排继续开庭等。

（4）尾部，审判人员及书记员签字。

三、庭审结束

1. 结束庭审录像，上传庭审笔录
2. 打印庭审笔录，要求被告人、辩护人签字
3. 组织庭审笔录核对与签字的注意事项

（1）打印庭审记录。

庭审笔录一般采取电脑记录方式进行，为了便于当事人和其他诉讼参与人核对记录内容，并根据核对后应当签名的要求，在庭审结束后，书记员将校对后的庭审笔录打印成书面材料，然后组织当事人和其他诉讼参与人进行核对。

（2）组织当事人和其他诉讼参与人核对笔录。

①阅读或宣读庭审记录。庭审笔录由书记员在庭审结束时交由被告人和其他诉讼参与人阅读核对。如当事人或其他诉讼参与人不能自行阅读的，书记员应当向其宣读笔录；如当事人或其他诉讼参与人是聋哑人的，由翻译人员进行翻译，对此情况书记员应记录在案。

②核对后签字或盖章。在笔录中有陈述的当事人和其他诉讼参与人都要在记录上签字捺手印。经核对无误后的庭审笔录，当事人和其他诉讼参与人应在笔录上签名或盖章。

同时必须在庭审笔录中反映出当事人已阅读的记录，即在笔录最后一页写上："记录无误"或"以上笔录看过与我说的一样"等。

③庭审记录的补充或更正。当事人和其他诉讼参与人认为庭审笔录对自己的陈述记录有遗漏或者差错的，有权申请补正，书记员应当将申请记录在案。

当事人对有正当理由要求补充或更正的地方，书记员在补充或更正之处，应当注明原因和经过，并加盖书记员印章以示规范，当事人也应在补充或更正之处签字捺手印。

④审判人员等签署。书记员将法庭的全部活动记入笔录,经审判长或审判员审阅后,由审判长和书记员签名。

四、刑事案件中庭审记录注意事项

(一) 笔录制作前的准备

(1) 了解案件的基本情况。应当阅读全部案卷材料,对被告人的基本情况(尤其涉及绰号等)、案件基本事实(尤其涉及暗语及其含义的表述等)、情节加以了解;通过阅读卷宗笔录熟悉当事人语言特色、表达方式;了解人名、地名、简称、数字、代号、方言土语、专业用语、不常见的事物名称等。

(2) 主动与审判人员沟通,询问庭审重点和关键证据,以及特别需要注意的环节等。了解审判人员对案情的分析,及其办案的一般方法、步骤和问话特点。要做到了解案件全貌,关注案件重点内容,这样才能有备无患,记录时有的放矢,从而提高记录效率和效果。

(3) 预先填写开庭前可以填写的笔录内容,以节省正式开庭时的记录时间。

刑事诉讼法中规定的那些应当写入笔录的内容,以及开庭时间、地点,包括笔录文头纸格式中规定的其他项目等,可以事先填写清楚。

(二) 熟悉庭审记录的范本

庭审记录中有一部分完全是相对固定的程序化内容,比如庭前准备时宣布案由、案件来源,宣布合议庭组成人员和诉讼参与人名单、被告人享有的权利等。

对这部分内容完全可以事先制作填充式范本,庭审记录时根据个案不同进行适当修改,或者利用文件切换、复制、粘贴等操作技巧,把相对固定又具有共性的内容适时加入到笔录当中。这样不但可以降低工作强度,而且可以提高庭审记录的效率和准确性。

(三) 进行庭审记录

1. 宣布开庭及有关事项

宣布开庭及有关事项,具体包括以下三点:

(1) 记明宣布审理案件的几项内容。即审判人员宣布开庭审理的案件的案由,是否公开审理或者是不公开审理;对不公开审理的理由说明等情况。

(2) 宣布审判人员及其他有关人员名单、交代当事人的诉讼权利义务等情况。即开庭时,经审判长、独任审判员或书记员查明、核对当事人及其他诉讼参与人是否到庭后,根据刑事案件的情况,宣布审判人员、书记员、公诉人、辩护人、鉴定人和翻译人员的名单;告知被告人享有的诉讼权利和承担的义务,包括申请上述名单中的人员回避的权利,刑事被告人享有的辩护权利,询问当事人是否申请回避等情况要逐项予以记明。

(3) 关于当事人申请回避问题。应记明当事人提出回避申请及最后决定是否准许,以及当事人是否申请复议的情况。

2. 法庭调查情况

法庭调查情况具体包括以下七点:

(1) 公诉人宣读起诉书。刑事案件公诉人宣读起诉书时,对起诉书的内容不必记录,因为已有起诉书在卷。对此,只记明这一项活动,记为"公诉人×××(姓名)宣读起诉书（略）"。接着记明被害人陈述。

（2）讯问当事人。公诉人、审判人员讯问当事人及当事人陈述的内容，按一问一答的形式记录。

（3）记明辩护人、当事人等向被告人或其他诉讼参与人发问的情况。即刑事案件被害人、附带民事诉讼原告人、辩护人、诉讼代理人和附带民事诉讼案件当事人，经审判长许可，向被告人、证人、鉴定人、勘验人发问及被询问的人回答的情况予以记明。

（4）记明告知证人出庭作证的权利义务情况。即刑事案件中审判人员询问证人与当事人的关系并告知证人出庭作证的权利义务等情况都应予以记明。

（5）记明举证质证情况。即刑事案件中的公诉人、辩护人出示物证，让当事人辨认；对未到庭证人的证言笔录、鉴定人的鉴定意见、勘验笔录和其他作为证据的文书，当庭宣读，听取公诉人、当事人和辩护人的意见等情况应予以记明。

（6）记明有关补充证据的情况。即在法庭审理过程中，当事人、辩护人、诉讼代理人申请通知新的证人到庭，调取新的物证，申请重新鉴定、调查或者勘验，法庭是否准许的情况，以及当事人提出新证据的情况予以记明。

（7）刑事案件的书记员在庭审中要注意举证、质证阶段，同样要看公诉机关起诉书的定罪证据和公诉机关在庭审中的举证，如发现遗漏，应及时提醒承办法官，由承办法官提示公诉机关进行举证宣读，公诉机关在举证宣读时的"等证据"，庭审笔录中不能出现"等证据"字样，要提示公诉机关把所有定罪证据罗列完毕，并进行一证一举一质。刑事案件的书记员还要注意，在庭审过程中，审判员的案外话或者做刑事附带民事调解工作的语言不应记录在笔录中。

3. 法庭辩论情况

刑事案件改为控辩式的审理以后，法庭调查和法庭辩论阶段并不截然分开，往往在调查阶段即穿插辩论。对此，仍可按照法庭理审理的顺序，如实依次记录。

书记员应记明刑事案件公诉人、被害人、被告人、辩护人等的发言、辩护、答辩和互相辩论情况。

法庭辩论阶段是继前一阶段，即法庭调查结束而开始的。对公诉人的发言、辩护人的发言，包括公诉词、辩护词，都应记明要点。在审判实践中，进入互相辩论阶段，公诉人、被害人和被告人、辩护人之间，在多数情况下，不是各人依次作系统的发言，往往形成你一句、我一句的零乱的辩论，是相当难记的。但是，对此仍然要求把互相辩论的要点记录下来，不能遗漏，要予以逐项记明。

4. 当事人的最后陈述意见

法庭辩论终结被告人最后陈述的内容均须记录清楚。如果漏记了这一点，容易使人误解为这项工作没有进行，剥夺了当事人最后陈述的权利，违背了《刑事诉讼法》第一百九十八条规定。

【法庭笔录示例】

××省××市××区人民法院
法庭笔录（第　次）
（刑事案件用）

时　间：　年　月　日　　时　分至　时　分
地　点：
是否公开审理：　　　　　　　旁听人数：
审判人员：
书记员：
审判长（员）宣布开庭审理＿＿＿＿＿＿＿一案。
记录如下：

_____
_____
_____
_____

第五节　合议庭评议及宣判

一、制作合议庭合议笔录

（一）熟悉案情

合议庭合议是合议庭成员对刑事案件被告人的定罪量刑发表意见的过程，合议庭笔录要完整、详细、准确地反映合议庭合议案件的整个过程及内容，就要求书记员必须在记录之前对所讨论的案件情况有充分的了解。

（二）准备笔录用纸

根据法院诉讼文书样式的规定，合议庭评议笔录有标准的文书样式。合议庭笔录由标题、首部、正文、尾部四部分组成，具体内容包括评议时间（年月日时至时分），评议地点，合议庭成员姓名、书记员姓名，评议案由，评议内容，评议笔录结尾处由合议庭成员分别签名。

（三）合议庭合议笔录的制作

合议庭笔录制作的具体要求如下：

（1）评议的正文内容应如实记载评议过程，特别要抓住该案的事实、证据、定性、处理等重点问题，记录发言者的原话、原意，力求语句通顺。评议结果一定要记录得明确具体，不得模棱两可；评议中的不同意见，必须如实记入笔录；记录中如有涂改之处，应加盖书记员的印章。

（2）合议庭合议笔录记录的重点应当放在以下几个方面：①合议庭成员对案件事实、证据、性质的认定和适用法律的评议意见；②被告人是否有罪，犯的什么罪，是否有法定从重或从轻、减轻的条件，是否应受惩罚或者适用何种刑罚及其理由、依据，有赃款赃物的如何处理；③附带民事诉讼的处理。④书记员记录时应注意发言顺序。根据《最高人民法院关于人民法院合议庭工作的若干规定》第十条第一款规定，合议庭评议案件时，先由承办法官对认定案件事实、证据是否确实、充分以及适用法律等发表意见，审判长最后发表意见；审判长作为承办法官的，由审判长最后发表意见。对案件的裁判结果进行评议时，由审判长最后发表意见。审判长应当根据评议情况总结合议庭评议的结论性意见。

（3）记录用语要准确、简明扼要，言简意赅；记录内容要客观、真实、完整。对意见、理由、根据等评议内容不能简单化，不能随意省略。

（四）组织签名

合议庭合议笔录记录完毕后应当立即交合议庭组成人员阅看并签名。评议笔录制好后，应订入副卷，妥善保存并严格保密。

【合议庭评议笔录示例】

××省××市××区人民法院
合议庭评议笔录（第　次合议）
（刑事案件用）

时　间：　　年　月　　日　　时　分
地　点：
合议庭成员：　　　　　　　　　　　　审判长：
审判员（人民陪审员）：

书记员：
评议_____一案。
记录如下：

_____
_____
_____
_____

二、打印、校对裁判文书

裁判文书是审判活动的重要载体，是落实司法公正、体现案件质量的重要内容，是人民群众了解、评判法院工作的直接窗口。裁判文书的校对工作不仅对确保案件质量具有重要意义，也关系到法院的司法形象和权威。

裁判文书常见差错检查参考下表：

一、首部		
差错类型	常见情形	校 对
1. 文书类型差错	裁定书、判决书、调解书格式套用错误，如裁定书套用成判决书格式，刑事附带民事判决书写成刑事判决书	
2. 案件案号错误	案号遗漏、案号不完整或者合并审理的案件案号混淆，如案号中遗漏"初"字，注意新旧案号区别	
3. 当事人名称差错	遗漏公诉机关；遗漏被告人与案情有关的别名、化名	
4. 当事人信息差错	被告人的职业漏写，有工作单位应写明工作单位及职务（职务犯罪案件特别注意）	
	被告人曾受过刑事处罚、行政处罚等是否写明事由和时间	
	采取强制措施情况注意与卷宗核对（羁押时间）	
5. 当事人住所地差错	户籍地注意与卷宗核对	
	经常居住地地址不全或遗漏	
	被告人现羁押场所写错，如区看守所写成市看守所	
6. 单位法定代表人差错	与法定代表人身份证明书记载的职务不符	
7. 法定代理人差错	遗漏未成年人的法定代理人，与被告人或原告人的关系漏写	
	附带民事诉讼，未成年被告人的监护人应列为被告人的法定代理人暨附带民事诉讼被告人	
8. 辩护人/诉讼代理人差错	漏写辩护人、诉讼代理人、漏列变更后的代理人	
	辩护人是人民团体或者被告人所在单位推荐的，应写明姓名、工作单位和职务	
	辩护人是被告人的监护人、近亲属的，应注明与被告人的关系	
	指定辩护人误写为辩护人	
	辩护人同时作为刑事诉讼辩护人和民事诉讼代理人的，应为"辩护人暨附带民事诉讼代理人"	
9. 案由差错	漏写案由	
	错写案由	
10. 案件由来、审理程序差错	检察院公诉或自诉人自诉	
	检察院起诉书案号	
	公诉机关指控的罪名	
	独任审判、合议制简易或者组成合议庭审理	
	公开审理或不公开审理	
	检察院出庭支持公诉人员	
	延期审理和延长审限的情况	

续　表

二、正文及尾部		
差错类型	常见情形	校　对
11. 控辩意见归纳	遗漏检察院量刑意见	
	遗漏被告人辩解或辩护人的辩护意见	
	遗漏附带民事诉讼原告人的诉讼请求，注意补充或者变更后的诉讼请求	
	"辩称"写成"辨称"	
12. 事实认定	时间、地点、目的、手段、实施行为的过程、危害结果和被告人在案发后的表现等案件事实的基本要素是否遗漏	
	两种以上货币出现时，未写明币种	
	漏写或错写计量单位	
	错写币种	
	数字前后不统一，如前面写"10万元"，后面写"100,000元"	
	判决主文漏写"人民币"或其他币种	
	数字分隔符、小数点差错	
	涉及多项犯罪金额的，数额、计量差错	
13. 证据运用	采用未经开庭质证的证据（注意与庭审笔录核对）	
	遗漏证据（与确认事实相对应检查）	
	证据内容归纳有误	
14. 定性、量刑情节	一人犯数罪的，先定重罪，后定轻罪	
	共同犯罪各被告人（首要分子、主犯、从犯，或者胁从犯等）的地位、作用和刑事责任论述	
	法定量刑情节错误：数额较大误写为数额巨大	
	出现事实认定中未出现过的事实	
	对公诉人的量刑建议是否采纳	
	对被告人及辩护人辩护意见的采纳情况	
15. 法律援引	引用法律的条、款、项不当	
	引用法律条文的顺序不对	
	遗漏法律条文	
	当事人名称与首部不一致	
	当事人名称未使用全称	
	刑期折抵计算错误	

续 表

差错类型	常见情形	校对
16. 裁判文书主文内容差错	附加刑：罚金缴纳期限；没收财产是部分或全部；剥夺政治权利的期限	
	缓刑误写为"缓期执行"	
	追缴、责令退赔、没收赃款、赃物的具体金额、具体情况	
	数罪并罚没有分别量刑（包括主刑和附加刑）	
	附带民事诉讼赔偿金额、给付日期	
17. 合议庭成员、书记员署名差错	合议庭成员写错	
	将合议庭审理误写为独任审理	
	合议庭成员署名与最后一次庭审及评议笔录记载不一致	
	合议庭成员审判职称写错，如审判员写成代理审判员	
	审判人员位序写错	
	人民陪审员写错	
	书记员署名写错	
18. 裁判文书落款日期差错	年份写错（年初时最易发生）	
	某年某月写成某年某年	
	漏写日期	
19. 印章差错	未加盖"本件与原本核对无异"印章	
	漏盖院印	

三、其 他

差错类型	常见情形	校对
20. 标点符号差错	多、漏、错标点符号，如连续逗号"，，"等标点符号全角与半角错误	
21. 格式差错	有多余的空格	
	转行格式出错，如某行第一个字符为逗号、句号等	
	行距、页边距不符合标准	
22. 数字差错	认定的数字前后不一	
	各项数字相加与结果不一	
23. 告知性条款	遗漏上诉权告知内容；注意判决（10日）和裁定（5日）上诉期限不同	
24. 法律条款所附差错	所附条款未另页书写	
	所附法律的名称、条款项目及内容应规范、准确	

续　表

差错类型	常见情形	校　对
25. 版本差错	最终生成的文本与最后的校对版本不一致	
	补印裁判文书时与最后的校对版不一致	

（一）明确校对内容

刑事裁判文书的校对内容主要包括：案号是否准确；诉讼参与人主体资料是否正确；程序叙述是否表述准确、出庭人员是否列明；当事人主要辩称观点是否清楚；查明事实及证据叙述有无遗漏；本院认为部分逻辑是否清晰；所引用的法律法规名称及具体条文是否正确；上诉期限是否正确；署名部分是否与合议庭告知、开庭笔录所载一致；文书制作时间是否正确等，此外还包括字体、页码、数字格式等校对内容。为了不遗漏校对内容，可以将上述需要校对的项目制作成《裁判文书校对规范表》，要求校对人员在校对裁判文书时逐项进行。

（二）依校对程序进行校对

所有裁判文书在签发之前应经过多次校对，在文书付印前由主审法官和跟案书记员分别进行一次校对，文书印制后由书记员再次校对，文书在盖章后送达之前，由跟案书记员进行最后一次校对，同时每次校对的责任人均须在《裁判文书校对规范表》内注明相应校对项目是否有误，并签名确认，以求最大限度地保证文书质量。

三、处理宣判事宜

宣判包括当庭宣判与定期宣判，当庭宣判不需要另行通知当事人和诉讼参与人宣判的时间、地点，也无须制作宣判笔录，因此，宣判事项的处理仅是定期宣判时的一项工作任务。

（一）通知被告人、公诉人、辩护人、受害人或受害人家属以及其他诉讼参与人宣判的时间和地点

定期宣判的，应在开庭三日前将开庭的时间、地点通知被告人、公诉人、辩护人、受害人或者受害人家属以及其他诉讼参与人。对于没有被羁押的被告人、受害人或者受害人家属适用传票通知；对于辩护人、公诉人适用出庭通知书通知；对于被羁押的被告人由法警提押到庭，无须另行通知。

（二）制作宣判笔录

当庭宣判的无须另外制作宣判笔录，可在法庭审理笔录中继续记录。定期宣判的，应单独制作宣判笔录。宣判笔录制作的具体要求如下：

（1）正文内容应记明宣读××人民法院（　）字第（　）号判决书或裁定书，告知的事项及宣判后当事人的表现。被告人对判决的意见表示要如实记录，如果有意见，要记清意见的内容。对判决有意见的，是对判决认定的犯罪事实有意见，还是对适用法律条款有意见，是否认为刑期过重，这些情况都应当记录清楚。

（2）一审宣判后，法官告知被告人上诉权利、上诉期限和上诉法院，讯问被告人是否

上诉，书记员应将被告人回答的情况如实记入笔录。

（3）记录到庭的公诉人应写明职务和姓名；到庭的当事人和其他诉讼参与人应写明称谓和姓名。

（4）刑事公诉案件的宣判委托他人宣判的，应在审判长一行中写明代为宣判人员及其姓名、单位和职务。一般由本案合议庭成员进行，记录时应当客观准确地记录宣判人。

（5）宣判笔录的空格中，应当依次记明宣告判决或者裁定的结果、告知的有关事项和当事人的表示等内容。宣判后立即发给判决书或者裁定书的，应当在笔录中记明。

（6）宣判笔录由当事人签名或者盖章。拒绝签名、盖章的，应当记明情况。审判员、代理审判员或者人民陪审员、书记员应当在笔录上签名。

【宣判笔录示例】

××省××市××区人民法院
宣判笔录
（刑事案件用）

时　间：　　年　月　日　　时　分
地　点：
审判长：　　　　　　　审判员（人民陪审员）：
书记员：
到庭的公诉人：
到庭的当事人和其他诉讼参与人：

记录如下：
审判长（员）　　宣读　　人民法院　年　月　日（　）字第　号刑事　书。

_____
_____
_____

第六节　审结后相关事项处理

一、移送上诉材料

根据《刑事诉讼法》第二百三十一条第一款规定，被告人、自诉人、附带民事诉讼的原告人和被告人通过原审人民法院提出上诉的，原审人民法院应当在三日以内将上诉状连同案卷、证据移送上一级人民法院，同时将上诉状副本送交同级人民检察院和对方当事人。

（一）制作上诉案件移送函

为了确保上诉案件及时、准确移送，一审法院在移送刑事上诉案卷时，需填写上诉案件移送函，明确函告上级人民法院移送的是什么案件、案卷几宗、上诉状几份，以利于上级人民法院查收。

上诉案件移送函一般包括以下内容：标题、案号、主送人民法院名称、主文、附件、落款日期。主文包括被告人姓名（名称）、案由、原因、依据。

案卷是人民法院的重要档案材料，需要通过专门的途径移交，一般情况下，人民法院会有专门的部门和人员负责案卷的统一移送。在实践中，移交案卷材料前，应该做好记录，注明移交的时间、卷宗数、收卷单位以及经办人。

如果是直接移交的，应让收卷单位签收。

【报送上诉案件函示例】

××省××市××区人民法院
报送上（抗）诉案件函（稿）
（刑事案件用）

（××××）××字第××号

×××人民法院：

我院受理　　　　　　　　　一案，已经作出（　　）字第　号判决（裁定），并于　年　月　日宣判。在法定期间提出　诉。现将该案全部案卷材料报送你院，请查收。

附件：一、案卷　宗，物证　件
　　　二、上诉状　份，抗诉书　份，答辩状　份

××××年××月××日
（院印）

签发人：
经办人：

（二）二审法院案件审理完毕，应当将案卷材料退还

二审法院案件审理完毕，应当将案卷材料退还给原审法院。原审法院书记员收到退卷后，应注意以下几点：

（1）核对原审的案卷数是否齐全。书记员收到退卷后，需要查看是否有上级法院的退卷函及上级法院的裁定书或者判决书。如果遇到不齐全的时候，应该及时报告承办法官，并作出相应处理。

（2）书记员需要查看退卷中是否有上级法院的委托送达，如有委托送达，应及时将委托送达材料送达，并将送达回证送交上级法院。

（3）将上级法院退卷函及裁判文书及时扫描并上传到系统中。

二、刑事执行案件的移送

刑事裁判文书发生法律效力以后，被判处刑罚的罪犯应当交由相关部门执行具体刑罚，人民法院应当处理好刑事执行案件移送的相关事项。刑事执行案件的移送主要包括有关执行通知书的填制和执行材料的移送。

（一）有期徒刑和拘役执行材料的移送

1. 填制有期徒刑和拘役执行通知书

有期徒刑和拘役执行通知书是指人民法院对判处有期徒刑或拘役的罪犯，在判决发生法律效力之后，通知羁押罪犯的单位交付监狱或其他刑罚执行机关执行和通知罪犯本人的司法文书。总共有四联，具体见参考格式。

【执行通知文书示例】

××省××市××区人民法院
执行通知书（存根）
（有期徒刑、拘役用）

（××××）×刑×字第××号

×××：

罪犯×××经依法判处刑罚，判决已发生法律效力，根据《中华人民共和国刑事诉讼法》第二百六十四条第二款的规定，请按照本通知送交监狱（或者公安机关）执行。

姓　名		性别		出生日期	年　月　日	民族	
家庭住址							
罪　名					主　刑		
起刑日期			年　　月　　日				
羁押抵刑	年　　个月　　日			刑满日期		年　月　日	
附加刑			剥夺政治权利　　年				
执行根据	人民法院（　）刑　字第　　号刑事判决书 人民法院（　）刑　字第　　号刑事判决书						
备　考							

续　表

签发人：　　　　　　　　　经办人： 　　　　　　　　　　　　　　　　　　　年　　月　　日 　　　　　　　　　　　　　　　　　　　　　（院印）

××省××市××区人民法院
执行通知书

（××××）×刑×字第××号

×××：

　　罪犯×××经依法判处刑罚，判决已发生法律效力，根据《中华人民共和国刑事诉讼法》第二百六十四条第二款的规定，请按照本通知送交监狱（或者公安机关）执行。

姓　名		性别		出生日期	年　月　日	民族	
家庭住址							
罪　　名				主　　刑			
起刑日期			年　月　日				
羁押抵刑	年　　个月　日			刑满日期	年　月　日		
附加刑			剥夺政治权利　　年				
执行根据	人民法院（　　）　刑　字第　　号刑事判决书 人民法院（　　）　刑　字第　　号刑事判决书						
备　　考							

　　签发人：　　　　　　　　　经办人：

　　　　　　　　　　　　　　　　　　　年　　月　　日
　　　　　　　　　　　　　　　　　　　　　（院印）

×× 省 ×× 市 ×× 区人民法院
执行通知书（回执）

（××××）×刑×字第××号

×××人民法院：
你院　年　月　日（　）刑　字第　号执行通知书已收到。
罪犯　　　已于　年　月　日送往　　执行。

××××年××月××日
（公章）

×× 省 ×× 市 ×× 区人民法院
执行通知书

（××××）×刑×字第××号

罪犯×××：
你犯　　　罪，经依法判处　　　。现交付执行，并将有关事项通知如下：
主刑起算日期：　年　月　日。
羁押抵刑：　　年　个月　日。
刑满日期：　年　月　日。
附加剥夺政治权利　　　。

××××年××月××日
（院印）

【说明】

"执行根据"一栏填写生效的裁判文书。即：①一审结案的，只填第一审人民法院生效的刑事判决书；②二审结案改判的、二审结案维持原判的，既要填写第一审人民法院刑事判决书，又要填写二审法院生效的刑事裁定书。

2. 有期徒刑和拘役执行案件材料的送交

对于判处有期徒刑的罪犯，在交付执行、送达执行通知书的同时，应当将判决书、裁定书、人民检察院的起诉书副本或者自诉状复印件、结案登记表等送达看守所，由公安机关将罪犯交付监狱执行。

对于判处拘役的罪犯，在判决、裁定生效后，由交付执行的人民法院将判决书、裁定书、人民检察院的起诉书副本、自诉状复印件、执行通知书登记表及时送达公安机关。

应附送的裁判文书,一般有如下几种情况:一审结案的,只附送一审法院生效的刑事判决书;二审改判、维持原判结案的,既要附送一审法院有效的刑事判决书,又要附送二审法院有效的刑事裁定书。

(二)有期徒刑和拘役缓刑执行材料的移送

1. 有期徒刑和拘役缓刑执行通知书的填制

有期徒刑和拘役缓刑执行通知书是指人民法院对判处有期徒刑或拘役,宣告缓刑的罪犯,在判决生效之后,通知公安机关交付执行和通知罪犯本人的司法文书。总共有四联,具体见参考格式。

【执行通知文书示例】

××省××市××区人民法院
执行通知书(存根)
(宣告缓刑用)

(××××)×刑×字第××号

×××公安局:

  罪犯　　　因犯　　　罪,经依法判处　　　,缓刑　　　　　　。现判决已发生法律效力。依照《中华人民共和国刑法》第七十六条的规定,请你局对该犯予以考察。

  缓刑考验期间:自　　　年　月　　日起,
       至　　　年　月　　日止。

  附执行根据:
  人民法院(　)　刑　字第　号刑事判决书　份
  人民法院(　)　刑　字第　号刑事裁定书　份

××××年××月××日
(院印)

签发人:
经办人:

××省××市××区人民法院
执行通知书

(××××)×刑×字第××号

×××公安局:

  罪犯　　　因犯　　　罪,经依法判处　　　,缓刑　　　　　　。现判决已发生法律效力。依照《中华人民共和国刑法》第七十六条的规定,请你局对该犯予以考察。

  缓刑考验期间:自　　　年　月　　日起,

至　　　年　月　　日止。

附执行根据：
人民法院（　　）　刑　字第　　号刑事判决书　　份
人民法院（　　）　刑　字第　　号刑事裁定书　　份

××××年××月××日
（院印）

××省××市××区人民法院
执行通知书（回执）

（××××）×刑×字第××号

×××人民法院：
　　你院　年　月　日（　　）　刑　字第　　号执行通知书和所附执行根据　均已收到。
　　我局已于　年　月　日对罪犯　　予以考察。

××××年××月××日
（公章）

××省××市××区人民法院
执行通知书

（××××）×刑×字第××号

×××：
　　你犯　　罪，经依法判处　　　　，缓刑　　　。判决已发生法律效力，现交付执行。你在缓刑考验期间，必须遵守《中华人民共和国刑法》第七十五条的规定：
　　（一）遵守法律、行政法规，服从监督；
　　（二）按照考察机关的规定报告自己的活动情况；
　　（三）遵守考察机关关于会客的规定；
　　（四）离开所居住的市、县或者迁居，应当报经考察机关批准。如违反上述规定，依照《中华人民共和国刑法》第七十七条第二款的规定处理。
　　缓刑考验期间：自　　年　月　　日起，
　　　　　　　　　至　　年　月　　日止。

××××年××月××日
（院印）

2. 有期徒刑和拘役缓刑执行材料的送交

《刑事诉讼法》第二百六十九条规定，对被判处制、宣告缓刑、假释或者暂予监外执行的罪犯，依法实行社区矫正，由社区矫正权构负责执行。判决发生法律效力之后，人民法院应将判决书、执行通知书送交社区矫正执行机关。

应附送的裁判文书，一般有如下几种情况：一审结案的，只附送一审法院生效的刑事判决书；二审改判结案、维持原判结案的，既要附送一审法院有效的刑事判决书，又要附送二审法院有效的刑事裁定书。

（三）管制执行材料的移送

1. 管制执行通知书的填制

管制执行通知书是指人民法院对判处管制或者被判处管制附加剥夺政治权利的罪犯，在判决发生法律效力之后，通知公安机关交付执行和通知罪犯本人的司法文书。

2. 管制执行材料的送交

判决生效后，由法院将判决书副本、执行通知书发给罪犯居住地的公安机关或有监督权的其他机关，由他们负责监督执行。

应附送的裁判文书，一般有如下几种情况：一审结案的，只附送一审法院生效的刑事判决书；二审改判结案的、维持原判结案的，既要附送一审法院有效的刑事判决书，又要附送二审法院有效的刑事裁定书。

（四）单处剥夺政治权利执行材料的移送

1. 单处剥夺政治权利执行通知书的填制

单处剥夺政治权利执行通知书，是人民法院对单独判处剥夺政治权利的罪犯，在判决发生法律效力之后，交付公安机关执行和通知罪犯本人的司法文书。总共有四联，具体见参考格式。

【执行通知书示例】

××省××市××区人民法院
执行通知书（存根）
（单处剥夺政治权利用）

（××××）×刑×字第××号

×××公安局：

　　罪犯　　　因犯　　罪，经依法判处剥夺政治权利　　　。现判决已发生法律效力。依照《中华人民共和国刑事诉讼法》第二百七十条的规定，请你局执行。剥夺政治权利期满时，由执行机关及时通知本人，并向有关群众公开宣布恢复政治权利。

　　剥夺政治权利起刑日期：　　年　　月　　日。
　　　　　　刑满日期：　　年　　月　　日。
　　附执行根据：人民法院（　）刑　字第号刑事判决书　　份

人民法院（ ）刑字第号刑事裁定书　　份

×××× 年 ×× 月 ×× 日
（院印）

签发人：
经办人：

××省××市××区人民法院
执行通知书

（××××）×刑×字第××号

×××公安局：
　　罪犯　　因犯　　罪，经依法判处剥夺政治权利　　。现判决已发生法律效力。依照《中华人民共和国刑事诉讼法》第二百五十七条的规定，请你局执行。剥夺政治权利期满时，由执行机关及时通知本人，并向有关群众公开宣布恢复政治权利。
　　剥夺政治权利起刑日期：　　年　　月　　日。
　　刑满日期：　　年　　月　　日。
　　附执行根据：人民法院（ ）刑　字第号刑事判决书　　份

人民法院（ ）刑　字第　号刑事裁定书　　份

×××× 年 ×× 月 ×× 日
（院印）

××省××市××区人民法院
执行通知书（回执）

（××××）×刑×字第××号

×××人民法院：
　　你院　　年　　月　　日（ ）刑　字第　号执行通知书和所附执行根据刑事判决书　　份，刑事裁定书　　份，均已收到。
　　我局已采取措施，对罪犯　　依法执行剥夺政治权利。

×××× 年 ×× 月 ×× 日
（公章）

××省××市××区人民法院
执行通知书

（××××）×刑×字第××号

×××：
　　你犯　　　罪，经依法判处剥夺政治权利　　　。判决已发生法律效力，现交付执行。在执行期间，应当遵守法律、行政法规和国务院公安部门有关监督管理的规定，服从监督；不得行使《中华人民共和国刑法》第五十四条规定的各项权利。
　　剥夺政治权利起刑日期：　　年　　月　　日。
　　刑满日期：　　年　　月　　日。

　　　　　　　　　　　　　　　　　　××××年××月××日
　　　　　　　　　　　　　　　　　　　　（院印）

2. 单处剥夺政治权利执行材料的送交

判决生效后，由法院将判决书副本、执行通知书发给罪犯居住地的公安机关或有监督权的其他机关，由他们负责监督执行。

应附送的裁判文书，一般有如下几种情况：一审结案的，只附送一审法院生效的刑事判决书；二审改判、维持原判结案的，既要附送一审法院有效的刑事判决书，又要附送二审法院有效的刑事裁定书。

三、整理案卷

在案件办结后，书记员要认真检查全案的文书材料是否收集齐全，如果发现法律文书不完备的，应当及时补齐或补救。入卷的诉讼文书材料，一般只保存一份（有领导人批示的材料除外）。本院的裁判文书（含判决书、裁定书、调解书）可保留三份。按照相关规定，下列诉讼文书材料可以不归档，由承办单位自行处理，但不能擅自处置：①答复来信来访人到有关单位直诉的；②转交有关单位办理的；③没有参考价值的信封、转办单、工作材料；④内容相同的重份申诉材料；⑤法规、条例复制件；⑥一般的法律文书草稿（未定稿）；⑦与本案无关的材料。

（一）排列案卷材料

总的要求是按照诉讼程序的客观进程形成文书时间的自然顺序，兼顾文件之间的有机联系进行排列。在实践中，按照审理适用程序的不同，排列的顺序有所区别。

刑事一审程序中，正卷一般可按照下列顺序进行排列：
①卷宗封面；②卷内目录；③案件移送书（收案笔录）；④起诉书（自诉状）正本及附件；⑤送达起诉书笔录；⑥聘请、指定、委托辩护人材料；⑦自行逮捕决定、逮捕证及对家属的通知书；⑧搜查证、搜查勘验笔录及扣押物品清单；⑨查封令、查封物品清单；⑩取保候审、保外就医决定及保证书；⑪退回补充侦察函及补充侦察材料；⑫撤诉书；

⑬调查笔录或调查取证材料；⑭赃、证物鉴定意见；⑮审问笔录；⑯被告人坦白交代、揭发问题登记表及查证材料；⑰延长审限的决定、报告及批复；⑱开庭前的通知、传票、提押票、换押票；⑲开庭公告底稿；⑳开庭审判笔录（公诉词、辩护词、证人证词、被告人陈述词）；㉑判决书、裁定书正本（刑事附带民事部分的调解书、协议书、裁定书正本）；㉒宣判笔录（委托宣判函及宣判笔录）；㉓判决书、裁定书送达回证；㉔司法建议书；㉕提押票；㉖抗诉书；㉗上诉案件移送书存根；㉘上级人民法院退卷函；㉙上级人民法院判决书、裁定书；㉚执行通知书存根和回执（释放证回执）；㉛赃物、证物移送清单及处理手续材料；㉜备考表；㉝证物袋；㉞卷底。

刑事案件副卷诉讼文书材料按照下列顺序排列：

①卷宗封面；②卷内目录；③阅卷笔录；④案件承办人的审查报告；⑤承办人与有关部门内部交换意见的材料或笔录；⑥有关本案的内部请示及批复；⑦合议庭评议案件笔录；⑧审判庭研究、汇报案件记录；⑨审判委员会讨论记录；⑩案情综合报告原、正本；⑪判决书、裁定书原本；⑫审判监督表或发回重审意见书；⑬其他不宜对外公开的材料；⑭备考表；⑮卷底。

（二）填写证物袋（有证物或庭审光盘的情况）

庭审光盘：填写编号、证物名称（庭审光盘）、数量、证物来源（本院），并在备注栏填写案号及书记员姓名。

案卷材料排列完成后，需交承办法官检查确认。承办法官检查确认后方可进行案卷材料的编目。

（三）编写页码，制作目录，填写卷宗封面

（1）将整理好的卷宗材料编页（页码应当编在材料右上角或左上角，一般一卷案卷不超过200页，如超出需从"1"开始重新编写一卷），除去所有的订书针、夹子等金属物品。

卷宗封面、卷内目录、备考表、证物袋、卷底不编号。卷内目录应按诉讼文书材料排列顺序逐件填写。一份诉讼文书材料编一个顺序号。卷宗封面、卷内目录要用毛笔或钢笔按规定项目逐项填写齐全。字迹要工整、规范、清晰。结案日期填写宣判日期。

（2）当事人提供的证据，应当注明页数，由谁提供，提供时间，书记员签章。

（四）输入归档信息

扫描纸质卷宗入系统，根据系统要求生成目录封面并提交归档。

【注意事项】

（1）若缺某一项材料，而又急需归档，可以视为归档。在该材料的正确位置放入"卷内缺少材料的情况说明表"，勾选所缺材料，承办法官签名加日期。目录上关于这项材料需备注，如缺诉讼费退费凭证，则在目录上编辑：缺材料情况说明。

（2）若案卷中有涉密文件或其他不宜公开的文件，应当归入副卷。

（3）在案卷装订过程中，按照《人民法院诉讼文书立卷归档办法》的规定，应注意以下事项：①卷宗必须用线绳三孔一线装订，长度以160毫米左右为宜。②在卷底装订线结扣处粘贴封条。

四、归　档

（一）明确归档截止日期

《人民法院诉讼文书立卷归档办法》第二十九条规定："案件结案后三个月内由审判庭内勤或承办书记员编写归档清册向档案管理部门移交归档。"实践中，书记员的工作任务繁重，需要分清主次、先后顺序，特别是归档工作。存在多个案件需要归档时，应首先按照上述规定确定每个案件的归档截止日期，以免归档超期对案件造成影响。

（二）编写卷内目录和归档清册

一般情况下，归档时卷内目录与案卷装订时编写的目录一致，但是，也存在例外。例如，当事人不服一审判决提起上诉，案件经二审审结后，二审法院将案卷及二审裁判文书退回一审法院。此时，一审法院在归档时，应将上诉状副本、二审裁判文书装入案卷。因此，新增加的材料在卷宗目录中也应予体现。

卷内目录按照诉讼文书排列的顺序填写，并逐一编号。再将需要送交归档的案卷汇总到清册中，并写明案件的案号及正、副卷数量。

（三）移交档案管理部门

实践中，在移交档案管理部门之前，应做好归档情况记录，注明案号、卷宗数量、移交时间等内容，以备核查。移交给档案管理部门时应让档案部门签收。

【注意事项】

按照有关法律规定，人民法院在审判活动中形成的法律文书都设不同程度的秘密等级，属于《保密法》规定的应该保密的文书范围。因此，对于重份或不要归档的诉讼文书材料（实践中称之为"机要废纸"）不能擅自处理。实践中，一般的做法是将重份或不要归档的诉讼文书资料交还承办法官，由承办法官自行处理或按照承办法官的意思表示作出处理。此外，由于传真件用的是热敏传真纸，该纸张上的字迹经过 $1\sim2$ 年的时间就会消失。因此，在立卷前，应该将该传真件复印并说明系传真复印件，再行入卷。

第三章　行政案件

行政诉讼是人民法院在各方当事人的参加下，通过诉讼方式解决行政争议的程序。所谓行政争议，是行政机关及法律、法规授权的组织，行使公权力或履行行政管理职责时与公民、法人和其他组织等构成的相对人、相关人之间发生的纠纷。需要明确的是，行政争议是一种公法争议，不同于行政机关作为民事主体与其他民事主体发生的私法争议。

是否属于行政争议，首先要掌握以下标准：

（1）争议双方当事人中，必然有一方是行使公权力的国家机关或法律、法规授权的组织。

（2）行政争议是公权力主体在行使公共管理权力或者履行公共职责过程中发生的争议。

（3）只要存在公务行为，且相对人对该行为有争议，那么该争议就是行政争议，此处的公务行为不限于合法的行为，也包括违法的行为。[①]

随着依法行政的深入推行，公权力的运行必然将更加规范，对于行使公权力行为的救济途径必将越来越多地被使用，行政案件的数量必然会有逐渐增多的趋势。基层法院行政庭的书记员，必将面临越来越多的行政案件，掌握相关的技能是十分必要的。

第一节　基层人民法院行政庭的业务内容概述

一、主要业务内容概况

在具体谈论案件操作之前，我们必须先明确，在基层法院的行政庭，会涉及的业务主要包含哪些。

基层人民法院的行政庭会处理属于本院管辖的行政诉讼案件，包括行政赔偿的行政诉讼程序，还有非诉执行的案件。

书记员在这些案件的处理中，需要从接收案件开始，一直跟进到案件审结后的移送和归档工作。

二、行政诉讼案件中的业务内容概况

在各类业务中，基层人民法院行政庭的书记员最常处理的便是行政诉讼案件。行政诉讼的概念等重要理论知识，在前文中已经进行了汇编阐述，在此不再赘述。在行政庭的业务中，与诉讼相关的业务包含了接收案件、文书送达（较多的是应诉文书、开庭通知、听

[①] 参见《行政诉讼案例教程》，马怀德、周兰领著，中国政法大学出版社2005年11月版，第1页。

证会传票、撤诉裁定、判决书等文件的送达)、笔录记录(较多的是庭审笔录、听证笔录、调查笔录、宣判笔录等)、核对裁判文书、办理撤诉手续、案件归档、卷宗扫描录入无纸化审判系统等细节化的事务性辅助业务。

三、非诉行政执行案件中的业务概况

在行政案件中,除了占据案件数量绝大多数的行政诉讼外,人民法院还承担着一类案件,即非诉行政执行案件。

非诉行政执行并非《行政诉讼法》上的法律用语,而是对《行政诉讼法》第六十六条规定中"申请人民法院强制执行"内容的概括表达。具体来说,非诉案件的执行是指行政相对人对于行政机关已经生效的行政行为,既不履行又不向法院提起行政诉讼,行政机关依法向其所在地基层人民法院提出执行该生效行政行为的申请,由法院采取强制措施促使行政行为实施的活动。

根据执行依据的不同,非诉行政案件可以分为两大类。第一类是对行政处理决定的执行,由作出行政处理决定的行政机关申请。根据《行政诉讼法》第九十七条及其相关司法解释,这里的行政机关包括法律没有赋予其强制执行权的机关,还包括法律规定既可以由行政机关依法强制执行,也可以申请法院强制执行的机关。第二类是对行政裁判文书的执行,根据《行政诉讼法解释》第九十四条至九十七条规定,由生效行政裁决确定的权利人或继承人、权利承受人申请。

非诉行政执行案件的审查与执行,是人民法院的一项具体审判执行业务。人民法院办理非诉行政执行案件,一般要经过对行政机关申请的立案审查、对行政决定的合法性审查和强制执行等程序。根据立审分离、审执分离的原则,非诉行政案件的审查分为立案审查和司法审查,具体由立案庭和行政庭分别负责。行政庭裁定准予强制执行并由法院自己执行的,执行工作则由人民法院负责执行的机构承担。同行政诉讼案件的立案、审判一样,在对非诉行政案件进行审查时,人民法院应组成合议庭,具体负责非诉行政执行案件的立案审查和司法审查。行政庭书记员在这个过程中的工作和诉讼中类似,即做好事务性辅助工作,如整理案件材料、做好笔录、校对裁定书等。

第二节 接收案件阶段的工作

一、收案阶段

(一)接收案件材料

每起案件都是在立案庭予以审查立案。在立案庭审查立案时,首先会对是否属于受案范围做出审查,审查要点如下:

一是司法实践中,在判断被诉行为是否属于行政诉讼受案范围时,往往不在于从正面判断某一项行为确属可诉行为,而在于从反面判断其是否不可诉,是否在明示排除的范围内。

二是可诉行为的判断标准,实践中主要有以下几条标准:

(1)行政主体标准。被诉行为的主体应是行政机关、行政机关工作人员或法律法规授

权的组织及其工作人员、行政主体委托的组织及其工作人员。

（2）职权标准。即被诉行为是行政主体行使国家行政管理职权的行为，而非其他公共权力行为。

（3）具体性标准。即只有行政主体针对特定对象就具体行政管理事务作出处理的行政行为才具有可诉性，而对象不确定、权利义务内容不明确、可反复适用的抽象行政行为不具有可诉性。

（4）关联性标准。被诉行政行为可能直接影响公民、法人或者其他组织的合法权益。

（5）拘束力标准。被诉行为应对当事人产生法律上而非仅仅是想象推测中的拘束力。

（6）成熟性标准。行政机关为作出具体行政行为所进行的预备性、中间性的行为，因其对当事人权利义务的影响尚未确定，故不可诉，当事人对预备性、中间性行为有异议的，可对最终决定起诉。

（7）外部性标准。关于行政机关内部的机构调整，人员任免奖惩、管理使用等内部管理行为，以及上下级行政机关的业务指导、对外不直接影响相对人的权利义务的行为等，均不可诉。

其次，原告是否具有主体资格，应当进行审查。

《行政诉讼法》第四十九条第一项规定，原告是认为具体行政行为侵犯其合法权益的公民、法人或者其他组织。《行政诉讼法解释》第十二条规定，与具体行政行为有法律上利害关系的公民，法人或者其他组织对行政行为不服的，可以依法提起行政诉讼。在审查时，应当注意以下几个方面：

1. 原告资格需具备的四个要素

（1）起诉人是自然人和组织。包括公民、法人和其他组织，以及外国人、无国籍人、外国组织。

（2）存在合法权益。起诉人应当向法院表明其确实存在着值得保护的合法权益及其内容。

（3）合法权益应当可以归属于起诉人。起诉人必须是认为行政行为侵犯其自己的合法权益。

（4）其合法权益可能受到被诉行政行为的影响。

2. 关于自然人和组织

（1）自然人。自然人具有行政诉讼原告的权利能力，这一诉讼权利能力的取得和消灭始于出生，终于死亡。已经死亡的自然人和尚未出生的胎儿，并不享有诉讼权利能力，不是适格的原告。

（2）组织。法人和其他组织亦具有作为原告的诉讼权利能力。法人包括企业法人、机关法人、事业单位法人和社会团体法人。其他组织一般指法人以外的组织类型。与自然人一样，法人或其他组织也会出现实体权利能力终止的情形，法人或其他组织实体权利能力终止，其权利同样有可能存在承受者。根据《行政诉讼法》第二十五条第三款，法人或其他组织终止，承受其权利的法人或其他组织可以提起诉讼。但要注意，与自然人的客观死亡不同的是，在特定情况下，实体权利能力终止以后的法人或其他组织仍具有诉讼权利能力，可以成为行政诉讼之原告。如《行政诉讼法解释》第十七条就明确规定，非国有企业被行政机关注销、撤销、合并、强令兼并、出售、分立或者改变企业隶属关系的，该企业仍然有权提起行政诉讼。

3. 是否存在合法权益的判断

在判断起诉人主张的"合法权益"这一原告适格的因素时，可以归结为以下几个层次：

（1）是否由法律明确以"某某权"的形式规定了某项权利；

（2）是否可以从法律对行政机关的义务性规定中对应地推出起诉人的权益；

（3）是否可以从法律规定的行政机关必须考虑的作出某一行政行为的因素中推导出起诉人的权益；

（4）是否可以从立法目的所欲保护或调整的利益范围中推导出起诉人的权益。

4. 合法权益属于起诉人自身

（1）自己利益与他人利益。由于原告必须是认为行政行为侵犯"其"合法权益的自然人或组织，故原告主张的应是其自己的权益，而非他人权益或大众的权益。原则上，起诉人若是为第三方利益提起诉讼，就不能成为适格原告。

（2）自己权益与公众权益。如果起诉人仅仅以行政机关的违法行为侵犯公共利益为由提起诉讼，其原则上也不能成为适格的原告。

（3）合法权益可能受到被诉行政行为影响。"可能受到影响"应理解为，被诉行为对原告权益具有实际影响或相当大可能性的影响。如果起诉人的权益通常情况下并不会因被诉行政行为的作出而受到影响，一般认为起诉人与被诉行政行为不具有法律上的利害关系。

第三，应当对法定起诉期限进行审查判断。

行政诉讼起诉期限是指公民、法人或者其他组织对具有行政职权的机关和组织及其工作人员的行政行为不服，向人民法院提起行政诉讼，由人民法院受理并对被诉行为进行合法性审查的法定期限。起诉期限的判断，可以分为三个递进的层次：一是适用情形，是在哪种情况下来判断起诉期限，如是直接向法院起诉，或经过复议后才起诉；二是起算节点，即从哪一天开始计算期限；三是期间，即经过多长时间，如3个月。

1. 直接提起行政诉讼的起诉期限

（1）《行政诉讼法》第四十六条规定，公民、法人或者其他组织直接向人民法院提起诉讼的，应当在知道作出具体行政行为之日起六个月内提出。法律另有规定的除外。

（2）根据行政机关在作出具体行政行为时是否告知诉权或起诉期限等情形，《行政诉讼法解释》第六十四条、第一百五十三条对直接提起行政诉讼的起诉期限作了区分：

①行政机关在作出具体行政行为时，已经正确告知原告诉权与起诉期限的，当事人知道具体行政行为之日起六个月或其他法定期限内，应提起诉讼；

②行政机关在作出具体行政行为时，未告知诉权或者起诉期限的，起诉期限从当事人知道或应当知道诉权或起诉期限之日起计算，但从知道或者应知道具体行政内容之日起最长不超过2年；

③如果无法证明原告知道或应当知道具体行政行为的内容，则应适用最长保护期限，即涉及不动产的自行为作出之日起20年内，其他具体行政行为从作出之日起5年内。

（3）直接向法院起诉的，起算节点为知道作出具体行政行为之日，期间为一般起诉期间即6个月，特殊起诉期间即法律另有规定的特殊期间。如《水污染防治法》《海洋环境保护法》《药品管理法》等规定的15日；《渔业法》《森林法》《土地管理法》等规定的30日。

2. 经过复议后提起诉讼的起诉期限

（1）《行政诉讼法》第四十五条第一款规定："申请人不服复议决定的，可以在收到复议决定书之日起15日内向人民法院提起诉讼。复议机关逾期不作决定的，申请人可以在复议期满之日起15日内向人民法院提起诉讼。法律另有规定的除外。"据此，经过复议的案件，起诉期限可分为一般的起诉期限和特殊起诉期限。一般的起诉期限为15日，而特殊的起诉期限因法律规定而异。如《专利法》第四十一条第二款，第四十六条第二款规定的3个月。

（2）依照《行政诉讼法解释》第四十一条第二款，复议决定未告知当事人诉权或者法定起诉期限的，适用从知道或者应当知道诉权或者起诉期限之日起15天，以及知道或者应当知道复议决定内容之日起最长2年的规定。

3. 要求履行法定职责的起诉期限

（1）拒绝履行，即行政机关明确向申请人作出拒绝其申请的意思表示，如告知不予受理或不符合法定条件等。因行政主体已有明确的意思表示，在起诉期限的判断上，按照上述作为类案件的起诉期限判断规则处理。

（2）不予答复，即当事人申请之后，行政机关无任何意思表示向当事人作出。按照《行政诉讼法解释》第三十九条的规定，对当事人的提出履责的申请，除非有法律法规规章及其他规范性文件关于履行期限的特殊规定，否则行政机关应在60日内对该申请作出回复，如果在该期限内未作出的，申请人从60日届满之日起即可以提起行政诉讼。因此，接到申请之后满60日应是计算申请人起诉期限的起算节点。对于期间如何计算，《行政诉讼法》及《行政诉讼法解释》无相应规定，可以参照《行政诉讼法解释》第四十一条关于行政机关作出具体行政行为时的相关规定，即60日期满视为申请人已经知道具体行政行为的内容，即行政机关拒绝其申请，因行政机关未向其告知诉权或起诉期限，故一般自60日期满之日起2年内申请人可以提起行政诉讼，超过2年的应为超过法定起诉期限。

（3）拖延履行，即行政机关针对当事人的申请，无明确、具体的意思表示作出。有种意见认为，因行政机关一直未就当事人的申请作出明示或默示的拒绝表示，反而通过"再等一等""正在研究处理"等，向申请人表达了一种值得期待的"将来可能实现的利益"，并使得申请人的权利义务一直处于悬而未决的状态。行政机关每一次的此类陈述后60日内仍未明确具意思表示的，都构成一个起算节点，即申请人可以在该节点后的2年内提起诉讼。[①]

第四，应当对被告的资格进行审查。

行政诉讼的被告是指原告指控其行政行为违法，侵犯原告合法权益，并经人民法院通知应诉的具有国家行政职权的机关和组织。行政诉讼的被告一必须是具有国家行政职权的机关或者组织，二应当是作出被诉行政行为，对被诉行政行为承担法律责任的组织。在判断被告是否适格时，可以参照以下五个基本规则：

---

① 参见《行政审判实务技能》，高杰主编，人民法院出版社2013年版，第7～8页。

1. 文书显名规则

即根据被诉具体行政行为中署名的行政机关确定被告,如按照治安处罚决定书、工伤认定书确定某文书中载明的公安机关、劳动保障机关为适格被告。

2. 复议变更规则

即复议机关变更了原具体行政行为的,列复议机关为被告,此处变更不仅指实体处理结果,还包括事实认定、法律适用与原具体行政行为不同。

3. 共同行为规则

某一具体行政行为属两个以上主体共同作出,则上述主体应为共同被告。

4. 法律授权规则

获法律、法规、规章授权的主体,以其名义作出被诉行政行为,可以以该行政主体为被告。依据除上述规范外的其他规范性文件,在行政主体内部设立的内设机构、派出机构等组织,以自己名义作出被诉行为的,设立该机构组织的行政主体为被告。

5. 撤销转移规则

即某行政行为的作出主体,因时过境迁或机构调整而被撤并的,则继续行使该职权的行政主体为被告。

以上内容审查完毕后,书记员应当将初步审查意见及立案材料递交立案庭的法官决定是否受理,对不予受理的应当依法作出裁定。

对于符合法定条件的,立案部门应当在收到起诉状之日起七日内立案,立案庭书记员应当制作受理通知书和应诉通知书,发送给各方当事人,制作案件审理流程表,将立案材料等资料移送至行政庭。对于不符合起诉条件的,应当自收到起诉状之日起七日内作出不予受理的裁定。

案件从立案庭转到审判庭后,由内勤经庭长签发分发到各审判员。随后书记员应检查卷宗相应内容是否齐备,如案件流程表、立案卡(立案卡上立案庭是否盖章,庭长是否签注承办法官)、立案清单、预交费单(其中重审案件、公益诉讼案件和非诉执行审查案件不缴纳诉讼费)是否在卷内,是否按当事人人数提供起诉书副本份数,涉及盖章或签名的材料是否已盖章或签名等。

在行政诉讼案件中,立案庭移交给审判庭的材料一般包括:

①卷宗封面;②卷内目录;③起诉书、口诉笔录及附件(行政处罚通知文书等材料);④受理案件通知书;⑤缴纳诉讼费通知及诉讼费预收收据;⑥法定代表人及诉讼代理人的身份证明及授权委托书;⑦询问、调查笔录及调查取证材料;⑧证物袋。

需要注意的是,我国《行政诉讼法》规定的证据包括:①书证;②物证;③视听资料;④证人证言;⑤当事人的陈述;⑥鉴定结论;⑦勘验笔录、现场笔录。如提交证据及证据清单的,应仔细核对有无遗漏;如果案件有物证或其他证据原件提交的,应当妥善保管好,避免遗失或毁损。

(二)案件信息登记

每个审判庭通常都会建立一份登记表,对于收到的案件进行登记,该项登记工作通常就由书记员来完成。在对收到的立案材料和证据材料进行核对及清点之后,书记员就应当对案件进行登记。登记的内容包括:案号、案由、原告名称、被告名称、收案时间、结案时间(案件审结后填写)、报结时间、结案方式、适用程序、合议庭成员、签收时间、签

收人等。① 参考格式如下:

案件审理登记表

案号	原告	被告	案由	收案时间	结案时间	诉讼标的	诉讼费	报结时间	结案方式	适用程序	合议庭成员	签收时间	签收人	备注

二、检查是否属于应当受理的案件

前述收案阶段的审查是纯事务性的工作,好的书记员不是被动地工作,而是要主动地参与到辅助法官的事务中来。如果书记员能对一些实体性的知识有所掌握,对案件处理的质量和效率提升会大有帮助。除前述立案庭进行的审查外,业务庭的书记员在收案时还可以再次仔细核对、审查以下内容:

(1) 依据《行政诉讼法》第四十四至五十二条规定的起诉条件,审查是否符合法定的提起诉讼的程序,提起诉讼的期限是否超过法定期限等。

(2) 审查是否重复起诉,对于正在审理或已经处理过的行政案件,或者已经撤诉的案件,当事人不得以同一事实、同一理由再行起诉。

(3) 是否属于复议前置的案件。若属于复议前置的案件又没有申请过行政复议而直接起诉的,法院不应当受理。

(4) 审查起诉状内容是否明确、具体。例如,应当检查原被告的资格是否适格,诉讼请求是否明确,如是否一个行为对应一起诉讼(多个行为的应当分开起诉),是否列明诸如"请求确认违法""请求给付""请求撤销全部或部分行政行为"等具体的请求。

审查之后,应当分别做如下处理:

(1) 经审查,符合条件的,接收案件,准备下一步的送达、排期开庭等工作。

(2) 经审查,认为不符合起诉条件的,应及时向法官汇报。

三、送　达

《行政诉讼法》及其解释并没有对行政诉讼中的送达方式进行规定。在实务中,行政诉讼案件都是参照《民事诉讼法》关于送达的规定进行送达。值得注意的是,民事诉讼中有直接送达、留置送达、邮寄送达、公告送达等多种送达方式,但由于在行政诉讼案件中,被告是行使公权力的国家机关或法律、法规授权的组织,在送达上一般都较为顺利,通常不会出现联系不到被告而需要转交送达和公告送达的情况。即使在非诉执行的案件中,被申请人的联系方式、住址/住所等信息已经由行政机关先行核实过,虽然较行政诉讼案件来说,送达的顺利程度会有更多的不确定性,但比起民事案件还是相对容易一些

---

① 参见《法院书记员工作实务》,彭建新、韩艳主编,清华大学出版社2015年版,第36~37页。

的。所以,在行政案件中,向被告送达文书,通常是采用以直接送达为主,留置送达、委托送达及邮寄送达为辅的送达方式。在向原告和第三人进行送达时,同样参照民事案件的规定,有可能需要采用多种送达方式。在送达方面的具体要求和操作步骤,行政案件可以参照前述民事案件,在此不再赘述。

当采用公告送达之外的送达方式时,送达人员在送达诉讼文书时必须准备"送达回证",由受送达人在送达回证上记明收到日期,签名或盖章。受送达人在送达回证上的签收日期即为送达日期。送达回证内容包括:实施送达的人民法院名称、案由、案号、送达文书的名称和数量、受送达人姓名、送达地址、受送达人签名或盖章、代收人及代收理由、签收日期、送达人签名。

【送达回证示例】:

××省××市××区人民法院
送达回证

案　号	(2018)　　　行初号
案由	
送达文书名称和件数	行政起诉状壹份
受送达人	×××
送达地址	可为×××法院××办公室或其他地址
受送达人签名或者盖章	年　月　日
代收人及代收理由	
备考	

填发人:×××　　　　　　　送达人:×××　×××

注:1. 送达行政诉讼文书按照《中华人民共和国行政诉讼法》相关规定办理。

2. 代收诉讼文书的,由代收人签名或者盖章后,还应注明其与送达人的关系及代收理由。

第三节 诉讼案件一审阶段的工作[①]

一、普通程序

（一）审前准备

1. 审前准备概述

审理前的准备是人民法院审理行政案件的一个重要阶段。书记员在这一阶段应当整理案件资料并梳理案件情况，对案情有基本的掌握，应当梳理双方当事人的争执焦点，通知诉讼参加人参加诉讼，为开庭审理做好准备。准备工作主要包括：

（1）审查案件当事人信息材料是否齐备，如属于单位的，应当提交统一信用代码证、法定代表人身份证明、营业执照的复印件；属于个人的，应当提交个人身份证复印件、代理人身份证复印件，如为律师代理的，还应当提交当事人委托书和律师事务所所函及代理证或法律援助公函原件。如果材料不齐的，应当告知其补齐。

（2）接收被告提供的答辩状及证据，送达对方当事人。

（3）待法官确定审判组织，通知合议庭成员并制作"合议庭组成人员告知书"。

（4）排期开庭。

（5）通知被告应诉和发送诉讼文书。

（6）若需要，协助法官调查收集证据。

（7）若需要，协助法官完成诉讼保全。

（8）根据法官指示或请示法官后安排证据交换并做笔录。

（9）审查诉讼参加人情况。

（10）制作并送达"行政机关负责人出庭通知书""律师出庭通知书"。

（11）如果需要追加当事人，制作并送达"参加诉讼通知书（追加当事人）"。

（12）根据案件是否需要回避、是否决定合并审理等制作并送达裁定书。

（13）协助法官召开合议庭准备会议。

（14）如有证人的，制作并送达"证人出庭作证通知书"及证人"保证书"。

（15）制作并送达传票。

（16）公告开庭。制作开庭公告并在法院信息栏公布。

（17）其他的事务性辅助工作。

2. 审前准备的部分工作要点

（1）确定审判组织。

（2）通知被告应诉和发送诉讼文书。

（3）调查收集证据。

（4）审查诉讼参加人。

（5）召开合议庭准备会议。

[①] 参见《行政法与行政诉讼法学》，马克思主义理论研究和建设工程重点教材《行政法与行政诉讼法学》编写组，2017年1月版，第503~507页。

（6）开庭通知和公告。

3. 审前准备阶段书记员需要制作的常见文书

根据常见的情况，一般来说，在本阶段经常需要制作和送达的文书有：

（1）×××人民法院行政案件合议庭组成人员告知书。
（2）×××人民法院变更合议庭组成人员告知书。
（3）×××人民法院通知书（准许延长举证期限申请）。
（4）×××人民法院通知书（不予准许延长举证期限申请）。
（5）×××人民法院通知书（人民法院依职权组织证据交换）。
（6）×××人民法院通知书（准许/不予准许当事人申请法院调查收集证据）。
（7）×××人民法院通知书（调取证据用）。
（8）×××人民法院通知书（证据保全）。
（9）×××人民法院通知书（驳回证据保全申请）。
（10）×××人民法院通知书（准许/不准许当事人申请证人出庭作证）。
（11）×××人民法院通知书（法院依职权通知证人出庭作证）。
（12）证人保证书。
（13）×××人民法院通知书（对新的证据提出意见或举证）。
（14）×××人民法院证据收据。
（15）×××人民法院通知书（法院依职权追加第三人）。
（16）传票。
（17）送达回证。
（18）行政机关负责人出庭通知书。
（19）开庭公告。

上述文书的参考模板对应如下：

【1. ×××人民法院行政案件合议庭组成人员告知书】

××省××市××区人民法院
合议庭组成人员告知书

（2018）××××行初3号

××××（受通知人）：

  本院受理原告××××诉被告××××局××××（案由，如：城乡建设行政管理行政规划）纠纷一案，决定由×××担任审判长，与审判员×××、×××组成合议庭进行审理。

  特此通知。

××市××区人民法院

二○一八年三月七日

在制作本告知书时应当注意：

1. 本告知书应当送达每位当事人，在制作时应当注意更改受通知人的名称；
2. 在日期处应当加盖院章。

【2. ×××人民法院变更合议庭组成人员告知书】

××省××市××区人民法院
变更合议庭组成人员告知书

（2018）×××行初3号

　　本院受理原告×××与被告×××局×××××（案由，如：城乡建设行政管理行政规划）纠纷一案，因×××××（需概括变动原因）需要变更本案合议庭组成人员，决定由×××担任审判长，与审判员×××、人民陪审员×××组成合议庭进行审理。

　　特此通知。

××市××区人民法院
二〇一八年三月十七日

【3. ×××人民法院通知书（准许延长举证期限申请）】

××省××市××区人民法院
通　知　书

（2018）×××行初第3号

××××：

　　原告×××与被告×××局×××（案由，如：行政处罚）纠纷一案，×××局于2016年8月31日书面申请延期举证，提出因×××××（概括被告申请延期举证的事由，如：证据材料复杂、数量庞大），在举证期限内提交证据确有困难，申请延长举证期限××日。

　　经审查，×××局的申请符合《中华人民共和国行政诉讼法》第三十六条第一款、《最高人民法院关于行政诉讼证据若干问题的规定》第一条第二款之规定，本院予以准许。延长×××局的举证期限××日，即举证期限延长至2018年9月17日（原举证期限至2018年9月2日届满）。

××市××区人民法院
二〇一八年九月一日

【4. ×××人民法院通知书（不予准许延长举证期限申请）】

××省××市××区人民法院
通 知 书
（不予准许延长举证期限申请）

(2018) ××××行初3号

×××：

你方因与××××（对方当事人的姓名或者名称及案由）纠纷一案，于××××年××月××日以（申请延长举证期限的理由），在举证期限内提交证据确有困难为由，向本院申请延期举证。

经审查，你方申请延长举证期限的理由不成立，根据最高人民法院《关于行政诉讼证据若干问题的规定》第一条第二款（或第七条）的规定，本院不予准许。

××市××区人民法院
二〇一八年三月七日

【说明】

一、本通知书适用于最高人民法院《关于行政诉讼证据若干问题的规定》第一条第二款（或第七条）的情形。

二、本通知书送达申请人。本通知书的内容，人民法院可以口头方式告知申请人，并记入笔录，由当事人或代理人签名。

【5. ×××人民法院通知书（人民法院依职权组织证据交换）】

××省××市××区人民法院
通 知 书

(2018) ××××行初3号

××××：

我院受理的×××诉你方×××××（案由，如：不履行法定职责）纠纷一案，由于×××（概括原因，如：案件证据较多），本院根据《最高人民法院关于行政诉讼若干问题的规定》第二十一条的规定，本院决定组织双方于2018年4月10日15时00分交换证据并召开庭前会议。你方应准时到×××人民法院××法庭参加。

××市××区人民法院
二〇一八年三月七日

【6. ×××人民法院通知书（准许/不予准许当事人申请法院调查收集证据）】

××省××市××区人民法院
通 知 书

(2018) ××××行初 3 号

×××：

你方与×××局×××（案由）纠纷一案，你方于 2018 年 8 月 20 日向本院申请为你方调取××××（申请调取的证据，如：×××局 2018 年 1 月 1 日至 2018 年 7 月 27 日止的行政检查登记记录）。经审查，你方的申请符合法律规定，本院予以准许。

××市××区人民法院
二〇一八年八月二十四日

注意事项：
若为不予准许的情况，更改相应措辞，概括不予准许的理由即可。

【7. ×××人民法院通知书（调取证据用）】

××省××市××区人民法院
通 知 书

(2018) ××××行初 3 号

××××局：

×××与你方×××（案由）纠纷一案，×××于 2018 年 8 月 20 日向本院申请向你方调取××××（申请调取的证据，如：×××局 2018 年 1 月 1 日至 2018 年 7 月 27 日止的行政检查登记记录）。

经审查，×××的申请符合《最高人民法院关于行政诉讼证据若干问题的规定》的有关规定，本院予以准许，请你方协助调取。

××市××区人民法院
二〇八年八月二十四日

【8. ×××人民法院通知书（证据保全）】

××省××市××区人民法院
行政裁定书（证据保全）

（2018）××××行初3号

申请人……（姓名或名称、住所地等基本情况）。

被申请人……（姓名或名称、住所地等基本情况）。

本院在审理×××诉×××（当事人姓名或者名称及案由）纠纷一案中，×××（申请人姓名或者名称）于××××年××月××日向本院提出证据保全申请，请求……（写明当事人申请对何证据采取何种保全方法，当事人提供担保的情况）。

本院经审查认为，……（人民法院作出证据保全裁定的理由）。依照《中华人民共和国行政诉讼法》第三十六条、最高人民法院《关于行政诉讼证据若干问题的规定》第二十七条的规定，裁定如下：……（保全的证据名称、数量等情况及保全方法）。

            审判长　×××
            审判员　×××
            审判员　×××
           ××××年××月××日
            （院印）

本件与原本核对无异

            书记员　×××

【9. ×××人民法院通知书（驳回证据保全申请）】

××省××市××区人民法院
通　知　书
（驳回证据保全申请）

（2018）××××行初3号

×××：

你方因与×××（对方当事人姓名或名称及案由）纠纷一案，于××××年××月××日向本院提出证据保全申请，请求……（写明当事人申请对何证据采取何种保全方法，当事人提供担保的情况）。

本院经审查认为，……（作出决定的理由）。依照《中华人民共和国行政诉讼法》第三十六条、最高人民法院《关于行政诉讼证据若干问题的规定》第二十七条（亦可援引其他法律或司法解释规定）的规定，驳回你方的证据保全申请。

           ××××年××月××日
            （院印）

【说明】

本通知书送达申请人。通知书内容可以口头方式告知当事人,并记入笔录,由当事人或者代理人签字。

【10-A. ×××人民法院通知书(准许当事人申请证人出庭作证)】

××省××市××区人民法院
证人出庭作证通知书

(2018)××××行初3号

×××:

原告×××与被告×××局×××纠纷一案,本院根据原告/被告申请通知你出庭作证。你应于2018年7月5日下午14:30携带有效身份证明到××市××区人民法院第四法庭(211室)出庭作证。现将有关事项通知如下:

一、凡是知道案件情况的单位和个人,都有义务出庭作证。

二、证人应当客观陈述亲身感知的事实,不得使用猜测、推断或者评论性的语言,不得宣读事先准备的书面证言。

三、证人应当如实作证,并如实回答审判人员和当事人的询问,作伪证的,应承担相应的法律责任。

四、证人不得旁听法庭审理,不得与当事人和其他证人交换意见。

五、证人的合法权利受法律保护。

联系人:(一般为书记员)

联系电话:(便于证人联系相关书记员的电话)特此通知。

××市××区人民法院
二〇一八年六月八日

【10-B. ×××人民法院通知书(不准许当事人申请证人出庭作证)】

××省××市××区人民法院
通　知　书

(2018)××××行初3号

×××:

你方因与×××(对方当事人的姓名或者名称)纠纷一案,于××××年××月××日向本院申请证人×××(证人的姓名或者名称)出庭就……(证人作证的事项)事项陈述证言。经审查,……(不予准许当事人申请的理由),本院不予准许。

××××年××月××日
(院印)

【说明】

一、本通知书适用于最高人民法院《关于行政诉讼证据若干问题的规定》第四十三条、第四十四条的情形。

二、本通知书送达申请人。通知书的内容，审判人员可口头告知申请人，并记入笔录，由当事人或者代表人签字。

【11－A．×××人民法院通知书（法院依当事人申请通知证人出庭作证）】

××省××市××区人民法院
通　知　书

（2018）××××行初3号

×××：

×××与×××（当事人的姓名或者名称及案由）纠纷一案，×××（申请证人出庭作证的当事人的姓名或者名称）向本院申请你（单位作为证人的，可填写"你单位"）出庭作证，并已经本院准许。你（单位作为证人的，可填写"你单位"）应于××××年××月××日××时××分携带有效身份证明到××（证人作证的地点）出席法庭审理（证人出席证据交换陈述证言的，可表述为"证据交换"），陈述证言。根据《中华人民共和国行政诉讼法》和最高人民法院《关于行政诉讼证据若干问题的规定》，现将有关事项通知如下：

一、凡是知道案件情况的单位和个人，都有义务出庭作证。

二、证人应当客观陈述亲身感知的事实，不得使用猜测、推断或者评论性的语言。证人不得宣读事先准备的书面证言。

三、证人应当诚实作证，并如实回答审判人员和当事人的询问，作伪证的，应承担相应的法律责任。

四、证人不得旁听法庭审理，不得与当事人和其他证人交换意见。

五、证人的合法权利受法律保护。

××××年××月××日
（院印）

【11－B．×××人民法院通知书（法院依职权通知证人出庭作证）】

××省××市××区人民法院
通　知　书

（2018）××××行初3号

×××：

×××与×××（当事人的姓名或者名称及案由）纠纷一案，本院现通知你（单位作为证人的，可填写"你单位"）作为证人，就……（证人作证的事项）

事项出庭陈述证言。你（单位作为证人的，可填写"你单位"）应于××××年××月××日××时××分携带有效身份证明到××（证人作证的地点）出席法庭审理（证人出席证据交换陈述证言的，可表述为"证据交换"），陈述证言。根据《中华人民共和国行政诉讼法》和最高人民法院《关于行政诉讼证据若干问题的规定》，现将有关事项通知如下：

一、凡是知道案件情况的单位和个人，都有义务出庭作证。

二、证人应当客观陈述亲身感知的事实，不得使用猜测、推断或者评论性的语言。证人不得宣读事先准备的书面证言。

三、证人应当诚实作证，并如实回答审判人员和当事人的询问，作伪证的，应承担相应的法律责任。

四、证人不得旁听法庭审理，不得与当事人和其他证人交换意见。

五、证人的合法权利受法律保护。

××××年××月××日
（院印）

【12. 证人保证书】

保证书

（2018）××××行初3号

姓名		性别		民族		联系方式	
证件类型		证件号码		与本案当事人关系			
职业和工作单位							

我作为本案证人，保证向法庭据实陈述证言。如有虚假陈述，愿意接受罚款、拘留乃至刑事处罚。

特此保证。

保证人
二〇一八年八月二日

【13. ×××人民法院通知书（对新的证据提出意见或举证）】

××省××市××区人民法院
通 知 书

（2018）××××行初3号

×××：

你方与×××（对方当事人的姓名或者名称及案由）纠纷一案，×××（主张新的证据的当事人的姓名或者名称）依照最高人民法院《关于行政诉讼证据若干问题的规定》的有关规定向本院提交了新的证据：……（新的证据的名称）。你方应当在××××年××月××日前针对该项新的证据提出意见或者举证。逾期提交证据的，视为放弃举证权利。

××××年××月××日
（院印）

【说明】

一、本通知书适用于最高人民法院《关于行政诉讼证据若干问题的规定》第五十条、第五十一条、第五十二条的情形。

二、本通知书送达提出新的证据的当事人的对方。

【14. ×××人民法院证据收据】

××省××市××区人民法院
证据材料收据

（2018）××××行初3号

今收到原告提交的证据（参见附录）一式一份。

签收人：（一般为书记员）
二〇一八年八月二日

附录：

序号	证据名称	份数	页数	原件/复制件	证明目的	备注

【15. ×××人民法院通知书（法院依职权追加第三人）】

××省××市××区人民法院
通　知　书

（2018）××××行初3号

×××局：

本院受理×××诉你方×××（案由，如：不履行法定职责）一案后，发现×××与本案的处理结果有利害关系，依据《中华人民共和国行政诉讼法》第二十九条的规定，本院通知×××作为本案第三人参加诉讼。

特此通知

××市××区人民法院
二〇一八年三月七日

【16. 传票】

原告用：

××省××市××区人民法院
传　票

案号	（××××）×××××行初×××号
案由	××××
被传唤人	×××
住所	
传唤事由	开庭
应到时间	××××年×月×日×午×时××分
应到处所	××区人民法院第四法庭（×××）室

注意事项：
  1. 被传唤人必须准时到达应到处所。
  2. 本传票由被传唤人携带来院报到。
  3. 被传唤人收到传票后，应在送达回证上签名或者盖章。
  4. 若不按时到庭，本院将作自动撤诉处理。

二〇××年×月×日
（院章）

签发人：×××　　　　　　　　　　　　送达人：×××　××

被告用：

××省××市××区人民法院
传　票

案号	(××××)×××××行初×××号
案由	
被传唤人	×××
住所	×××
传唤事由	开庭
应到时间	××××年×月×日×午×时×分
应到处所	××区人民法院第四法庭（×××）室

注意事项：
1. 被传唤人必须准时到达应到处所。
2. 本传票由被传唤人携带来院报到。
3. 被传唤人收到传票后，应在送达回证上签名或者盖章。
4. 若被传唤人拒不到庭参加诉讼，本院将作缺席判决。

二〇××年×月×日
（院章）

签发人：×××　　　　　　　　　　送达人：×××、××

【17. 送达回证】

送达回证参考格式见民事案件部分"送达"处示例。

【18. 行政机关负责人出庭通知书】

××省××市××区人民法院
行政机关负责人出庭通知书

(2018) ××××行初3号

×××局：

我院受理的×××诉你方（案由，如：不履行法定职责）纠纷一案定于2017年4月11日上午8时30分在×××法院××法庭开庭审理。根据《中华人民共和国行政诉讼法》第三条第三款的规定，现通知你单位委派一名负责人出庭应诉。

××市××区人民法院
二〇一八年三月七日

【19. 开庭公告】

××省××市××区人民法院
公　告

（2018）××××行初3号

本院定于××××年×月×日上/下午×：××时在×××人民法院第××法庭公开开庭审理原告×××诉被告×××局×××（案由，如：不履行法定职责）纠纷一案。

特此公告。

×× 市×× 区人民法院
二〇一八年三月七日

（二）开庭审理

行政案件的开庭审理程序包括开庭前的准备、宣布开庭、法庭调查、法庭辩论、最后陈述、合议庭评议和宣判。

1. 开庭前的准备

人民法院应当在开庭前3天将载有开庭的时间、地点的传票送达当事人及其诉讼代理人，对行政机关还应当送达"行政机关负责人出庭通知书"，同时将制作好的"开庭公告"粘贴至法院公告栏。

2. 核对身份

开庭审理前，书记员应提前至少30分钟到法庭，等候双方当事人并调试可能用到的设备。如双方当事人到庭，则应立即核对当事人、委托代理人、法定代表人、出庭的单位负责人等应到庭人员的身份。

亲属公民代理人出庭应出示其身份证原件，提交当事人的委托书及直系亲属关系证明；非直系亲属公民代理的应出示其身份证原件，提交当事人的委托书、社区推荐函。律师代理人出庭应出示其律师证原件，提交当事人委托书和律师事务所所函及代理证。单位委托工作人员以当事人工作人员的名义作为诉讼代理人出庭的，依照《行政诉讼法解释》第三十二条规定，应当提交缴纳社会保险记录凭证、领取工资凭证、其他能够证明其为当事人工作人员身份的材料。属于依法登记设立或者依法免予登记设立的非营利性法人组织、社会团体推荐公民担任诉讼代理人的，被代理人应当是该社会团体的成员，或者当事人一方住所地位于该社会团体的活动地域，代理事务应当属于该社会团体章程载明的业务范围，被推荐的公民是该社会团体的负责人或者与该社会团体有合法劳动人事关系的工作人员，应当提交能够证明其身份的材料。书记员应当提醒出庭人员在庭审结束后，提交身份证、律师执业证等身份证件的复印件，并在复印件上加盖"此件与原件核对无异"。

核对当事人基本情况，应按以下顺序进行：当事人姓名、性别、出生年月日、民族、文化程度、籍贯、职业、住址、身份证号码。核对时应尽量详细、准确，特别是当事人的身份证号码，一定要核对准确。

应当注意，《行政诉讼法》第三条明确规定，被告行政机关负责人应当出庭应诉，包括正职和副职负责人及部门负责人、党组成员，不能出庭的，应当提交包含不能出庭的正当理由的"情况说明"，同时委托行政机关相应工作人员出庭，可以另行委托一至二名诉讼代理人。

3. 宣布开庭

当合议庭到庭后，书记员宣读法庭纪律，随后宣布全体起立，请合议庭入席。待审判长宣布坐下后，书记员应面向审判长向其汇报当事人的到庭情况，告之庭前准备已经就绪，可以开庭。审判长宣布开庭后，接下来便是书记员最重要的工作之一：庭审记录。

在记录庭审的过程中，书记员不必每句话一字不落地记录下来，可以进行归纳，但应当尽可能真实地反映庭审情况。

4. 法庭调查

在法庭调查阶段，审判长会就诉状内容、答辩内容、第三人陈述、鉴定意见等进行调查。行政诉讼案件分为诉"作为"和诉"不作为"两类，在调查内容上稍有不同。对于诉"作为"的案件，先由被告宣读被诉行政行为的内容，再由原告就诉状内容进行陈述，随后由被告答辩，若有第三人，则还要听取第三人陈述。对于诉"不作为"的案件，则先由原告就诉状内容进行陈述，再由被告答辩，同样地，如有第三人则听取第三人陈述。

书记员在法官调查的过程中，应当对于调查的顺序内心有数，在记录时便可提前做出反应。同时，因各方当事人陈述时通常是按照庭前提交的诉讼材料进行宣读或归纳后陈述，若书记员在开庭前能尽可能充分地对案件材料进行熟悉并梳理大致内容，书记员在记录时就不会因为信息量太大、语速快等漏掉信息，即使在陈述时一时记录不下来，也可以快速反应出在哪份材料中可以补足信息，方便随后完善记录内容。如此一来，在法庭调查阶段，书记员就能更加游刃有余，将更多的精力放到质证和法庭辩论的记录当中。

①询问当事人和当事人陈述；②询问证人或宣读未到庭的证人证言；③询问鉴定人，宣读鉴定意见；④向当事人出示书证、物证、视听资料和宣读勘验笔录、现场笔录；⑤询问当事人及其诉讼代理人在事实方面有无补充。书记员应当提前将宣布开庭的基本内容在庭前录入，以提高记录效率。其他关于庭审记录的要求参见民事部分，不再赘述。

5. 举证质证

证据是处理诉讼案件中的法律问题的基础，"以事实为依据，以法律为准绳"这句话中的"事实"，就是基于证据所反映的事实。庭审记录中对举证质证过程的记录是十分重要的。

在诉"作为"的案件中，先由被告证明涉诉行政行为是合法的，若被告无法证明行为合法，则承担败诉的不利后果，即由被告承担举证责任。随后，原告如果有证据证明被告行为违法的，也可以进行举证，但不承担举证责任，即若证明不了违法，也不必然承担败诉的后果。如果有第三人，再由第三人举证。

在诉"不作为"的案件中，先由原告举证证明已经向被告要求履行职责的事实，再由被告证明自己的不履行行为是合法的。有第三人的情况同上。

在赔偿案件中，先由原告举证，并由原告承担举证责任，再由被告举证。

如果有证人或鉴定人出庭的，需要让其签署保证书；在核对身份、检查其证件之后，由其进行陈述。

在行政案件的举证质证过程中，同民事案件一样，均是一个证据或一组证据进行一次举证，被告或第三人就该份或该组证据进行质证，即"一证一质"，书记员在记录时，当事人庭前提交的证据清单可以作为非常有价值的参考。具体的记录要求可以参考民事部分，在此不再赘述。

6. 法庭辩论

在调查结束后，法官通常会对争议焦点进行归纳，当事人则围绕焦点进行辩论，通常进行3轮辩论，但法官可根据案件的具体情况增加或减少辩论的时间和轮数。法庭辩论的顺序是：①原告及其诉讼代理人发言；②被告及其诉讼代理人发言；③第三人发言；④依次交替进行。

法庭辩论可以说是庭审记录中最具有挑战性的环节。在法庭辩论中双方针锋相对，陈述的信息、论证的思路等对于书记员来说大多是首次听到，不像法庭调查、举证质证等有提前提交的书面材料作为参考。这就需要书记员能够敏锐地抓住各方辩论观点的核心，能够将通俗的语言快速转换为法言法语，同时能够快速准确地用键盘录入。

对于辩论核心的抓取，需要书记员对案件涉及的行为所对应的行政法学知识达到理解并比较熟悉的程度，这样便能快速归纳出各方当事人是在围绕哪个法律问题辩论，更能快速准确地抓住辩论核心，过滤重复、无用的信息，即记录下所有辩论"重点"。法言法语的转换也是建立在对实体知识的熟练掌握上的。有时，在非律师代理的案件中，当事人可能反复陈述的概念，书记员可以用一个简单的法学术语便概括下来，这就为书记员留出很多时间和精力来记录重要信息并调整笔录。

快速的键盘录入没有捷径，只能通过不断的速录训练来实现。当然，在辩论中，难免出现当事人情绪激动，语速加快的情况，这时，如果书记员感到记录的压力，可以要求当事人再说一遍或说慢一些，也可以示意法官自己面临较大的记录压力。当然，法官在这种情况下一般都会提前进行干预。有经验的当事人通常也会观察书记员的记录情况，一边分短句陈述，一边等书记员录完停止打字后再说下一句。总之，信息太多、记录压力大时，书记员不应当自己闷头着急，而应当及时与法官或当事人沟通，以免漏掉重要信息。同时，书记员也应当不断提高自己的法学专业知识水平，提升归纳总结及键盘录入的能力，进而让庭审能够高效率地进行。

7. 最后陈述

在最后陈述阶段，由原告、被告、第三人依次对自己的观点进行归纳，并简要陈述对案件的处理意见。书记员在记录这一部分时，由于各方观点在之前的庭审阶段已经反复提及，记录的难度会小很多，但依然要尽可能如实、完善的记录。毕竟这一部分一方面会是当事人在庭审结束后核对笔录时重点查阅的部分之一，完整的记录可以最大限度避免庭后的返工；另一方面，书记员也可以根据当事人最后的总结，辅助自己检查之前环节中的记录是否有遗漏。

8. 宣布休庭

法庭辩论结束后，由审判长宣布休庭。若案件是定期宣判，此时书记员便有较多的时间对笔录进行完善，若是当庭宣判，书记员则需快速调整庭审笔录，并准备进行合议庭评议过程的记录和宣判笔录的记录。

9. 组织庭审笔录核对与签字

(1) 打印庭审记录。庭审笔录基本采取电脑记录方式进行,为了便于当事人和其他诉讼参与人核对记录内容,并根据核对后应当签名的要求,在庭审结束后,书记员将校对后的庭审笔录打印成书面材料,然后组织当事人和其他诉讼参与人进行核对。

(2) 当事人和其他诉讼参与人核对笔录。

①阅读或宣读庭审记录。庭审笔录由书记员在庭审结束时交由当事人和其他诉讼参与人阅读核对。如当事人或其他诉讼参与人不能自行阅读的,书记员应当向其宣读笔录;当事人或其他诉讼参与人是聋哑人的,由翻译人员进行翻译,对此情况书记员应记录在案。

②核对后签字或盖章。在笔录中有陈述的当事人和其他诉讼参与人都要在记录上签字盖章。经核对无误后的庭审笔录,当事人和其他诉讼参与人应在笔录上签名或盖章。

同时,必须在庭审笔录中反映出当事人已阅读的记录,即在笔录最后一页写上:"记录无误"或"以上笔录看过与我说的一样"等字样。

(3) 庭审记录的补充或更正。当事人和其他诉讼参与人认为庭审笔录对自己的陈述记录有遗漏或者差错的,有权申请补正,书记员应当将申请记录在案。

当事人对有正当理由要求补充或更正的地方,书记员在补充或更正之外,应当注明原因和经过,并加盖书记员印章以示规范。

(4) 审判人员等签名。书记员将法庭的全部活动记入笔录,经审判长或审判员审阅后,由审判长(或审判员)、人民陪审员和书记员签名。

10. 合议庭评议

第一步,法庭辩论结束后,合议庭全体成员退庭进行评议。评议时,就事实认定和法律适用两方面进行,评议由审判长主持,评议情况应当制作笔录,笔录由书记员完成,由合议庭成员签名。

在制作行政案件合议庭评议笔录之前,书记员同样需要通过查阅案卷熟悉案情,为顺利记录做好准备。

第二步,准备笔录用纸。根据法院诉讼文书样式的规定,合议庭评议笔录有标准的文书样式。合议庭笔录由标题、首部、正文、尾部四部分组成,具体内容包括评议时间(年月日时至时分)、评议地点、合议庭成员签名(应注明审判长、案件主审长、书记员签名、评议案由、评议内容、评议笔录结尾处由合议庭成员分别签名)。行政案件合议庭评议笔录参见后附示例。

第三步,合议庭合议笔录的制作。

合议庭合议笔录制作的具体要求如下:

(1) 有关具体行政行为认定事实是否清楚、适用法律是否正确、程序是否合法的内容,以及对具体行政行为合法性审查原则、被告举证原则、不适用调解原则的相关内容,是记录的重点。

(2) 作出被诉具体行政行为的事实证据,即行政机关在作出具体行政行为之前所掌握的证据有哪些,根据这些证据认定了哪些事实,这一内容一般比较多而且琐碎,应当记录清楚。

(3) 案件的处理如涉及法律适用的问题,应记明适用哪一法律、行政法规或地方性法规的条款,参照适用哪一部门规章、地方性规章和其他规范性文件的条款。

第四步，组织签名。

合议庭合议笔录记录完毕后应当立即交合议庭组成人员阅看并签名。评议笔录制好后，应订入副卷，妥善保存并严格保密。

11. 打印、校对裁判文书

（1）明确校对内容。

行政裁判文书的校对内容主要包括：案号是否准确；诉讼参与人主体资料是否正确，有无遗漏诉讼主体；程序叙述是否表述准确、出庭人员是否列明；所列诉求有无遗漏、变更，数额是否准确；当事人主要辩称观点是否清楚；查明事实及证据叙述有无遗漏；本院认为部分逻辑是否清晰；所引用的法律法规名称及具体条文是否正确；判项有无处理全部诉求，数额是否正确；上诉期限是否正确；署名部分是否与合议庭告知、开庭笔录所载一致；文书制作时间是否正确等。此外还包括字体、页码、数字格式等校对内容。为了不遗漏校对内容，可以将上述需要校对的项目制作成《裁判文书校对规范表》（可参考刑事部分），要求校对人员在校对裁判文书时逐项检查。

（2）依校对程序进行校对。

所有裁判文书在签发之前应经过多次校对，在文书付印前由主审法官和跟案书记员分别进行至少一次校对，文书印制后由书记员再次校对，文书在盖章后送达之前，由跟案书记员进行最后一次校对。同时每次校对的责任人均须在《裁判文书校对规范表》内注明相应校对项目是否有误，并签名确认，以求最大限度地保证文书质量。

12. 宣　判

对于公开审理和不公开审理的案件，一律公开宣判。宣判有两种方式：当庭宣判和定期宣判。当庭宣判的，由审判长当庭宣布处理意见，并告知领取判决书的具体时间和地点，书记员应当仔细记录；定期宣判的，应在开庭三日前将开庭的时间、地点通知当事人、法定代理人、委托代理人以及其他诉讼参与人。对于当事人适用传票通知；对于法定代理人、委托代理人以及其他诉讼参与人适用出庭通知书通知。宣判时，必须告知当事人上诉权力、上诉期限和上诉的人民法院。

宣判笔录制作的具体要求如下：

（1）正文内容应记明"宣读××人民法院（　）字第（　）号判决书或裁定书"、告知的事项及宣判后当事人的表现。当事人对判决的意见表示要如实记录，如果有意见，要记清意见的内容。对判决有意见的，是对判决认定的事实有意见，还是对适用法律条款有意见，这些情况都应当记录清楚。

（2）一审宣判后，法官告知当事人上诉权利、上诉期限和上诉法院，询问当事人是否上诉。书记员应将当事人回答的情况如实记入笔录。如果是当庭宣告判决的，记录时应有宣布的判决主文，其他内容则可省略。

（3）到庭的当事人和其他诉讼参与人应写明称谓和姓名。

（4）宣判笔录的空格中，应当依次记明宣告判决或者裁定的结果、告知的有关事项和当事人的表示等内容。宣判后立即发给判决书或者裁定书的，应当在笔录中记明。

（5）宣判笔录由当事人签名或者盖章。拒绝签名、盖章的，应当记明情况。审判员、代理审判员或者人民陪审员、书记员应当在笔录上签名。

13. 如实记录和补正

书记员应当将上述庭审过程全部如实记入笔录,签名和补正的要求参见前文部分,在此不再赘述。

14. 一审行政案件审限

审限及人民法院对案件的审理期限,指法院受理案件到作出判决的法定期限。《行政诉讼法》第八十一条规定:"人民法院应当在立案之日起 6 个月内作出第一审判决。有特殊情况需要延长的,由高级人民法院批准。"需要注意的是,送达、公告、鉴定、处理管辖争议及请有关部门解释或确认法律的时间不计算在内。书记员应当留意案件审限情况,有序推进案件进程,及时提醒法官审限情况。

二、简易程序

行政诉讼简易程序是指第一审人民法院审理行政案件所适用的,比普通程序相对简单的审判程序。简易程序是对普通程序的简化。需要注意,适用简易程序的案件应当在立案之日起 45 日内审结,在庭审中,可以省略普通程序中的某些诉讼环节,以便迅速、准确的审结案件。

适用简易程序的条件可以概括为事实清楚、权利义务关系明确、争议不大的案件。具体包括:①被诉行政行为是依法当场作出的;②案件涉及款额 2000 元以下的;③属于政府信息公开案件的;④除前款规定以外当事人各方同意适用简易程序的一审案件。注意,发回重审、按照审判监督程序再审的案件不适用简易程序。

三、行政案件撤诉的处理

撤诉是指人民法院受理行政案件以后,在宣告判决或者裁定之前,原告主动要求撤回或者取消诉讼请求,放弃或者处分诉讼权利的行为。

行政案件中原告撤诉会产生终结诉讼程序等一系列后果,而诉讼作为私权利对公权力影响的最后救济手段,鉴于公权力和私权利之间较为悬殊的力量对比,必须对原告撤诉的原因做出审查。重点审查的方面有:①原告撤诉的真实动机;②原、被告双方有无逃避法律的意图;③行政行为的合法性;④是否损害国家利益、社会公共利益或其他人的合法权益。基于正当原因的撤诉,应当准予撤诉,或者在拒不到庭的情况下视为撤诉;若没有正当的撤诉原因,应当由人民法院做出裁定不准撤诉,并进行判决,若原告拒不到庭,应当缺席判决。[①]

在原告撤诉时,法官通常会当面向原告核实并告知上述内容,书记员应当在旁如实记录,做好告知笔录。笔录完成后应当参照庭审笔录的要求,由当事人核对、签字并按捺手印。随后,书记员应当尽快辅助法官制作并校对准予/不准撤诉的裁定书并送达案件当事人。

至此,行政诉讼案件中,书记员最重要的工作之一便告一段落,后附庭审笔录、合议庭评议笔录、宣判笔录的范本,可供参考。

---

① 参见《行政法与行政诉讼法学》,马克思主义理论研究和建设工程重点教材《行政法与行政诉讼法学》编写组,2017 年 1 月版,第 500~503 页。

【一审庭审笔录样本：行政赔偿案件】

××省××市××区人民法院
法庭笔录

时间：二〇一八年三月九日上午八时三十分至时分
地点：××市××区人民法院第四审判法庭
案号：（2018）××××行赔初1号
案由：其他（公安）行政赔偿
审判长：×××　　审判员：×××　　人民陪审员：×××
书记员：×××
记录如下：
书记员：为维护法庭秩序，保障审判活动的正常进行，现在根据法律的有关规定，宣布法庭纪律：
全体人员在庭审活动中应当服从审判长或审判员统一指挥，尊重司法礼仪，遵守法庭秩序，不得实施下列行为：
（一）鼓掌、喧哗；
（二）吸烟、进食；
（三）拨打或接听电话；
（四）对庭审活动进行录音、录像、拍照或使用移动通信工具等传播庭审活动；
（五）其他危害法庭安全或妨害法庭秩序的行为。
检察人员、诉讼参与人发言或提问，应当经审判长或独任审判员许可。
旁听人员不得进入审判活动区，不得随意站立、走动，不得发言和提问。
媒体记者经许可实施的第一款第四项规定的行为，应当在指定的时间及区域进行，不得影响或干扰庭审活动。
对违反法庭纪律的，法庭将给予口头警告、训诫。对不听劝告的，经审判长决定，可以没收录音、录像、摄影器材，责令退出法庭，或经院长批准予以罚款、拘留。对哄闹、冲击法庭等严重扰乱法庭秩序的人，依法追究刑事责任。
审判长：现在开庭。首先核对当事人和其他诉讼参加人的基本信息。
原告：×××，男，哈尼族，××××年××月××日出生，文盲，现住××市××县××村民委员会××村民小组，公民身份证号：××××××××。
诉讼代理人：×××（系原告侄儿），男，哈尼族，××××年××月××日出生，初中文化，现住××市××县××村民委员会××村民小组，公民身份证号：××××××××。
委托诉讼代理人×××，××县××镇法律服务所法律工作者，代理权限为特别授权代理。
被告：××县森林公安局。

住所地：××县××行政区。

法定代表人：×××，该局局长。

委托诉讼代理人××，××××律师事务所律师，代理权限为特别授权代理。

书：（2018）云0802行初1号原告×××诉被告××县森林公安局其他（公安）行政赔偿一案，原告诉讼代理人×××、原告委托诉讼代理人×××、被告负责人×××、委托诉讼代理人××到庭参加诉讼。

审：现在征询各方当事人，对对方出庭人员的身份有无异议。

原告代：无异议。

被告代：无异议。

审：经核对，各方当事人和其他诉讼参加人均符合法律规定，可以参加本案诉讼活动。××市××区人民法院依照《中华人民共和国行政诉讼法》第二条、第四十五条、第四十九条之规定，今天依法适用普通程序公开开庭审理（2018）云0802行赔初1号原告×××诉被告××县森林公安局（以下简称森林公安局）其他（公安）行政赔偿一案。根据《中华人民共和国行政诉讼法》第六条、第四十六条、第六十八条之规定，本案由审判员×××担任审判长，与审判员×××、人民陪审员×××组成合议庭，由书记员×××担任记录。

根据《中华人民共和国行政诉讼法》第九条、第五十五条之规定，当事人对审判员、书记员有下列情形之一的，有权用口头或书面形式申请回避：

（一）是本案当事人或者当事人、诉讼代理的近亲属；

（二）与本案有利害关系；

（三）与本案当事人有其他关系，可能影响对案件公正审理的。

审判人员接受当事人、诉讼代理人请客送礼，或者违反规定会见当事人、诉讼代理人的，当事人有权要求他们回避。

审判人员有前款规定的行为的，应当依法追究法律责任。

审：原告是否申请回避？

原告代：不申请回避。

被告代：不申请回避。

审：根据《中华人民共和国行政诉讼法》第七条、第八条、第二十九条、第三十条、第三十一条、第三十二条、第三十三条、第三十六条、第四十一条、第五十条、第五十一条、第五十三条、第五十八条、第五十九条之规定，当事人有下列权利和义务：

诉讼权利：有权用本民族的语言和文字进行诉讼；有权委托诉讼代理人；有权向人民法院申请保全证据；有权要求重新收集、提供新的证据；有权进行辩论；经人民法院许可，可以查阅本案庭审材料，但涉及国家秘密和个人隐私的除外；原告有权放弃、变更诉讼请求，提出撤诉申请；被告有权承认或反驳诉讼请求，提出反诉；当事人不服一审判决，有权提起上诉。

诉讼义务：依法行使诉讼权利，对自己的主张负有举证责任，按法定程序进行诉讼活动，服从法庭人员指挥，遵守法庭纪律。

审：以上交代的当事人的诉讼权利和诉讼义务是否听清楚了？

原告代：听清楚了。

被告代：听清楚了。

审：现在进行法庭调查。双方当事人对自己提出的主张，有责任提供证据，反驳对方主张的，也应提供证据或者说明理由。

审：下面由原告宣读起诉状，被告森林公安局进行答辩。

原告代：诉讼请求：1. 判令被告赔偿因执法过程中方法不当导致原告×××××而产生的各种损失费×××元人民币；2. 判令本案诉讼费用由被告承担。事实与理由：（详见起诉状）。

审：原告对诉讼请求是否有变更或补充？

原告代：没有。以诉状为准。

审：现在由被告森林公安局进行答辩。

被告代：一、原告×××在未办理采伐许可证的情况下砍伐林木，违反了《森林法》第三十一条第一款的规定，其行为构成违法；二、对×××滥伐林木的行为给予行政处罚，是森林公安局依法应当履行的执法行为，其行为符合法律、行政法规的相关规定；三、森林公安局对×××采取指纹采集与录取是根据《公安机关指纹信息工作规定》、《××省森林公安局关于印发信息采集室建设规范信息采集标准的通知》、《××省森林公安机关违法犯罪嫌疑人员信息采集标准》、《××省森林公安机关标准化信息采集室建设规范》之规定依法履行的执法行为，并没有违法或不当的行为；四、原告所主张的损失与答辩人的执法行为之间没有因果关系；五、×××人民医院司法鉴定所的鉴定结果含混不清，达不到有作为法院裁判证据使用的要求。（具体内容详见答辩状）

审：现在由原告×××举证，被告森林公安局进行质证。

原告代：1. 身份证复印件，证明原告×××公民身份情况；

被告代：（提出质证意见）

原告代：2. 行政赔偿申请书，证明原告向××森林公安局提起行政赔偿的情况；3. 不予赔偿决定书，证明森林公安不予赔偿决定的情况；

被告代：（提出质证意见）

原告代：4. 告知书，证明××森林公安局向原告发出林业行政处罚先行告知的问题；5. 告知书，证明××森林公安局到原告滥伐林地进行价值鉴定的问题；6. 处罚决定书、证明××森林公安局对原告作出林业行政处罚的问题；7. 责令，证明××森林公安局责令原告补种林木的问题；

被告代：（提出质证意见）

原告代：8. 授权委托书，证明××镇法律服务所委托医院作出医学鉴定的问题；9. 司法鉴定申请书，证明××镇法律服务所向×××人民医院司法鉴定所申请对×××进行精神病性障碍作出鉴定的问题；10. 介绍函，证明法律服务所介绍×××到医院为原告作司法鉴定的问题；11. 证明，证明×××家族病史状况的问题；

被告代：（提出质证意见）

原告代：12. 报告单，证明×××到县医院就诊的情况；13. 出院证，证明×××到市医院住院的全过程；14. 收费票据，证明×××到医院门诊收费情况；15. 发票，证明接送×××住院、鉴定来回所用汽油的情况；16. 发票，证明×××请护理人员、未住进医院产生的开销和来回吃住费用的发票；17. 鉴定费，证明××医院收取鉴定费的情况；18. 鉴定意见书，证明司法鉴定所对×××鉴定的全过程和结论；19. 入院记录，证明×××的病史，体格检查，精神检查，辅助检查和病历小结的情况；

被告代：（提出质证意见）

原告代：20. ××区法院补充材料通知，证明××××××；21. 司法鉴定所的情况说明，证明××××××；22. ××县法院的情况说明，证明××××××；23. 护林员朱学祥证明第一次查看×××砍柴火一事的情况，证明××××××。

被告代：（提出质证意见）

审：原告方是否还有证据提交？

原告代：书证证据举证完毕，我方申请两个证人出庭作证。

审：传证人×××出庭作证……

证人×××，

审：交代证人权利义务……证人是否听清？

证人：听清了。

审：证人你与原、被告是什么关系？

证人：……

审：原告，你方申请证人出庭作证需要证明什么？

原告代：……

审：证人陈述？

证人：……

审：双方是否有问题向证人询问？

原告代：……

被告代：……

审：双方是否认可证人证言？

原告代：……

被告代：……

审：现在由被告举证，原告×××质证。

被告代：第一组：1.《处警登记表》1份、《林业行政处罚立案登记表》1份、《×××询问笔录》1份、《违法嫌疑人权利义务告知书》1份、《辨认笔录》及照片1份、《×××询问笔录》1份、《×××询问笔录》1份、《×××询问笔录》1份、《证人诉讼权利义务告知书》3份、《勘验、检查笔录》1份、《现场方位图》及照片1份、2017年5月12日《（鉴定/检测/评估）聘请/委托书》2份、《鉴定呈批表》3份、《调查报告》1份、《价格认定》1份、《证明》1份、《鉴定意见告知书》2份、《×××个人身份证》，证明：1. 原告×××具有滥伐林木的违法行为；2.××县森林公安局系接到×××报案后，依法对×××滥伐林木的违法行为进行立案调查；3.××县森林公安局对×××立案调查是依法、依职责行使职权的执法行为，××县森林公安局行为具有合法性；4.江城县森林公安局对×××进行了权利义务的告知，其询问、辨认行为合法；

原告代：（提出质证意见）

第二组：《案件调查终结呈批表》1份、《林业行政处罚决定书》1份、《责令补种林木通知书》1份、《林业行政处罚文书送达回证》3份、《林业行政处罚意见书》1份、《林业行政处罚先行告知书》1份、《延长办案期限呈批表》1份、《××县森林公安局关于×××提出行政赔偿申请的答复》1份，证明：1.××县森林公安局对×××调查的程序及作出的处罚决定行为合法，2.进一步证明×××滥伐林木行为系违法行为，再次证明××县森林公安局对×××执法行为的程序合法。

原告代：（提出质证意见）

第三组：《公安机关指纹信息工作规定》1份、《××省森林公安局文件》1份、《××省森林公安机关违法犯罪嫌疑人员信息采集标准》1份、《××省森林公安机关标准化信息采集室建设规范》1份、《××省森林公安机关违法犯罪人员信息采集标准》1份、×××《指纹采集报表》1份、《中华人民共和国行政处罚法》（节录）1份、《林业行政处罚程序规定》（节录）1份、《森林法》（节录）1份、《××市林业局关于印发〈××市林业行政处罚自由裁量权细化〉的通知》及《××市林业行政处罚自由裁量权细化》（节录）1份，证明：1.××县森林公安局对×××采集指纹是对其滥伐林木违法行为调查必须履行的法定职责，且××县森林公安局对×××采集指纹的操作行为合法，2.××县森林公安局对×××滥伐林木违法行为进行调查与处罚的法律依据；

原告代：（提出质证意见）

第四组：1.××的《证人证言》1份、×××的《证人证言》1份、××的《证人证言》1份、×××的《证人证言》1份、×××的《证人证言》1份、《关于协助××县森林公安办理×××滥伐林木案的情况说明》1份、《执法记录光盘》1盘，证明：××县森林公安局在办理×××滥伐林木一案过程中，×××精神状态正常，言行举止正常，同时，光盘录像内容证明办案人员在对×××采集指纹过程中，无任何过激行为，整个办案过程合法得当。

原告代：（提出质证意见）

审：被告森林公安局是否还有证据提交？

被告代：书证证据举证完毕，我方申请两个证人出庭作证。

审：传证人出庭作证……

证人（核对身份信息），

审：交代证人权利义务……证人是否听清？

证人：听清了。

审：证人你与原、被告是什么关系？

证人：……

审：原告，你方申请证人出庭作证需要证明什么？

原告代：……

审：证人陈述？

证人：……

审：双方是否有问题向证人询问？

原告代：……

被告代：……

审：双方是否认可证人证言？

原告代：……

被告代：……

审：下面法庭核实几个问题。

问题一：……

原告代：……

被告代：……

问题二：……

原告代：……

被告代：……

问题三：……

原告代：……

被告代：……

审：法庭调查到此结束，下面进行法庭辩论，辩论围绕几个问题：1.……；2.……；首先由原告方发表辩论意见。

原告代：……

被告代：……

审：法庭辩论结束，下面进行最后陈述。

原告代：请依法支持原告的诉讼请求。

被告代：请依法驳回原告的诉讼请求。

审：本案如何判决待合议庭合议后择日宣判，现在休庭。请当事人核对笔录无误后在笔录上签字确认。

审　判　长：
审　判　员：
人民陪审员：
　　　　　　　二〇一八年三月九日
书　记　员：

原告：……

被告：……

（各方当事人校对笔录，书写校对情况及结果，签名并按捺手印。）

【合议庭评议笔录】

××省××市××区人民法院
合议庭评议笔录

时间：二〇一八年三月二十一日下午 15 时
地点：××区人民法院 401 室
合议庭成员：
审判长：×××　审判员：×××、×××
书记员：×××
案件承办人：×××
评议（2018）××××行初 5 号原告×××不服××市×××局（以下简称区××局）2017 年 8 月 25 日作出的《××生态环境综合评估意见表》（以下简称《评估意见》）一案

记录如下：

×××：原告×××不服×××局（以下简称区×××局）2017 年 8 月 25 日作出的《评估意见》（以下简称《评估意见》）一案。介绍案情（略）。

×××：原告提供的证据详见卷宗，下面合议一下对证据的采纳意见。对当事人提供的证据认定如下：×××提交证据，第三、四、五、六、十、十一组证据，各方当事人无异议，属共认证据，本院予以采信，第七、十四组证据，真实、合法，与本案有关联性，本院予以采信，第一、二、八、九、十二、十三、十五、十六、十七、十八、十九、二十组证据，与本案的行政行为无关联性，本院不予采信。区×××局提交证据，第一、二、三、五、六、七组证据，各方当事人对真实性、合法性、关联性无异议，属共认证据，本院予以采信，第四组证据，为区×××局将《×××总体规划（2016—2030）》上报××市×××局，××市×××局上报××省××厅的文件，不能证明该总体规划已经上级部门审批通过，故本院仅对真实性、合法性、关联性认可，对区×××局欲证明内容不予采信。

×××：同意×××的认证意见。

×××：同意×××的认证意见。

×××：根据证据材料，可以确认的法律事实如下：……不服该《评估意见》内容，提起行政诉讼，请求：1. 撤销区×××局 2017 年 8 月 25 日作出的评估意见；2. 区×××局重新作出××市评估意见；3. 区×××局承担本案诉讼费。

另查明，……

×××：二位合议庭成员对上述法律事实是否同意？是否有补充？

×××：同意×××的认定事实，没有补充。

×××：同意×××的认定事实，没有补充。

×××：下面合议一下本案实体处理问题及诉讼费用由谁承担？

×××：我认为，×××是区×××局作出的《评估意见》的行政相对人，且《评估意见》已送达×××，该《评估意见》属××生态环境综合评估意见中的一个评估意见，对×××能否进行采矿权登记产生影响，×××有权提起本案诉讼。

×××：区×××局根据××省、××市、××区各级人民政府的文件要求，对本部门主管的××生态环境综合评估审查是否涉及……，有权作出评估意见，区×××局作出《评估意见》属履行法定职责的行为。案件受理费50元，由被告×××局承担。

×××：我同意以上两位人民陪审员的处理意见。我补充意见如下：……因区×××局作出的《评估意见》认定事实不清，依据不足，适用法律错误，应予撤销，并应重新对××采石场矿山作出矿山生态环境综合评估意见。

×××：同意×××的补充意见。

×××：同意×××的补充意见。

经合议庭合议，达成统一意见如下：

综上所述，依照《中华人民共和国行政诉讼法》第七十条第一款第（一）项、第（二）项、第一百零二条之规定，判决如下：

一、撤销被告×××局2017年8月25日作出的《评估意见》中的矿山生态环境综合评估意见。

二、被告×××局重新对原告×××采石场矿山作出矿山生态环境综合评估意见。

案件受理费50元，由被告×××局承担。

合议庭成员签字：

【宣判笔录范本】

××省××市××区人民法院
宣判笔录

时　　间：2018 年　月　日
地　　点：××市××区人民法院
审 判 长：×××　　审 判 员：×××、×××
书 记 员：×××
记录如下：

原告：××××，男，汉族，××××年×月×日出生，农民，现住××市××县××镇××村民委员会××村民小组××号。公民身份证号：……。

委托诉讼代理人：×××（第三人×××之女），女，汉族，××××年×月××日出生，××镇社会保障中心服务人员，现住××市××县××镇××村民委员会××村民小组××号。公民身份证号：……。代理权限为一般授权代理。

审判长×××宣读（2018）×××行初 8 号行政裁定书。

根据《中华人民共和国行政诉讼法》第二十五条第一款、《最高人民法院关于适用〈中华人民共和国行政诉讼法〉的解释》第十二条第一款、第六十九条第一款第（八）项的规定裁定如下：

驳回原告×××的起诉。

案件受理费 50 元，退还原告×××。

如不服本裁定，可在收到裁定书之日起十日内提起上诉，向本院递交上诉状，并按对方当事人的人数递交上诉状副本。上诉于××省××市中级人民法院。

审：对裁定书是否有意见？是否上诉？
答：
审：如不服本裁定，请在自收到本裁定之日起十日内提交上诉状？
答：
签名：
日期：

第四节　行政案件笔录的记录

法官评价一名书记员优秀不优秀，第一件事就是看他的笔录做的好不好。因为笔录事关案件审判的流程、案件审理的事实、当事人诉请及抗辩意见的固定、法官审理案件的主要事实认定，书记员的笔录功夫不过关，必然会使得法官庭审或谈话等审判活动效率低下，特别是一些法官比较重要的提问和当事人的回答，或者当事人对案件重要事实的陈述或自认没有被及时完整地记入笔录，甚至还会影响案件重大事实的认定，最终影响定案。因此，做一名合格的书记员，首先笔录的基本功必须过关。可以这么说：什么时候笔录过关了，什么时候就能成为一名合格的书记员，反过来讲，如果连笔录这个基本功都没有过关，那就根本谈不上是一名合格的书记员。

笔录的记录不一定都是在法院内部的办公室或法庭，有可能因为勘验、调查、查封、扣押等需要外出也要进行记录。所以，对于书记员来说，除了常备纸（空白信笺、笔录纸）、笔、印泥外，还需准备执法记录仪、笔记本电脑等设备，根据需要随身携带。

一、行政案件笔录的基本形式

在活动中，凡是以实录的性质记录下来的文字材料，均可被统称为笔录。笔录具有法律效力或者法律意义。笔录种类繁多，按功能分，行政案件大致有：①庭审笔录，②询问笔录（调查）笔录，③现场勘验笔录，④质证（证据交换）笔录，⑤谈话笔录，⑥调解笔录，⑦释明笔录（诉讼请求不明、说明应交材料等情况下），⑧协调会（现场办公会）笔录，⑨听证笔录，⑩合议（合议庭评议）笔录，⑪专业法官会议笔录，⑫审委会讨论笔录等。

二、笔录要点——以调查笔录为例

询问或调查笔录是法官执业中最常遇到的笔录形式，囊括了绝大多数笔录的基本要素。

工欲善其事，必先利其器。首先是带好必要的、充分的工作器具，主要包括：①工作证、执行公务证、介绍信、执法记录仪（若需）；②笔录纸（印有开头部分的标准格式）、空白信笺纸。准备多份，需确保绰绰有余；③钢笔或水笔，至少两支，确保绰绰有余；④工具袋，确保所有调查工具、卷宗和所做调查笔录不遗漏、不丢失；⑤规范着装。

注意：外出调查前必须对照上述内容进行检查。

上述工作器具齐备了，就可以继续关注下面的问题了。

（一）首　部

一般调查笔录纸上都统一印制了格式，包括调查时间、调查地点、调查人、记录人。

注意：

（1）不得遗漏被调查人信息，主要包括：被调查人的姓名、性别、年龄、民族、工作单位、职务、现在住址、电话。

（2）不得遗漏在场人信息，有时，被调查人往往会有同单位的领导在场，这时被调查人同时列明两人或两人以上是不妥当的，但就类似的问题分别做两个调查笔录显然在多数情况下也无此必要。此时，比较推荐的做法是让精通被调查事务的经办人员作为被调查人，而他的主管领导或者单位的其他领导作为在场人，在场人对相关信息有补充的，将补充陈述的内容作为被调查人的陈述，这样的话，在形式上不违反笔录的形式要求，在内容上又做到一致性，且完成的也比较完整，效率、内容与形式兼得。

（3）首部的制作或填写要做到记录清楚明确，以待日后备查和回访。

（二）正　文

正文是被调查人陈述的具体内容，主要是记录调查人员提出的问题和被调查人的回答和意见。

在开始调查问话时，要无一例外做到如下三个步骤，所谓无一例外，也就是说每一次做调查笔录都必须要完成，甚至可以在调查之前预先写在笔录上：

（1）向被调查人表明调查人身份，具体内容一般表述为：我们是×××人民法院审判员×××和×××（出示工作者或介绍信）；

（2）向被调查人表明今天要调查的主要事项；

（3）向被调查人明确如实陈述的法定义务，并指明若作伪证或隐匿证据所要负的纪律责任和法律责任。

【开始调查问话样本】

> 我们是××××法院的工作人员，现针对原告×××诉被告×××一案，有些情况向你（们）进行核实，希望你（们）如实阐述。

记录调查笔录内容要采用问答式。调查笔录不能仅记一方的谈话内容，应把调查人的提问和被调查人的回答都如实记载下来。记录方式一般采用"某某问："和"某某答："的形式，也可简用"?："和"x："代替，但须前后一致。

注意：第一个问题必然是被调查人身份及与被调查事项的关系。之所以是第一个问题，因为这个问题的答案决定着被调查的人有没有被调查的价值。

记录调查的内容要完整、清晰，包括：

（1）记清问题发生的过程和主要情节，包括时间、地点、人物、情节、动机、目的、结果；

（2）如果被调查人否定某一事实，要把否定的具体原因或依据记录下来，或者把相关线索确定下来；

（3）被调查人声明记不清、记不准的情节，笔录中也应当如实反映。

注意：对被调查人陈述的重要情节和案件线索，要极尽详细，力求原话。

记录调查的字迹要清楚、易读，包括：

（1）字迹不求艺术但求工整，不求漂亮但求清楚；

（2）满行书写不隔行；

（3）记录过程中如有改动，应当要求被调查人在改动处签名或捺印；

（4）如改动过多，可以重新抄写，但最好是随谈随记，谈完记完，不用重抄；

（5）调查笔录要求长期保存，必须用钢笔或水笔书写，不能用铅笔或圆珠笔书写。

调查笔录的收尾要干净、规范。注意：

（1）最后一个问题收尾，即："以上说的都是事实吗？"或者"上述笔录，请查对无误后签字（捺印）确认。"

（2）被调查人没有阅读能力的，应当向其宣读笔录，并把宣读内容进行记录。

（3）笔录修改需在修改处捺印或签名。如果被调查人认为有漏记或错记的，要当面补充或修改，并在修改处捺印，笔录中改动部分也要摁印，以证明是被调查人本人所记或经本人允许，而非调查方自行修改。调查对象拒不签字的，应注明不签字的原因，有其他人在场的，还应请他们签名证明。若调查过程有争议，应当现场拍照或录像。

（三）尾　部

1. 尾部主要包括被调查人签字、捺印和注明日期。

2. 被调查人核对笔录无误后，被调查人要在尾部写上："本记录我已看过（或已给我念过），与我所述一致。"

3. 被调查人签名或盖章，注明年月日，并在每页记录上签名、捺印。

调查笔录一般制作一份，归入案卷当中存档。

【调查（询问）等笔录的格式】

××省××市××区人民法院
调查笔录

（2018）××××行初　号

时间：××××年××月××日×午××时

地点：××市××区××××

调查人：×××　　　　　，记录：×××

被调查人：×××（基本身份情况，包括身份证号码、联系电话等）

调查过程及内容记录如下：

本人已阅属实。

　　　　　　　　　被调查人（签名及时间）：

　　　　　　　　　调查人签名（签名及时间）：

××省××市××区人民法院
勘验笔录

（2018）××××行初　号

时间：××××年××月××日×午×时××分

地点：××市××区××××

勘验对象：（写明勘验现场或物证）

勘验人：写明姓名所在法院和职务

在场人：写明到场的当事人或成年家属等基本信息，拒不到场的，记录在案。

被邀参加人：

记录人：×××

勘验经过：

勘验情况和结果：

勘验人：（签名及时间）
在场人：（签名及时间）
被邀参加人：（签名及时间）

××省××市××区人民法院
询问笔录

（2018）××××行初　号

时间：××××年××月××日×午×时××分
地点：××市××区××××
审判员：×××
书记员：×××
被询问人：×××，男，汉族，生于××××年×月×日，现住×××。身份证号码：……。
审：本院受理原告×××诉被告×××，×××纠纷一案，现向你询问几个问题。
审：……？
×××：
审：是否还有什么补充？
×××：没有补充。
审：请被询问人核对笔录后签字。
被询问人签字：

二〇一八年　月　日

第五节 非诉执行审查案件的工作

一、非诉执行案件业务概要

在本编第一节中已经对行政案件中的非诉执行审查案件进行了概述，这里对程序性的操作进行简要阐述。

对于非诉执行案件，行政机关向法院依法提出执行申请，非诉行政案件的执行才得以启动，法院不能自行启动该执行程序，这是非诉行政案件的执行区别于行政诉讼执行的地方。《行政诉讼法解释》第一百五十二条到第一百六十一条详细规定了关于执行问题的规范要求。该解释明确行政机关申请人民法院执行，应当提交《行政强制法》第五十五条规定的相关材料。人民法院对于符合条件的申请，应当在五日内立案受理并通知申请人；对不符合条件的申请，应当裁定不予受理。行政机关对于不予受理裁定有异议的，在十五日内可以向上一级法院申请复议。人民法院受理行政机关申请执行其行政行为的案件后，应当在七日内由行政审判庭对行政行为的合法性进行审查，并作出是否准予执行的裁定。强制执行措施由法院负责强制执行非诉行政行为的机构执行。

同诉讼案件，书记员在非诉执行审查案件中主要负责配合法官做好事务性的审查、核对、制作文书并送达、记录笔录等事务性的工作。

二、审查申请人提交的材料

根据《行政强制法》第五十五条，行政机关申请人民法院强制执行时，应当提交以下材料：

（1）强制执行申请书是开始执行程序的必要手续，强制执行申请书应当包括如下内容：表明申请法院强制执行的意思；申请人和被申请人的名称或姓名、住址等；申请执行的依据、事项和理由；申请执行的标的。

（2）据以执行的生效行政决定文书及送达凭证。

（3）证明具体行政行为合法的事实依据和法律依据。

（4）当事人的意见及行政机关的催告情况。

（5）其他应当提交的材料包括：

①涉及财产内容的，除小额财产罚以外，申请人应当提供能够证明被申请人财产状况的材料和线索；

②涉及违章建筑、非法占地等案件，应当提交违法建筑违法状态的相关材料以及实施强制执行所需要的其他技术资料及方案；

③申请人委托代理人的，应当向人民法院提交授权委托书。委托书应当经委托人签字并盖章，写明委托事项和代理权限；

④外国人、无国籍人或者外国组织申请强制执行的，应当提交中文强制执行申请书。

三、审查与裁定中的工作

（一）受理后审查过程中若干程序问题的衔接处理

（1）立案后发现不符合申请条件的处理。立案庭办理立案手续后，应将案件移交行政庭，书记员在审查材料中发现不符合立案条件的，书记员应当报告法官审查处理，对于确实不符合立案条件的，应当在七日内书面通知退回申请或裁定驳回行政机关的强制执行申请，并应说明理由。

（2）立案后发现不属于本院管辖案件的处理。

立案后发现受理的非诉行政执行案件不属于本院管辖的，同样，待法官确定后，在七日内移送有管辖权的人民法院。

（二）对于符合听证条件的案件的处理

非诉行政执行案件的审查，区别于诉讼审查，采取书面审查为主、听证审查为辅的审查模式。适用听证程序进行审查，应把握以下要点：

（1）应当在举行听证的3日前将举行听证的时间和地点，以口头或书面形式通知行政机关、当事人及其委托代理人；

（2）听证由主审人主持，必要时也可由合议庭主持，由合议庭主持的，书记员应当通知合议庭成员；

（3）听证应当制作听证笔录。当事人对听证笔录核对无误后，应当签名。当事人、证人拒绝签字的，书记员应当在听证笔录上记明。

（4）裁定的作出期限是在受理申请后的30日内，需要采取强制执行措施的，移交本院负责强制执行非诉行政行为的机构执行。经审查认为不符合执行条件的，作出不准予强制执行的裁定。裁定不予执行的，应当将裁定书在5日内送达行政机关。

下面附上一份听证笔录的范本供参考。

【非诉执行案件听证笔录】

××省××市××区人民法院
听证笔录

听证时间：二〇一八年五月八日14时30分至16时00分

听证地点：××市××区人民法院408调解室

案号：（2018）××××行非执3号

案由：自然资源行政非诉

主持人：×××

书记员：×××

记录如下：

书记员：为维护法庭秩序，保障审判活动的正常进行，现在根据法律的有关规定，宣布法庭纪律：

（一）到庭的所有人员，一律听从主持听证人指挥，遵守法庭秩序。

（二）不准喧哗，不准鼓掌，不准随意走动，不准呼口号，不准插话或当庭发言,需要发言的要举手示意,征得主持人同意方能发言。

(三) 不准吸烟和随地吐痰,不准有其他妨害听证活动的行为。

(四) 未经允许,不准录音、录像和摄影,不准进入审判区,请关闭移动电话。

(五) 对违反听证纪律的人,予以警告、训诫、没收有关器材、责令退出听证会。

书记员:为表示对法律的尊重,当听证组成人员入庭、退庭时,请全体起立。现在全体起立,请主持听证人入庭。

书记员:报告主持听证人,申请执行人与被申请执行人已到庭,听证会已准备完毕,是否开始,请主持听证人决定,报告完毕。

听证主持人:现在核对申请人、被申请人身份:申请执行人:×××局,统一社会信用代码:×××××××,住所地:×××××,法定代表人:×××。

委托诉讼代理人:×××,男,傣族,××××年×月×日生,系×××局执法监察支队支队长,现住××××××。公民身份证号:×××××××××。代理权限为特别授权代理。以上信息是否正确?

申请人:正确。

被申请执行人:×××,女,彝族,××××年×月×日出生,现住××××××××。公民身份证号:××××××××××。以上信息是否正确?

被申请人:正确。

听证主持人:请坐下。

听证主持人:申请人对被申请人参加人员的身份及代理权限有无异议?

申请人:没有异议。

听证主持人:被申请人对申请人参加人员的身份及代理权限有无异议?

被申请人:没有异议。

听证主持人:到会的当事人及代理人的身份符合法律规定,我宣布可以参加本次听证会议。

听证主持人:根据最高人民法院关于执行《中华人民共和国行政诉讼法》若干问题解释第九十三条之规定,现在就×××局申请执行×××行政处罚决定纠纷一案进行公开听证。

根据最高人民法院关于执行《中华人民共和国行政诉讼法》若干问题意见的解释第八十六条第二款、第八十七条之规定,本次听证会由××市××区人民法院审判员×××担任听证主持人,由书记员×××担任记录。

根据《中华人民共和国行政诉讼法》第四十七条之规定,当事人对审判人员、书记员、翻译人员、鉴定人、勘验人有下列情形之一的,有权用口头或书面方式申请回避。

(一) 与本案有利害关系;

(二) 与本案当事人有其他关系,可能影响案件公正审理的。

听证主持人:申请人是否申请回避?

申请人:不申请回避。

听证主持人：被申请人是否申请回避？

被申请人：不申请回避。

听证主持人：根据最高人民法院关于执行《行政诉讼法》若干问题的解释第九十一条的规定，申请执行的行政机关向人民法院申请强制执行的，应当提交执行申请书、据以执行的行政法律文书、证明该具体行政行为合法的材料和被执行人财产状况以及其他必须提交的材料。

今天听证活动的主要程序是：

一、由申请人陈述（主要是所作出的行政处罚认定的事实、采信的证据、适用的法律法规，以及执法主体是否适格、行政执法程序是否合法）。

二、由被申请人陈述（主要是拒不执行行政处罚的理由、理由依据、放弃申请复议和提起诉讼的理由）。

三、举证质证。

下面依次进行。

听证主持人：先由申请人陈述，再由被申请人陈述。

申请人：详见书面申请执行书。

被申请人：……。

听证主持人：下面进行举证质证，请申请人根据所作出的行政处罚认定的事实、适用的法律法规进行举证，被申请人质证。

申请人：1. 违法线索登记表原件1份、责令停止违法行为通知书原件1份、法律文书送达回证原件1份。

被申请人：认可。

申请人：2. 行政处罚案件权利义务告知书原件1份、法律文书送达回证原件1份。

被申请人：认可。

申请人：3. 立案呈批表原件1份、×××实地照片原件5张、被申请执行人身份证复印件1份。

被申请人：只认可身份证复印件，其他不认可。

申请人：4. 违法案件询问笔录原件1份、现场勘测笔录、现场勘测草图原件各1份。

听证主持人：现场勘测笔录是谁签的字？

申请人：可能不是本人签的字。

被申请执行人：违法案件询问笔录我签过字，认可，当时是去×××局做的笔录。

申请人：5. 关于×××非法占地案的调查报告原件1份、违法案件处理决定呈批表原件1份、行政处罚告知书原件1份、法律文书送达回证原件1份、行政处罚听证告知书原件1份、法律文书送达回证原件1份、行政处罚决定书原件1份、法律文书送达回证原件1份、履行行政处罚决定催告书原件2份、法律文书送达回证原件2份。

被申请人：调查报告和呈批表不清楚，第一次×××局叫我们去×××局签材料我们家没有去，是委托×××（系×××的姐姐）代签的，之后并没有收到代签的材料。

听证主持人：×××说过代签过你家的国土资源行政处罚告知书、和行政处罚听证告知书。

申请人：行政处罚决定书他家人来到×××局后已经告知内容但是拒签。

被申请人：×××局已经告知我处罚决定书内容了，但是我没有签收。

被申请人：2017年8月的履行行政处罚决定催告书，2018年4月的履行行政处罚决定催告书都没有收到过，也没有在我家大门上粘贴过。

听证主持人：两次的催告书是怎么进行留置送达的？

申请人：两次的催告书确实都是贴在被申请人家的大门上的。

被申请人：没有见到过。

申请人：6. 权属证明原件1份。

被申请人：认可。

听证主持人：被申请人是否有书面证据提交？请被申请人举证，申请人质证。

被申请人：2015年3月15日的《土地出租协议》原件一份，证明内容：涉案的土地租给×××，房子是×××家盖的，土地才是我家的。

申请人：当时×××说土地是她的。我们不清楚《土地出租协议》，×××同意×××建盖房子是违法的，协议和我们作出的处罚决定没有关系，我方作出的行政处罚认定的事实，采信的证据，适用的法律法规，以及执法主体是适格的，行政执法程序是合法的。

听证主持人：请双方当事人对所作出的行政处罚认定的事实、采信的证据、适用的法律法规，以及执法主体是否适格、行政执法程序是否合法发表意见。

申请人：根据《中华人民共和国土地管理法》第四十三条、四十四条，《中华人民共和国土地管理法实施条例》第三十四条，《中华人民共和国行政处罚法》第三十一条、三十二条、五十一条，×××市国土资源行政处罚自由裁量权执行标准。我们所作出的行政处罚认定的事实合法，采信的证据、适用的法律法规，行政执法程序是合法的以及执法主体是适格的。

被申请人：法律法规我不清楚。涉案的房子不是我家盖的，应该处罚房子的所有者×××，我只是土地的所有者，违法建盖农用地的有很多家，不止我一家。盖房子之前也没有宣传教育过，查处的时候房子已经建盖好了。房子合不合拆除由法院认定。

听证主持人：今天听证结束，相关事宜待庭后合议成员商议后作出决定，现在闭庭。

听证主持人：
二〇一八年五月八日
书记员：

第六节 案件审理结束后的工作

一、上诉案件的移送

凡上诉案件，在当事人交来上诉状时，均要求他注明提交时间、提交人，并送达给他当事人上诉案件受理费缴纳须知并及时将卷宗装订成册，并填写上诉案件移送函，在移送函上列明移送的材料。并在上诉人提交上诉状之日起5日内将上诉状副本及答辩状、法定代表人身份证明书、授权委托书、送达给被上诉人，书记员应在内勤处填写上诉案件登记簿，上诉案件要认真装订，并填写齐全。上诉案件退回后，书记员要将上诉移送函（存根）、中院退卷函、中院裁判文书扫描后装订入卷。

二、案件的装订归档

在此列出行政案卷装订顺序，具体要求可参见民事案件部分，此处不再赘述。

（一）行政诉讼案件的装订顺序

①卷宗封面；②卷内目录；③审判流程管理信息表；④立案审批表；⑤证据材料接收清单；⑥行政起诉状；⑦受理案件通知书；⑧举证通知书（原告）；⑨送达回证（原告）；⑩当事人送达地址确认书（原告）；⑪预交诉讼费通知书；⑫诉讼费收据；⑬应诉通知书；⑭举证通知书（被告）⑮送达回证（被告）；⑯参加诉讼通知书（第三人）；⑰举证通知书（第三人）；⑱送达回证（第三人）；⑲行政答辩状；⑳送达回证；㉑原告法定代表人及诉讼代理人的身份证明及授权委托书；㉒被告法定代表人及诉讼代理人的身份证明及授权委托书；㉓证据交换通知及送达回证；㉔证据交换笔录；㉕原、被告举证证据材料及证据收据存根；㉖询问、调查笔录及调查取证材料；㉗报延审限审批表；㉘人民陪审员安排表；㉙合议庭成员告知书、开庭传票、出庭通知书、行政机关负责人出庭通知书、送达回证；㉚开庭公告；㉛开庭庭审笔录；㉜代理词；㉝撤诉申请书；㉞判决书、裁定书正本；㉟宣判笔录；㊱判决书、裁定书送达回证；㊲上诉案件移送书；㊳上级法院退卷函；㊴上级法院的判决书、裁定书或批复；㊵生效法律文书通知书存根；㊶诉讼费退费、缴费收据及减、免申请、审批手续材料；㊷移送执行书（诉讼费及执行款）；㊸证物处理手续；㊹备考表；㊺证物袋；㊻卷底。

（二）非诉行政执行案件材料装订顺序

①卷宗封面；②卷内目录；③审判流程表；④立案表；⑤执行申请书及附件；⑥执行依据；⑦各方当事人统一社会信用代码、单位证明、授权委托书等委托材料；⑧听证会通知及送达回证；⑨听证笔录；⑩行政裁定书及送达回证；⑪备考表；⑫证物袋；⑬卷底。

（三）各类案件副卷诉讼文书材料的排列顺序：

①卷宗封面；②卷内目录；③阅卷笔录；④案件审理报告；⑤承办人与有关部门内部交换意见的材料或笔记；⑥有关本案的内部请示及批复；⑦合议庭评议笔录；⑧审判庭研究、汇报案件记录；⑨审判委员会讨论记录；⑩案情综合报告原、正本；⑪判决书、裁定

书原本（含裁判文书审批稿）；⑫审判监督表或发回重审意见书；⑬其他不宜对外公开的材料；⑭案件质量检查表；⑮备考表；⑯卷底。

注：装订顺序中没有规定的材料又必须装订的，以时间顺序或分类装订。

附　　录

人民法院书记员管理办法（试行）

（中共中央组织部、国家人事部、最高人民法院）
二〇〇三年十月二十日

为了建立一支专业化的人民法院书记员队伍，实现对书记员的科学管理，根据《中华人民共和国人民法院组织法》和《中华人民共和国法官法》等有关法律，制定本办法。

第一条　书记员是审判工作的事务性辅助人员，在法官指导下工作。

书记员实行单独序列管理。

第二条　书记员履行以下职责：

（一）办理庭前准备过程中的事务性工作；

（二）检查开庭时诉讼参与人的出庭情况，宣布法庭纪律；

（三）担任案件审理过程中的记录工作；

（四）整理、装订、归档案卷材料；

（五）完成法官交办的其他事务性工作。

第三条　担任书记员必须具备下列条件：

（一）具有中华人民共和国国籍；

（二）拥护中华人民共和国宪法；

（三）身体健康，年满18周岁；

（四）有良好的政治业务素质，具备从事书记员工作的专业技能；

（五）具有大学专科以上文化程度。

适用本条第五项规定的学历条件确有困难的地方，经高级人民法院审核同意，在一定期限内，可以将担任书记员的学历条件放宽为高中、中专。

第四条　下列人员不得担任书记员：

（一）曾因犯罪受过刑事处罚的；

（二）曾被开除公职的；

（三）涉嫌违法违纪正在接受审查，尚未作出结论的。

第五条　本办法下发后人民法院新招收的书记员，实行聘任制和合同管理。

书记员的聘任制和合同管理，是指人民法院与受聘人依照法律与本办法订立聘任合同，在合同有效期内，人民法院与受聘人双方履行合同规定，聘任合同解除或者终止后，双方即解除聘任关系，受聘人不再具有国家工作人员身份，不再履行书记员职责。

第六条 除法律、法规和聘任合同另有规定外，人民法院书记员的权利义务及教育培训、考核奖惩、辞职辞退、申诉控告、职务升降等，参照执行国家公务员的有关规定。人民法院聘任制书记员的工资、保险和福利制度由国家另行规定。

在国家有关规定出台之前，人民法院聘任制书记员的基本工资可按国家公务员的规定执行，其他工资和福利等待遇，可暂由各地根据本地区实际情况进行处理。待国家有关规定出台后，人民法院聘任制书记员的工资、保险和福利待遇改按国家统一规定执行。

第七条 人民法院在国家核定的编制内依据书记员员额比例确定书记员专用编制。法院录用或调任其他工作人员，不得以任何理由挤占书记员专用编制。

书记员的员额比例由最高人民法院另行规定。

第八条 人民法院新招收书记员应当按照公开、平等、竞争的原则，通过考试、考核，择优聘任。

最高人民法院和地方各级人民法院聘任书记员的考试工作分别由中央和省级考录工作主管部门负责。

第九条 人民法院聘任书记员应当签订聘任合同。

聘任合同的期限一般为三至五年，期满可以续聘。书记员在同一单位连续工作满十年，且距离法定退休年龄不足十年，双方同意续延聘任合同的，如果书记员提出订立无固定期限的聘任合同，人民法院应当与其订立无固定期限的聘任合同。

新聘任书记员试用期限为一年。

聘任合同文本，由最高人民法院制定。

第十条 聘任制书记员有下列情形之一的，人民法院应当解除聘任合同：

（一）严重违反公务员管理有关规定或者人民法院规章制度的；

（二）严重失职，营私舞弊，对公正司法造成重大损害的；

（三）被依法追究刑事责任的；

（四）在试用期内不能胜任工作的；

（五）法律、法规规定的其他应当解除聘任关系的情形。

第十一条 聘任制书记员有下列情形之一的，人民法院可以解除聘任合同，但是应当提前三十日以书面形式通知本人：

（一）患病或者非因公负伤，医疗期满后，不能从事书记员工作的；

（二）年度考核被确定为不称职等次，通过培训后仍不能胜任工作的；

（三）国家机构变动、调整，需要裁减人员的；

（四）未经单位批准参加各类脱产学习、培训，经单位要求仍不能正常工作的；

（五）其他法律法规规定或合同约定的情形。

第十二条 聘任制书记员有下列情形之一的，人民法院不得依据本办法第十一条解除聘任合同：

（一）女性书记员在孕期、产期、哺乳期内的；

（二）因公负伤，治疗终结后被确认丧失或部分丧失劳动能力的；

（三）法律、法规规定的其他情形。

第十三条 聘任制书记员对人民法院解除聘任关系有异议的，可以向当地人事主管部门提起仲裁。

第十四条 聘任制书记员可以辞去被聘职务或提出解除聘任合同，但是应当提前三十日以书面形式通知所在人民法院。

第十五条 人民法院书记员可以按规定正常晋升职级。各级人民法院书记员的最高职级配备为：

最高人民法院书记员的职级最高配备为正处级。

高级人民法院书记员的职级最高配备为副处级。

中级人民法院书记员的职级最高配备为正科级。

基层人民法院书记员的职级最高配备为副科级。

直辖市、副省级城市的中级人民法院和基层人民法院部分书记员的职级配备可以略高于本条第四、五款的规定。

第十六条 书记员职务职数在其所在人民法院的非领导职务职数中解决。

第十七条 本办法中除专门适用于聘任制书记员的条款外，其他条款既适用于聘任制书记员，也适用于本办法实施前人民法院在国家核定编制内正式录用的书记员。

第十八条 解放军军事法院书记员的管理办法另行规定。

第十九条 本办法由最高人民法院负责解释。

第二十条 本办法自下发之日起执行。

中华人民共和国人民法院法庭规则

第一条 为了维护法庭安全和秩序，保障庭审活动正常进行，保障诉讼参与人依法行使诉讼权利，方便公众旁听，促进司法公正，彰显司法权威，根据《中华人民共和国人民法院组织法》《中华人民共和国刑事诉讼法》《中华人民共和国民事诉讼法》《中华人民共和国行政诉讼法》等有关法律规定，制定本规则。

第二条 法庭是人民法院代表国家依法审判各类案件的专门场所。

法庭正面上方应当悬挂国徽。

第三条 法庭分设审判活动区和旁听区，两区以栏杆等进行隔离。

审理未成年人案件的法庭应当根据未成年人身心发展特点设置区域和席位。

有新闻媒体旁听或报道庭审活动时，旁听区可以设置专门的媒体记者席。

第四条 刑事法庭可以配置同步视频作证室，供依法应当保护或其他确有保护必要的证人、鉴定人、被害人在庭审作证时使用。

第五条 法庭应当设置残疾人无障碍设施；根据需要配备合议庭合议室，检察人员、律师及其他诉讼参与人休息室，被告人羁押室等附属场所。

第六条 进入法庭的人员应当出示有效身份证件，并接受人身及携带物品的安全检查。

持有效工作证件和出庭通知履行职务的检察人员、律师可以通过专门通道进入法庭。需要安全检查的，人民法院对检察人员和律师平等对待。

第七条 除经人民法院许可，需要在法庭上出示的证据外，下列物品不得携带进入法庭：

（一）枪支、弹药、管制刀具以及其他具有杀伤力的器具；

（二）易燃易爆物、疑似爆炸物；

（三）放射性、毒害性、腐蚀性、强气味性物质以及传染病病原体；

（四）液体及胶状、粉末状物品；

（五）标语、条幅、传单；

（六）其他可能危害法庭安全或妨害法庭秩序的物品。

第八条 人民法院应当通过官方网站、电子显示屏、公告栏等向公众公开各法庭的编号、具体位置以及旁听席位数量等信息。

第九条 公开的庭审活动，公民可以旁听。

旁听席位不能满足需要时，人民法院可以根据申请的先后顺序或者通过抽签、摇号等方式发放旁听证，但应当优先安排当事人的近亲属或其他与案件有利害关系的人旁听。

下列人员不得旁听：

（一）证人、鉴定人以及准备出庭提出意见的有专门知识的人；

（二）未获得人民法院批准的未成年人；

（三）拒绝接受安全检查的人；

（四）醉酒的人、精神病人或其他精神状态异常的人；

（五）其他有可能危害法庭安全或妨害法庭秩序的人。

依法有可能封存犯罪记录的公开庭审活动，任何单位或个人不得组织人员旁听。

依法不公开的庭审活动，除法律另有规定外，任何人不得旁听。

第十条 人民法院应当对庭审活动进行全程录像或录音。

第十一条 依法公开进行的庭审活动，具有下列情形之一的，人民法院可以通过电视、互联网或其他公共媒体进行图文、音频、视频直播或录播：

（一）公众关注度较高；

（二）社会影响较大；

（三）法治宣传教育意义较强。

第十二条 出庭履行职务的人员，按照职业着装规定着装。但是，具有下列情形之一的，着正装：

（一）没有职业着装规定；

（二）侦查人员出庭作证；

（三）所在单位系案件当事人。

非履行职务的出庭人员及旁听人员，应当文明着装。

第十三条 刑事在押被告人或上诉人出庭受审时，着正装或便装，不着监管机构的识别服。

人民法院在庭审活动中不得对被告人或上诉人使用戒具，但认为其人身危险性大，可能危害法庭安全的除外。

第十四条 庭审活动开始前，书记员应当宣布本规则第十七条规定的法庭纪律。

第十五条 审判人员进入法庭以及审判长或独任审判员宣告判决、裁定、决定时，全体人员应当起立。

第十六条 人民法院开庭审判案件应当严格按照法律规定的诉讼程序进行。

审判人员在庭审活动中应当平等对待诉讼各方。

第十七条 全体人员在庭审活动中应当服从审判长或独任审判员的指挥，尊重司法礼仪，遵守法庭纪律，不得实施下列行为：

（一）鼓掌、喧哗；

（二）吸烟、进食；

（三）拨打或接听电话；

（四）对庭审活动进行录音、录像、拍照或使用移动通信工具等传播庭审活动；

（五）其他危害法庭安全或妨害法庭秩序的行为。

检察人员、诉讼参与人发言或提问，应当经审判长或独任审判员许可。

旁听人员不得进入审判活动区，不得随意站立、走动，不得发言和提问。

媒体记者经许可实施第一款第四项规定的行为，应当在指定的时间及区域进行，不得影响或干扰庭审活动。

第十八条 审判长或独任审判员主持庭审活动时，依照规定使用法槌。

第十九条 审判长或独任审判员对违反法庭纪律的人员应当予以警告；对不听警告的，予以训诫；对训诫无效的，责令其退出法庭；对拒不退出法庭的，指令司法警察将其强行带出法庭。

行为人违反本规则第十七条第一款第四项规定的，人民法院可以暂扣其使用的设备及存储介质，删除相关内容。

第二十条 行为人实施下列行为之一，危及法庭安全或扰乱法庭秩序的，根据相关法律规定，予以罚款、拘留；构成犯罪的，依法追究其刑事责任：

（一）非法携带枪支、弹药、管制刀具或者爆炸性、易燃性、放射性、毒害性、腐蚀性物品以及传染病病原体进入法庭；

（二）哄闹、冲击法庭；

（三）侮辱、诽谤、威胁、殴打司法工作人员或诉讼参与人；

（四）毁坏法庭设施，抢夺、损毁诉讼文书、证据；

（五）其他危害法庭安全或扰乱法庭秩序的行为。

第二十一条 司法警察依照审判长或独任审判员的指令维持法庭秩序。

出现危及法庭内人员人身安全或者严重扰乱法庭秩序等紧急情况时，司法警察可以直接采取必要的处置措施。

人民法院依法对违反法庭纪律的人采取的扣押物品、强行带出法庭以及罚款、拘留等强制措施，由司法警察执行。

第二十二条 人民检察院认为审判人员违反本规则的，可以在庭审活动结束后向人民法院提出处理建议。

诉讼参与人、旁听人员认为审判人员、书记员、司法警察违反本规则的，可以在庭审活动结束后向人民法院反映。

第二十三条 检察人员违反本规则的，人民法院可以向人民检察院通报情况并提出处理建议。[1]

第二十四条 律师违反本规则的，人民法院可以向司法行政机关及律师协会通报情况并提出处理建议。

第二十五条 人民法院进行案件听证、国家赔偿案件质证、网络视频远程审理以及在法院以外的场所巡回审判等，参照适用本规则。

第二十六条 外国人、无国籍人旁听庭审活动，外国媒体记者报道庭审活动，应当遵守本规则。

第二十七条 本规则自2016年5月1日起施行；最高人民法院此前发布的司法解释及规范性文件与本规则不一致的，以本规则为准。

人民法院公文处理办法

第一章 总 则

第一条 为推进人民法院的公文处理工作科学化、制度化、规范化，提高公文处理工作质量和效率，参照《党政机关公文处理工作条例》，结合人民法院工作实际，制定本办法。

第二条 本办法适用于各级人民法院公文处理工作。

第三条 人民法院的公文（包括电子公文和传真电报）是人民法院在审判执行工作和司法行政工作过程中形成的具有特定效力和规范体式的公务文书，是传达贯彻党的路线、方针、政策，执行国家法律，发布司法解释，指导、部署和商洽工作，请示和答复问题，报告、通报和交流情况等的重要工具。

第四条 公文处理工作指公文拟制、办理、管理等一系列相互关联、衔接有序的工作。

第五条 公文处理工作应当坚持实事求是、准确规范、精简高效、安全保密的原则。

第六条 各级人民法院办公厅（室）主管本院的公文处理工作，并对下级人民法院的公文处理工作进行业务指导和督促检查。

第七条 各级人民法院应当高度重视公文处理工作，加强组织领导，强化队伍建设，设立文秘机要部门或者由专人负责公文处理工作。文秘机要工作人员应当忠于职守、保守秘密、作风严谨，具备相应的法律和文秘等专业知识。

第八条 公文处理应当充分利用现代化办公手段，不断提高工作效率。

第二章 公文种类

第九条 人民法院公文的种类主要有：

（一）决议。适用于会议讨论通过的重大决策事项。

（二）决定。适用于对重要事项作出决策和部署、奖惩有关单位和人员。

（三）命令（令）。适用于批准授予和晋升衔级、嘉奖有关单位和人员。

（四）公告。适用于向国内外宣布重要事项或者法定事项。

（五）通告。适用于在一定范围内公布应当遵守或周知的事项。

（六）意见。适用于对重要问题提出见解和处理办法。

（七）通知。适用于发布、传达要求下级人民法院和有关单位办理、周知或执行的事项，任免和聘用机关工作人员，批转、转发公文。

（八）通报。适用于表彰先进、批评错误、传达重要精神和告知重要情况。

（九）报告。适用于向同级人民代表大会及其常务委员会、上级机关汇报工作、反映情况、回复询问。

（十）请示。适用于向上级机关请求指示、批准。

（十一）批复。适用于答复下级人民法院的请示事项。

（十二）议案。适用于各级人民法院依照法律程序向同级人民代表大会或其常务委员会提请审议事项。

（十三）函。适用于人民法院之间或人民法院同其他不相隶属的机关之间商洽工作、询问和答复问题、请求批准和答复审批事项。

（十四）纪要。适用于记载会议主要情况和议定事项。

第三章　公文格式

第十条　人民法院公文一般由份号、密级和保密期限、紧急程度、发文机关标志、发文字号、签发人、标题、主送机关、正文、附件说明、发文机关署名、成文日期、印章、附注、附件、抄送机关、印发机关和印发日期、页码等组成。

（一）份号。公文印制份数的顺序号。涉密公文应当标注份号。

（二）密级和保密期限。公文的秘密等级和保密的期限。涉密公文应当根据涉密程度分别标注"绝密""机密""秘密"和保密期限。

（三）紧急程度。公文送达和办理的时限要求。根据紧急程度，紧急公文应当分别标注"特急""加急"，电报应当分别标注"特提""特急""加急""平急"。

（四）发文机关标志。由发文机关全称或者规范化简称加"文件"二字组成，也可以使用发文机关全称或者规范化简称。联合行文时，发文机关标志可以并用联合发文机关名称，也可以单独用主办机关名称。并用联合发文机关名称时，按照规范顺序排列或者主办机关名称排列在前。

（五）发文字号。由发文机关代字、年份、发文顺序号组成。联合行文时，使用主办机关的发文字号。

（六）签发人。上行文应当标注签发人姓名。

（七）标题。由发文机关名称、事由和文种组成。会议通过的规范性文件，应当在标题之下、正文之上注明会议名称和通过日期。

（八）主送机关。公文的主要受理机关，应当使用机关全称、规范化简称或者同类型机关统称。

（九）正文。公文的主体，用来表述公文的内容。

（十）附件说明。公文附件的顺序号和名称。公文如有附件，应当在正文之后、成文日期之前注明附件的顺序号和名称。批转、转发公文及其批语均属于正文，不得作为附件。

（十一）发文机关署名。署发文机关全称或者规范化简称。联合行文时，发文机关标志单独用主办机关名称的，发文机关署名按照规范顺序排列或者主办机关名称排列在前；发文机关标志并用联合发文机关名称的，发文机关署名应当与发文机关标志的排列顺序一致。

（十二）成文日期。署会议通过或者发文机关负责人签发的日期。联合行文时，署最后签发机关负责人签发的日期。电报以发出日期为准。

（十三）印章。公文中有发文机关署名的，应当加盖发文机关印章，并与署名机关相符。联合向下行文时，联合行文机关都应当加盖公章。

（十四）附注。公文印发传达范围等需要说明的事项，应当加圆括号标注。

（十五）附件。公文正文的说明、补充或者参考资料。

（十六）抄送机关。除主送机关外需要执行或者知晓公文内容的其他机关，应当使用机关全称、规范化简称或者同类型机关统称。

（十七）印发机关和印发日期。公文的送印机关和送印日期。

（十八）页码。公文页数顺序号。

第十一条 公文使用的汉字、数字、外文字符、计量单位和标点符号等，按照有关国家标准和规定执行。民族自治地方人民法院的公文，可以并用汉字和当地通用的少数民族文字。

第十二条 公文用纸幅面采用国际标准 A4 型。特殊形式的公文用纸幅面，根据实际需要确定。

第十三条 人民法院公文的版式按照《党政机关公文格式》国家标准执行。

第十四条 人民法院印发公文的主要版式及适用范围如下：

（一）《中共×××人民法院党组》。用于人民法院党组向上级请示、报告工作，任免干部等。

（二）《×××人民法院文件》。用于人民法院传达贯彻党和国家方针、政策或重要工作部署，发布重要的决定、通知等。

（三）《×××人民法院》。用于人民法院向上级机关请示、报告工作，奖惩有关单位和人员，下发通知、通报，与有关单位商洽工作等。

（四）《×××人民法院办公厅（室）文件》。用于最高人民法院、高级人民法院办公厅（室）根据授权，传达或代院发布重要规范性事项。

（五）《×××人民法院办公厅（室）》。用于人民法院办公厅（室）请示、报告工作，下发通知、通报等工作事项，与有关单位相关部门商洽工作、询问和答复问题。

（六）《×××人民法院××会议纪要》。用于人民法院记载会议主要情况和议定事项。

（七）人民法院各内设部门行文，一般使用本院信笺版头。

第四章 行文规则

第十五条 行文应当确有必要，讲求实效，注重针对性和可操作性。

第十六条 人民法院的行文关系，应当根据管辖关系和职权范围确定。一般不得越级行文，特殊情况需要越级行文的，应当同时抄送被越过的机关。

（一）人民法院上下级之间、与其他同级机关之间可以相互行文。

（二）人民法院办公厅（室）根据授权，可以对下级人民法院和其他机关行文；其他内设部门不得直接对下级人民法院或者其他机关行文。

（三）人民法院内设部门在各自职权范围内可以对本院其他部门行文；可以与上下级人民法院业务对口部门之间相互行文；可以与其他同级机关相关部门行文。

（四）人民法院与其他同级机关、人民法院办公厅（室）与其他同级机关办公厅

（室）之间必要时可以联合行文。联合行文应当明确主办部门。

第十七条 向上级机关行文，应当遵循以下规则：

（一）原则上主送一个上级机关，根据需要同时抄送相关上级机关和同级机关，不抄送下级机关。

（二）下级机关的请示事项，如需以本院名义向上级机关请示，应当提出倾向性意见后上报，不得原文转报上级机关。

（三）请示应当一文一事。不得在报告等非请示性公文中夹带请示事项。

（四）除上级机关负责人直接交办事项外，不得以本院名义向上级机关负责人报送公文，不得以本院负责人名义向上级机关报送公文。

第十八条 向下级机关行文，应当遵循以下规则：

（一）原则上主送受理机关，根据需要抄送相关机关。重要行文应当同时抄送发文机关的直接上级机关。

（二）涉及人民法院多个部门职权范围内的事务，部门之间未协商一致的，不得向下行文。

第五章 公文拟制

第十九条 公文拟制包括公文的起草、审核、签发等程序。

第二十条 公文起草应当做到：

（一）坚持党的路线、方针、政策，符合宪法和法律的规定，遵循司法基本规律，准确反映人民法院工作指导思想以及院党组决策意图、工作要求。

（二）一切从实际出发，深入调查研究，充分进行论证，广泛听取意见，分析问题实事求是，所提政策措施和办法切实可行。

（三）内容简洁，主题突出，观点鲜明，结构严谨，表述准确，文字精练。

（四）文种正确，格式规范，定密恰当。

（五）公文涉及其他机关、部门职权范围内的事项，起草部门必须征求相关机关、部门意见，力求达成一致。

第二十一条 以人民法院名义和以办公厅（室）名义代院发文的公文文稿在报院领导签发前，应当进行审核。审核的重点是：

（一）行文理由是否充分，行文依据是否准确。

（二）内容是否符合国家法律、行政法规和中央有关政策及本院有关规定；是否与现行有关公文相衔接；所提措施和办法是否切实可行。

（三）涉及其他单位的事项是否经过协调并取得一致意见。

（四）文种使用、公文格式等是否符合本办法和《党政机关公文格式》国家标准的有关规定。

第二十二条 经审核不宜发文的公文文稿，应当退回起草单位并说明理由；符合发文条件但内容需作进一步研究和修改的，由起草单位修改后重新报送。

第二十三条 公文的签发：

（一）以院党组名义印发的公文，由党组书记或者党组书记授权的党组副书记签发。

（二）以院名义印发的重要的或涉及全局性的公文，由院长或者院长授权的副院长签发；其他以院名义印发的公文，由分管副院长签发。

（三）以办公厅（室）名义代院发文，由院领导签发，或者经院领导同意后，由办公厅（室）主任签发。

（四）以办公厅（室）名义印发的其他公文，由办公厅（室）主任签发或者授权副主任签发。重要公文，办公厅（室）主任认为需要报院领导审批的，应当报经批准后签发。

（五）各内设部门就主管工作发文，由部门负责人签发；重要公文，需报分管院领导签发。

（六）纪要，由主持会议的领导签发。

（七）联合发文，由所有联署机关的负责人会签。

（八）签发人签发公文，应当签署意见、姓名、日期；圈阅或者签名的，视为同意。

第六章 公文办理

第二十四条 公文办理包括收文办理、发文办理和整理归档。

第二十五条 收文办理主要程序：

（一）签收。对收到的公文应当逐件清点，核对无误后签字或者盖章，并注明签收时间。

（二）登记。对公文的主要信息和办理情况应当详细记载。

（三）初审。对收到的公文应当进行初审。初审的重点是：是否应当由本机关办理，是否符合行文规则，文种、格式是否符合要求，涉及其他部门职权范围内的事项是否已经协商、会签等，是否符合公文起草的其他要求。经初审不符合规定的公文，应当及时退回来文单位并说明理由。

（四）拟办、批办。阅知性公文应当根据公文内容、要求和工作需要确定范围后分送。批办性公文应当根据公文内容和性质提出拟办意见报院领导批示或者直接转有关部门办理。需要两个以上部门办理的，应当明确主办部门。紧急公文应当明确办理时限。

（五）承办。承办部门对交办的公文应当及时办理，有明确办理时限要求的应当在规定时限内办理完毕。属承办部门职权范围内的事项，承办部门应当提出明确意见；涉及其他部门业务范围的事项，应当主动与有关部门协商，共同提出明确意见，送分管院领导审批。对不属于本部门职权范围的，应当及时向批办院领导说明；办公厅（室）直接交办的，应当迅速退回交办的办公厅（室）并说明理由。

（六）传阅。根据领导批示和工作需要将公文及时送传阅对象阅知或者批示。办理公文传阅应当随时掌握公文去向，不得漏传、误传、延误。

（七）催办。人民法院办公厅（室）应及时了解掌握公文的办理进展情况，督促承办部门按期办结。紧急公文应当由专人负责跟踪催办。对下发的重要公文，人民法院办公厅（室）应当及时了解和反馈执行情况。

（八）答复。需要答复的公文，应当将办理进展情况和办理结果及时答复来文单位，并根据需要告知相关单位。

第二十六条 发文办理主要程序：

（一）复核。已经人民法院负责人签批的公文，印发前应当由办公厅（室）和承办部门对公文的审批手续、内容、文种、密级、格式、附件材料等进行复核；需作实质性修改的，应当报原签批人复审。

（二）登记。对复核后的公文，应当确定发文字号、分送范围和印制份数并详细记载。

（三）校对。公文正式印制前，应当校对文稿清样。

（四）印制。公文印制必须确保质量和时效。涉密公文应当在符合保密要求的场所印制。绝密公文应当指定专人负责。

（五）核发。公文印制完毕，应当对公文的文字、格式和印刷质量进行检查后分发。

第二十七条 涉密公文应当通过机要交通、邮政机要通信、城市机要文件交换站或者收发件机关机要收发人员进行传递，通过密码电报或者符合国家保密规定的计算机信息系统进行传输。

第二十八条 公文办理完毕后，应当根据《中华人民共和国档案法》、《中华人民共和国档案法实施办法》以及《人民法院档案工作规定》，及时立卷、归档。电报随同文件一起立卷、归档。

人民法院和其他机关联合办理的公文，原件由主办机关立卷、归档，其他机关保存复制或者其他形式的公文副本。

第七章 公文管理

第二十九条 各级人民法院应当建立健全公文管理制度，确保管理严格规范，充分发挥公文效用。

第三十条 人民法院公文由文秘机要部门或者专人统一管理。各级人民法院应当建立机要保密室和机要阅文室，并按照有关保密规定配备工作人员和必要的安全保密设施设备。

第三十一条 公文确定密级前，应当按照拟定的密级先行采取保密措施。确定密级后，应当按照所定密级严格管理。绝密级公文应当由专人管理。

公文的保密期限已满的，自行解密。公文的密级需要变更或者解除的，由原确定密级的机关或者其上级机关决定。

第三十二条 人民法院的公文印发传达范围应当按照发文机关的要求执行；需要变更的，应当经发文机关批准。

涉密公文公开发布前应当履行解密程序。公开发布的时间、形式和渠道，由发文机关确定。

经批准公开发布的公文，同发文机关正式印发的公文具有同等效力。

第三十三条 复制、汇编机密级、秘密级公文，应当符合有关规定并经本院领导批准。绝密级公文一般不得复制、汇编，确有工作需要的，应当经发文机关或者其上级机关批准。复制、汇编的公文视同原件管理。

复制件应当加盖复制机关戳记。翻印件应当注明翻印的机关名称、日期。汇编本的密级按照编入公文的最高密级标注。

第三十四条 公文的撤销和废止，由发文机关、上级机关或者权力机关根据职权范围和有关法律法规决定。公文被撤销的，视为自始无效；公文被废止的，视为自废止之日起失效。

第三十五条 涉密公文应当按照发文机关的要求和有关规定进行清退或者销毁。

第三十六条 不具备归档和保存价值的公文，经批准后可以销毁。销毁涉密公文必须严格按照有关规定履行审批登记手续，确保不丢失、不漏销。个人不得私自销毁、留存涉密公文。

第三十七条 机关合并时，全部公文应当随之合并管理；机关撤销时，需要归档的公文经整理后按照有关规定移交档案管理部门。

工作人员离岗离职时，所在机关应当督促其将暂存、借用的公文按照有关规定移交、清退。

第八章 附 则

第三十八条 诉讼文书、司法解释等人民法院特定法律公文，依照法律、法规、司法解释的相关规定处理。

第三十九条 外事方面的公文，依照外事主管部门的有关规定处理。

第四十条 电子公文处理工作的具体办法另行制定。

第四十一条 本办法由最高人民法院办公厅负责解释。

第四十二条 本办法自 2013 年 1 月 1 日起施行。1996 年 4 月 9 日最高人民法院发布的《人民法院公文处理办法》（法发〔1996〕9 号）同时废止。

人民法院诉讼档案管理办法

第一章 总 则

第一条 为加强人民法院诉讼档案的管理，根据《中华人民共和国档案法》《中华人民共和国档案法实施办法》和《人民法院档案工作规定》等有关规定，结合人民法院诉讼档案的特点，制定本办法。

第二条 诉讼档案是国家重要的专门档案之一，是人民法院审判活动的真实记录，是对国家和社会具有保存价值的历史记载，是人民法院进行审判工作的重要依据和必要条件。

第三条 人民法院审判业务部门负责诉讼文书材料的收集、整理和立卷归档工作。

第四条 人民法院档案机构负责监督和指导本院各审判业务部门诉讼文书材料的收集、整理和立卷归档及诉讼档案的接收、保管和提供利用工作。

第二章 诉讼档案的接收与保管

第五条 人民法院在诉讼活动中形成的各种载体的诉讼档案，以及由于人民法院撤销、分立、合并等原因，由本院接管的诉讼档案，均属于本院诉讼档案接收范围，任何部门或者个人不得据为己有或者拒绝移交归档。

第六条 各级人民法院审判业务部门应当在案件办理完毕后三个月内，将全案诉讼文书材料、电子文件、庭审录音录像等移交归档。因特殊情况需要延期归档的，最迟不得超过六个月。

第七条 各级人民法院审判业务部门向档案机构移交档案时，应当编写归档清册一式二份。档案工作人员应当按照《人民法院诉讼文书材料立卷规范》（附件1）的要求，逐卷检查验收，对不符合立卷规范要求的，退回审判业务部门重新整理。

第八条 各级人民法院档案机构应当根据诉讼档案的分类方案，对接收归档的诉讼档案进行分类编号，编制科学的检索工具。使用信息系统管理档案的人民法院，应当编制案卷级和卷内文件级目录索引；未使用信息系统管理档案的人民法院，应当编制案号、案由和当事人名称索引。

第九条 各级人民法院档案机构应当在接收归档的诉讼案卷封面上加盖"归档"章，同时区分不同案件类别，按照年度、一案（册）一号的原则进行编号、排架。

第十条 同一案件由于再审、执行等原因形成几个案号的档案，实行并卷保管的，应当在相关案卷封面和检索工具上注明移出、移入的案号；未实行并卷保管的，应当相互注明参见号。

第十一条 随案归档的录音带、录像带、光盘等其他载体的档案，应当按照有关规定保管，并与案卷相互标注有关档案信息。

第十二条 归档的物证，凡能附卷保存的，应当装订入卷或者装入卷底证物袋中，并作相应文字说明。不宜附卷保存的，应当另行存放，并与案卷相互标注有关档案信息。

第十三条 已经归档的案卷不得擅自增添或者抽取材料，确需增减材料的，应当经相关审判业务部门负责人审批，并征得档案工作人员同意后，按立卷要求办理，并在备考表中注明。

第三章 诉讼档案的利用

第十四条 各级人民法院档案机构应当建立诉讼档案的利用制度，根据不同的利用主体确定诉讼档案的利用范围和审批手续，同时做好诉讼档案的利用登记工作。

涉及国家秘密、商业秘密、个人隐私和可能造成不良社会影响、后果的诉讼档案，在提供利用前应当由相关审判业务部门进行审查，严格限制利用范围。

第十五条 各级人民法院工作人员因工作需要，可以查阅、借阅本院与其工作相关的诉讼档案。

上级人民法院可以查阅、调阅下级人民法院诉讼档案。经档案所在人民法院审查同意，同级人民法院之间可以查阅、复制诉讼档案正卷有关内容，下级人民法院可以查阅、复制上级人民法院诉讼档案正卷有关内容。

有关单位确因工作需要，持单位介绍信和经办人工作证，经档案所在人民法院审查同意，可以查阅、复制诉讼档案正卷有关内容。人民法院与有关单位已有相关借阅规定的，按照规定办理。

第十六条 案件当事人持身份证或者其他有效身份证明（当事人是法人的，应持法定代表人身份证明、工商登记证明复印件），可以查阅诉讼档案正卷有关内容。

律师持执业证、律师事务所介绍信、当事人授权委托书、当事人身份证明复印件，可以查阅诉讼档案正卷有关内容。

其他诉讼代理人持身份证或者其他有效身份证明、当事人授权委托书、当事人身份证明复印件，可以查阅诉讼档案正卷有关内容。

第十七条 当事人或者诉讼代理人可以申请复制所查阅的档案材料。经批准复制的材料，由档案工作人员核对无误后，加盖人民法院档案证明专用章，与档案原件具有同等的效力。

第十八条 借阅、调阅人民法院诉讼档案的有关部门和人员，应当在六个月内归还，确因工作需要继续使用的，应当办理续借手续，续借时间不得超过三个月。对逾期不还的，各级人民法院档案机构应当及时催还并通报。

第十九条 诉讼档案归还时，档案工作人员应当认真检查卷内材料，如发现卷内材料有短缺、涂改、污损等情况，应当及时报告并追查。

第四章 诉讼档案的鉴定、销毁与移交

第二十条 各级人民法院审判业务部门和档案机构应当根据《人民法院诉讼档案保管期限表》（附件2），准确划定诉讼档案的保管期限。

第二十一条 诉讼档案的保管期限分为永久和定期两种。定期分为60年和20年。

凡具有长远查考利用价值的，划定为永久保管。

凡在较长时间内具有查考利用价值的，划定为60年；凡在较短时间内具有查考利用价值的，划定为20年。

第二十二条 刑事诉讼档案保管期限，应当根据刑期、被告人身份、案件的影响程度和审理程序综合划定，取其中最长的保管期限。共同犯罪案件档案，全案的保管期限以刑期为划分标准时，以被告人中的最长刑期为准划定；根据案件的影响程度等其他因素划定的保管期限更长的，取最长的保管期限。

民事诉讼档案的保管期限，应当根据诉讼标的额、当事人身份、案件性质、案件的影响程度和审理程序综合划定，取其中最长的保管期限。

行政诉讼档案的保管期限，应当根据当事人身份、案件性质、案件的影响程度和审理程序综合划定，取其中最长的保管期限。

国家赔偿诉讼档案永久保管。

非诉讼执行档案的保管期限根据案件类型，参照民事、行政诉讼档案的保管期限划定。

第二十三条 减刑或假释案件档案、刑事附带民事及刑事财产刑执行案件档案、民事诉讼执行案件档案、行政诉讼执行案件档案的保管期限按照原诉讼案件档案的保管期限划定。

调解结案的民事案件档案的保管期限可以适当降低一个等级。

第二十四条 诉讼档案的保管期限从案件的判决书、裁定书或者调解书发生法律效力的下一年起算。

同一案件因不同审级、不同年代形成的案卷，其保管期限从终审结案的下一年起算。

第二十五条 各级人民法院应当对保管期限届满的诉讼档案进行鉴定，准确地判定诉讼档案的存毁。

第二十六条 诉讼档案的鉴定工作，应当按照《人民法院档案工作规定》的有关要求进行。

第二十七条 对保管期限届满，经鉴定仍有保存价值的诉讼档案，应当提升保管期限等级继续保存；经鉴定确定销毁的诉讼档案，应当对案卷进行数字化扫描备份，同时将判决书、裁定书、调解书或者其他结论性材料取出，按照年度、类别、案号的顺序整理立卷，永久保存。

第二十八条 为反映不同历史时期人民法院工作的面貌，应当根据案件的不同类型，选择一定比例的典型性案卷，永久保管。

第二十九条 对经鉴定确定销毁的刑事诉讼档案中的公安、检察卷，在销毁前应当书面通知公安、检察机关，由其确定存毁。如要求保存则移交其自行处理，如同意销毁则一并销毁。

第三十条 各级人民法院应当按照国家有关规定，定期向同级国家综合档案馆移交档案。

第五章 附 则

第三十一条 各省、自治区、直辖市高级人民法院,解放军军事法院,新疆维吾尔自治区高级人民法院生产建设兵团分院可以根据辖区的实际情况制定实施细则,并报最高人民法院备案。

第三十二条 本办法由最高人民法院负责解释。

第三十三条 本办法自2014年1月1日起实施。

附件:1. 人民法院诉讼文书材料立卷规范
　　　2. 人民法院诉讼档案保管期限表

附件1

人民法院诉讼文书材料立卷规范

第一条 人民法院诉讼文书材料,由审判业务部门书记员负责收集、整理、立卷,承办法官负责检查归档案卷质量。

人民法院审判业务部门书记员应当从立案开始着手收集案件的各种诉讼文书材料。案件办结后,应当认真检查核对材料,确保诉讼文书材料的齐全完整。

第二条 人民法院的诉讼文书材料,根据刑事、民事、行政、赔偿、执行等案件类别,按照年度、审级、一案一号的原则,单独立卷。

第三条 入卷的诉讼文书材料,一般只保留一份。判决书、裁定书、调解书正本应当保留三份,装入卷底证物袋内备用。

第四条 入卷诉讼文书材料应当保留原件,未能提供原件的可保存一份复制件,摘录、复制的材料应当注明来源、名称、日期,并写明经办人姓名,入卷备查。

第五条 下列诉讼文书材料不归档:

(1)重份材料;(2)无保存价值的来信、信封、转办单;(3)常用法律、法规、规章、司法解释复制件;(4)法律文书未定稿;(5)与本案无关的材料;(6)其他不归档的材料。

第六条 诉讼文书按照保密、方便利用的原则分立正卷和副卷。无不宜对外公开材料的,可以不立副卷。

第七条 诉讼文书正卷、副卷材料按照诉讼程序和文书材料形成时间,兼顾文书之间的有机联系进行排列。

第八条 诉讼文书正卷材料:

(1)立案审批表;(2)起诉状、上诉状、抗诉书、案件移送函等表明案件来源的材料;(3)原审人民法院裁判文书;(4)受理通知书、应诉通知书及送达回证或者其他送达凭证;(5)答辩状及送达回证或者其他送达凭证;(6)诉讼费收取手续;(7)送卷函、调卷函;(8)当事人身份证明、授权委托书;(9)调查、询问、讯问笔录、调查取证材料;(10)当事人提供的证据材料;(11)诉前保全、财产保全材料;(12)司法鉴定材料；（13）传票、提押票；（14）开庭通知、公告、庭审笔录；（15）代理词、辩护词、被告人陈述词；（16）延长审理期限审批表；（17）撤诉书；（18）判决书、裁定书、调解书、决定书、司法建议书和其他法律文书正本及送达回证或者其他送达凭证；（19）宣判公告、宣判笔录、委托宣判函；（20）死刑执行命令；（21）物证处理材料；（22）妨碍诉讼的强制措施材料；（23）民事、行政执行材料；（24）案件移送函存根、退卷函、退卷函存根、上级人民法院裁判文书正本；（25）其他诉讼文书材料。

第九条 诉讼文书副卷材料：

（1）阅卷笔录；（2）案件审理报告；（3）合议庭评议案件笔录；（4）审判委员会讨论案件记录；（5）延长审理期限的申请及批示材料；（6）判决书、裁定书、调解书、决定书、司法建议书和其他法律文书原本；（7）执行死刑照片和其他执行死刑材料；（8）其他不宜对外公开的材料。

第十条 死刑复核案件、执行案件的诉讼文书材料排列顺序按照有关规定执行。减刑、假释案件的有关材料，承办人民法院应当单独立卷，原审人民法院收到减刑、假释裁定后，可以将减刑、假释裁定装入原审卷宗的证物袋中。

第十一条 凡能附卷保存的物证均应入卷，无法装订的可以装入卷底证物袋内，同时在证物袋上标明证物的名称、数量、特征和来源。不能附卷的物证，应当另行存放，并与案卷相互标注相关档案信息。不宜保存的物证，应当拍照附卷，实物经主管院长批准后销毁，并在备考表中注明。

第十二条 随案归档的录音带、录像带、光盘等载体的档案，应当在相应的装具上标明案号、当事人姓名或者名称、承办人和书记员姓名、归档日期等信息。

第十三条 入卷的诉讼文书材料一般以 A4 办公纸为标准，纸张过大的要折叠，纸张过小、订口过窄或者有字迹的要粘贴衬纸。纸张破损的要进行修补。

第十四条 文件制成材料或者字迹材料等不利于档案保管的（如热敏纸传真件、不耐久材料书写的文件等），应当对文件进行复制。

第十五条 重要的外文及少数民族文字材料应当附上汉语译文。

第十六条 需要附卷保存的信封，要打开展平加贴衬纸，邮票不得取掉。

第十七条 票据加贴衬纸时要平铺粘贴，一页纸上粘贴多张票据时，应当防止重叠遮盖，并在空白处注明此页粘贴票据张数。

第十八条 文书材料上的金属物必须剔除。

第十九条 诉讼文书材料经过系统整理排列后，应当逐页编号。页号一律用阿拉伯数字编写在有文字纸张正面的右上角，背面的左上角。卷宗封面、卷内目录、备考表、证物袋、封底不编页号。

第二十条 卷内目录应当按照文书材料排列顺序逐件逐项填写。卷内目录除最后一件需填写起止页号外，其余只填起始页号。

第二十一条 案卷封面应当标明全宗名称。封面应当逐项填写齐全，字迹清晰、工整、规范。

第二十二条 备考表包括卷内诉讼文件情况说明、立卷人、检查人和立卷日期。

卷内诉讼文件情况说明记录卷内文件缺损、修改、补充、移出等情况以及其他需要说明的事项。

立卷人由负责整理归档文件的人员签名或者盖章。

检查人由负责检查归档案卷质量的人员签名或者盖章。

立卷日期填写归档案卷整理完毕的日期。

第二十三条 卷宗的装订必须牢固、整齐、美观。卷内材料右齐下齐，三孔一线进行装订，长度以 180 毫米左右为宜。

第二十四条 卷宗的厚度不能超过 15 毫米，同时不能超过 200 页；材料过多的，应当按顺序分册装订，且均从"1"开始编写页号。

第二十五条 卷宗装订后，应当在卷底装订线结扣处粘贴封志，由立卷人或者档案机构加盖骑缝章。

附件 2

人民法院诉讼档案保管期限表

一、刑事诉讼档案保管期限

（一）按刑期划定

1. 死刑、无期徒刑、十五年以上有期徒刑的案件	永久
2. 五年以上不满十五年有期徒刑的案件	60 年
3. 不满五年有期徒刑的案件	20 年

（二）按被告人身份划定

1. 省级及以上人大代表、政协委员犯罪的案件	永久
2. 县级及以上人大代表、政协委员犯罪的案件	60 年
3. 党、政、军、民主党派和人民团体中职务相当于厅级、师级以上干部犯罪的案件	永久
4. 高级工程师、高级会计师、教授、研究员或同等职称以上人员犯罪的案件	永久
5. 社会知名人士犯罪的案件	永久
6. 邪教、恐怖活动组织骨干分子犯罪的案件	永久
7. 单位犯罪的案件	永久
8. 外国人、港澳台居民、民族宗教人士犯罪的案件	永久

（三）按案件的影响程度和审理程序划定

1. 在本辖区内社会影响较大的案件	永久
2. 经再审改判的案件	永久
3. 宣告无罪的案件	永久
4. 犯罪嫌疑人、被告人逃匿、死亡的没收违法所得案件	永久
5. 对依法不负刑事责任的精神病人的强制医疗案件	永久
6. 撤诉、终止、移送的案件	20 年
7. 调解或者当事人和解的自诉案件	20 年

8. 当事人和解的公诉案件 　　　　　　　　　　　　　　　　　　20 年

（四）其　他

1. 其他具有长远查考利用价值的刑事案件 　　　　　　　　　　　永久
2. 其他在较长时间内具有查考利用价值的刑事案件 　　　　　　　60 年
3. 其他在较短时间内具有查考利用价值的刑事案件 　　　　　　　20 年

二、民事诉讼档案保管期限

（一）按本院依规定受理案件的诉讼标的额划定

1. 较大的 　　　　　　　　　　　　　　　　　　　　　　　　　永久
2. 一般的 　　　　　　　　　　　　　　　　　　　　　　　　　60 年
3. 较小的 　　　　　　　　　　　　　　　　　　　　　　　　　20 年

（二）按当事人身份划定

1. 省级及以上人大代表、政协委员为当事人的案件 　　　　　　　永久
2. 县级及以上人大代表、政协委员为当事人的案件 　　　　　　　60 年
3. 党、政、军、民主党派和人民团体中职务相当于厅级、师级以上干部为当事人的案件 　　　　　　　　　　　　　　　　　　　　　　　　　　　　　　永久
4. 高级工程师、高级会计师、教授、研究员或同等职称以上人员为当事人的案件
　　　　　　　　　　　　　　　　　　　　　　　　　　　　　　永久
5. 社会知名人士为当事人的案件 　　　　　　　　　　　　　　　永久

（三）按案件的影响程度和审理程序划定

1. 在本辖区内社会影响较大的案件 　　　　　　　　　　　　　　永久
2. 涉外、涉港澳台、涉民族宗教的案件 　　　　　　　　　　　　永久
3. 经再审改判的案件 　　　　　　　　　　　　　　　　　　　　永久
4. 判决、裁定或者调解后当事人反复申诉的案件 　　　　　　　　60 年
5. 撤诉、移送、终止的案件 　　　　　　　　　　　　　　　　　20 年
6. 选民资格、宣告失踪或者死亡、认定公民无民事行为能力或者限制民事行为能力、认定财产无主案件 　　　　　　　　　　　　　　　　　　　　　　　　永久
7. 确认调解协议、实现担保物权案件 　　　　　　　　　　　　　20 年
8. 依照督促程序、公示催告程序审理的案件 　　　　　　　　　　20 年

（四）按案件性质划定

1. 姓名权、肖像权、名誉权、荣誉权等人格权纠纷案件 　　　　　永久
2. 不动产物权纠纷案件 　　　　　　　　　　　　　　　　　　　永久
3. 著作权、专利、商标等知识产权纠纷案件 　　　　　　　　　　永久
4. 金融、保险、证券、期货、破产、融资租赁、公司股权等民商事纠纷案件　永久
5. 环境污染责任纠纷案件 　　　　　　　　　　　　　　　　　　永久
6. 抚养、扶养、赡养、收养、监护权、分家析产纠纷案件 　　　　60 年
7. 继承纠纷案件 　　　　　　　　　　　　　　　　　　　　　　60 年

8. 劳动争议、人事争议案件　　　　　　　　　　　　　　　　　60 年
9. 无因管理、不当得利案件　　　　　　　　　　　　　　　　　20 年

（五）其　他

1. 其他具有长远查考利用价值的民事案件　　　　　　　　　　永久
2. 其他在较长时间内具有查考利用价值的民事案件　　　　　　60 年
3. 其他在较短时间内具有查考利用价值的民事案件　　　　　　20 年

三、行政诉讼档案保管期限

（一）按当事人身份划定

1. 国务院各部门或者省、自治区、直辖市人民政府及所属工作部门为当事人的案件
　　　　　　　　　　　　　　　　　　　　　　　　　　　　　永久
2. 自治州、设区的市的人民政府及所属工作部门为当事人的案件　60 年
3. 县、自治县、不设区的市、市辖区的人民政府及所属工作部门为当事人的案件
　　　　　　　　　　　　　　　　　　　　　　　　　　　　　60 年
4. 乡、镇人民政府为当事人的案件　　　　　　　　　　　　　20 年
5. 省级及以上人大代表、政协委员为当事人的案件　　　　　　永久
6. 县级及以上人大代表、政协委员为当亊人的案件　　　　　　60 年
7. 党、政、军、民主党派和人民团体中职务相当于厅级、师级以上干部为当事人的案件　　　　　　　　　　　　　　　　　　　　　　　　　　永久
8. 高级工程师、高级会计师、教授、研究员或同等职称以上人员为当事人的案件
　　　　　　　　　　　　　　　　　　　　　　　　　　　　　永久
9. 社会知名人士为当事人的案件　　　　　　　　　　　　　　永久

（二）按案件的影响程度和审理程序划定

1. 在本辖区内社会影响较大的案件　　　　　　　　　　　　　永久
2. 涉外、涉港澳台、涉民族宗教的案件　　　　　　　　　　　永久
3. 涉及行政相对人重大人身、财产权益的案件　　　　　　　　永久
4. 经再审改判的案件　　　　　　　　　　　　　　　　　　　永久
5. 判决、裁定后当事人反复申诉的案件　　　　　　　　　　　60 年
6. 撤诉、移送、终止的案件　　　　　　　　　　　　　　　　20 年

（三）按案件性质划定

1. 涉及房屋、土地、山林、水利等不动产权益的行政案件　　　永久
2. 确认发明专利权的案件　　　　　　　　　　　　　　　　　永久
3. 海关处理的案件　　　　　　　　　　　　　　　　　　　　永久

（四）其　他

1. 其他具有长远查考利用价值的行政案件　　　　　　　　　　永久
2. 其他在较长时间内具有查考利用价值的行政案件　　　　　　60 年
3. 其他在较短时间内具有查考利用价值的行政案件　　　　　　20 年

最高人民法院
关于人民法院庭审录音录像的若干规定

法释〔2017〕5号

(2017年1月25日最高人民法院审判委员会第1708次会议通过,
自2017年3月1日起施行)

为保障诉讼参与人诉讼权利,规范庭审活动,提高庭审效率,深化司法公开,促进司法公正,根据《中华人民共和国刑事诉讼法》《中华人民共和国民事诉讼法》《中华人民共和国行政诉讼法》等法律规定,结合审判工作实际,制定本规定。

第一条 人民法院开庭审判案件,应当对庭审活动进行全程录音录像。

第二条 人民法院应当在法庭内配备固定或者移动的录音录像设备。

有条件的人民法院可以在法庭安装使用智能语音识别同步转换文字系统。

第三条 庭审录音录像应当自宣布开庭时开始,至闭庭时结束。除下列情形外,庭审录音录像不得人为中断:

(一)休庭;

(二)公开庭审中的不公开举证、质证活动;

(三)不宜录制的调解活动。

负责录音录像的人员应当对录音录像的起止时间、有无中断等情况进行记录并附卷。

第四条 人民法院应当采取叠加同步录制时间或者其他措施保证庭审录音录像的真实和完整。

因设备故障或技术原因导致录音录像不真实、不完整的,负责录音录像的人员应当作出书面说明,经审判长或独任审判员审核签字后附卷。

第五条 人民法院应当使用专门设备在线或离线存储、备份庭审录音录像。因设备故障等原因导致不符合技术标准的录音录像,应当一并存储。

庭审录音录像的归档,按照人民法院电子诉讼档案管理规定执行。

第六条 人民法院通过使用智能语音识别系统同步转换生成的庭审文字记录,经审判人员、书记员、诉讼参与人核对签字后,作为法庭笔录管理和使用。

第七条 诉讼参与人对法庭笔录有异议并申请补正的,书记员可以播放庭审录音录像进行核对、补正;不予补正的,应当将申请记录在案。

第八条 适用简易程序审理民事案件的庭审录音录像,经当事人同意的,可以替代法庭笔录。

第九条 人民法院应当将替代法庭笔录的庭审录音录像同步保存在服务器或者刻录成光盘,并由当事人和其他诉讼参与人对其完整性校验后签字或者采取其他方法进行确认。

第十条 人民法院应当通过审判流程信息公开平台、诉讼服务平台以及其他便民诉讼服务平台,为当事人、辩护律师、诉讼代理人等依法查阅庭审录音录像提供便利。

对提供查阅的录音录像,人民法院应当设置必要的安全防范措施。

第十一条 当事人、辩护律师、诉讼代理人等可以依照规定复制录音或者誊录庭审音录像，必要时人民法院应当配备相应设施。

第十二条　人民法院可以播放依法公开审理案件的庭审录音录像。

第十三条　诉讼参与人、旁听人员违反法庭纪律或者有关法律规定，危害法庭安全、扰乱法庭秩序的，人民法院可以通过庭审录音录像进行调查核实，并将其作为追究法律责任的证据。

第十四条　人民检察院、诉讼参与人认为庭审活动不规范或者违反法律规定的，人民法院应当结合庭审录音录像进行调查核实。

第十五条　未经人民法院许可，任何人不得对庭审活动进行录音录像，不得对庭审录音录像进行拍录、复制、删除和迁移。

行为人实施前款行为的，依照规定追究其相应责任。

第十六条　涉及国家秘密、商业秘密、个人隐私等庭审活动的录制，以及对庭审录音录像的存储、查阅、复制、誊录等，应当符合保密管理等相关规定。

第十七条　庭审录音录像涉及的相关技术保障、技术标准和技术规范，由最高人民法院另行制定。

第十八条　人民法院从事其他审判活动或者进行执行、听证、接访等活动需要进行录音录像的，参照本规定执行。

第十九条　本规定自 2017 年 3 月 1 日起施行。最高人民法院此前发布的司法解释及规范性文件与本规定不一致的，以本规定为准。

参考文献

[1] 江伟：《民事诉讼法》，高等教育出版社 2016 年版。
[2] 张卫平：《民事诉讼法》，法律出版社 2016 年版。
[3] 丁巧仁：《民商事案件裁判技巧》，人民法院出版社 2006 年版。
[4] 周继军：《民事规则证据适用》，中国民主法制出版社 2013 年版。
[5] 周继军：《民事审判技能》，中国民主法制出版社 2013 年版。
[6] 杨迎泽、孙锐：《刑事证据的收集、审查与运用》，中国检察出版社 2013 年版。
[7] 陈光中：《刑事诉讼法》，高等教育出版社 2016 年版。
[8] 刘玉民、于海侠：《刑事审判技能》，中国民主法制出版社 2012 年版。
[9] 刘玉民、于海侠：《刑事证据规则适用》，中国民主法制出版社 2012 年版。
[10] 南英、高憬宏：《刑事审判方法》，法律出版社 2013 年版。
[11] 齐奇、高杰：《行政审判实务技能》，人民法院出版社 2013 年版。
[12] 沈志先、吴偕林：《行政证据规则应用》，法律出版社 2012 年版。
[13] 马克思主义理论研究和建设工程重点教材《行政法与行政诉讼法》编写组：《行政法与行政诉讼法学》，高等教育出版社 2017 年版。
[14] 彭建新、韩艳：《法院书记员工作实务》，清华大学出版社 2015 年版。
[15] 许文海、任雪原：《法院书记员工作实务》，中国政法大学出版社 2015 年版。
[16] 乔宪志、陈全国：《法官素养与能力培训读本》，法律出版社 2003 年版。
[17] 中国法院网，https：//www.chinacourt.org/index.shtml.

致 谢

  本教材从立意到成书,得到了许多人的无私帮助,在这里,编委会特别提出感谢。

  感谢云南省普洱市思茅区法院的大力支持,感谢张茜法官、刘晓玲法官、陆庆红法官、查方艳法官、李明娟、王明丽、罗银云的恳切帮助!感谢云南省普洱市中级人民法院吕垠松法官提供的指导和建议!感谢云南大学出版社的段然编辑和孙小林编辑的辛勤工作!还有很多其他同仁和组织,你们的支持给了编委会莫大的鼓励和支持,在此一并表示感谢!

  同时,本书因时间仓促等原因,难免有不足之处,敬请读者不吝赐教。

本书编委会
2019 年 3 月,云南普洱